中国与国际组织研究丛书

黄仁伟 武心波 主编

国际组织中的授权与代理

Delegation and Agency in International Organizations

[美] 戴伦·霍金斯 戴维·莱克 丹尼尔·尼尔森 迈克尔·蒂尔尼 主编

白云真 译

Edited by

Darren G.Hawkins,David A.Lake,

Daniel L.Nielson,and Michael J.Tierney

上海人民出版社

丛书总序

组织世界 以本领之

王国维尝从中外关系视野下总结中国学术的三个时代，认为晚周诸子学说为中国思想之能动时代；中古时期的佛学传入，为我国思想之受动时代，因宋儒调和，又兼带能动之性质；而今西洋思想东渐，又有佛学所没有之强大物质力量相配合，中国思想之受动影响，不亚于中古时期，此受动如何转化为能动，任务艰巨也。

此三个时代类及中国与世界的关系，同样贴切，与梁任公所谓“中国之中国”、“亚洲之中国”、“世界之中国”三说，有异曲同工之处。近代西人挟思想与物力，几横空出世于中国，中国传统天下观念迅疾天崩地裂，陵谷变易，殆失自尊，不要说能动中达济天下，在受动中独顾其身，怕都没有回旋的空间。

大国非仅强大物力之谓，有组织世界之灿烂学术和思想也！今日中国与世界正发生前所未有之互动，你中有我，我中有你；借改革开放之雄风，我国国力蒸蒸日上，势不可挡。然真正在相互交织的世界中，做到寓受动于能动，需有物力之配合，更得以思想和制度来组织世界，以本领之。要求得“本领”，非一门学科所能为，需要各个知识门类百花齐放，相互借力、接力、刺激。国际关系学顺应中国参与国际社会之进程，是改革开放以来中国发展最快也是中国成为全球性大国最为需要的一门学科，应该为中国能动于世界，贡献更多的思想和理念。

此为我们出版“中国与国际组织研究丛书”的旨意所在。这套丛书循着这样的思路开展。第一，研究具体的国际组织及其与中国的关系；第二，研究国际规范和规则及其与中国的互动；第三，研究中国如何组织世界秩序。因此，这套丛书绝不限于具体的国际组织研究，丛书落在国际制度层面，立意在于“中国如何组织国际关系和世界秩序”上；丛书也不囿于国际关系理论领域，我们希望与主题相关的政治学、经济学、法律研究等成果的加入；丛书志在博采中外之长，遍览古今幽深，凡有参考借鉴之说，也作移译并纳入。

丛书可能谈不上“奇文共赏”，但一定坚持“疑义相析”的原则。同则不继，和则生物，唯有兼容并包、求辨析疑之精神，学术才能步步推进，薪火代传，与时俱新，显示其强大生命力。因此，我们期待在前学后进的爱护和支持下，共同办好这套丛书，为中国国际关系学进步，贡献绵薄之力。

丛书出版大部分得到上海外国语大学教育部211第三期项目和上海市重点学科B701(国际关系)资助。国际组织是上海外国语大学国际关系与外交事务研究院重点特色研究方向，研究院全体研究人员为丛书编辑贡献良多。上海人民出版社向来倾力支持中国国际关系学术出版，成绩在学界有目共睹。谨对以上个人和机构的贡献，表示真挚的感谢。

是为序。

苏长和

2009年7月1日晨于沪北寓所

译者序
以委托—代理理论解释与理解国际组织

国际组织对于全球政治经济、大国崛起的重要性日益凸显，因而国际制度设计、自主性等议题日渐成为国际关系等社会科学关注的重要研究主题之一，特别是对于国际政治经济学而言。在国际组织学术研究的进程中，委托—代理理论成为国际组织自主行为、国际制度设计、全球治理架构分析的重要理论视角，尤其是因为国际制度设计涉及决策权向国际组织的授权，对国际组织的授权提出了很多值得思考与探究的问题。主权国家为何放弃自己的一些主权权益呢？在授权进程中，政府为何选择特定的制度设计而非其他制度设计呢？对国际组织的授权对于问题解决及其全球治理的合法性意味着什么呢？肯尼斯·阿伯特(Kenneth Abbott)早在1988年就提出国家如何借助国际组织而采取行动的问题，考察了国际组织的功能性特点。[1]

委托—代理理论产生于社会科学的其他领域，特别是经济学、美国政治与比较政治研究。在政治科学领域，20世纪80年代的美国学者基本上以授权与代理方法研究美国国会与美国监管机构之间的关系。[2]1997年马克·波拉克(Mark A.Pollack)以委托—代理理论分析了欧洲共同体中的议程设定问题，明确指出了欧盟授权中代理损耗问题，以委托—代理理论建构了欧洲一体化与欧洲治理的制度主义论述。[3]此后委托—代理理论被较为广泛地应用于多边开发银行、世界贸易组织、国际货币基金组织等国际组织研究之中，涉及授权的功能逻辑、政治逻辑、社会逻辑等。[4]事实上，一些学者认为，由于严重的信息成本及其扭曲的动机，国际组织无法解决委托—代理所存在的问题。[5]

对于欧洲一体化的研究，新功能主义者一般断言国际制度在一体化进程中因果性的重要角色，然而政府间主义者一般予以否认。如上所述，波拉克探讨了欧洲一体化进程中超国家制度获得授权、维系自主性，以及影响其成员国的条件。他认为："一个既定的超国家制度的'能动性'或自主性关键性地取决于委托者成员国所确立的控制机制的效力与可信度，而且这因制度、议题领域以及时间而异，从而导致不同的超国家自主性模式。"[6]按照理性制度主义的观点，授权一般涉及四个环节的因果链，即(1)授权的预期结果是欧盟成员国将特定功能授权超国家制度；(2)这些功能的性质影响着控制机制的设计；(3)制度设计影响着授权的结果；(4)以往授权的结果影响着未来的授权、制度设计与互动。[7]研究者以委托—代理理论理解欧盟制度的复杂性，超越了政府间主义与新功能主义之间的争论。然而该理论的潜力尚未完全实现，欧洲一体化研究者在某种程度上误解了该方法的复杂性与意义。[8]

近年来，学者们更关注作为委托者的国家，其授权的原因、结构、国际组织自主性行为等。对于以委托—代理理论研究国际组织自主性行为的学者的观点，刘宏松将其总结为三点，即(1)成员国为获得国际组织所带来的授权收益为其作出具有相对独立性的智斗安排，使国际组织具有一定程度的自由裁量权；(2)国际组织具有自身的机构利益，因而具有运用其自由裁量权服务于其机构利益的自主性行为动力；(3)尽管成员国以各种控制机制控制国际组织的自主性行为，尽量避免“代理损耗”的现象，但是由于特定情况下监控成本的高昂以及成员国之间的偏好异质性，委托者对代理者的监控并不能完美地实现。在社会学制度主义看来，委托—代理理论对于国际组织自主性行为的认识建立在并非真实的基本假设之上，导致它们对国际组织自主性行为的发生基础和作用方式的认识过于狭隘。[9]此外，国际组织研究的委托—代理理论对一些重要的、规范取向较强的国际授权现象解释不足，受到社会学制度主义竞争性解释的挑战，而且并未足够重视霸权国的作用。[10]

不仅如此，现实主义者认为，分配性冲突与权力作为决定这些冲突的手段在机制形成与设计中占据显著的地位。[11]“现实主义机制理论强调相对权力能力以此作为核心解释变量，而且强调国家对和平与机制分配性冲突方面的敏感性。……以规则为基础的合作不太那么容易形成，更可能是权力资源分配变化或机制无法预料的分配性影响的产物。”[12]显而易见的是，大多数学者将委托—代理理论纳入理性制度主义框架之中，需要适当地考量权力与规范等因素，以相比于现实制度主义[13]、社会学制度主义[14]等竞争性理论视角更具解释力。或许正如袁正清研究员所强调的，“一般来说，理性主义和建构主义是互补的，但在不同的阶段，不同行为体的行为出发点是不一样的，起初阶段可能是很功利的考虑，后来慢慢变成一个适当的行为，不完全是一种简单互补的关系”[15]。对此，笔者认为，如何将委托—代理理论与权力政治分析相结合，以理解国际组织行为与制度设计等世界政治制度化现象是至关重要的。

在本书中，各章节的作者以委托—代理的理论与方法理解国际组织行为，探讨国内政治中授权与国际政治中授权的异同。正如戴伦·霍金斯(Darren G. Hawkins)等所阐明的，他们意在解决两个相关的问题，即(1)国家为何将一些任务与责任授权于国际组织，而不是采取单边行动或直接合作呢？(2)一旦国家将权威授权于国际组织，它们如何控制国际组织呢？具体来说，国家以何种机制确保国际组织服务于自己的利益呢？特别是，他们发现授权国际组织的原因、影响与国内政治中的授权极其相似。尽管国际无政府状态改变了政治的逻辑而且使国际制度并不那么重要，但是委托者授权国内代理者的原因、国家授权国际组织的原因之间相当有共性。他们或检验了委托—代理假设，或从中获得新的启示，或判定了委托—代理所预计的结果，有助于在无政府的国际体系中把握委托—代理理论和方法的范围与条件、优点与缺点。

由此可见，他们将代理纳入制度主义理论，试图进一步揭示国际合作的根源与困境。特别是国际组织研究早已并不停留在“制度是否重要?”的问题上。正如作者们在该书中所提到的，国际组织研究者提出一种新的政治方法，即战略性、有远见的国家有意地采用、设计国际制度以实现自己的目标。[16]事实上，国际制度不仅仅涉及一系列规则，而且包括国际组织自身的战略行为。如戴伦·霍金斯等所言，国际组织实施政策决策，战略性地追求自己的利益。[17]颇具政策实践意义的是，中国学者需要以委托—代理理论审视中国所倡议的亚洲基础设施投资银行（简称亚投行，AIIB），将其视作重要行为体的代理者，那么分析者不仅能以此解释与理解中国授权亚投行的原因，而且可以探究与考察亚投行的制度性规则设计、控制机制及其战略行为等关键性议题，以此推动中国所倡议的多边开发银行及其地区性国际组织在“一带一路”倡议及其全球经济治理中发挥更为重要的作用。

需要指出的是，本书是译者承担的国家社会科学基金项目“经济权力视角下我国对外战略调整研究”（批准号 12CGJ002）、中国博士后科学基金第 51 批面上资助项目“国际组织发展援助研究”（批准号 2012M510495）、中国博士后科学基金第 57 批面上资助项目“全球气候变化协议的制度设计”（批准号 2015M570204），及所参与的“十二五”国家科技支撑计划“气候变化谈判综合问题的关键技术研究”项目(编号 2012BAC20B02)的阶段性成果之一。在繁重的教学与科研任务间隙,译者自己历经一年有余才完成本书的翻译工作。特别感谢中央财经大学国际政治系王韵之、中国社会科学院西亚非研究所硕士研究生马汉智(他们分别参译了第 7—9、10、11 章)。

关键的是,译者也向上海人民出版社潘丹榕与史美林两位女士致真诚的谢意。若没有她们不懈的努力与细致的工作,本书难以如此精致地出版。最后但重要的是,向自己的良师益友致以衷心的感谢。尽管译者几经易稿,但难免仍有值得斟酌之处,请读者多提出建设性意见。

译者　白云真

2015 年 10 月 31 日

注释

1. Kenneth Abbott and Duncan Snidal, "Why States Act through Formal International Organizations," *Journal of Conflict Resolution*, Vol.42, 1988, pp.3—32.

2. J.Bendor, A.Glazer and T.Hammond, "Theories of Delegation," *Annual Review of Political Science*, Vol.4, 2001, pp.235—269.

3. Mark Pollack, "Delegation, Agency, and Agenda Setting in the European Community," *International Organization*, Vol.51, No.1, 1997, pp.99—134; *The Engines of European Integration: Delegation, Agency, and Agenda Setting in the EU*, Oxford: Oxford University Press, 2003.

4. Mark Thatcher and Alec Stone Sweet, "Theory and Practice of Delegation to Non-majoritarian Institutions," *West European Politics*, Vol.25, No.1, 2002, pp.1—22; Daniel L.Nielson and Michael J.Tierney, "Delegation to International Organization: Agency Theory and World Bank Environmental Reform," *International Organization*, Vol.57, No.2, 2003; Manfred Elsig, "Principal-Agent Theory and the World Trade Organization: Complex Agency and 'Missing Delegation'," *European Journal of International Relations*, Vol.17, No.3, 2010.

5. Roland Vaubel, "Principal-agent Problems in International Organizations," *Review of International Organizations*, Vol.1, No.2, 2006; David A.Lake, "Delegating

Divisible Sovereignty: Sweeping a Conceptual Minefield," *Review of International Organizations*, Vol.2, No.3, 2007.

6. Mark Pollack, "Delegation, Agency, and Agenda Setting in the European Community", *International Organization*, Vol.51, No.1, 1997, p.101.

7. Mark Thatcher and Alec Stone Sweet eds., *The Politics of Delegation*, London: Frank Cass, 2003, p.21.

8. Giandomenico Majone, "Two Logics of Delegation: Agency and Fiduciary Relations in EU Governance," *European Union Politics*, Vol. 2, No. 1, 2001. Hussein Kassim and Anand Menon, "The Principal-Agent Approach and the Study of the European Union: Promise Unfulfilled?" *Journal of European Public Policy*, Vol.10, No. 1, 2003.

9. 刘宏松:《国际组织的自主性行为:两种理论视角及其比较》,载《外交评论》2006年第3期,第121、125页。

10. 张建宏等:《国际组织研究中的委托代理理论初探》,载《外交评论》2013年第4期,第151—154页。

11. Stephen Krasner, *Power, the State, and Sovereignty: Essays on International Relations*, London and New York: Routledge, 2009.

12. Andreas Hasenclever, Peter Mayer, Volker Rittberger eds., *Theories of International Regime*, Cambridge University Press, 1997, p.84.

13. 对于现实制度主义的理解与阐释,参见李巍等:《美国自贸区战略的逻辑:一种现实制度主义的解释》,载《世界经济与政治》2015年第8期。

14. 对于社会学制度主义,参见[美]玛莎·芬尼莫尔:《国际社会中的国家利益》,袁正清译,上海人民出版社2012年版。

15. 刘宏松:《国际组织的自主性行为:两种理论视角及其比较》,第128页。

16. Judith L.Goldstein, Miles Kahler, Robert O.Keohane, and Anne-Marie Slaughter eds., *Legalization and World Politics*, Cambridge, Mass.: MIT Press, 2001.

17. Barbara Koremenos, Charles Lipson, and Duncan Snidal eds., *The Rational Design of International Institutions*, Cambridge: Cambridge University Press, 2003.

序　言

本书源于2002年5月学者们在犹他州帕克城所提出的一系列问题。杨百翰大学斯科特·库珀(Scott Cooper)、戴伦·霍金斯、韦德·雅各比(Wade Jacoby)、丹尼尔·尼尔森(Daniel L.Nielson)组织了以授权国际组织为主题的会议。会议提出了如下问题:政府为何将权威授权于国际组织,政府如何组织授权关系,这种授权会产生何种问题。在许多方面,本书反映了会议最初的基本设计。杨百翰大学肯尼迪(David M.Kennedy)国际问题研究中心;家庭、住宅与社会科学学院;政治科学系推动了国际授权思想的初步探讨,因而我们向其致谢。

2002年春季本书的广泛主题已经得以确定,然而2002年12月、2003年4月利萨·马丁(Lisa Martin)在哈佛大学所组织的两场会议缩小并完善了项目范围。这些会议促使与会学者更具体地将代理理论视为理解授权国际组织的一种手段。我们感谢哈佛大学拉德克里夫高级研究院(Radcliffe Institute for Advanced Study)、韦瑟黑德国际事务研究中心(Weatherhead Center for International Affairs)为这些会议所提供的资助与赞助。

为了进一步讨论书稿,2003年9月戴维·莱克(David A.Lake)

在加利福尼亚组织了最后一次会议。这次会议有助于弄清楚本书的共同主题。为此,我们向加利福尼亚大学政治科学系,以及国际、比较与区域研究院;加利福尼亚大学全球冲突与合作研究院;杨百翰大学肯尼迪国际问题研究中心致谢。2004 年 3 月的国际研究协会会议期间,我们在两个相关的小组讨论中收获了一些评论与批评。威廉与玛丽学院里夫斯(Reves)国际问题研究中心、国际关系理论与实践项目也向我们提供了资金支持与项目网站的维护费用。我们也向他们表示感谢。

我们也向在各种会议上参与讨论的学者们表达谢意。由于他们对完善本书观点的帮助,我们感谢肯·阿伯特(Ken Abbott)、迈克尔·巴奈特(Michael Barnett)、乔·鲍姆(Jee Baum)、比尔·伯恩哈德(Bill Bernhard)、蒂姆·布思(Tim Büthe)、德谢佐(J.R.DeShazo)、彼得·东布罗夫斯基(Peter Dombrowski)、丹尼尔·德茨纳(Daniel Drezner)、约翰·法里约翰(John Ferejohn)、马蒂·芬尼莫尔(Marty Finnemore)、杰夫·弗里登(Jeff Frieden)、朱迪·戈尔茨坦(Judy Goldstein)、彼得·古勒维奇(Peter Gourevitch)、劳埃德·格鲁伯(Lloyd Gruber)、迈尔斯·卡勒(Miles Kahler)、罗伯特·基欧汉(Robert Keohane)、芭芭拉·凯里迈诺斯(Barbara Koremenos)、贝丝·西蒙斯(Beth Simmons)、肯尼斯·舒尔茨(Kenneth Schultz)、肯·斯泰尔斯(Ken Stiles)、迈克·蒂斯(Mike Thies)。剑桥大学出版社及其《国际组织》杂志(对于投稿的个别章节而言)的匿名评阅人也提供了有益的建议。当然这些学者不会赞同我们在本书中所提出的所有观点,但是由于这些批评,本书的观点与证据更有说服力了。

非常美妙的是,本书所有作者针对各种会议上学者的评论及其编辑们冗长的评论数次易稿。此外,他们多次担任其他章节的讨论人与评论人。不同于大多数学术项目,本书体现了最佳的合作方式。共同的努力极大地超过了每个人贡献的总和。我们向所有作者致谢。这个过程极大地增强了我们对这种合作性学术努力的价值的信心。

我们对剑桥大学出版社“制度与决策的政治经济学”丛书的编辑兰迪·卡尔弗特(Randy Calvert)、约翰·哈斯拉姆(John Haslam)不胜感激。全球冲突与合作研究院琳妮·布什(Lynne Bush)出色地为评阅与出版准备了底稿。

目录

第三部分　代理者偏好的差异、合法性、任务与渗透性

第四部分　未来研究方向

第一部分　导　　论

第一章
无政府状态下的授权:国家、国际组织与委托—代理理论

戴伦·霍金斯、戴维·莱克、丹尼尔·尼尔森、迈克尔·蒂尔尼*

1999年12月,警察向抗议西雅图世界贸易组织会议的民众发射催泪弹与橡胶弹。这次以及相似的反全球化抗议的中心主题是,世界贸易组织、国际货币基金组织、世界银行与其他全球性制度是"失控的"国际官僚机构。这些国际官僚机构践行着职业经济学家、其他曾经在这些机构任职的新自由主义者所阐述的"华盛顿共识"(a Washington consensus)(Stiglitz 2002; Rich 1994)。其他批评者指责这些国际组织是大国的帝国主义手段,剥削穷国而使西方国家受益。在光谱的另一端,尽管美国保守主义分子没有走上街头,但是他们认为这些国际组织并未促进美国利益(Meltzer Commission Report 1999; Krauthammer 2001)。

与此同时,欧洲人抱怨欧盟"民主赤字"(democratic deficit)(Pollack 2003 a:407—414)。随着欧盟扩大其能力并增加到25个成员国,批评者指责欧盟委员会中不负责任的官僚、欧盟法院(the Eu-

* 笔者感谢蒂姆·布思、戴维·德斯勒(David Dessler)、丹·德茨纳(Dan Drezner)、朱迪·戈尔茨坦、莫娜·莱恩(Mona Lyne)、迈克·蒂斯、亚历克斯·汤普森(Alex Thompson)及其他各种工作坊与小组参与者对本章初稿的反馈意见。

ropean Court of Justice)与世隔绝的法官推动着欧盟的深化与扩大。这些日渐强大的欧盟机构与选举性压力毫无瓜葛，脱离了大众的控制。2005 年 6 月法国、荷兰选民否决了《欧洲宪法草案》，回敬了欧盟所领导的一体化项目。

相似的是，许多批评者痛斥联合国及其机构无力采取强有力的措施而且效率低下。对于波斯尼亚、卢旺达、刚果及其他地区的受害者而言，国家更喜欢乱来，而且世人更是湮灭而不是赋予维和者以行动的权威与能力。对援助国的许多纳税人而言，联合国官员是恣意挥霍的全球主义者。他们秉承花钱第一，预算第二的精神，仅仅将成本转嫁给成员国。联合国所负责的伊拉克"以石油换食品"(oil for food)计划中的腐败，证实了一位持怀疑态度的美国人先前已有的观点。

简而言之，对于一些观察者来说，国际组织似乎是制度性作法自毙者(institutional Frankensteins)，恐吓着全球范围的民众。由其主人创建后，这些国际组织摆脱了主人的约束，恣意妄为。但是对其他观察者来说，国际组织似乎非常清楚地服从其主人。像《绿野仙踪》(*Wizard of Oz*)中的幕后人物那样，强大的西方国家利用国际组织而将自己的意愿强加给世人，同时躲藏在多边主义进程表面上合法化的背后。最后，其他分析者认为许多国际组织曾经服务于其创建者的目的，但是随后被其他政治行为体所劫持从而追求不受欢迎的目的。国际组织成为双重代理者，背离了自己的最初目标而服务于新主人。这些争论盛行于权威人士、决策者以及活动家之间，然而国际关系研究者几乎没有适当的工具来评价这些观点。

本书作者利用委托—代理理论，以论及这些争论。委托—代理理论产生于社会科学的其他领域，特别是经济学、美国政治与比较政治研究。作者也将国际组织视为以不同方式对成员国负责的代理者，从而考察国际组织的角色。看似并不一致的国际组织观仍然存在着，在某种程度上是因为国际组织本身在活动范围与自主性方面千差万别。成员国赋予一些国际组织以独立行动的任务，甚至授权国际组织制裁成员国以促进争端解决或支持按条约所承担的义务。然而其他国际组织则完全听从其成员国的命令。

为了论述这种差异，本书解决两个相关问题。第一，国家为何将一些任务与责任授权于国际组织，而不是采取单边行动或直接合作呢？第二，一旦国家将权威授权于国际组织，它们如何控制国际组织呢？具体来说，国家以何种机制确保国际组织服务于自己的利益呢？总的来说，我们发现授权国际组织的原因、影响与国内政治中的授权极其相似。尽管国际无政府状态改变了政治的逻辑，而且使国际制度并不那么重要，但是我们发现委托者授权国内代理者的原因、国家授权国际组织的原因之间相当有共性。当然如下面我们所提到的，这两个领域有着重要的差异，但是也有惊人的相似之处。

这一发现并不表明，批评者错误地指出了监督和控制国际组织的问题。例如，反全球化抗议者控诉的背后是对机会主义国际官僚机构的切实关切。但是本书所提供的研究表明，相比于国内层次，国际层次上有效的授权机制并非天生地更难以设计。监督和控制不同国际组织的情况、国家乐于授权国际代理者的程度存在着差异。不过这些是程度的问题，而不是类别的问题。如党派政治往往所表明的，国际组织并非完全是邪恶的，也并不完全是高尚的。相反，国际组织最好被理解为官僚机构。像各国国内官僚机构一样，国际组织或多或少地受控于其政治主人。本书将有助于解释这种差异。

在分析性意义上，我们将国际组织视为有自己权限的行为体。这进一步发展了国际制度以行为体为取向与战略的方法。许多国际关系文献提出“制度是否重要?”的问题。当然新现实主义者持怀疑态度，然而新自由制度主义者认为，国际制度能够而且的确推进了国家间合作。近来学者们超越了这场争论，阐明与验证国家何时、为何创建国际制度及其国际制度如何运行的假设。新的重要研究开始提出一种政治方法，即战略性、有远见的国家有意地采用、设计国际制度以实现自己的目标。(Goldstein et al. 2000; Koremenos, Lipson, and Snidal 2001)

我们再次提出与强调国际组织作为行为体的重要性，从而完成上述工作。国际组织实施政策决策，战略性地追求自己的利益。大多数现有文献将国际制度基本上视为一系列规则。(Simmons and Martin 2002:192—194)我们强调国际组织的战略行为，并不忽视规则对成员国或国际组织人员的影响。但是我们基本上对如下一系列相关的问题感兴趣：国家何时、为何授权国际组织，哪些规则会主导着这种互动？一旦形成国际组织，它将如何运行，国际组织是否会遵循成员国的命令？国家在多大程度上预见到国际组织作为独立行为体所产生的问题，这种预期如何建构着国家与国际组织的关系？简而言之，我们寻求理解国家何时、为何以及如何创建规则与政治行为体，或至少这些关切如何迫使国家耗费宝贵的资源从而迫使国际组织服从。我们再次将代理纳入制度主义理论，进一步揭示国际合作的根源与困境。

本书寻求推动政治科学中委托—代理理论的研究。首先，作者们以新的经验环境检验了大量标准的委托—代理假设。随着研究成果在分支学科的积聚，学者们对委托—代理理论的具体变量所推导出的一般假设更加自信(或不那么自信)。第二，一些章节从委托—代理理论中获得了新启示，然而这些启示在以前并未得到探讨或检验。第三，在此处所研究的国际环境中，一些条件催生了委托—代理理论所预计的结果，具有国内政治中少见的异乎寻常的价值，如决策规则的稳定性、偏好的异质性、社会权力在正式决策规则中的体现。我们在这些条件下检验模型，有助于确立委托—代理方法的范围与条件。尽管本书作者重视委托—代理理论，但是本项目并不是对这种方法毫无批判的颂扬,也不是其最终产物。相反,通过将这种方法运用到新的领域——无政府状态的国际体系——我们希望确定这一方法的优点和缺点。

在这篇导论中,我们将界定本书中所运用的主要术语,将有关授权国际组织的性质与程度的命题运用到国际组织中。我们的论证聚焦于政府将任务授权给国际组织所获得的收益、偏好的异质性,与国家间权力差异所形成的复杂性之间的相互作用。当收益增加时,国际授权的可能性增大。然而鉴于一系列潜在的收益,当偏好变得更加不均衡或投票规则与国家间权力分配并不相一致时,授权国际组织的可能性会下降。在讨论了"为何授权"的问题之后,我们转向国内与国际委托者控制其代理者所使用的控制机制。

界定授权

授权(delegation)意指委托者向代理者有条件地授予权威,使后者有权力代表前者而行动。这种权威授予在时间或范围上是受到限制的,且必须是委托者可撤销的。委托者与代理者是相互构成的。也就是说,像"主人"与"奴隶",没有代理者一个行为体不可能是委托者,相反亦是如此。行为体仅由其彼此的相互关系所界定着。

在委托—代理模型中,委托者与代理者的偏好是结果的重要决定性因素。尽管如此,委托—代理方法并不意味着行为体偏好的任何特定假设。相反,如有必要,特定理论的具体假设会"补充"委托者与代理者的偏好。委托—代理的框架被用作这些行为体战略性互动的模型,有助于理解我们所观察的结果。此外,委托—代理方法并不要求行为体完全根据物质利益进行判断或受其驱动。因而这种方法同样地符合理性的、利己的与财富最大化的行为体假设的理论,以及有限理性的利他行为体假设的理论。将具体理论聚合在"委托—代理”理论之下的是，对委托者实质性行为的关注，即授予有条件的权威，并且设计制度以控制代理者可能具有的机会主义。

委托者与代理者之间的关系总是受制于一项契约[1]，即使这种协议是隐含的（从未正式承认的）或非正式的（以不成文的协议为基础的）。作为委托者，一个行为体必须有能力授权并且撤销授权。单纯终止契约的能力并不会使一个行为体成为委托者。国会可以弹劾总统，从而罢免总统。然而这种权力并不会使国会如我们所界定的那样成为总统的委托者。也许国会能够授权总统代其在具体议题领域进行决策——如设计环境条例——如果国会不同意总统的政策，国会稍后可以收回此授权。在这种情况下，国会的确是总统的委托者。作为委托者，行为体必须授权，而且具有撤销权限的权力。

代理者从委托者手中获得有条件的授权，但是这一界定性特征并不意味着代理者总是按照委托者的意愿而行动。*代理懈怠*（agency slack）是代理者的独立行动，却不是委托者所期望的。懈怠呈现出两种基本形式：*卸责*（shirking）、*偏离*（slippage）。前者意指代理者代表委托者尽可能地减少自己的工作量；后者意指代理者使政策偏离了委托者所偏爱的结果而转向自己的偏好。*自主性*（autonomy）意指委托者确立控制机制之后代理者潜在的独立行动的范围。也就是说，自主性意指当委托者选择了意在约束代理者行为的审查、监督与制裁机制之后，代理者可操作的范围。自主性与懈怠有着细微的差异：自主性意指代理者独立行动的范围，能够使委托者受益或受损，然而懈怠是并非所期望的实际行为。

最终如下面更为详细的讨论，*自由裁量权*（discretion）是委托者与代理者之间契约的一个方面。既然自由裁量权往往是契约最显著的特征之一，并常常被用作自主性的同义词，那么一个简短的题外话完全是合理的。自由裁量权使授权成为必要。这种授权会详细说明委托者的目标，但并不是代理者为实现这些目标所采取的具体行动。[2]如我们随后所解释的,自由裁量权是以规则为基础的授权的另一种选择。当自由裁量权赋予代理者以余地,并且委托者视其为完成受托任务所必需时,自主性意指代理者独立行动的范围。更大的自由裁量权往往赋予代理者更大的自主性,但并非总是如此。为了预先考虑尚待解决的问题,我们接下来将更为详细地论述,即如果委托者将很大的自由裁量权与控制机制结合起来,相比于在以规则为基础的授权情况下,代理者没有那么多自主性。以规则为基础的授权具有更少限制的控制手段。例如,对于检查点、如何收集证据的问题,在伊拉克的联合国武器核查人员享有实质性的自由裁量权,但是由于美国与联合国安理会其他成员国不断地施压,他们实质上没有什么产生具体成果的自主性。委托者有意将自由裁量权设计到其与代理者的契约中;自主性是委托者并不完全控制代理者所不可避免的产物。

当代理者从事并非被期望的独立行动或委托者自身竭尽全力与这些代理者订立契约或监督与控制这些代理者时,委托者将致使代理损失或承担费用。既然委托者往往在监管代理者或与其订立契约方面承担着一些费用——甚至那些不可能懈怠的最"诚勉"型的代理者——代理总是蒙受着一些与授权相关的损失。在选择是否授权(或重新授权)的问题上,如下面所讨论的,代理者必须权衡授权的收益与预期的代理损失。

委托者与代理者的概念完全遵循了委托—代理理论中授权的经典概念。(Alchian and Demsetz 1972; Fama 1980; and Williamson 1985)授权的经典概念避开了一些界定。这些界定扩大了授权的范围,包括"委托者"影响"代理者"动机的任何情况(Bernheim and Whinston 1986)。例如,迪克西特(Dixit)、格罗斯曼(Grossman)、赫尔普曼(Helpman 1997)扩展了委托与代理关系,从而包含着影响的所有情况(all situations of influence)。由此观之,立法者是政党官员、竞选捐献者与投票者的代理者。相似的是,官僚是法院、媒体、利益集团与立法者的代理者。[3]然而在授权的狭义概念中，立法者的委托者完全是投票者。投票者是唯一授权立法者代表自己行事，而且有权解除立法者任用的行为体。相似的是，立法者或行政人员，或许两者是唯一能够与官僚订立与解除契约的行为体。这并不是说，竞选捐献者、政党领导人、利益集团、媒体与法院的政治影响是微不足道的。恰恰相反，我们预计第三方将强有力地追逐自己的利益，并试图影响委托者，从而使委托者命令其代理者以特定方式行事。或者，第三方绕过委托者，试图直接影响代理者。由此，代理者或许独立于其委托者而行事。然而相比于委托者与代理者彼此的关系，第三方必然与委托者、代理者有着不同的关系。

相对而言，委托者、代理者及其相关术语的概念在理论上是中立的(theory-neutral)。许多具体理论——以推理或观察的方式运用有关行为体偏好或派生性偏好的特定假设——能够富有成效地运用委托—代理框架。迄今为止，我们将委托—代理方法作为一种分析性工具，以识别各种关系的重要类型与维度。国际关系学者或许并不熟悉这些关系的类型与维度。这些分析性工具是有用的，因为它们强调缺乏研究的真实世界的现象，或者有助于我们更充分地理解我们没有运用委托—代理工具所研究的现象。

在接下来的部分，我们提出国家为何授权、它们如何控制代理者的假设。这些观点是以现有理论为基础的，而且这些理论往往带有强烈的理性主义色彩。然而如本书所反映的，委托—代理关系的研究者运用着千差万别的理论，那么“这个”授权理论的讨论或许是错误的。我们打造共同的语言，识别一些重要问题的概括性答案以表明委托—代理研究计划的效用，从而勾画出一条中间道路。

授权国际组织

任何授权理论必须阐明何为授权、授权的替代性方案。如果我们解释授权,那么我们也必须弄清楚何为"不授权"(non-delegation)。图 1.1 描绘出了本项研究的因变量。我们首先区分国家彼此是否合作的问题——根据基欧汉(1984:51—54)的观点,合作意指相互的政策调整——然后是国家是否愿意将权威授予国际组织。据此概念,授权国际组织是一种广义上国际合作的特殊形式,也是三种可能的结果之一。

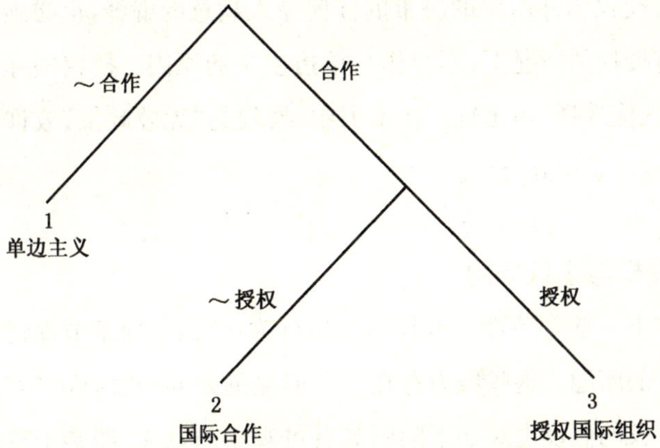

图 1.1　国际授权决策树

节点 1. 单边主义。在单边行动中,政策调整并不存在,而且国际组织也并不是任何政策的执行机构。单边行动最近的例子是美国的阿富汗战争。在没有传统盟国支持的情况下,美国追逐自己的偏好,实施自己的政策选择。[4] 其他单边主义的案例包括 1941 年日本对美战争、1930 年的《斯姆特—霍利关税法》(the Smoot-Hawley Tariff)、1846 年英国《谷物法》的废除,或许还有当今美国有关全球变暖的政策。

节点 2. 国际合作。在"标准的"国际合作中,各方调整政策但是以国家法律或管制的方式实施。合作借助于各种机制而实现。这些机制涉及从非公开的、非正式的协定到有法律约束力的多边协定的所有方式。不过,国家自己实施政策,而不是将权威授予第三方。这种例子包括《关贸总协定》的关税削减、美俄《削减战略武器会谈》(START)的武器削减、对外援助的双边合同、《关于消耗臭氧层物质的蒙特利尔议定书》中对具体化学物质生产的限制。

节点 3. 授权国际组织。在第二种合作形式中,委托者同意(或不同意)一项共同政策,然而将政策实施授权于国际组织。当然,即使各国一起决定授权予国际组织,那么授权什么任务以及如何控制国际组织的问题仍然存在。下面的章节将为这种授权提供许多例子。[5]

对授权国际组织的决策的任何令人满意的解释,也必须说清楚在没有授权的情况下,不合作与单边主义的原因。授权国际组织必须与"次优选择"相比较。在本书中,授权的"无效政策"或许是单边主义,或许是国际合作。

授权与重订契约

本书一些章节涉及授权的初始行为,然而其他章节探讨授权后所产生的问题。这些努力存在一些明显的差异,然而许多解释国家为何授权的假设也对如下问题具有可观察的意义,即鉴于授权所产生的代理问题,国家为何调整——或无法调整——其与国际组织的关系。这种调整包括增多的监督、新的行政检查,或增大对代理者的甄别与选择(如下)。它也包括从国际组织收回权威(或"解除授权")、重新授权更明确的任务,或授予国际组织新事项。委托者从未充分地预料到国际组织所存在的问题,然而它们可能预见到一些潜在的困难,因而预先设计了减缓机制。由此我们会审视授权的初始行为及其随后的"重新授权"行为,从而关注同一问题的不同层面。国家如何以及在何种条件下,有条件地授权予国际组织呢?

为何授权?

有关国内授权的文献往往假设授权会产生,随后关注委托者如何设计制度以控制其代理者。(McNollgast 1987, 1989)例如，国会能够批准福利立法，但是不适合决定特定个体是否通过了考核而有公共援助的资格。那么似乎没有问题的是，国会将其政策实施授权予一些代理者。然而，并不是所有的国内授权都源于委托者无法亲力亲为的情况。国会可以授权总统决定一个特定国家是否满足人权标准，或一项政策是否符合"国家利益"，但其实国会是能够(往往的确)独立地作出这些选择的。(Epstein and O'Halloran 1999a)

在国际舞台上，为何授权的问题是至关重要的。各国，特别是大国至少能够单方面地完成一些其授权予国际组织的任务。新自由制度主义者令人信服地指出，合作服务于国家利益。(Keohane 1984; Martin 1992b)对于国际合作而言，授权并非必要的。那么国家为何将权威授予国际组织呢?

授权的收益

所有授权都是以劳动分工与专业化的收益为前提的。这些收益与授权的其他收益相互影响。我们确定了5种或许诱使国家授权的收益，即管理政策的外部性、推进集体决策、解决争端、增强可信度、造就政策偏见。随着授权收益的增加，在所有其他情况不变时，我们预知国家更可能授权国际组织。

并不奇怪的是，鉴于授权是一种合作形式，我们在此处所确定的许多收益与合作的动机交织在一起。我们的分析表明，对国际组织的授权实际上能够增大合作的预期，从而超越了现有文献所确定的合作根源问题。当行为体"俯视"上面所论述的决策树时，终端节点中有吸引力的选择促使行为体更可能选择合作。在这方面，对授权收益的理解也有助于扩展对国家何时及为何合作的解释。

收益并非总是顺利地转化为国际授权；国家能够获益的不争事实并不意味着它们将会授权予国际组织。两种因素与收益共同影响着授权的可能性,即偏好的异质性、权力平衡。接下来我们将阐述这些观点。

专业化。所有授权本质上是劳动分工。委托者自身并不实施行动,反而授权予一个专业化的代理者。这种代理者拥有专业知识、时间、政治能力或资源,以履行职责。如果专业化无法产生一些收益,那么几乎没有理由将任何东西授权予任何人。反过来,专业化产生的收益越多,授权的动机越大(而且如果有必要,委托者更愿意忍受代理损失,以获得这些收益)。

当所执行的任务是时常发生的、重复的,而且需要具体专业知识时,专业化的收益可能是最大的。“任何人”所能实施的一次性任务并不可能产生授权。尽管委托者自己实施政策时会产生机会成本,但是创建或发现与控制一个代理者的必然性代价会抵消这种成本。需要专业知识的常见任务催生了专业化所带来的更多收益。例如,国际刑事法院(the International Criminal Court)集中了起诉战争罪与反人类罪所需要的知识。20 世纪 90 年代国家日益频繁地起诉战争罪与反人类罪。[6]在本书中,马丁、汤普森都强调专业化代理者的收益。这些代理者搜集有助于自己的信息,包括发展中国家的财政状况(国际货币基金组织)、行为体使用武力的意图(联合国安理会)。

当设立专业代理机构的代价高于单个国家的收益,但少于许多国家的收益总和时,国家更可能授权予国际组织。维和提供了一个清晰的例子。在大多数情况下,没有一个国家可以获得足够多的收益,以单独承担维和的成本。然而如果负担以政治上可行的方式分摊,那么维和的收益远大于任何一国的成本(例如获得西方资助的孟加拉国与尼日利亚士兵)。由此产生的结果并不必然比单方面行动更为有效(美国维和者往往单独行动,或许比联合国领导下的尼日利亚人更出色地工作),但是它们的确向作为一个集团的各国提供了集体收益。

专业化允许他者提供国家无力或不愿单方面提供的服务。国家有时缺乏技术知识、可信度、合法性或其他资源以独自地制定政策。国家的需求越多，专业化的收益越多，并且国家越可能授权予国际组织，即使代理者巨大的能力更可能使其推卸责任。例如，国家或许将例行的贷款决策授权予世界银行、国际货币基金组织，但是当这些决策对于国家安全更为重要时，国家更可能采取协调性行动，如墨西哥比索危机、俄罗斯金融危机。同样地，国家或许将大规模杀伤性武器的一些监督因可信度而授权国际组织，但是大国不可能放弃这些监督能力，而且不可能将对其他大国的监督授权国际组织。[7]

政策外部性。当政策外部性极大时，委托者将受益于合作，从而可能授权国际组织。(Milner 1997：44；Lake 1999：44—52)外部性越大，国家越可能采取相互协调的行动。然而如果一个代理者获得授权，那么合作的收益也会增加。

政策外部性在两种情况下会产生，各自以协调与协作的困境为特点。(Stein 1990；Martin 1992b)在协调的困境下，各国寻求避免相互讨厌的结果(如小鸡博弈所表明的，各行为体寻求避免彼此叛离的结果)，或提升它们选择彼此所期望的结果的确定性(如"两性之战"游戏所表明的，行为体更愿意选择彼此合作或叛离，但是具有偶然性地一方选择合作而另一方叛离的风险)。相比于其他战略问题，协调困境是相对容易解决的——但是对世界福祉而言并非不重要。在这些情况下合作失败的风险产生于错误的决心信号或其他错觉。

授权予一个协调性代理者(a coordinating agent)，将有助于解决这些困境。协议往往比所选择的政策更为重要，因而各国能够允许将权威授予某种程度上中立的第三方，以降低交易成本。第三方以更具技术性或社会福祉的标准评价各种方案。在这些情况下，各国可能将重要的自由裁量权授予其代理者。由于信息问题，合作或许会失败，因而各国授权代理者以监督其行为，提供各种政策方案的信息，或“支持”各种合作性解决办法。（见 Milner 1997；Lake and McCubbins，本书）这类代理者可能会获得重要的自由裁量权。例如，国际邮政联盟或其他分配无线电光谱的机构等国际标准机构，拥有广泛的自由裁量权以协调各国政策。

在协作困境中，均衡结果（或在多重均衡情况下的一系列结果）是次优的。为了在这些战略环境中实现合作，各国必须自我约束以违背其“自然”倾向。即使如此，各国往往仍具有“叛离”合作（囚徒困境是典型的例子）的动机，至少短期上而言。尽管如此，各国往往试图发展某种机制以约束叛离行为并促进合作。

公共产品成为协作困境的主要类型。当各国受益于一种产品（如安静的环境），搭便车的经典问题便会产生，而且在缺少集中供给的情况下结果可能是次优的，无论这些国家是否资助公共产品的供给。在这些情况下，各国授权国际组织而从中获益，因为国际组织因其所获的权力与资金而提供公共产品。在公共健康领域，世界卫生组织提供了一个例子，特别是在监督和控制传染性疾病方面。（参见 Cortell and Peterson，本书）理论上，各国或许也借助多边性发展组织避免政策外部性，因为这些组织给一些国家太多的援助而给另外一些国家太少的援助。当然米尔纳并没有发现这个假设的证据。

另外，各国或许会选择独自地资助公共产品，但是会使代理者收集与披露有关国家所作的努力的信息——而这往往是成功地克服搭便车问题的必要条件。（参见 Keohane 1984；Abbott and Snidal 1998）例如，欧洲理事会（the Council of Europe）监督人权的实践；国际原子能机构监督核不扩散政策；经济合作与发展组织监督其成员国的宏观经济政策。各国仍具有搭便车的动机，因而它们或许各自期望控制代理者，但是仍会共同授予国际组织一些自由裁量权，以便国际组织能够更有效地提供公共产品或监管各个国家的资助。尽管如此,这类协作性代理者所拥有的余地可能不如协调性代理者。

集体决策 当各国拥有社会非传递性的偏好(socially intransitive preferences)或其他集体决策问题时,各国或许也授权国际组织。也就是说,当国家作为一个群体不可能在政策问题上达成一个稳定的协定(也即以抉择的方式周而复始)时,它们会授权一个议程设定的代理者以形成一个均衡。这是国内政治中集体选择问题的标准解决办法,或许体现在欧盟赋予欧盟委员会相当大的议程权力上(参见Pollack 2003a:84—85,本书)。

尽管制度的选择或其领导人也受制于集体选择的困境,但是国际组织及其领导可能更接近于成员国管理联盟的居中(median)偏好。因此,在任何特定政策选择中,领导试图使整个群体更接近自己的理想点,因而更接近管理联盟的集体偏好。[8]然而我们能够预料到更接近居中偏好的国家与大国之间对议程控制的政策斗争。前者更喜欢将议程权力授予其所控制的国际组织,然而后者具有更极端的偏好而更喜欢单方面行动。例如,在2003年波斯湾战争之前,美英两国与联合国安理会其他国家在伊拉克裁军问题上争吵起来。在社会非传递性的环境中,如果成员国的偏好越接近而且偏好异常者(preference outlier)在政治上越软弱,那么各国越可能授权一个议程设定的国际组织,或调整一项国际组织的契约以提供议程设定的权威。

争端解决 各国也会将权威授予国际组织以解决其间的争端。由于国际互动日益受到规则的支配(Goldstein et al. 2000),因而以第三方代理者解决争端的方式也相应地增加了。这类仲裁性代理者在确保合作的社会收益方面是重要的——而且正是这种合作有助于解释国家为何首先授权这些代理者。

大多数国家间争端的主要问题是,委托者之间契约的不完备性。尽管我们在理论上有可能考虑所有各种可能的未来事态,而且事前商议缔约方的责任与适当行为，但是在实践中，大量未来的条件在谈判中是考虑不周的。（参见 Williamson 1985）反过来，在契约条款问题上对未来冲突的预期抑制着合作。

当契约不完备时，委托者会授权一个代理者，从而降低其未来的交易成本并且确保合作。这个代理者有权裁决各方争端。委托者事先达成一致而将争端提交仲裁性代理者，选择（或创设）那些被认为公正的代理者。更为重要的是，这些代理者拥有高度的自主性，如奥尔特在本书中所证明的。如果代理者根据相关规则之外的其他任何东西有偏见地或勉强地裁决争端，那么缔约一方或双方可能无法接受这种代理者。委托者自身在契约的内涵方面存在着分歧，所以它们无法指示代理者确切地裁决争端。因此，委托者费尽周折地选择（或创设）具有相对较高自主性而且公正的代理者。在一些情况下，特别是在宪法法院中，委托者并不是创设一个让这些委托者能够授予与撤销权威的代理者，而是一个被永久授权的受托者，如奥尔特在本书中所指出的。（也参见 Grant and Keohane 2005）然而对于代理者与受托者而言，授权的目的是一样的。代理者的自主性增加了一种可能性，即在未来对一些不可预见的问题的争论中，单个的委托者可能会反复"获胜"与"受损"。这有可能使协定在"风险中立"的基础上取得进展。

尽管如此，委托者仍然以各种方式寻求约束其仲裁性代理者，包括明确阐明其协定的意图——因此规定争端解决适用的原则——在程序、证据的类型以及辩论的形式方面达成共识。尽管代理者拥有相当大的自由裁量权，但是委托者并不准许代理者有随心所欲地裁决争端的自主性。如果委托者已把过程设计得相当好，那么代理者的决策将会反映协定设计者的一般意图，即使设计者们在特定例子中的细节方面有着分歧。

可信度　各国将权威授予一个国际组织，或修正现有国际组织的契约以提高其政策承诺的可信度。(Martin 1992a; Stone 2002)可信承诺的问题往往产生于经济学家所称的时间不一致性(time-inconsistency)问题——符合政治行为体长期利益的行为或许并不符合任何特定时刻的利益。例如,尽管长期来看,一项均衡预算有好处,但是在任何时刻政治家有满足其选民需要的动机,以赤字开支提供更多服务与更少的税收。当议题强加以集中成本而且分散收益时,可信度问题也会产生,如波拉克所主张的。例如,欧盟的竞争性政策损害了生产者,从而产生了可信度问题,因为生产大国受到规则的影响。

委托者将政策授权给具有高度自由裁量权、往往更极端的偏好的执行性代理者,从而缓和这些问题。所以,代理者借助自己的手段把政策推向可预期的方向。为了成功地确立政策的可信度,委托者必定是有代价地撤销其对代理者的授权或推翻其具体决策。否则,任何事物也不会妨碍委托者按照其长期利益行事,但是委托者会屈从于短期诱惑。成本会产生于问题之间的联系,因此政策中某一个方面的收回也预示着其他方面的失败。他者(如国际投资者)将收回本身视为政策即将变化(或许回到更加通胀的货币政策中)的迹象,而且消极地应付(增加了国家借贷的成本),从而也会强加以各种成本。欧洲中央银行旨在反映德国相对保守的金融偏好,是一种授权执行性国际组织以解决时间不一致性问题的例子。法语区的西非、英语区的东非的货币区是由于相似的原因得以通过的。(参见Cooper 2004)

“锁定”(造成政策偏差)　政治决策往往造成赢家与输家,但是政治不确定性是十分普遍的;今天的赢家或许是明天的输家。如果政策赢家想在未来继续获胜,那么会以授权的方式偏爱对自己有利的政策。在国内政治中,政党轮流执政,制定不同政策,从而代表着不同的利益联盟。在国际政治中,各国兴衰,迫使重新谈判一个相比以前更加(或不太)有利的协定。(Powell 1999)当然,这两个领域相互影响;国内联盟寻求以国际协定的方式锁定其国内收益。(Moravcsik 2000)

在美国政治中,这是广泛讨论的官僚“锁定”效应。如莫(Moe 1990:213, 222)所指出的,大多数政治制度“产生于结构性选择的政治。在这些选择中赢家运用其暂时对公共权威的控制来设计新结构,而且将其强加于整个政体”。麦克诺尔加斯特(McNollgast 1987)证实了行政程序法已被用于建构官员的动机,使当前政策受益者免受未来变化的影响。相似的是,在一些种族分裂的社会中业已确立的协商式制度,锁定了特定时刻的种族权力的平衡,反过来将权威授予精英。(Lijphart 1977)国际社会授权联合国安理会以捍卫国际和平与安全。第二次世界大战的主要战胜国拥有常任理事国身份。这有助于锁定1945年已经存在的国际均势。

与仲裁性或追求可信度的代理者不同,这类政策倾向性的代理者并不必需要过多的自由裁量权(尽管它们或许有自由裁量权)。相反,委托者精巧地制定难以被撤销且细致的法令以确保其效用,或者建构投票规则以此确保规则制定时执政者的持续性主导地位。例如,莫劳夫奇克认为,动荡的民主国家的精英创设了欧洲人权法院(ECHR)以确保民主,而且使未来政策影响那些试图攫取政权的独裁精英。当然欧洲人权法院拥有自由裁量权,但是对于委托者而言,更为重要的是其保护某种人权与决策规则的法令。这些法令有助于确保那些真正致力于个体权益的人员任职法院。(Moravscik 2000)尽管这个逻辑是合理的,但是戴伦·霍金斯、韦德·雅各比在本书中强调,代理者的不利决策的成本相当高,因此在实践中各国非常谨慎地授权法院,尽管它们具有锁定政策的强烈动机。

偏好的异质性

授权的收益促使各国有条件地授权国际组织,然而它们决定不了结果。相反，收益与各国的偏好、权力相互作用，从而影响着授权的可能性与程度。

各国不可能具有共同的目标与政策偏好。在协调性困境中，各国在很大程度上对其他均衡无动于衷。或者在社会非传递性所困扰的集体决策困境中，授权是一种克服政策差异的手段。除此之外，授权往往需要各国在决定有条件地授权之前解决其政策冲突，然后有效地指示代理者按照其意图行事。因此任何国家集团的偏好的异质性越大，它们越不可能授权国际组织。相似的是，它们的偏好越不那么相似，各国越不可能修正现有的授权关系。(Nielson and Tierney 2003a; Lyne, Nielson, and Tierney，本书)授权关系的修正可能会产生政策变化，因而国家偏好的异质性越大，那么一个或多个成员更可能宁愿维持现状而不是所提议的结果。这有赖于制度性决策的规则，允许各国否决任何对授权关系的提议性修正，从而赋予代理者更多的自主性。(参见 Cortell and Peterson, Thompson, and Martin)

制度性规则、权力与授权

除了政策偏好之外，各国也关心国际层面的制度性规则如何将国家偏好汇集成政策及其对代理者国际组织的控制。制度以不同方式汇集着政策。(Rogowski 1999)例如就美国政治而言，投票者选举地方层次的代表、州层次的议员、国家层次的总统。并不奇怪的是，众议院、参议院以及行政人员在许多政策问题上都有不同的居中偏好或“理想点”，尽管它们在选举上与同样的投票者有联系。相似的是，欧盟、部长理事会的代表性投票者由国家层次的政治制度产生。相比之下，欧洲议会议员由投票者直接选举产生。规则不仅确定着投票的选区，而且支配着集体委托者(collective principlas)的决策方式，也告知(或不告知)在存在多个委托者(multiple principals)的情况下，对不同成员国之间潜在的冲突性指示的解决方式。[9]一般而言，需要批准一项行动的国家越多，那么代理者的自主性越大。至于偏好的异质性，需要得到广泛支持的决策规则可能会阻止授权并增大代理者的自主性。科特尔（Andrew Cortell）与彼得森（Susan Peterson）、莱恩、尼尔森与蒂尔尼都详细阐明了这个逻辑，表明汇集诸多偏好的不同规则如何导致对代理者行为的不同预测。

制度性规则至关重要，因而它们也与不同国家的权力相互作用，从而影响授权的结果。如上述决策树所描述的，各国衡量自己的能力，通过单独行动或借助国际组织而实现其目的。大国以自己的影响力与能力能够如愿以偿。因此，它们有更具吸引力的"外部选择"，而且如果它们这样做能够更有效地实现自己的偏好。（参见 Gruber 2000）当制度性规则未能恰当地反映权力分配时，大国更愿意选择在制度外单独行动。大国与立场相近的国家组成"极小多边"（minilateral）集团，或与其所能够控制的弱国合作。2003 年伊拉克战争中美国总统乔治·布什的"意愿联盟"（Coalition of the Willing）是个极其显著的例子。

当制度性规则反映权力分配时，大国更愿意选择在制度内行动，授权国际组织从而收获上面所讨论的授权收益。如布罗兹、霍斯在本书中所建议的，美国或许乐于通过国际货币基金组织而行事，因为国际货币基金组织加权的决策规则使其会回应美国的关切。大国按绝对价值来计算也可能是大的，因而授权的绝对收益是相当重要的。[10] 当然授权的收益越多，规则与权力之间的差距越大，那么大国很有可能默许，仍然授权于国际组织。如果国家缺少国际影响，那么它往往会支持授权，因为它无法单独地影响国际结果并享有上面所讨论的授权收益。制度性规则不会恰当地反映国家间的权力分配。在这个意义上，规则很有可能提高这些国家对世界事务的影响。例如，在联合国大会上大小国家都有一个投票权。[11] 弱国往往更倾向于更多的授权，因而支持或反对授权国际组织的动力往往来源于国际体系中更强大的国家。

因而在选择授权国际组织时,现有的制度性规则是重要的。科特尔与彼得森在其章节中阐明了这一点。同样重要的是,权力与制度性规则之间的契合度越大,大国越不太可能授权国际组织。由于权力是不断变化的,而且制度是不灵活的,变化缓慢的,因而这很可能是国际合作与授权的重要障碍。

总结

对国际组织的授权具有许多重要的收益。国家受益于专业化,获得政策外部性,促进集体决策,解决争端,增强可信度,而且锁定政策偏差。这些收益越大,各国越可能授权国际组织。相似的是,收益越多,国家在收回授权或重新谈判代理契约之前越能容忍代理损失。反过来,授权国际组织也很可能会提高国际合作。

然而尽管授权具有潜在的收益,但是国家至少面临着两个障碍。各国的偏好越多样,它们越不太可能达成一项共同政策并授权国际组织。(参见 Martin and Lyne, Nielson, and Tierney,本书)同样的是,由于权力分配与制度性规则各异,因而国家不太可能授权国际组织。对于授权的决策而言,最强大的国家是至关重要的,最可能支持对国际制度的授权,以恰当地反映其全球性影响。由于同样的逻辑,各国偏好的异质性越大,制度性规则与各国的权力越相异,那么在放弃当前的契约或代理之前各国所能接受的代理损失越少。

授权的结构

在任何一种授权中,授权的收益与代理者机会主义行为所产生的代理损失之间存在着一种权衡。代理关系的结构——授权的形式——意在应付这种权衡,以与代理者动机相一致的方式使委托者的利益最大化。在这部分，我们将考察代理者的动机，以及委托者如何设计制度以将这些动机与自己的利益结合起来。

代理问题

委托—代理理论的关键是一种假设，即代理者追逐自己的利益，受到委托者所强加的约束的影响。（Kiewiet and McCubbins 1991：5）换言之，代理者是机会主义者，因而威廉森（Williamson 1985：30）将其界定为“欺诈性地追求自身利益”。由于委托者与代理者的偏好几乎不会完全结合在一起，因而各方利益之间的冲突是自然的，或许是必然的。（Kiewiet and McCubbins 1991：24）委托者试图控制其代理者的行为，但是不能完全控制而且还有一些代价，必然承担代理损失。代理损失在某种程度上是代理关系所内生的，在程度上存在着差异。相对于可行的方案，代理损失越多，国家越不太可能授权国际组织或与国际组织维系着关系。

代理问题的两个特征是关键性的。第一，对于代理懈怠而言，某种程度的环境不确定性一定会使委托者难以评价代理者的努力。[12] 如果不确定性存在着，那么委托者仅能观察结果，推断代理者行为所产生的后果。在完全确定的世界中无论多少代理者试图混淆，代理者的行为最终也会众所周知。但是如果不确定性存在着，那么委托者只能费劲地了解，一个结果的产生是由于代理者的努力，还是由于某种外部“冲击”。如果委托者观察到差强人意的结果，那么这个结果无法确定无疑地表明，这是否是代理者懈怠或者某种不幸事件的产物。在代理懈怠的情况下，代理者应该受到处罚。不幸事件干扰了真诚的代理者的最佳努力，但不应受到惩罚。相反，如果委托者收到心满意足或比预期还要好的结果，那么这种结果不能表明这是勤勉的代理者出色努力，或懈怠的代理者“机遇”的产物。这是无力区分政策成功与失败的原因，在某种程度上约束着委托者起草最优契约,以控制代理者(如下)。

第二,对于隐藏行动与信息的委托者而言,代理者的专业化加剧了两个问题。(Kiewiet and McCubbins 1991:25)如果委托者必须了解代理者所知悉的一切,而且观察代理者的一切行为,那么专业化的收益会因此减少。在极端情况下,如果委托者具有完备的知识与监督,这几乎好像是委托者自己执行任务。专业化是授权代理者的动机之一。在这种意义上,代理者未能公开或许有益于委托者的行为或信息,从而机会主义地行事。专业化也往往抑制委托者以与其他代理者订立契约相威胁的能力,委托者能够将这种能力视为一种规训的手段,以控制第一个代理者。因此,专业化程度越高,代理者懈怠的机会越大。

代理者的性质

在“雇用”代理者时,委托者能够创设自己的代理者,因而从零开始建构自己设计的组织,或从愿意担当代理者的现有组织中选择。如果委托者从现有代理者中选择,那么这会避免重新开始的代价。但是现有组织并不是无限多且多种多样的,因而委托者无法找到一个理想的代理者。当然理想的代理者会完全反映委托者的偏好,优先执行其所指定的任务。当委托者必须决定是否重新授权现有代理者时,这个问题是复杂的。如果委托者摆脱与现有代理者的关系,那么这会产生成本,但是会与颇成问题的代理者重订契约。

在国际组织文献中,代理者的特点并未受到充分的关注。分析者往往假设,委托者设计代理者,因而代理者并没有独立的影响。他们也会假设,委托者以选择与监督机制控制着不利的代理者的特点。然而鉴于代理者数量有限以及创设新代理者的成本,代理者的“外生性”特点很可能是至关重要的,如霍金斯与雅各比在其章节中所认为的那样。(也参见 Moe 1990)这不是个授权国际组织的问题,而是所有授权所固有的问题。不过尽管国际组织近来发展迅猛(Shanks, Jacobson, and Kaplan 1996),但是现有国际组织相对有限的数量使这种约束更加突出。创设新代理者的成本越大,"理想"偏好、代理者的设计与现有代理者的特点之间越相异,那么对代理者的控制会越难,控制机制的成本会越大,而且代理者的自主性也会越大。接下来的数章会阐明这个主张,也强调代理者的一系列特点。科特尔与彼得森认为,相比于国内官僚所任职的代理者,国际公务员所组成的代理者很可能更具自主性。奥尔特(Karen J. Alter)认为,作为代理者的法院很可能展示出更大的自主性。对于古尔德(Erica Gould)而言,代理者任务的差异是代理者自主性的主要根源。霍金斯与雅各比认为,代理者拥有许多有效的战略,以使自己更具自主性。

委托者预料到这些增加授权成本的问题。因此,委托者应该细致地考察代理者的特点,在没有找到合适的代理者时不要授权。对此,霍金斯与雅各比认为,委托者往往拖延向欧洲人权法院的授权,却试图弄清法院的偏好。汤普森认为,各国授权联合国安理会是由于其偏好的异质性,反过来,安理会未能授权美国是由于对美国意图的关切。马丁发现,当国际货币基金组织人员的偏好反映委托者的偏好时,各国会更多地授权予它。莱恩、尼尔森与蒂尔尼认为,尽管有诸如此类的甄选努力,但是国家有时在选择其代理者时会犯错,因而尝试着改革其代理者(如美洲基金)或撤回授予的权威(如美洲开发银行)。委托者国家的这些事后措施,主要关注授权关系中的控制机制。

控制机制

委托者有 5 种控制其代理者的重要机制。广而言之,委托者尝试着架构事前代理者的动机,以至于事后如实地践行委托者的期望是符合这些代理者的利益的。因而授予权威的形式并不是给定的或固定的，而是代理关系所外生的，并且在很大程度上是由委托者所设计的，以使代理者的机会主义行为被减到最少。然而代理者无法预料每种偶然——特别是当代理者获受广泛的自由裁量权或委托者的利益本身随着时间而改变时。委托者用以控制代理者的机制是国内政治文献广泛研究的主题。由于我们没有发现国内控制机制与国际控制机制之间的重要差异，因而这个回顾是简要的。

规则与自由裁量权。委托者与代理者之间的契约具体规定了授权的范围、代理者执行任务所需的工具、代理者运用这些工具时所遵循的程序。（McCubbins and Page 1987：412）契约的本质反映着许多考量，但是契约往往被描述为沿着规则与自由裁量权的一个维度而变化。

一方面，委托者能够为代理者确定详细的规则，以执行其责任。在以规则为基础的授权中，委托者授意代理者其行事的方式。规则的使用在某种程度是授权目的的作用，但是它经常是一种约束代理者的机制。以规则为基础的授权一般会减少专业化的收益——委托者必须花费时间并付出努力熟悉任务与起草规则——并减少灵活性，因为牢牢受到约束的代理者无法有效地回应不可预料的环境变化。由此，以规则为基础的授权相对是无效的，仅当委托者难以其他手段控制代理者时才会授权。世界银行是个例子。直到 20 世纪 80 年代中期，成员国才赋予世界银行以广泛的自由裁量权。当时世界银行执行董事会的获胜联盟支持更多的环境保护，导致偏好发生了根本性变化。在数年间，美国所领导的联盟试图对世界银行施加特别威胁与事后制裁，但是未能确立新的均衡。最后，执行董事会设计了新规则与制度，现在更牢牢地约束着代理者。国际组织契约的这些变化事实上是颇具代价的，包括以规则为基础的授权。（Nielson and Tierney 2003a）

另一方面，委托者阐明其目标，并委托代理者断定如何最佳地完成其受托的使命。在以自由裁量权为基础的授权情况下,代理者的决策角色得到了极大的提高。当不确定性极大,因此灵活性是必需的而且是有价值的,或者任务需要只有代理者才拥有的高度专业化的知识时,自由裁量权最为有用。(Cooter 2000:94)当委托者拥有异质性的偏好但并未如此极端以至于损害授权的收益时,自由裁量权也是有用的。与其磋商一项最终的政策,或产生潜在的大量交易成本,委托者宁愿让代理者断定在何处确定政策,以至于一群不如意的委托者无法使其无效。(McCubbins and Page 1987:418)但是由于这些相同的原因,自由裁量权为代理者的机会主义行为创造了更多的机会。在本书中,奥尔特、霍金斯与雅各比发现,司法代理者利用其高度的自由裁量权而获得自主性从而产生懈怠。

监督与报告的要求。委托者运用事后监督与报告的要求,以公开代理者行为的信息。这些需要往往由授权契约所具体规定。最重要的差异是"警察巡逻"与"火警警报"。前者意指委托者对代理者的直接监督以鉴定渎职行为,然而后者依赖于代理关系之外受影响的一方以懈怠的证据引起委托者的关注。(McCubbins and Schwartz 1984)火警警报往往是更有效的,因为委托者无需耗费资源来寻找或许并不存在的懈怠行为。火警警报可能也更有效,因为深受代理者伤害的各方往往具有公开那些逃避与延误行为的强烈动机。我们会在欧盟看到警察巡逻与火警警报的两种机制。警察巡逻在欧盟"专家委员会"中显得更加突出。《单一欧洲法》具体规定了各种咨询、管理与监管委员会以监督欧盟委员会所涉及的所有领域。作为有效的火警警报,受害方能够在欧盟法院对欧盟委员会的任何行为提出异议。(Pollack 1997; Tallberg 2002b)

甄别与选择程序。委托者选择与其偏好相同的代理者,以减少懈怠行为。委托者以此寻求那些很可能在直接执行任务时恪尽职守的代理者。甄别与选择发生在领导与代理的层面。在国内政治体系

中，多数派往往选择内阁部长与机构负责人以反映自己的观点。在国际组织中表现出了相似的领导选择过程。（参见 Kahler 2001；Wade 2002）委托者选择颇有偏见的制度代理者，或者付出一些代价从而创设具有明确政策偏好的新代理者。不管怎样，委托者试图选择，会自然倾向于起到委托者自己实施政策效果的代理者。通过选择一个意气相投的代理者，委托者可以授予他更大的裁量权，且运用不太具代价的监督机制，但却仍能使代理懈怠最小化。

然而代理者具有歪曲其真正偏好的动机。因此，当选择代理者时委托者面临着逆向选择的问题。在国际关系中，甄别与选择机制相当脆弱。如上所述，尽管国际组织发展迅速，但是相比于国内领域，国际组织的数量相对仍较少。各国愿意授权最有利的国际组织，这种行为时常以“择地行诉”（forum shopping）而著称。然而合适代理者的范围仍然有限。重新创设具有意气相投的偏好的国际组织的做法往往是代价颇大的。如霍金斯与雅各比在本书中所指出的，代理者数量有限的这个问题能够导致授权的抑制因素以及代理者自主性的更大空间。

此外，国际组织的领导者人选往往以不完全竞争的方式产生，而且往往难以开除，从而限制了委托者在任何时候可利用的选择。例如，由于创始国不成文的协议，国际货币基金组织总干事总是欧洲人，然而世界银行行长总是美国人。联合国秘书长以轮流的方式在地区候选人名单中产生。这些规则限制着职位竞争，致使委托者无法从许多候选人中进行选择，或许还会产生不代表组织的中间成员（the median member）的代理人。近来保罗·沃尔福威茨（Paul Wolfowitz）当选世界银行行长，就是一个明显却典型的例子。成员国无法在任命南斯拉夫战争罪法庭公诉人的问题上达成一致，耽搁了审判一年多，并最终作出了软弱无力的选择从而进一步推延了审判。

制度性制衡。委托者也能够架构代理关系，以便使这种关系包含制度性制衡从而限制代理者的机会主义行为。在单一组织中，授权机构以至少在某种程度上反对指令的做法促成了制衡（如在公司中生产管理者负责产量最大化而且生产控制者负责生产成本的最小化）。作为对失控的国际法院的担忧，国家在国际刑事法院（ICC）细致地设计了一系列保障措施。法官制衡公诉人。一系列更为完备的审判制衡着法院最初的裁决。联合国安理会制衡着公诉人与法官。国家亲自认真追究案件，从而制衡法院。

委托者授权一个以上的代理者或雇用具有重叠指令的代理者，从而形成制衡。代理者之间的竞争有助于向委托者揭示出执行任务的真正代价、代理者的偏好等等。尽管人浮于事会减少专业化的收益，但是这或许也会向委托者提供更多、更好的信息。地区开发银行的权限与世界银行的权限相重叠，而且银行往往在项目与国别放款量方面存在着竞争。在结构性调整贷款方面，世界银行与国际货币基金组织日益成为竞争者。

制裁。最后委托者能够因令人失望的行动而惩罚代理者，因预期的行为而奖赏代理者。委托者的这种胡萝卜加大棒的方法能够适用于个体与官员，从而诱导预期的行为。委托者往往以增加预算与缩减预算的方式制裁代理者。成功完成任务的代理者会获得更多的预算，使得个体可以更容易地完成其工作或监督更多获得补偿性收益的人员。如果代理者失败了，那么委托者将会以更少的预算以示惩罚，甚至完全取消。布罗兹、霍斯在本书中认为，美国出资的数量促使国际货币基金组织保护美国货币—中心（money-centre）银行对发展中国家的贷款。在这种情况下，国际货币基金组织似乎回应了其集体委托者中最重要成员增加预算的需要。

委托者以不同组合的方式利用这些控制机制以实现其目的。在一些情况下，代理者的可用性决定着组合。当代理者的偏好特别难以辨别时，委托者很可能起草更为广泛的规则，利用更为严格的监督安排，创设不同的代理者或运用威力更大的制裁。授权的目的也很可能影响着组合。例如，当授权用以提高委托者政策的可信度时，相当大的自由裁量权必须赋予代理者，而且有形的制裁会产生相反的效果。既然它是代理者独立及其更加极端的偏好，那么委托者对代理者的任何公开控制实际上会减少可信度。同样的是，争端解决需要以"巧手"控制代理者。在这些例子中，过多的控制会破坏授权的目标。但是在所有例子中，理论表明控制机制是有意设计的，而且用以使代理懈怠最小化。

控制机制是有代价的，而且是不完善的。既然资源是稀缺的（在经济学意义上），那么委托者从未以充足的时间或努力完全控制代理者。代理者总是拥有一些自主性。如古尔德在其章节中所表明的，委托者更难为国际货币基金组织的一些任务设计控制机制。并不奇怪的是，国际货币基金组织在更难以监督的领域拥有更多的自主性。奥尔特认为，委托者所设计的许多控制机制并不适用于国际法院，而且国家必须找到其他制衡法院的方式。尽管委托者作出了最大的努力，但是代理者是否会将自主性转化成懈怠，取决于代理者的偏好与战略。

传统上，委托—代理方法关注代理懈怠问题，将其视为不完全控制的产物。然而懈怠并不意味着授权已失败或其并不是国家行为的最佳方案。(Gould 2003)相对于授权的收益、国家可用的最佳方案，懈怠是唯一有意义的。授权的收益越多，那么国家越能容忍代理懈怠。由此，如果懈怠被观察到，那么委托者可能会收获相抵消的收益。委托者加强监管，总是能够减少懈怠，但是这需要时间、关注与专业知识。国家选择授权与控制机制的程度以使其整个收益最大化，而不仅仅使代理懈怠最小化。

作为行为体的代理者

懈怠可能是代理者自主性的一种结果，然而我们希望关注一种可能性，即代理者或许运用其自主性影响委托者的未来决策。“懈怠”的术语没有完全描述出这种结果。当代理者的数量较少或代理者拥有重要的专业知识时，代理者能够游说委托者从而获得更多的权威与资源，与委托者针对契约的条款进行磋商，甚至利用其资源与知识影响委托者的偏好或战略。在本书中，汤普森认为，作为各国的代理者，安理会提供了美国在伊拉克战争中意图的信息，从而帮助了这些国家。霍金斯与雅各比认为，欧洲人权法院影响着国家的人权政策与偏好。此外，当代理者面对复杂的委托者时，它们会使成员国彼此反对，因而增加其行动的范围或减少委托者的选择集。（参见 Lyne，Nielson，and Tierney，本书）这往往是美国行政代理者的情况，在欧盟与国际货币基金组织中我们发现了国际社会中的类似案例。（分别见 McNollgast 1987；Pollack 1997；and Martin，本书）

代理者也寻求提高自身的自主性，说服国家授予更多的权威或实施更少的控制。代理者向国家展示其过去的成功——或运用自己的资源游说成员国政府官员——以便能够受托新的任务从而消除建立新国际组织之必要。代理者以此劝说国家授予新的权威与资源，而不是国家单边行动，进行没有授权的合作，或授权新的国际组织。当授权给一个颇具竞争力的国际组织的任务增加时，授权的单位成本会减少。在本书中，汤普森、霍金斯与雅各比都以形成鲜明对比的结果考察了那些从委托者手中寻求授权与自主性的代理者。在汤普森所撰写的章节中，美国并未成功地劝说安理会授权给它，然而欧洲人权法院却成功地促进了进一步的授权并获得更大的自主性。

作为代理者的国际组织运用自身自主性而影响委托者的过程是新功能主义的核心观点。在新功能主义者看来，代理者运用自主性以功能外溢、政治外溢以及提升共同利益的方式扩展自己的影响。（Burley and Mattli 1993）然而如皮尔森（Pierson 1996）等学者所意识到的，代理者更多的自由裁量权往往是其影响委托者所必需的。特别是，代理者能够在渐进过程中获得更多的自主性。注重短期关切的成员国、无处不在的意外后果，以及成员国政策偏好的不稳定性驱动着这个渐进过程。一旦代理者获得足够的自主性，那么由于制度性障碍，委托者难以取消授权，例如改变现状需要全体一致或绝对多数票决。如果我们考察代理链中优先的联系，那么这个制度性停滞(institutional stasis)的逻辑变得更加明晰。由于社会团体的利益与对代理者更多的授权相冲突，因而社会团体游说政治领导人保留或放弃对代理者的更多影响。例如，欧盟有助于服务于大工业家与投资者的利益，然而世界卫生组织却很少服务于发达民主国家社会团体的利益。因此，我们不应该惊奇地认为，相比于世界卫生组织，欧盟委员会更成功地将自主性转化为更多的授权。(参见 Cortell and Peterson，本书)

总而言之，代理者自主性、懈怠及其影响力的变化，对国家授权的意愿、授权机制与形式、现有授权契约的重组产生极为重要的影响。分析者应该更关注这些变化对授权结果的影响。

本书的计划

简而言之，我们从狭义上界定委托—代理关系，以将授权与横向的战略互动区分开来。这个狭义的概念短期来看促进了可验证的假设，长期来看促进了切实可行的研究计划。此外，我们将区分授权国际组织与单边主义、合作。当假设何时授权及其授权形式的时候，记住这些可选方案是至关重要的。

我们也得出最初的猜想，对最初的授权决策以及现有授权契约的重组具有显著的意义，而且提供一系列例子以证明这些观点。这些最初的假设将以委托者、代理者的视角考察授权。委托者盘算或重新磋商授权的条件，然而代理者会接受授权契约。本书的其余章节将探讨这些洞见，从理论上挑战与拓展它们，并且提供经验性基础。

委托者特点的差异

本书各个章节以其中一个概念评价委托—代理理论，尽管一些章节也涉及其中两个概念。第一个概念性尝试考察委托者一些特点中的外生性差异(发生于不同的案例或时间)。这些变化会导致代理者行为、权威或任务，或者控制机制产生可观察到的变化。本书作者探讨了委托者的 4 个重要特点(重要的独立变量)，以此假设其对代理者行为、权威或控制机制的影响。

委托者的偏好。许多章节认为，委托者的偏好决定着契约的设计、控制机制及其代理者随后的行为。同时，对于哪些委托者以及哪些偏好比较重要的问题学者们也有重要的分歧。莱恩、尼尔森与蒂尔尼认为，委托者偏好的变化会诱使代理者行为的变化，即使委托者重订契约或施加控制机制。只要有有效的控制机制，一个反应型代理者(a responsive agent)应该预知委托者的利益并相应地调整行为。他们发现，20 世纪八九十年代成员国的偏好更加强调社会保护，因而多边开发银行为此发放更多的社会贷款——但是仅当支持这种偏好的强大联盟出现在集体委托者中时。当国家以信托基金的方式授权时，它们往往缺乏必要的控制机制，以控制多边开发银行的行为。因而在 20 世纪 60 年代美国授权美洲开发银行的例子中，当代理极为懈怠时，它们的唯一选择是退出或极大地限制授权。布罗兹与霍斯认为，委托者的偏好影响着代理者的行为。然而莱恩、尼尔森与蒂尔尼主张学者应该避免仅仅关注一个成员国或成员国所组成的小集团的倾向。布罗兹与霍斯强有力地证明了，集体委托者中一个成员国的偏好的确影响着代理者的行为。他们发现，国际货币基金组织向从美国银行贷款的国家提供了更多的贷款，反映了美国国

会的影响。对于布罗兹与霍斯而言,作为国际货币基金组织委托者的美国国会的偏好,基本上受到货币—中心银行的偏好的塑造。货币—中心银行是委托—代理关系之外的行为体。

米尔纳认为,委托者的偏好强烈地影响着代理者的行为,甚至在美国选民与国会是否单边或多边地分配发展援助这种不太常见的案例中也是如此。像莱恩、尼尔森与蒂尔尼一样,米尔纳关注委托者的实质性偏好,在这一案例中是选民对相对利他的发展援助的偏好。她发现,随着选民日益怀疑对外援助,美国国会相应地分配相对更多的多边援助。

信息的需要。马丁、波拉克与汤普森都认为,国家对更多与更好信息的需要影响着其与国际组织的关系。对于马丁而言,危机局势催生了对信息更强烈的需要,因此国家允许国际组织拥有更多的自主性。她发现,由于国家对信息的需要,国际货币基金组织人员的自主性因时间而异。波拉克认为,国家授权代理者以获得更好的信息以及创设更可信的承诺。像马丁一样,他假设委托者越需要信息与可信度,那么代理者的自主性越大。但与马丁不同的是,他发现在欧盟委员会中,自主性几乎与信息的需要无关,而是更多地与可信度、快速以及有效决策的需要相关。汤普森认为,成员国对有关干预的希求的信息的需要导致其授权安理会。

委托者的架构。莱恩、尼尔森与蒂尔尼也认为,委托者与代理者之间契约的性质会影响代理者的行为。当多个委托者分别与同一代理者订立契约时,结果很可能是更不确定的。相反的情况是,当代理者面对着由大量成员国组成的集体委托者时,这些成员国在同一个契约下协调地行动。当然这意味着集体委托者所拥有的制度能够有效地汇集偏好,诱导集体性的成员国之间形成稳定的联盟。

集体委托者内部的决策规则。科特尔与彼得森、奥尔特都认为,集体委托者内部全体一致的决策规则相比于多数表决规则(或授权大国的原则），为代理懈怠提供了更多的空间。全体一致的决策规则——允许每个国家拥有有效的否决权——会增加代理者所面对的选择，允许代理者选择更接近自己理想点的政策。另一方面，多数表决规则会更加严密地约束着代理者，因为这些规则更加有效地汇集成员国的偏好，而且集中权威。

代理者特点的差异

第二个概念性尝试考察代理者特点的外生性差异，预测委托者行为或其所采用的控制机制中可观察到的差异。如上所述，在委托—代理理论所适用的许多领域，大量潜在的代理者存在着，或者说创设一个新的代理者无需太多的成本。由此，委托者往往会选择或设计一个"理想类型"的代理者以符合自己的偏好而且很适合执行指定的任务。在这些情况下，代理者的特点似乎相对地不太重要。因而，这第二个概念性尝试在现有委托—代理文献中显得并不重要。然而在国际关系中，数量多或成本低的条件并不总是称心如意的。因此，我们有理由预计代理者不同的特点在授权及其后果中扮演着重要角色。在这个概念性尝试中，代理者的特点是独立变量，会产生委托—代理关系中可观察到的结果。数篇重要的章节辨别了 4 种重要变量。

代理者的偏好。如同委托者的偏好一样，许多作者认为代理者的偏好影响着委托—代理关系。霍金斯与雅各比、马丁都认为，当国家认同与自己偏好相同的代理者时，它们更可能授权。这个观点表明，国际组织的性质会影响国家授权的决策。当具有相同偏好的国际组织供不应求时，国家更可能自己执行任务而不是授权国际组织。

汤普森利用国内立法中授权委员会的文献，将联合国安理会视为一个代理者，由成员国或国际社会所雇用以甄别其他代理者（美国）为集体目标而使用武力的建议。如同国内立法委员会一样，联合国安理会居中的偏好及其偏好分配决定着安理会是否会为其他代理者的建议提供有用的信号。安理会的异质性偏好使其成为一个颇具吸引力的代理者,因而所有国家以此寻求信息。米尔纳也使代理者偏好多样化了,认为当委托者怀疑美国国会而且具有政治化的援助的偏好时,援助会被授权予更具利他偏好的多边组织。

代理者的任务或功能。代理者的功能或指定任务改变着契约的条款,以及委托者监督与制裁代理者的能力。奥尔特认为,国际法院往往承担需要大量自由裁量权的司法审查任务,致使委托者特别难以控制代理者。古尔德认为,作为委托者的国家更难以有效地监督国际货币基金组织的特定任务,特别是与借贷者磋商协定方面。因此相比于在那些任务易于监督的领域,国际货币基金组织在这些领域拥有更多的自主性。科特尔与彼得森认为,人员安排影响着代理者的自主性。在一个有趣的悖论中,汤普森表明美国等大国有时也是代理者,如当美国寻求安理会对侵袭伊拉克的眷顾时。美国寻求这种批准以表明其在预防性战争中的善意。

代理者的战略与渗透性。霍金斯与雅各比认为,代理者对第三方的渗透性也提高了代理的自主性,诱使委托者反对。如古尔德在本书中所表明的,当外部的行为体广泛地或优先地接近代理者时,它们能够促使代理者的行为趋向其特定的政策倾向。委托者往往设计契约,以此使这种优先接近的机会赋予外部的行为体。然而外部行为体的影响也会损害委托者的利益,从而诱使委托者试图限制第三方接近的机会或改变契约的条款从而使结果与自己的利益相一致。然而,代理者也有许多战略——针对委托者的控制机制——它们以此追求自主性。霍金斯与雅各比认为,其中最重要的是,解释(确定规则的新意义)和缓冲(在委托者与代理者之间设置障碍)。

当然后面的章节开启而不是终结了授权国际组织的研究计划。个别章节发展了一个或更多关于以上概念性的尝试与观点,但是没有个别或集体地为国际关系中委托—代理理论提供结论性检验。

本书的最后一章展望了授权国际组织的未来研究议程。莱克与麦卡宾斯分析了委托者如何知晓其代理者行为的问题。他们利用国内政治的新著，强调第三方通报者或“外部”信息来源的重要角色。他们指明了非政府组织在世界事务中的发展与重要性，表明这些组织在监督与推进授权国际组织方面扮演着关键性角色。因此，他们的论文成为本书各章之间分析性的桥梁。莱克与麦卡宾斯关注正式政府间组织及其成员国，以及有关非政府组织与跨国政治在国际关系中角色涌现的文献。

注释

1. 契约是“界定两个缔约方之间关系条款的自我实施的协议”(Lake 1996:7)。在垂直一体化的环境中向代理者授权的委托者是一个关系性契约中的极端形式。(Williamson 1985; Milgrom and Roberts 1992)

2. 军事指挥官或许命令其副官“拿下那个小山”，然而在具体战术方面留有相当大的自由裁量权。或者指挥官或许命令其副官中午发动直接袭击以拿下小山，留有不太多的自由裁量权。

3. 如果授权仅仅是行为体 A 能够影响行为体 B 所获回报的一种情况，那么几乎任何战略性互动会使 A 有资格作为 B 的委托者(通常亦然)。对如此广义的概念的接受将会使这一方法失去分析上的简洁性，致使分析者更加难以推导出可证伪的假设。

4. 在塔利班政权垮台之后，其他国家以提供军队、援助等方式而进行合作。

5. 当然国家也可能向私人公司、非政府组织或第三方国家而非正式国际组织授权。对于以相似的委托—代理框架运用于这些现象的研究，参见 Martens et al. 2002; Cooley and Ron 2002。在本书中，莱恩等考察了一个案例，即美国政府将一个国际组织代理者的权威转移到新成立的国内代理者，以试图使代理懈怠最小化。

6. 罗马会议上的美国代表明确地认为，创设如前南斯拉夫、卢旺达等大量地区法庭的交易成本太大，而且这些任务应该是以创设国际刑事法庭的方式加以巩固。参见 Scheffer 1997。

7. 例如，美国与苏联坚持要求在《限制战略武器会谈协议》《中程核力量协议》《削减战略武器会谈协议》中监督彼此，但是它们却愿意将重要的权威授予国际原子能机构以监督发展中国家的核计划。

8. 在美国政治背景下，基威特与麦卡宾斯(Kiewiet and McCubbins 1991)、考克斯与麦卡宾斯(Cox and McCubbins 1993)持有这种观点。他们令人信服地表明，授权有利于委托者的集体利益。

9. 关于集体问题者与多个委托者之间的差异，参见莱恩、尼尔森和蒂尔尼在本书中的文章。

10. 大国或许在提供公共产品方面构成了一个“特权集团”。参见 Olson 1965；Snidal 1985。

11. 帕克斯与蒂尔尼(Parks and Tierney 2004)证明，相比于多边发展银行的加权投票体系，联合国开发计划署、《蒙特利尔议定书》基金等更接近一国一票规则的多边机构，使弱国有能力更充分地实现其分配援助的偏好。对于国际组织中权力的衡量，参见 Strand and Rapkin 2005。

12. 对于不确定性的重要角色，参见 Furubotn and Richter 2000：ch.6。也参见 Koremenos，Lipson，and Snidal 2001。

第二部分　委托者偏好的差异、结构、决策规则、私人收益

第二章
谁授权？发展援助中的其他委托模式

莫娜·莱恩、丹尼尔·尼尔森、迈克尔·蒂尔尼*

导　言

对于分析一系列广泛的背景下的授权关系而言，委托—代理理论事实上是个强有力的工具。然而这个理论在国际关系中却裹足不前。传统观点认为，当国家授权国际组织时，作为委托者的国家在实现自身利益方面面临着特殊而且往往是难以克服的困难。在本章中，我们考察对多边开发银行的授权，探寻这些多边开发银行是否是守信的代理者。我们表明，国际组织研究中普遍存在的分析性捷径，导致研究者针对代理者国际组织的信实得出了误导性的结论。

---

* 由于其有益的建议与批评，我们非常感谢乔·鲍姆、比尔·伯恩哈德、劳伦斯·布罗兹(Lawrence Broz)、斯科特·库珀、约翰·法里约翰、杰夫·弗立登、埃里卡·古尔德、杰伊·古德利夫(Jay Goodliffe)、彼得·古勒维奇、戴伦·霍金斯、韦德·雅各比、罗伯特·基欧汉、戴维·莱克、詹姆斯·朗(James Long)、莉萨·马丁、埃里克·诺伊迈耶(Eric Neumayer)、布拉德·帕克斯(Brad Parks)、马克·波拉克、菲尔·罗德(Phil Roeder)、斯文·威尔逊(Sven Wilson)。因其研究帮助，我们也感谢杰西·格雷戈里(Jessie Di Gregory)、史蒂夫·卡普弗(Steve Kapfer)、乔希·劳德(Josh Loud)、丹·玛格莱比(Dan Magleby)、克里斯·米勒(Chris Miller)、里奇·尼尔森(Rich Nielsen)、克里斯·奥基夫(Chris O'Keefe)、菲尔·斯卡伯勒(Phil Scarborough)、杰斯·斯隆(Jess Sloan)。笔者特别感谢布伦丹·威廉斯(Brendan Williams)，因为他在案例研究中出色地进行了档案研究。

为了准确地评价授权国际组织通常是否会导致过分的代理损失的问题，分析者首先必须确定拥有授权权威的实际委托者。[1]这需要小心地留意正式制度性规则、委托者的架构及其偏好。在本章中，我们引入复杂性委托者(complex principals)的概念——由一个以上的行为体所组成的，单独或集体地授权于同一个代理者的委托者。对此，我们认为，当评价国际组织行为时，我们必须考虑这些共同条件。当我们使用那些在具体经验环境中更加准确地反映委托者架构的模式时，我们发现授权国际组织非常类似于对国内代理者的授权。在同样的条件下，国内代理者与国际代理者都会推卸责任，而且委托者运用常见的策略以企图控制代理者的不法行为。

我们的观点是简单的:分析者应该选择那些极好地反映真实世界的授权关系的代理模式，因为若非如此可能会导致对实证结果的错误解释。为了证明这个中心点，我们对美国政府单方面将对外援助的社会政策的管理进行授权的行为进行定量分析。美国政府先是将这一决策管理权授予美洲开发银行(the Inter-American Development Bank, IADB)的一项信托基金，后来又授权国内行政管理者——美洲基金(the Inter-American Foundation, IAF)。尽管从国际代理者向国内代理者的根本性转变，表明美国并不满意其最初对国际组织的授权，但是后来美洲基金的绩效显示出它并非更加守信的代理者。

我们表明，委托者美国的特定架构解释着两个代理者的低效。在美国总统制中，总统与国会都有以美国政府的名义授权的权威。如果这两个独立的委托者在授权条款上相矛盾，那么代理者会展示出与这些委托者的偏好并不一致的行为。我们得出结论，即便当一个国家授权国际组织时，采用单一委托者模式的做法也并不合适。如果政府是由两个独立的委托者所组成的，那么在评价国际组织代理者的信实时，分析者必须考虑这个由多个委托者所构成的架构的影响。这些定性案例强调，为了理解经验性难题，即我们观察或判断授权的成功或失败，分析者务必运用适当的委托者模式。

我们超越了单方面的授权，也考察更为常见的许多成员国对国际组织的多边授权。对此，许多分析者认为国际组织仅在名义上对所有成员国负责。对解释国际组织行为感兴趣的学者们认为，国际组织不会反映大多数成员国（特别是小国）的利益，或形成源自国际组织行为的内部文化，或回应自主性领导者的个人观点。（参见 Moravcsik 1998；Gilpin 2002；Barnett and Finnemore 2004；Sandholtz and Zysman 1989）我们并不质疑，大的成员国往往对国际组织具有更多的影响。我们也认为，官僚机构形成了自己的文化，而且魅力型领导者在特定情况下会促成变革并塑造国际组织的行为。

尽管如此，当概括毫不相关的特定成员国，或将国际组织行为的基本因果性影响归因于组织文化或魅力型领导者时，分析者应该小心谨慎。我们将正式决策规则视为有助于以可预测的方式约束授权结果的机制。此外，如果规则是有效的，那么甚至小国有时也会影响国际组织的行为。学者们往往假设，正式决策规则是附带性的。他们常常宣称，霸权国或大国所组成的小集团起草规则，而且决定着国际组织内行为的结果。在这些分析之前，如果国际组织的行为一点也不符合少数大国的偏好，那么国际组织的行为将被（我们认为，不准确地）解释为是不守信的。为了论述这些颇成问题的分析性与经验性捷径，我们进行了一系列系统性的定量验证，以决定多边开发银行是否遵循其委托者的偏好。如同以前的案例研究，我们表明分析者所选择的委托者模式极大地改变了对经验性结果的解释。如果我们准确地对委托者进行建模，那么这会更加确切地评价授权的成功与代理者的守信。

对国际组织代理者如何执行其委托者权威性指示的公正验证至少有两个前提。首先，分析者必须准确地对委托者的架构以及支配代理契约的决策规则进行模式化。(Cortell and Peterson,本书)我们认为,相比于更为常见的作为单一委托者或多个委托者的国家概念,授权多边开发银行的集体委托模式更加准确地反映了多边借贷问题中实际的战略互动。其次,公正的验证需要对委托者偏好进行系统性与可复制性的衡量,以及运用现有科学方法进行分析的大量案例。因此在多边开发银行的案例中,如果我们要准确地验证代理者对委托者偏好的遵约,那么我们需要考虑到执行董事会所代表的所有国家,系统地衡量每个国家的偏好,以及明确地对正式决策规则建模。这种正式决策规则将个别国家的偏好转化成集体偏好。在我们将自己关于复杂性委托者的观点置于经验性环境之前,详细地阐明其概念性基础是有意义的。

复杂性委托者

最简单的委托—代理关系涉及一个委托者与一个代理者。然而,当一个以上的行为体授权一个代理者时,我们所研究的就是一个复杂性委托者。在国内政治与国际政治中,委托者往往是复杂的。一个授权关系有一个或以上的委托者,而且委托者或是个体,或是包含一个个体以上的社团实体。仿效基威特与麦卡宾斯(Kiewiet and McCubbins 1991),当一个代理者与组织上独特的委托者签订一个以上的契约时,我们称其为具有多个委托者的授权关系。(Calvert, McCubbins, and Weingast 1989; Hammond and Knott 1996)复杂性委托者的第二种类型为集体委托者。在这种情况中,一个以上的行为体设计、管理与同一个代理者的共同契约。国内政治与国际关系中最常见的授权关系涉及集体委托者。选民授权政治家,立法者授权政党领导人,以及民族国家授权国际组织。在所有这些情况中,一组行为体先作出决定,然后与一个代理者磋商(或再次磋商)一个契约。如果这组行为体无法事先作出决定，那么它们无法改变现状。这同样适用于最初的雇用决定、再次磋商代理者的雇用契约的建议，以及新的权威性指示。在所有这些集体委托者的情况下，代理者与其集体委托者之间都有一个契约。

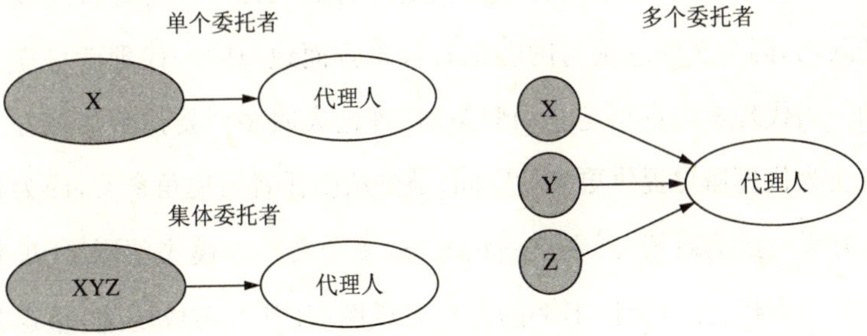

图 2.1 代理关系的类型

当分析国际组织时，集体委托者绝对是一个最为常见的委托者类型。无论我们研究世界银行、国际货币基金组织、联合国安理会或世界卫生组织，都需要多数或超多数成员国的集体决策以改变成员国与国际组织的秘书处之间的授权契约。一些国际组织的正式规则允许国家否决对现状的改变，然而国际组织几乎不会授权个别国家单方面地与国际组织代理者重新订立契约。集体委托者是国际关系中最为常见的，因而我们认为集体委托者模式应该常常被用以分析对国际组织的授权。

然而我们有充分的理由认为单一委托者与多个委托者模式也是备选方案。第一，国际组织内的决策规则有时的确反映了单一——或多个——委托者的情况。[2]第二，许多学者认为，任何国际组织中最强大的国家会支配着结果。这种立场意味着美国往往是许多当代国际组织中的单一委托者。第三，许多委托—代理模式产生于多个委托者模式十分发达的美国政治文献中，因而当在国际层面对结果进行解释时，有必要观察这类模式是如何运作的。因此，在本章随后的两部分中，我们阐明了运用不同委托者模式——单一、多个与集体——的意义，以解释相同的经验类型。

引人注目的是，弄清楚这些模式对于由经验性结果所得出的结论具有重要意义。在接下来的部分，我们基于先验概念认为，相比于单一委托者模式，多个委托者模式更符合美国社会性对外援助授权的政治，因为美国总统与国会都有权单方面地与同一代理者订立契约。当代理者负责制定一项政策时，理论表明多个委托者的偏好汇集会为代理懈怠提供更多的空间（至少从委托者的视角来看，因为其偏好无法成为政策）。[3] 在这些情况下，多个委托者模式预测，代理者会推卸责任，而且愤愤不平的委托者试图（往往并不成功地）重定其代理者。当多个委托者的偏好汇集时，同样重要的是，授权对所有委托者更具吸引力，而且选定代理者的努力会更加成功。（Nielson and Tierney 2003 a）单一委托者对同一案例的解释会得出（错误的）结论，即授权已失败。

此外，在本章的第三部分我们认为，对于大多数国际组织——多边借贷的多边开发银行——而言，正确的概念是集体委托者模式。如果我们将多边开发银行恰当地视为集体委托者模式，那么这表明授权常常会成功；如果我们将多边开发银行不恰当地视为单一或多个委托者模式，那么这会产生假阴性（false negatives）或复杂的结果。

由于这些独特的委托者架构对于我们如何使委托者偏好模式化以及契约的设计方式都有重要意义，因而这些结果会产生不同的解释。在多个委托者模式中，如果我们对代理者行为受到委托者的约束建模，那么这需要我们理解每个委托者独立的监督与制裁权力。在集体委托者模式中，联盟政治——受到汇集成员偏好的决策规则的推动——决定着指示及其与代理者契约的变化。随着我们经验地、先定性而后定量的研究，这些概念的内容日趋清晰。

美国社会性对外援助政策：单一委托者或多个委托者？

20世纪60年代，美国政府授权现有的国际代理者美洲开发银行，随后授权新的国内代理者美洲基金，都追求着相同的对外政策目标。因此，由于实质性问题与时间段是相似的，因而当评价国际组织代理者相比于国内代理者的信实时，这些案例将提供有益的比较。(见 Hawkins et al. and Milner，本书)由于美国仅是美洲开发银行的成员国，是其集体委托者之一，因而美国对美洲开发银行基金项目的影响往往被削弱了。然而为特定发展目的而设立的“信托基金”会允许捐助国通过多边代理者直接或单方面地汇集资金。[4]这种新型的授权契约使两个案例更具可比性。

设想美国为单一委托者

1960年，美国在美洲开发银行设立了社会进步信托基金(the Social Progress Trust Fund，SPTF)以资助小型草根社会项目，1964年初注资5.25亿美元。1967年5月，一份提交众议院外交事务委员会的报告，评估了社会进步信托基金所资助的项目。这份报告记录了美洲开发银行人员[5]许多极端的卸责行为。他们不愿与美国国际开发署官员进行协作。即使在这项研究之前的至少两年中，美洲开发银行已经发放了大多数项目基金，但是这些项目缺少任何实在的结果。这个报告认为，美洲开发银行“对美国政府负有正确与有效使用社会进步信托基金的责任”(US House Committee 1967a：43)。该报告建议，美国审计总署(the Government General Accounting Office，GAO)对此事进行全面评估。

由于社会进步信托基金乏善可陈的结果，美国政府采取了3项措施。第一，美国政府不再为社会进步信托基金提供新的资金：在

1961年初步拨款与1964年2月一次额外拨款之后,1964年4月美国宣布不再向社会进步信托基金提供新的资金。(US House 1964:4)任何未来社会进步信托基金的资金仅由借贷国之前贷款的偿还提供。第二,美国确立了自己对社会进步信托基金、所有其他信托基金明确的监管权。1967年11月,美国国会修正了《对外援助法》,为美国审计社会进步信托基金作了准备,以评价"资金管理的状况"(US House Committee 1967b:32, emphasis added)。第三,美国设立了国内代理者美洲基金,赋予其在管理美国资助的拉美小型发展项目中的领导角色。美洲基金日益得到授权,以管理那些以偿还贷款形式返还到社会进步信托基金的资金。

创设于1969年的美洲基金是"美国国会对对外援助进行广泛评估的产物",以"有助于修正以前美国对拉美援助项目的缺点"。立法赋予美洲基金与最初的社会进步信托基金特别相似的使命:实施小型草根社会发展项目。(US GAO 1982:1—4)社会进步信托基金的偿还贷款大概占美洲基金预算的一半,而且另一半来自美国国会的新拨款。(US GAO 1979:7)这表明,美国授权更加守信的国内代理者以实现同样的对外政策发展目标。

然而,在美洲基金成立之后,美国政府屡未监督美洲基金,也未加强对其选择受援人的控制,也没有鼓励美洲基金与美国其他机构之间所需要的协作。支配资金决策的标准在20世纪80年代初是饱受争议的。1981年一份传统基金会(Heritage Foundation)的报告指出,美洲基金资助了许多敌视美国的左翼与民族主义组织。随后,里根政府要求改革美洲基金。美国政府及其支持者认为,这些资助的选择是敌视私人企业内部文化的直接产物,更关注在拉美维系良好的形象而不是服务于美国纳税人。直到大多数里根的任命者控制美洲基金时,美洲基金理事(Members of the Board)才逐渐被取代了。这些任命者都公开批评美洲基金以前的行为。1983年12月,这一里

根所支持的多数派罢免了基金理事长，取而代之由一位被广泛视为更具商业取向且忠诚于总统的人士担任。（Omang 1985）

尽管美国强有力地致力于更好地审查受援者，以确保它们与美国政策及其实践相一致，但是 20 世纪 90 年代中期的事件揭示出美洲基金持续性的卸责行为。尽管美国驻厄瓜多尔大使先前警告过，但是 1997 年美洲基金所资助的集团公开威胁着美国商人。1997 年晚些时候美洲基金所资助的集团支持对绑架两名美国公民负责的集团。1998 年，美洲基金的受援者占领了阿根廷的教堂以抗议当地政府。（US GAO 2000；Ryan 2000）根据一名美国国会工作人员所称，美洲基金在厄瓜多尔的人员避免与大使的所有联系，寻求作为一个独立的非政府组织而行动，而不是作为美国政府的机构。（Lippman 1999；US GAO 2000）最后，美国政府官员深感愤慨，因为即使在这些极端情况下，受援者的契约也不会立刻终止，只是会基于最初的协定而到期。（Lippman 1999）美国官员得出结论，美洲基金没有充分的事先甄别程序，表现出对美国政府权威性指令的普遍蔑视。

除了无力加强对审查程序的控制之外，1982 年、2000 年美国审计总署的报告特别记录了美洲基金非常相同的过失——没有与美国其他机构协作，没有遵循已有的实地监督程序，没有记录与报告代理监督活动，也没有确保受援者遵守报告的要求。1982 年美国审计总署的报告评估了 66 个项目（占审计时期所批准项目的 41%），发现 29 个项目实现了目标，25 个项目在某种程度上实现了目标，然而 12 个项目完全没有实现目标，38 个项目并没有自给自足。（US GAO 1982：1，10）[6] 该报告发现，赠款基金“并非充分得以记账或控制，导致了误用与其他不当行为”，而且这些监查访视“遵循着无法识别的方式以确保对项目全面及时地进行报道”，并且“所需的报告往往是有过错的”。（US GAO 1982：ii，7）其最终建议是，“仔细规划监督活动以报道所有赠款活动”，“定期检查拖延报告的受援者”并且“确立

明确的操作程序”,以确保“与其他政府……发展组织积极进行定期的协调”。(US GAO 1982:17, 26)

2000 年美国审计总署的报告评估了 1999 年完成的 86 项赠款中 50 项的计划与财政记录,发现仅 10%的项目满足了所记录的年度监查访视的需要,而且仅 63%的情况满足了大使巡视与记录的需要。此外,美洲基金订约人所提交的必需报告仅涉及 50%的项目,而且仅 25%的赠款按时接受了财政审计。(US GAO 2000)尽管 1982 年的报告呼吁更多的协调、更好的监督,以及更加严格的报告控制,但是 2000 年报告依然建议美国总统“设立管理控制机制以监管对监督与审计程序的遵约”(US GAO 2000:4—5)。

这段历史表明,美洲基金对美国政府远不是一个完美的代理者。此外在管理社会进步信托基金方面,相比于美洲开发银行,美洲基金并不是一个更守信的代理者。在这两种情况下,委托者对资助项目的效用并不满意。代理者不仅没有监督项目,而且没有报告或与其他美国官员进行协调。此外,证据表明,相比于美洲开发基金,美国政府并不能确保在美洲基金中对受援者施行正确的审查或更好的监管以及协调。在大致相同的时间里,两个不同的代理者却有相似的指令。这些非常相同的历史使人误解了这种观点,即代理者国际组织必然不如国内代理者那样守信。我们如何能够更好地理解这两个不同代理者显而易见的低效呢?

美国政府内的多个代理者

当我们将代理者视为对竞争性与独立性委托者的回应时,我们对代理者守信的观点有了相当大的变化。由于美国政府部门能够不考虑其他部门的偏好(重新)与代理者订立契约,因而可预见的是不同委托者相互矛盾的命令显然导致了代理者的无效。至少委托者之间的冲突允许代理者更多地追求自己独立的偏好,相比于代理者对单一或具有相同偏好的多个委托者负责时。事实上，证据表明当国会与行政部门有着不同的政策偏好时，这会产生对国际组织与国内代理者的抱怨，而且致使随即重新订立契约。美洲开发银行在社会进步信托基金上的糟糕表现往往源自总统与国会对这个代理者所设定的冲突性目标。相似的是，美洲基金的行为并未改变的原因在于，它是里根政府与国会之间关于美国拉美政策的更大范围的战争中的一个重要战场。[7]

如果没有历史语境的考量，那么 20 世纪 60 年代初，总统与国会在拉美援助政策方面的偏好无法得以理解。美国总统一般负责对外政策的成功或失败（Haggard 1988），在这一时期拥有压倒性的目标：反击共产主义在拉美的真实威胁。古巴卡斯特罗的执政不仅展示了而且进一步加剧了共产主义的威胁。在这些情况下，美国总统更关注在拉美展示努力与承诺，而不是详细地遵约社会进步信托基金所管理的小型项目。相比之下，美国国会控制着财政，而且国会议员面临着巨大的选举性压力而扮演着纳税人的金钱牧羊人的角色。此外，对外援助注定是不受欢迎的，而且对外援助的审查与管理是与国会的动机相结合的。（Martens et al. 2002；Milner，本书）

这一时期的证据表明，美国行政部门相对不太关注遵约。对此，美国国会对总统的懒散态度颇感失望。美国众议院外交事务委员会提交了一份修正《对外援助法》的报告，指出“行政机构认为社会进步信托基金……并不受美国审计总署或其他行政或立法机构的审计”（US House Committee 1967b：32）。在同一份文件中，美国国会修正法明确声称国会的审计权利。然而在上述讨论中美国是唯一的捐助者。它还指出，“美国总统需要采取措施以修正任何现有协议从而符合新规定的审计要求”（US House Committee 1967b：32）。简而言之，国会采取行动以确保自己对美国以信托基金方式向多边开发银行所提供的任何单边援助的审计权利。

1964年年中，财政部向国会提交了一份建议美洲开发银行改革的报告，也证实了总统与国会之间存在同样的分歧。财政部在信件中敦促国会支持美洲开发银行的特别行动基金并拨款，不遗余力地使国会相信多边开发银行的内部改革会保证更加遵守美国的指示。该项报告强调由美国人任职的新的评估委员会与高级别的规划办公室。美国人将跻身美洲开发银行高级管理者之列，担任委托者的总统顾问以评估美洲开发银行的目标、政策、计划与项目。该办公室“将筹划美洲开发银行的日常行动并提供指导……确保美洲开发银行继续定期评估……以满足所规划的社会与经济目标”(US House 1964:9—10)。总而言之，社会进步信托基金的历史表明如下问题。第一，监管最初几乎毫无约束地被授权于美洲开发银行，可能是因为美国总统拥有强有力且压倒性的政策目标，从而极大地促使其当场承诺。第二，一旦获知代理者的糟糕表现，美国国会便会终止对颇成问题的代理者的单方面承诺，并且确保单边或多边援助项目将受到严格的监管。

至于美洲基金，在资金决策、协调与监管方面代理者的行为显然没有发生变化。这似乎源于美国总统与国会之间的分歧。然而在这个案例中，两个部门之间的分歧转化成在拉美政策上激烈的公开冲突。美洲基金成为这场冲突的关键性战场，特别是民主党所控制的国内反对里根政府的政策立场的重要标志。国会希望约束里根政府的拉美政策，而且美洲基金在这场更大范围的冲突中发挥着影响。这意味着行政部门难以确保对里根政府要求的遵约，即改进对美洲基金的受援者的审查。相反，这也意味着美国国会没有兴趣关注1982年审计总署报告中所援引的美洲基金疏失的问题。

特别是，里根政府在萨尔瓦多与尼加拉瓜支持右翼的政策遭到国会相当大的阻挠。[8]美洲基金成为拉美政策斗争方面的关键战场。里根政府试图使美洲基金屈从于新的观点，然而美国国会则往后退。

里根政府的最初战略是控制受援者的审查标准，以取代美洲基金的高级主管，但是一些国会议员很快注意到美洲基金理事长及其职员直接对美洲基金董事会的法律负责，而不是向美国白宫负责。(Clines 1983)对此，里根政府以休会任命(recess appointments)的方式重组了董事会。这个由里根政府所支持的董事会免去了彼特·贝尔(Peter D.Bell)的董事长一职。美国国会的回避行为向美洲基金传递出醒目的信号，即美洲基金在其与里根政府的斗争中有个同盟者。在贝尔被免职之后不久，美国国会针对其解职举行了听证会，表明自己并不接受美洲基金新任董事长。这位新任董事长将会使美洲基金成为里根政府在拉美政策方面的一个工具。当里根任命一位并不熟悉发展领域的共和党籍商人时，美国国会最终实施了制裁，将美洲基金的预算缩减了10%。

最后，在20世纪90年代末我们看到了对美洲基金详尽且协调性的干预。这些干预促成了美洲基金更好的表现。1988年参议院外交关系委员会主席杰西·赫尔姆斯(Jesse Helms)公布了美洲基金的问题之后，其预算大幅削减。他要求美洲基金理事长详尽地应对，设计新程序以改正持续存在的问题。(Lippman 1999)[9]美洲基金改进了与美国大使的合作以确保对受援者的适当审查，而且发布审计报告以表明对基金的良好控制。由此，2001—2005年期间，美洲基金的资金增加了。[10]对于那些研究多个委托者情况的代理理论家而言并不奇怪的是，这个时期预算的增加，与共和党执政的政府及其在“9·11”恐怖事件之后对对外政策目标的重新关注相一致。当时美洲基金的多个委托者具有相似的偏好，即加强政府的控制并且减少代理懈怠。保守的共和党人以前试图取消代理，然而现在在20年中将资金提高到其最高水平，而且授权美洲基金用完社会进步信托基金在美洲开发银行的剩余资金。当多个委托者在所实施的政策上达成一致时，它们更可能授权，更能控制其代理者。(参见 Nielson and

Tierney 2003a；Hawkins et al. and Martin，本书）

这些结果表明，如果多个委托者涉足授权关系，两个委托者在授权条款上是否一致的问题会在代理者行为模式方面导致重要的差异。如我们对社会进步信托基金与美洲基金的讨论，常常将“美国政府”设想为这些代理者的唯一委托者，但这是颇具误导性的。如国会及其行政性政府之间的冲突所明确表明的，这些代理者会收到不同而且时而相互冲突的指示，这很可能会导致代理者不连贯的行为。因而其中一个委托者往往抱怨无效的代理者，然而另一个代理者寻求使代理者免于“政治干预”。如果分析者运用单个委托者模式，那么他观察这些行为时，或许会认为授权已经“失败”。事实上，我们完全以这些术语描述了美国授权美洲开发银行的案例。但是所观察到的代理者行为模式似乎与多个委托者模式相吻合。事实上，多个委托者各自拥有授权的权威。当分析者将更为适当的集体委托者模式假设为多个委托者模式时，相似的概念性错误就会出现。

作为集体委托者的多边开发银行

1998 年，世界银行有关社会发展——教育、医疗与安全网方面的贷款总额超过了能源、产业、采掘、石油与天然气、灌溉、运输以及城市发展领域的贷款。由于这类“传统”领域在 1945 年以来主导着世界银行的业务，因而这个改变标志着借贷行为的重大转变。社会项目在地区多边开发银行引起了强烈反响，因而这种趋势标志着多边开发借贷重点的急剧变化。（Upton 2000；Nielson and Tierney 2003a）三大开发银行社会性贷款的趋势体现在图 2.2。

传统国际关系理论表明，多边开发银行的这种行为转变是由大国利益所导致的，特别是全球性霸权国。然而现有数据提出了一个经验性困惑。发达工业民主国家——特别是美国——的社会政策偏好在过去 20 年中并未发生重大变化，而且 20 世纪 90 年代中期以来，一些政策甚至表明了社会性贷款的下降。如果我们假设多边开发银行反映了其最强大的成员国的偏好，那么它的社会性贷款在过去 10 年中就不会增加。但事实上社会性贷款却大幅上升了。国际组织研究中常见的分析性捷径很可能促使分析者将这种模式解释为多边开发银行对其委托者的蔑视。

我们认为，对这些趋势的正确评价需要重新考虑国际组织研究中常用的许多分析性捷径。我们在四个方面改进现有评价国际组织代理者守信的文献，以三大多边开发银行的全面数据检验这种新模式。首先，我们制定了两项不同的国家偏好措施，系统地说明国家偏好的由来。其次，我们对多边开发银行的决策过程提出新的集体委托者模式，这个模式中汇集国家偏好的体系性方法以及现有模式。最后，我们进行系统且全面的经验性分析：观察 1980—1999 年世界银行、美洲开发银行与亚洲开发银行所批准的项目。

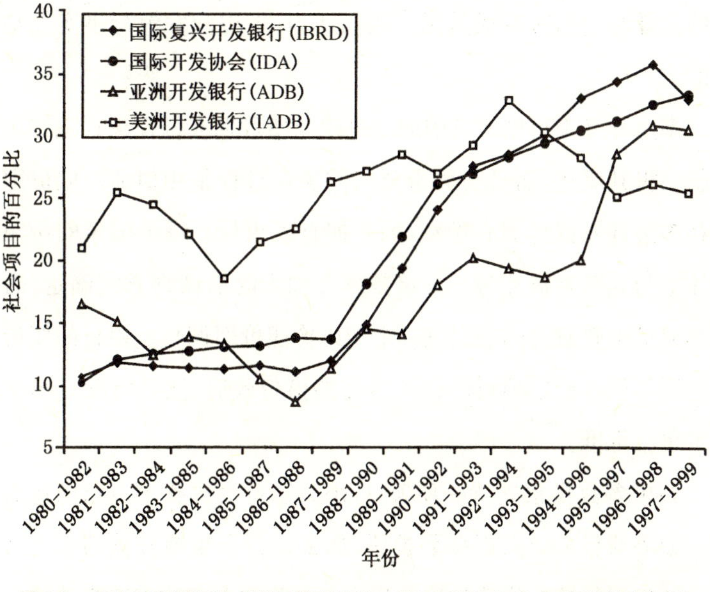

图 2.2　多边开发银行社会项目的百分比，1980—1999 年(3 年的移动平均值)

行为体的数量

在国际组织研究中,主流观点认为小国不会以重要方式影响国际组织的行为,因而许多经验性考察探讨大国或霸权国的影响。(Grieco 1990; Thacker 1999; Oatley and Yackee 2000, 2004; Yackee 2000; Nielson and Tierney 2003a)由于小国为自己的福祉充分利用国际体系,因而小国在实现国际组织所提供的收益方面几乎没有颇具吸引力的单边方案。(Katzenstein 1985; Moravcsik 1998; Lake 1999)此外,由于这些国家小,因而它们易受大国补偿性支付的影响。(Moravcsik 1991, 25—26; Martin 1992a; Klepak 2003)

但是这种观点忽视了如下事实,即国际体系的制度化因议题领域而存在着差异,甚至在同一议题领域也因国际组织而不同。(Keohane and Nye 1977; Stein 1990)在一些国际组织中,一项制度中具体规定的功能性角色与权威分配的正式规则或许实际上反映着各种成员国的"真实"权威——如同正式规则在制度化的国内政治一样。[11]如果国际组织决策规则是有效的,那么我们必须在解释授权性委托者的偏好时包括所有成员国。我们认为,多边开发银行事实上是如此的。

多边开发银行中成员国的表决权与项目批准过程正式地在协定条款中得到阐述,而且与股份公司的决策过程是相似的。成员国政府在多边开发银行拥有份额,因而拥有表决权。每个国家的份额数大体上与其缴款额相称——该数额在加入时以谈判方式确定,而后根据成员国政府之间的惯例或定期讨价还价而调整。银行的职员与管理层往往在确定项目时咨询潜在的借贷政府,然后将项目提交执行董事会批准。

如果多数投票支持一项项目,那么银行会拨款于一致同意的项目。如果项目未能获得多数投票,那么银行会拒绝贷款请求。因而多边开发银行核准贷款的权术政治需要董事会多数表决来建构。观察者与董事们注意到，如果项目缺少多数的支持，那么它们几乎不会成为董事会的议程。此外，当一个项目有明确的支持性共识时，银行往往不会采用正式的唱名表决（roll-call vote）。这些观察都是准确的，然而董事会内的所有磋商发生在多数正式规则背景下。[12]

鉴于这些决策规则，我们认为当试图解释或预测代理者国际组织的行为及其重要后果——这些多边开发银行的贷款类型（与额度）时，多边开发银行中所有成员国的偏好应该被考虑在内。相关成员国的选择并不是我们认为值得仔细推敲的唯一分析性选择。学者们应该系统地阐明成员国的偏好。

成员国的偏好

就多边开发银行的社会性贷款而言，我们基于成员国政府在多边财政之外两个领域的行为阐明两种独立的成员国政府偏好：国内社会政策、社会项目的双边援助。对于第一种，我们认为那些再分配性的福利国家应该有兴趣看到发展中国家能有相似的政策与制度。这是个强假设（strong assumption）。然而，越来越多的文献表明，国内社会政策偏好会非常好地转化成追求社会目标的对外政策。[13]

我们的第二项措施运用对外援助中针对每一个捐赠者和受赠者的社会目标的比例，应该说更直接地反映了政府对外政策的社会偏好。我们认为，那些对给予或接受更具双边性的社会援助的政府，会向多边开发银行执行董事会游说相似的政策。当然，我们意识到，即使双边援助对于援助国的偏好而言是个合理的代理方式，但它也许不太能反映受援国的利益，因为相比于多边开发银行贷款契约，受援国不太影响双边赠予的类型。或许一些人反对任何一种偏好的衡量方法，因而我们在这里将运用这两种方法。如果我们发现两种衡量方法导致了相似的结果，那么这会增强我们对自己观点的信心。检验委托—代理观点的第一步是对国家偏好建模，那么下一步则需要对这些偏好进行系统性的汇集。

多个委托者模式

重要的多个委托者模式表明，代理者详细调查委托者的一系列需求，从而使多个委托者所提供的报酬最大化。拥有更多权力与资源的委托者对代理者行为有更大的影响。这是最初伯恩海姆、温斯顿(Bernheim and Winston, 1986)分析常见代理问题的普遍结论。[14]在伯恩海姆-温斯顿均衡中，多个委托者都真诚地提供对代理者的报酬计划，而且这些计划准确地反映了委托者的利益及其所期望得到的授权收益。这致使代理者选择使委托者与代理者双方收益最大化的行为。

如果学者希望对拥有许多独立的委托者和单一代理者的授权建模，那么这种模式是个理想的开始。当然这个单一代理者必须作出一些独立的决定。我们以相对简单的方式操作这种模式。如果分析者对委托者的资源有个合理的代理，并拥有根据偏好将委托者置于政策空间的手段，那么每个委托者的理想点就是所提供的报酬的最大化，而其余安排反映着个别委托者无差异曲线(indifference curve)的变化。一旦这些报酬安排得以确定，我们便能够计算哪些会使代理者的向量和(the vector sum)最大化，并且确定一个独特的均衡。我们在表 2.2 中展示了这个模式的例子。

集体委托者模式

国际组织学者所研究的大多数委托—代理关系更近似地反映了集体委托者的建构，因而我们提出了可概括的集体委托者模式。一些以经验为取向的研究者会运用这种集体委托者模式。关键问题是如何将决策规则进行模式化，因为这将决定着集体委托者的成员如何达成一项共同决策。我们利用比较政治中的联盟理论。这种理论表明在既有多数表决规则之下，联盟形成的方式。我们所利用的这种联盟模式强调联盟形成中的重要参与者。这个模式允许我们建构一个对集体委托者偏好的汇集式衡量方法。（Laver and Schofield 1990；Garrett and Tsebelis 1996）

重要参与者模式强调否决者在联盟形成过程中的角色。也就是说，在一些可能相连的多数联盟（majority coalition）中，一些成员很可能是“重要的”，因为其温和派立场与规模使其成为颇具吸引力的联盟伙伴。这个多数联盟或许会在单一维度的议题空间中形成。因而重要参与者能够否决一系列可能获胜的联盟，而且能够从其联盟伙伴中汲取政策收益。

将多个委托者模式与集体委托者模式区分开的最简单的客观事实是，集体委托者模式会更好地理解集体决策对那些拥有最多票数的成员的约束。多个委托者的向量和模式意味着结果将最接近最强大的参与者的偏好。相比之下，集体委托者模式明确阐明了联盟的变化。这种变化能够扩大或缩小参与者的影响。当然相对于其规模，参与者的影响依赖于其在政策空间所处的位置。

经验性应用：多边开发银行的社会性贷款

数据与因变量

我们将这些模式运用于多边开发银行的社会性贷款中，而且我们的数据包括 1980—1999 年世界银行、美洲开发银行与亚洲开发银行 6 600 多笔贷款。因变量是虚拟变量(a dummy variable)——当多边开发银行的项目致力于社会发展时，其数值为 1。否则，其数值为 0。当其基本意图是解决教育、医疗、一般福利，以及社会安全网等问题时，我们将多边开发银行项目视为“社会性”。我们从银行的年度报告中确定项目的领域,分析项目说明以对每项贷款进行归类。

自变量

我们运用上述两个数据库,详细阐明1980年以来每年成员国的社会政策偏好,记录成员国在多边开发银行中的表决权份额。为了获得对多边开发银行成员国社会政策偏好的全面衡量,我们建构了一个社会政策指数(a social policy index, SPI)。[15]我们基于教育、医疗与社会保障三大领域的13项社会决策与结果的指标收集了179个国家的数据。这些变量的数据来自世界发展指标(World Development Indicators)。(World Bank 2001b)

我们制定了衡量方法的标准,将其汇集成6项综合性指标(教育结果、教育支出、医疗结果、医疗支出、生育率与社会保障支出),然后形成一个社会政策指数。我们将1996年视为一个基准年份,以此测算179个国家的时间序列。我们的社会政策指数是对社会政策结果的一个比较性衡量方法,而不是一个绝对的衡量方法。一个国家社会政策指数的数值越高,其特定年份的社会结果就越具社会"进步性"。这为我们提供了一个对社会政策进行相对衡量的方法,在特定国家因时间而异,在特定年份因国家而异。[16]

社会政策偏好的第二种衡量方法运用经济合作与发展组织的债权国报告体系数据库(Creditor Reporting System database)所编写的双边对外援助的统计资料。我们运用多边开发银行贷款所用的同样的编码体系,将每项双边赠予分为社会性与非社会性两类。那么社会项目的比例能够算为援助国所承诺的或受援国所获得的全部项目的比例,以详细阐明1980—1999年每个国家对外政策的社会性偏好。

我们以下面的方式量化集体委托者的偏好。对于每个银行与年份，我们以两种偏好的衡量方法（社会政策指数、双边社会性援助的比例）从高到低排列所有国家。然后我们概括彼此相邻国家的表决权份额的数值，形成一个所有联盟的矩阵。

表 2.1　假设性重要参与者

行为体	投票份额	理想性	重要性	理想性 * 重要性
A	0.2	2	0.2	0.4
B	0.3	5	0.4	2.0
C	0.1	6	0.2	1.2
D	0.3	8	0.2	1.6
E	0.1	9	0.0	0.0
			总数	5.2

行为体的理想点

	A			B	C		D	E	
1	2	3	4	5	6	7	8	9	10

对于那些表决权份额大于 0.50 的联盟，我们计算出每个拥有极端偏好的伙伴反对联盟的后果。如果一个伙伴反对潜在联盟的目标之一而导致了联盟的崩溃（表决权份额低于 0.50）。那么我们将其视为一个例子，其中叛变的国家（the defecting country）事实上将会是“重要的”。我们先概括所有这样的例子，然后基于所有例子的比例赋予每个国家一个“重要性”分值，其中这些特定国家对一个潜在的联盟而言是重要的。我们将根据重要性的数值评估出所有国家社会政策指数以及社会性对外援助的数值。最后，我们概括出所有国家的这两个数值，将其与重要性的数值相乘以形成每个银行年度集体委托者的社会偏好。

我们在表 2.1 中提供了这种技术的简单例子。根据议题空间中 10 分的范围，所有可能毗邻的联盟得以确定。在这个例子中，这类潜在的联盟有 5 个：(1) ABC，(2) ABCD，(3) ABCDE，(4) BCD，(5) BCDE。对于第一种联盟而言，行为体 A 或 C 事实上因反对而变得重要。对于第二、三个联盟而言，关键性的反对者并不存在（在 0.5

之下，反对并不会摧毁联盟）。对于第四个联盟而言，行为体 B 或 D 事实上是重要的。对于第五个联盟，仅仅行为体 B 会作出关键性地反对。潜在的关键性反对的总数是 5。行为体 A、C、D 事实上在关键性反对的 20%中是重要的，然而行为体 B 在 40%的比例中是重要的。行为体 E 从来都不是重要的。随后我们根据“重要性”的分值衡量每个行为体的理想点。最后，我们对此进行概括以确定集体委托者的整个偏好。

多个委托者模式会预知着不同的结果。这个模式基于委托者所提供的报酬安排的最大数额预知代理者的行为。这种数额的评估反映了委托者的资源。为了为此创设一个代理，我们为三个多边开发银行的所有成员确定一个理想点，相当于国家在特定银行年度中社会政策指数的数值或双边援助的比例。然后我们根据衡量各国对银行的实际捐助（认缴股份）来计算报酬安排。这会产生一个简单的均衡，其中报酬安排所权衡的数额实现了最大化。

表 2.2　假设性多个委托者

行为体	理想性	投票份额	报酬计划									
			1	2	3	4	5	6	7	8	9	10
A	2	0.2	0.16	0.20	0.16	0.12	0.08	0.04				
B	5	0.3	0.06	0.12	0.18	0.24	0.30	0.24	0.18	0.12	0.06	
C	6	0.1		0.02	0.04	0.06	0.08	0.10	0.08	0.06	0.04	0.02
D	8	0.3				0.06	0.12	0.18	0.24	0.30	0.24	0.18
E	9	0.1					0.02	0.04	0.06	0.08	0.10	0.08
机构的总报酬			0.22	0.34	0.38	0.48	0.60	0.60	0.56	0.56	0.44	0.28

表 2.2 列出了假设性的例子。我们基于理想点以及投票份额计算所提供的报酬安排。我们将最大金额的报酬供给视为委托者的理想点，然后在其他可能的结果中一致性地降低供给，确定零为最低限度，从而按照认缴股份/投票份额衡量供给。[17] 在这种假设中，当报酬

最大化时两项政策结果是 5、6，其平均值为 5.5。

对霸权国在多边开发银行中的偏好进行操作化是简单的。我们将美国的社会政策指数、双边社会性援助数值与其每个银行每年度的投票份额相乘。我们认为，霸权国的影响因银行而异，并依赖于霸权国主导其他成员国的程度。由于在每个银行的投票份额是依据一国国内生产总值的比例决定的，因而投票份额有时被用以衡量霸权国在不同银行的影响。

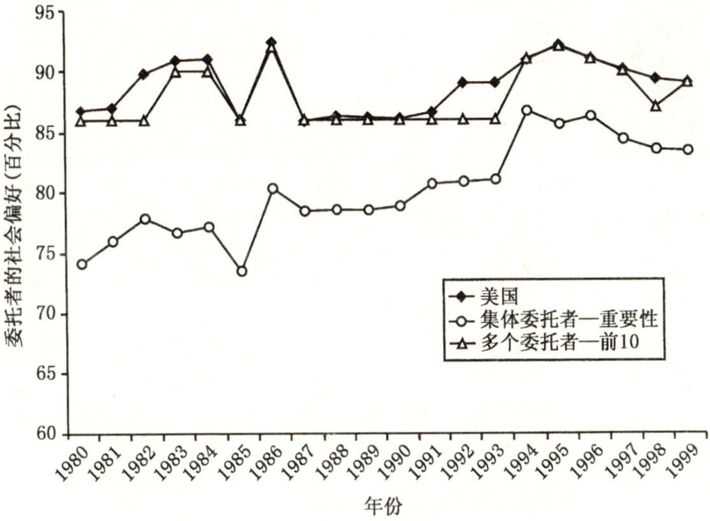

图 2.3　1980—1999 年，在不同的委托者模式之下，国际复兴开发银行（世界银行）的社会偏好

图 2.3 显示了 1980—1999 年委托者对国际复兴开发银行（世界银行）的偏好的衡量方法。社会政策指数产生了三种独特的模式。社会性对外援助方法产生了相同的图表。如前所述，国际关系学者显著地倾向于仅仅关注国际组织中最强大的参与者，而排斥所有其他行为体。这在分析上往往是方便的，然而设置所有被忽视的行为体的权重同样是有意义的。如数字所表明的，这些不同的模式选择产生了极为不同的委托者的偏好。

表 2.3 以社会性贷款为因变量用社会政策指数，对委托者偏好所作的回归分析结果

自变量		模型 1A 霸权国	模型 2A 多个委托者（前 5 的国家）	模型 3A 多个委托者（7 国集团）	模型 4A 多个委托者（前 10 的国家）	模型 5A 集体委托者（重要性）
美国社会偏好	系数(Coeff)	−0.142 ***				
	标准误差(St.Err)	0.033				
社会偏好——前 5 的国家	系数		1.149			
	标准误差		0.623			
社会偏好——七国集团	系数			3.599 *		
	标准误差			1.493		
社会偏好——前 10 的国家	系数				0.786	
	标准误差				0.740	
社会偏好——多数联盟	系数					3.143 ***
	标准误差					0.744
婴儿死亡率	系数	−0.003	−0.003	−0.003	−0.003	−0.003
	标准误差	0.002	0.002	0.002	0.002	0.002
每千人的内科医生数	系数	−0.151 *	−0.153	−0.155	−0.150	−0.156 *
	标准误差	0.074	0.080	0.080	0.080	0.076
麻疹免疫法	系数	0.004 *	0.007 ***	0.007 ***	0.007 ***	0.004 *
	标准误差	0.002	0.001	0.001	0.002	0.002
医疗开支	系数	−0.048	−0.060	−0.062	−0.061	−0.053
	标准误差	0.031	0.035	0.035	0.035	0.032
生育率	系数	0.007	−0.011	−0.007	−0.012	0.003
	标准误差	0.047	0.049	0.049	0.049	0.047
小学入学率	系数	0.002	0.001	0.001	0.001	0.001
	标准误差	0.003	0.003	0.003	0.003	0.003
教育领域公共开支	系数	0.041 *	−0.044 *	−0.047	−0.045 *	−0.043
	标准误差	0.018	0.018	0.019	0.018	0.017
识字率	系数	0.003	0.003	0.003	0.003	0.002
	标准误差	0.004	0.004	0.004	0.004	0.004
社会保障开支	系数	0.000	0.001	0.000	0.001	0.000
	标准误差	0.005	0.006	0.006	0.006	0.005
铺面道路	系数	0.003	0.003	0.003	0.003	0.003
	标准误差	0.002	0.002	0.002	0.002	0.002
农业附加值	系数	−0.010 *	−0.009 *	−0.009	−0.009 *	−0.010 *
	标准误差	0.004	0.004	0.004	0.025	0.004
人均国内生产总值（以千计算）	系数	0.049 *	0.040	0.041	0.039	0.046
	标准误差	0.024	0.025	0.025	0.025	0.024
1995 年美元（以 10 亿计算）	系数	0.759 ***	0.726 ***	0.715 ***	0.729 ***	0.701 ***
	标准误差	0.179	0.182	0.186	0.184	0.182

（续表）

自变量		模型 1A 霸权国	模型 2A 多个委托者(前 5 的国家)	模型 3A 多个委托者(7 国集团)	模型 4A 多个委托者(前 10 的国家)	模型 5A 集体委托者(重要性)
国内生产总值增长	系数	0.001	0.000	0.000	0.000	0.000
	标准误差	0.005	0.005	0.005	0.005	0.005
出口占国民生产总值的比例	系数	0.006*	0.007*	0.007*	0.007*	0.006
	标准误差	0.003	0.003	0.003	0.003	0.003
国内储蓄率	系数	−0.006	−0.006	−0.006	−0.006	−0.005
	标准误差	0.003	0.004	0.004	0.004	0.004
国际复兴开发银行虚拟变量	系数	−0.274	−0.462**	−0.462**	−0.465**	−0.434**
	标准误差	0.167	0.153	0.154	0.153	0.153
亚洲开发银行虚拟变量	系数	−0.928***	−0.281	−0.413**	−0.336**	−0.098
	标准误差	0.185	0.161	0.151	0.169	0.159
美洲开发银行虚拟变量	系数	1.920***	−0.016	−0.242	−0.102	0.208
	标准误差	0.527	0.167	0.133	0.179	0.155
常量	系数	1.416	−1.755*	−3.986**	−1.444	−3.218***
	标准误差	0.678	0.718	1.396	0.778	0.738
观察数量		6 636	6 636	6 636	6 636	6 636
对数似然比		−3 804	−3 825	−3 823	−3 826	−3 814
卡方检验(Wald Chi-Square)		192***	145.1***	187.2***	145.91***	164.26***

如图 2.3 所表明的，以美国的社会偏好为衡量方法，与以十大成员国所形成的多个委托者模式为衡量方法十分相近。这几乎是确定无疑的，因为相比于大多数成员国，美国与世界银行其他十大成员国具有高度一致的社会偏好。如所描述的，这两种衡量方法显示出委托者的社会政策偏好在 20 年中呈现相对平稳的趋势。[18] 然而美国与世界银行十大有表决权的成员国的偏好不会反映其他 169 个成员国的偏好分配。当然多个委托者模式中所考察的国家的数目是任意的。为了解决这个问题，我们具体说明了三种不同的多个委托者模式。第一种模式运用每个银行中五大捐助国的偏好；第二种模式运用七国集团中国家的偏好；第三种模式运用十大捐助国的偏好。

五大捐助国、十大捐助国模式任意限制所考虑的国家的数目，容易受到不可信赖方面的质疑。七国集团模式有更好的理论基础，因为这七个国家实际上以定期会议的方式协调着政策。然而,对于美洲开发银行、亚洲开发银行这两个地区银行而言,七国集团中有几个国家拥有不重要的投票份额,相比于巴西、阿根廷、印度与印度尼西亚等地区性大国,不那么重要。因此七国集团衡量方法的理论基础,事实上对于地区银行而言更不牢靠。

控制

除了对我们的观点至关重要的自变量之外,我们还包括了大量控制变量。我们也列入每个银行的虚拟变量,预料到社会偏好的替代变量(proxy variable)无法理解的银行之间的差异。以 1995 年美元计算的国内生产总值以及人均国内生产总值为标准的比较测定法,各自控制着特定国家的经济规模及其相对财富。(World Bank 2001b)

表 2.4 以双边社会性对外援助为因变量,用社会政策指数对委托者偏好所作的回归分析结果

自变量		模型 1B 霸权国	模型 2B 多个委托者(前 5 的国家)	模型 3B 多个委托者(七国集团)	模型 4B 多个委托者(前 10 的国家)	模型 5B 集体委托者(重要性)
美国社会偏好	系数	−0.162***				
	标准误差	0.032				
社会偏好——前 5 的国家	系数		0.525			
	标准误差		0.658			
社会偏好——七国集团	系数			2.014*		
	标准误差			0.897		
社会偏好——前 10 的国家	系数				0.804**	
	标准误差				0.245	
社会偏好——多数联盟	系数					2.786***
	标准误差					0.492
婴儿死亡率	系数	−0.003	−0.003	−0.003	−0.003	−0.004
	标准误差	0.002	0.002	0.002	0.002	0.002
每千人内科医生数	系数	−0.163*	−0.150	−0.152	−0.149	−0.152
	标准误差	0.076	0.081	0.081	0.081	0.078
麻疹免疫法	系数	0.005**	0.007***	0.007***	0.008***	0.006***
	标准误差	0.002	0.001	0.001	0.001	0.001

（续表）

自变量		模型 1B 霸权国	模型 2B 多个委托者（前 5 的国家）	模型 3B 多个委托者（七国集团）	模型 4B 多个委托者（前 10 的国家）	模型 5B 集体委托者（重要性）
医疗开支	系数	−0.052	−0.062	−0.062	−0.064	−0.059
	标准误差	0.031	0.035	0.035	0.036	0.034
生育率	系数	0.004	−0.014	−0.015	−0.013	0.004
	标准误差	0.047	0.049	0.049	0.049	0.048
小学入学率	系数	0.001	0.001	0.001	0.001	0.002
	标准误差	0.003	0.003	0.003	0.003	0.003
教育领域	系数	−0.043*	−0.046*	−0.046*	−0.045*	−0.043
公共开支	标准误差	0.018	0.019	0.019	0.019	0.018
识字率	系数	0.003	0.003	0.004	0.004	0.004
	标准误差	0.004	0.004	0.004	0.004	0.004
社会保障开支	系数	0.001	0.001	0.001	0.001	0.001
	标准误差	0.005	0.006	0.006	0.006	0.006
铺面道路	系数	0.003	0.003	0.003	0.003	0.003
	标准误差	0.002	0.002	0.002	0.002	0.002
农业附加值	系数	0.009*	−0.009*	−0.009*	−0.009*	−0.009*
	标准误差	0.004	0.004	0.004	0.004	0.004
人均国内生产	系数	0.000	0.000	0.000	0.000	0.000
总值（以千计算）	标准误差	0.000	0.000	0.000	0.000	0.000
1995 年国内生产	系数	0.691***	0.737***	0.715***	0.726***	0.729***
总值美元（以 10 亿计算）	标准误差	0.186	0.183	0.186	0.185	0.190
国内生产	系数	0.000	0.000	0.000	0.001	0.001
总值增长	标准误差	0.005	0.005	0.005	0.005	0.005
出口占国民生	系数	0.006	0.007*	0.007*	0.007*	0.006
产总值的比例	标准误差	0.003	0.003	0.003	0.003	0.003
国内储蓄率	系数	−0.005	−0.007	−0.007	−0.007	−0.006
	标准误差	0.004	0.004	0.004	0.004	0.004
国际复兴开发	系数	−0.387*	−0.466**	−0.460**	−0.419**	−0.430**
银行虚拟变量	标准误差	0.156	0.153	0.152	0.153	0.158
亚洲开发银行	系数	−0.636***	−0.464***	−0.408**	−0.502**	−0.322
虚拟变量	标准误差	0.160	0.157	0.142	0.154	0.153
美洲开发银行	系数	0.637*	−0.284*	−0.245	−0.330*	−0.408**
虚拟变量	标准误差	0.211	0.144	0.133	0.141	0.141
常量	系数	0.175	−0.934*	−1.460**	−1.160*	−1.450**
	标准误差	0.483	0.472	0.496	0.456	0.467
观察数量		6 636	6 636	6 636	6 636	6 636
对数似然比		−381 2	−382 6	−382 4	−382 1	−380 7
卡方检验		206***	149***	144***	185***	252***

我们也控制特定借贷国对于社会性贷款所有的客观需要，衡量婴儿死亡率、麻疹免疫法、每千人内科医生数、医疗开支、铺面道路、小学入学率、教育领域公共开支、识字率、社会保障开支、生育率。国内储蓄率、出口占国民生产总值的比例、国内生产总值的增长、农业附加值都是标准的经济控制，或许影响着贷款——任何类型——在特定国家年份对特定国家的发放。(World Bank 2001b)[19]

方法与结果

我们运用一系列基本的逻辑回归模型，按国别生成(因为一国内的贷款——而不是跨国贷款——是相关的)。这些不同的模式代表着同一自变量的备选方案。这意味着，模式是非嵌套性的(non-nested)——它们无法彼此包含，因而不应该被包含在同一个回归中。它们也是高度共线的(highly collinear)，特别是霸权国、多个委托者模式。由此，我们分别叙述这些变量，而不是将其置于同一个模型中。

由于多边开发银行的项目周期平均为两年，因而我们将所有自变量延迟两年。每年所批准的贷款组成了我们的数据集，反映着特定年度投资组合宣布之前两年的执行董事会理事的利益，而不是反映着董事会当前的利益。因而，表 2.3 与表 2.4 中每个变量的结果反映着滞后两年的自变量的影响。

我们认为，委托者国家并不控制其代理者国际组织的现有观点值得再考察。因而我们改变了委托者以及委托者模式中成员国的数量，以评价文献中常用的分析性捷径是否可能影响结果。我们认为，当我们将成员国与其代理者国际组织的关系进行模式化，并且在分析中包括所有成员国时，结果表明委托者的偏好是代理者行为的重要预示。我们应该在对集体委托者的考量之下对国际组织进行建模。

如表2.3与表2.4所示的，不同的委托者模式及其所包含的国家的数量的确会导致不同的结果。在1A与1B模型中，多边开发银行的投票份额衡量着美国（霸权国）的社会性偏好。这种社会性偏好在0.001层次上确实是重要的，但是处在消极的方向。也就是说，随着美国社会偏好的增强，特定的社会贷款的概率实际上极大地减少了。这表明，霸权国的影响或许不是多边开发银行社会贷款的决定性因素。[20]因而这种模式或许会导致研究者（错误地）认为授权在这种情况下失败了。

在2A与2B模型中，事实上五大捐助国的社会偏好在传统上并不是重要的。在3A与3B模型中，七国集团国家的社会偏好对于两种偏好的衡量方法是重要的。后两个模型中七国集团国家变量的系数相对较大，然而变量本身的范围很小（86—92之间）。这表明，尽管这个变量在统计上是重要的，但是其实质性影响是很小的。

在4A模型中，10大委托者的社会偏好并非是重要的，尽管在4B模型中社会工程方面的双边援助是重要的。对于各种多个委托者模式而言，这些结果毫无疑问是复杂的：在半数案例中多个委托者的偏好推动着多边开发银行中社会性贷款的结果，然而在另外半数案例中并非如此。因而如果分析者采用多个委托者模式，那么或许如同在霸权国模式中一样，他们会（错误地）认为，委托者仅对其代理者实施着有限的控制。

对于集体委托者模式而言，集体性社会偏好在5A与5B模型中事实上是正相关而且是重要的。例如，5A模型的结果表明，从测量上以重要性为衡量的0.5的最低限度的偏好（1981年美洲开发银行）到0.87的最大限度的偏好（1994年国际复兴开发银行）的增加，通常是与特定贷款是社会性的可能性增加了0.15有关。鉴于数据集中所有贷款的27%是社会性贷款，社会性贷款可能性增加0.15表明其在实质性与统计上的重要意义。

这些结果表明，委托者模式化的方式及其所包含的国家的数量的确具有重要意义。我们认为，它们也强有力地支持如下观点，即至少在多边开发银行的案例中，作为委托者的成员国的确控制着其代理者国际组织。研究者常常运用近似于多个委托者模式的模式。如我们所表明的，在半数案例中模式化的选择会导致授权失败的结论。基于以往的概念我们也认为，集体委托者模式是多边开发银行中，多边授权的实际委托—代理关系中更为恰当的模式。这种模式始终如一地证明委托者的偏好与代理者的行为之间实质与统计层面上重要的关系。

此外，学者们往往在国际组织行为研究中仅仅考察霸权国或少数大国[21]，但是我们表明国家数目的差异会改变结果。[22]基于以往的概念我们也认为，如果支配着授权国际组织的成员国之间互动的规则是有效的，那么小国有时也影响国际组织的行为。包括所有国家的两种集体委托者模式表明，委托者的确控制着多边开发银行的行为。总而言之，基于以往的概念我们对统计结果更有信心。这些结果表明，多边开发银行的代理者的确遵循着其集体委托者的偏好。

总　　结

本章意在表明，对授权国际组织的委托者模式的选择对于经验结果、国际组织的行为是否与委托者的偏好相一致的观点而言具有重要意义。我们引介了复杂性委托者的观点，认为研究者必须仔细地考量授权国际组织的委托者是否应被界定为单一委托者、多个委托者或集体委托者模式。首先，我们对美国追求实质上相同的目标而先授权国际(美洲开发银行)代理者，再授权国内(美洲基金)代理者的案例进行定性研究。我们认为，研究者应该谨慎地得出结论，认为国内代理者取代了表现糟糕的国际代理者，即国内代理者相比于国际代理者更守信。往往美国总统与国会在授权契约的条款方面的政策分歧，推动着代理者的行为或使代理者的自主性成为可能。我们由此得出结论，即便当一个国家授权国际组织（或国内代理者）时，研究者应该在得出授权失败的结论之前首先考虑多个委托者的影响。

在第二部分，我们考察了成员国对多边开发银行的授权，认为理解委托者偏好的适当模式是集体委托者模式。[23]我们也认为，对代理者国际组织是否守信的准确检验需要对个别成员国偏好进行系统考察以及包容性的定量检验。如我们的结果所表明的，集体委托者与多个委托者之间的差异显然对于以经验为取向的研究者而言是重要的。基于分析我们认为，当研究多边开发银行（与大多数其他国际组织）时，集体委托者模式优于单一委托者或多个委托者的模式，因为它更加准确地反映了制度内的战略性互动。这种更加准确的模式始终表明了委托者的偏好与贷款类型之间统计性与实质性的关系。我们认为，我们模式的准确性以及对偏好的系统分析、对全部数据的分析证实了如下结论，即我们的研究有力地证明了委托者成员国的确控制着其代理者多边开发银行。这是与在多边开发银行贷款的其他议题领域中的发现相一致的。（Nielson and Tierney 2003，2005）

我们得出结论，当检验委托—代理关系时，所考量的委托者的数量以及所运用的模式至关重要。如果我们任意限制所分析的国家的数量，或未能正确地将其界定为复杂性委托者模式，那么这极为可能会产生假阴性（或阳性）的发现。也就是说，分析者或许会得出结论，即当代理者事实上有充分理由仅仅不回应一系列成员国时，代理者就不会回应委托者。这一系列成员国并未准确地反映操作性委托者（the operative principal）。相似的是，如果分析者并未明确考虑集体委托者内偏好汇集的程序，那么他们往往基于代理者的命令评价代理者的行为。然而这些命令并不符合操作性集体委托者的授权。

但是委托者模式的选择问题一旦被恰当地认定，不会对委托—

代理模式的概念性基础提出挑战。诚然，它们是些复杂难懂的因素。特别是，如果委托者具有三权分立的体系，那么我们不应假设单一委托者，即便在单一国家授权的情况下。此外，我们不应将多个委托者与集体委托者相混淆，也不应缩减所考虑的一系列委托者。但是如果学者们对委托者的架构、集体性契约设计的变化准确地进行模式化，那么我们的分析表明委托—代理理论的基本洞见是持续有效的，甚至在“无政府状态下”。

注释

1. 在有关国际组织责任的开创性论文中，基欧汉与格兰特（Keohane and Grant 2005：33）指出：“对穷人负责的世界银行概念与对美国财政部长负责的世界银行概念之间存在着明显的张力。”这无疑是正确的，但是这个假设将会导致一个假阴性（或阳性）的验证。世界银行的正式委托者往往是授权执行董事会的多数派，而且在代理框架内对世界银行信实的评价始于这个假设。

2. 在本章的下一部分，我们探讨信托基金的案例。其中一个国家被（国际组织其他成员国）授予权威以单边地与国际组织秘书处达成契约。国际关系中多个委托者最明显的例子是欧盟。其中欧盟委员会对部长理事会与欧洲议会负责。这两个委托者独立地与欧盟委员会重新订立契约（Nugent 2003）。希克斯（Hix 2002）也认为，国内政党与欧盟政党是欧洲议会议员的委托者。对于其他观点，参见 Pollack，本书。

3. 对于理论基础，参见 Calvert et al. 1989；Hammond and Knott 1996；and Martin，本书。

4. 单个援助者的确需要多边开发银行理事会的授权，因为理事会代表着所有其他成员国政府。但是一旦集体委托者理事会同意了，援助者与多边开发银行代理者之间直接签订契约。这一对国际组织单边授权的形式在过去 10 年中飞速增长，削减了集体授权国际组织的典型形式（World Bank 2004）。

5. 例如，巴西在美洲开发银行并没有常设代表，尽管事实上巴西是美洲开发银行基金的最大受援国。

6. 遗憾的是，1982 年美国审计总署的报告没有界定其标准，即如何判定一个项目的完成是完全、部分或没有满足其目标。然而，报告的主旨表明了给予美洲基金疑中留情的意愿。

7. 需要注意的是，1973 年、1982 年、2000 年最关键的 3 份报告在美国分治政府期间得以出版了。在分治政府期间，一党控制着国会，然而另一党控制着白宫。

8. 1982 年 12 月，美国国会表达了对里根政府中美洲政策的担忧，通过了《博兰修正案》（the Boland Amendment）。该法案禁止使用美国基金推翻尼加拉瓜政府。1984 年，美国国会通过了第二项《博兰修正案》，禁止为尼加拉瓜反抗军提供资金。尼加拉瓜反抗军是由中央情报局所组织的海外力量，用以推翻尼加拉瓜政府。

9. 1998—2000 年美洲基金的预算从 0.22 亿美元削减到 0.05 亿美元，根据一位参与者所声称的，预算几乎完全被取消了。引自对美国参议院对外关系委员会职员的采访，2005 年 7 月，华盛顿。

10. 关于确保大使馆协调的新程序，参见 US House 2000。关于已改进的金融控制，参见 US House 2003。

11. 国际关系与委托—代理理论家的一项关键任务是具体说明这些标准所使用的条件。对这一事前的了解将有助于学者选择经得起制度分析的案例。在本章，我们仅仅采纳了如下假设，即制度是有效的，对它进行检验以看看经验模式是否与我们的预期相一致。

12. 如亚洲开发银行的一位美国前执行理事所解释的，"管理层并不会将一个项目提交理事会，除非管理层知道该项目将会被批准"。参见 2005 年 6 月，对辛纳蒙·多恩西夫(Cinnamon Dornsife)的采访，以及 2005 年 6 月对皮尔西(Piercy)的采访。

13. 特别参见 Noel and Therien 1995；Imbeau 1988，1989；Stokke 1989。

14. 对于这些作者与大多数其他经济学家而言，共同代理相当于一个多个委托者的架构。他们并没有考虑集体委托者。

15. 对于我们的范例，参见 Esty 2001。

16. 对于指数的详细情况，参见 http://fhss.byu.edu/PolSci/Nielsond/PlaidWebsite/ResearchIndex.htm。

17. 如果消极提供报酬（制裁）是在不同行为体之间均匀测量的，那么对它的考量在预测结果方面则并不重要。

18. 尽管 10 个委托者是个小数，但是实际上比国际关系研究中通常所考虑的国家数量大多了。参见 Moravscik 1998，Pollack 2003，Nielson and Tierney 2003a，and Martin，本书。

19. 此处我们对共线性进行检验，清除所有已重复或理论上无法证明的共线控制。

20. 这一结果完全有悖于其他国际金融机构的其他议题领域中的其他定量证据，据称在这些国际金融机构中，美国决定着结果。参见 Oatley and Yackee 2000，2004；Thacker 1999。

21. 研究者运用定性分析最突出的例子或许是 1998 年莫劳夫奇克(Moravcsik)的研究。关于这一实践的定量分析的例子参见 Thacker 1999；Nielson and Tierney 2003。

22. 当所有成员国被包括在内时，多个委托者偏好的代理模式的确在所预期的方向上是重要的。这是一个有趣的结果，很可能受到如下事实的驱动，即投票份额完全等同于多边开发银行的补偿计划。但是由于以下两个原因这是个非常特殊的案例。首先，我们将一个非常简单的多个委托者模型视为一个最初的分析性样式。对我们所简化的任何假设的改变可能意味着集体委托者与多个委托者的结果会有所不同。第二，当案例中集体委托者中的投票份额并不等同于每个多个委托者所提供的补偿计划时，甚至这一简化的多个委托者模型很可能导致集体委托者模型的不同结果，甚至当所有国家都被包括在内时。

23. 从 1980—2000 年，美国国会与总统相比于双边援助问题，在多边援助问题上更为一致。这在某种程度上源于如下的事实，即多边援助更具集体利益的特点，而且 20 世纪六七十年代所创立的许多改革保护了多边开发银行中的捐助款。因而所简化的假设对于所研究的时期而言更具合理性，即总统制民主国家（如美国）能够在集体委托者中被视为统一的行为体。

第三章
美国国内政治与国际货币基金组织的政策

劳伦斯·布罗兹、迈克尔·霍斯*

导　言

20世纪90年代浮现的市场危机催生了对下面问题的兴趣，即国际货币基金组织贷款决策的政治动机。[1]我们分析国际货币基金组织的最强大成员国美国的利益与影响。我们没有详细阐述美国的“国家利益”，反而将方法聚焦于国内政治。其中一个观点是，美国的“货币—中心”(money-center)银行是国际货币基金组织的关键性支持者，代表国际货币基金组织进行游说。[2]反过来，美国决策者运用其在国际货币基金组织的影响，确保高度依赖美国银行的国家受到国际货币基金组织保险伞(insurance umbrella)的影响。简而言之，我们

* 我们感谢马特·麦卡宾斯、德谢佐(J.R.DeShazo)、迈克尔·希斯考克斯(Michael Hiscox)、詹姆斯·弗里兰(James Vreeland)、戴维·莱克、莉萨·马丁、杰夫·弗立登、威廉·克拉克(William R.Clark)、埃里卡·古尔德、约瑟夫·乔伊斯(Joseph Joyce)、德弗什·卡普尔(Devesh Kapur)、路易斯·波利(Louis Pauley)、尚卡尔·赛提纳斯(Shanker Satyanath)、贝丝·西蒙斯(Beth Simmons)、迈克尔·蒂尔尼(Michael Tierney)的评论以及马克·法拉斯(Mark Farrales)、莫莉·詹姆斯(Molly James)的研究帮助。我们也感谢2004年9月30日至10月3日在亚利桑那州的图森召开的新制度经济学会议的参与者、2003年6月2日加州大学洛杉矶分校政治科学系的公开演讲研讨会、2003年8月28—31日美国政治科学协会2003年年会。

为国际货币基金组织贷款提供了微观基础，从而确定美国银行游说活动中"道德风险"的根源。

我们并非最先将货币—中心银行视为国际货币基金组织重要支持者的。大概从20世纪60年代以来，极为"相关"的观点早已存在，而且目前更为正统的观点也依然盛行。(Barro 1998; Soros 1998; Stiglitz 2002)一位学者称之为"华尔街—财政部综合体"(Bhagwati 2002:8—9)。其他学者(Gould 2003; Oatley and Yackee 2004)考察了商业银行系统地影响国际货币基金贷款的程度。[3]然而一些根本性问题仍然存在:银行家及其他私人行为体如何影响国际货币基金组织等国际组织呢?国际货币基金组织官员为何会响应私人行为体的利益呢?

这是些尖锐的问题，尤其因为它们涉及许多集体决策层次上私人与公共行为体的动机与行为。此外，国际货币基金组织并不是一个特别透明的制度。国际货币基金组织成员国在国别贷款或其他日常事务方面并不会正式地投票决定。国际货币基金组织的许多"共识建构"(consensus-building)是在执行董事会会议之外非正式形成的。另外，国际货币基金组织对董事会会议施加以20年期限的禁言规则——这一项程序致使我们难以确定国际货币基金组织决策背后的根本动机。

像本书其他章节一样，我们受到学者们日益关注国际组织、"委托—代理"问题的启发。委托—代理问题困扰着国际组织的运行。(Hawkins et al.，本书)本书的一些章节以单一行为体的方法(a unitary actor approach)描述国际组织的正式委托者，然而我们关注重要委托者美国国内私人个体(选民、利益集团)的金钱利益。[4]我们首先确立美国私人行为体与国内政治家之间的联系，然后确定国内政治与国际决策之间的联系，从而阐明国际货币基金组织等复杂的国际组织行为背后的微观动机。简而言之，我们考察国内与国际两个分析层次上的动机与结果。

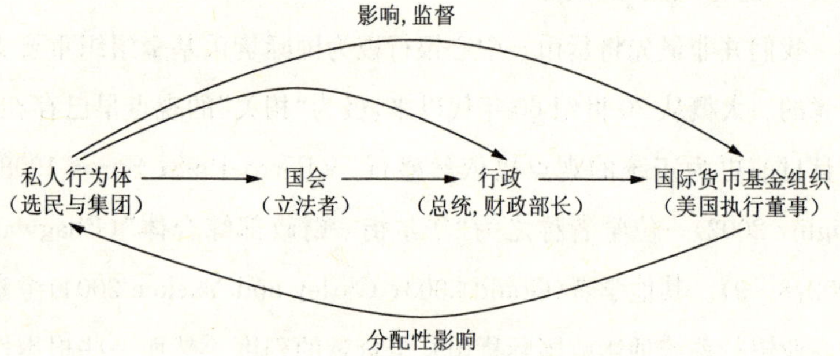

图 3.1 授权链

图 3.1 说明了我们的方法。“授权链”（chain of delegation）始于美国私人个体，终于国际货币基金组织。美国代表所代表的美国利益是由外生因素所决定的。为了探究私人行为体在国际货币基金组织及其政策方面的利益，我们提出如下问题：国际货币基金组织的政策使何人受益，使何人受损？为了解决这个分配性问题，我们求助于国际金融救市方面的经济学文献、经济全球化方面的文献。接下来，我们认为，私人行为体以其中一种方式推进其国际金融政策目标：如古尔德（Gould 2003）所指出的，直接通过国际货币基金组织（最上面的箭头）、行政部门（第二个箭头）或国会。尽管国会几乎不监督国际货币基金组织的日常运行，但是它在资金决策中扮演着积极的角色。资金决策需要国会的授权与拨款。我们分析美国众议院在增加对国际货币基金组织注资方面的票决，以此确立私人行为体与国内政治家之间的联系。最后，我们评价国际货币基金组织的行为，以观察国际货币基金组织的行为，是否与我们关于国际货币基金组织政策的国内分配性影响的观点相一致。在这个层次上，我们运用“公开偏好”的方法（a “revealed preferences” approach）。由于国际货币基金组织缺乏透明度，因而我们分析国际货币基金组织贷款的结果，假设国际货币基金组织追逐美国私人行为体（如货币—中心银行）的利益。

我们的研究结果是令人鼓舞的。在国会层面，我们发现货币—中心银行的竞选捐献对议员的投票倾向产生了重大影响，即支持美国增加对国际货币基金组织的定额捐款。我们也发现，如果议员代表具有大量经济全球化中净"赢家"的选区，那么他们更可能支持增加对国际货币基金组织注资。我们预料到第一种结果，因为国际货币基金组织的金融救市向私人债权者提供了保险，允许银行从国际借贷中获益的同时也分担公共部门的损失。我们也预料到第二种结果，因为国际货币基金组织寻求使世界经济免受金融冲击的影响，推进全球化及其相伴随的分配性影响。

在国际货币基金组织层面，我们发现国际货币基金组织对一国的贷款，与货币—中心银行在该国风险程度极其相关，并控制着其他因素。这个结果的重要意义是，国际金融的道德风险至少在某种程度上是私人行为体利益的产物。这些私人行为体寻求使其跨国借贷的风险外部化。

本章由六部分组成。在第二部分，我们介绍了国际货币基金组织的架构，阐明了国际货币基金组织现有研究的缺陷，特别是对个体动机的关注的缺失。在接下来的三部分中，我们论述了这些缺失。第三部分论及我们的观点以及策略的证据。第四部分是对国会在国际货币基金组织配额增加问题上唱名表决的经验分析。第五部分探讨了国际货币基金组织贷款的决定性因素。最后一部分是总结，讨论了这些发现的意义。

国际货币基金组织的架构

国际货币基金组织向那些面临收支平衡问题的国家提供援助，从而支持了全球贸易与经济发展。国际货币基金组织从成员国的捐献中获得了自己的财政资源，即众所周知的"配额"。每个国家的配额是根据一个公式计算出来的。这个公式以产值与贸易的各种方法反映了一国相对的经济规模。但是配额也是重要的,因为它们决定着成员国在国际货币基金组织的投票权。

每个成员国拥有 250 票"基本"选票权,额外的每个选票相当于 100 000 个特别提款单位。由于基本选票仅占总选票的小部分,因而重要的成员国控制着国际货币基金组织。[5]美国是最大的成员国,因为其配额是 371 亿特别提款权(大约为 542 亿美元),拥有 371 743 票选票(占总选票的 17.1%)。相比之下,帕劳共和国仅有 281 票选票(占总选票的 0.013%)。美国甚至对一些重要决策有着更大的影响——如配额变化——受到 85%多数票的影响。由于拥有总选票的 17%,美国在配额变化与许多其他国际货币基金组织决策方面是个举足轻重的行为体。

在组织上,国际货币基金组织有两个代表性机构,即理事会(the board of governors)、执行董事会。这两个代表机构都具有加权投票权。[6]理事会对国际货币基金组织的经营拥有最终权威,然而它几乎将所有权力授权执行董事会。执行董事会是国际货币基金组织日常事务的重要决策机构。

执行董事会并没有正式投票权。执行董事会的决策规则(国际货币基金组织规章制度的 C-10 条规则)可以回溯到国际货币基金组织产生之时。当时美国与英国坚持确立这项决策规则。该项规则规定,"通常总干事确定会议的意见,以替代正式投票权"。"会议的意见"意味着,执行董事会主席(如,国际货币基金组织总干事)带着是否投票的问题猜测拥有足够投票权的执行董事是否会支持一项立场。(Van Houtven 2002:23)我们对这些决策的政治经济学感兴趣,因而我们关注大成员国的动机与影响。[7]问题在于,"会议意见"的投票程序致使难以辨别任何成员国的影响,掩盖了"共识"之幕背后的动机。

一个解决办法是,从事后国际货币基金组织的贷款类型推断动机与影响，从国际货币基金组织的结果倒过来解读成员国政府的利益，从而替代对国际货币基金组织决策的黑匣子的分析。数篇论文运用了这个“公开偏好”的方法，假设债务国从国际货币基金组织获得的贷款额度与该国与美国“政治亲近”之间的正相关性。（Thacker 1999；Barro and Lee 2002；Dreher and Jensen 2003；Stone 2004）“政治亲近”的标准代表（the standard proxy）是美国与该国在联合国大会上投票一致的次数。结果一般都支持这个观点。

这个方法意在阐明国际货币基金组织的决策过程，然而它也有缺点。一个问题是，决策者的微观动机并非确定的。国际货币基金组织官员提出了一个总目标——其原籍国的“国家利益”——并非受到取决于制度环境的个体动机的影响。事实上执行董事也有个人收益（成本），从而采取支持（反对）联盟的立场，然而这些动机并非事先确定的，在因果逻辑中留有余地。另一个问题是，观点与证据之间并不存在直接的关系。观点预测了执行董事个人在国际货币基金组织主要决策机构中的立场。另外，证据来自国际货币基金组织贷款的总结果。数据的限制往往迫使政治经济学研究诉诸间接证据，然而我们应该对一个层面获得但在另一个层面进行检验的推断持谨慎的态度。

我们意识到，国际货币基金组织董事们的立场难以辨别，而且对行为假设的简化会产生理论上与经验上的洞见。然而对于分析者所声称的执行董事使目标最大化的问题，我们认为若是没有更加直接的证据，那么从国际货币基金组织的结果推断动机的做法是颇成问题的。

方法与观点

为了避免这个及其他与国际货币基金组织决策缺乏透明度有关的问题，我们自下而上地提出我们的观点。我们首先分析美国等股权大国国内的私人行为体，将其视为国际货币基金组织潜在的支持者。我们以狭隘的金钱术语界定私人行为体的利益：国际货币基金组织的政策具有分配性影响，使得私人行为体在国际货币基金组织贷款行为中成为利益攸关者。然后我们沿着授权链进入制度层面，即美国国会。在国会，个体对国际货币基金组织政策的票决是正式的，也是可观察的。[8]我们认为，国内立法者关注连任，因而其立场反映了选民与利益集团的利害关系。我们的结论表明，立法者的立场的确受到银行的游说活动及其他选民目标的塑造。

然后我们转向国际货币基金组织层面，认为美国代表在各种事务中，优先推进美国银行的利益。由于我们不能直接观察这种影响，因而我们分析国际货币基金组织的贷款时，假定美国代表是积极追逐着美国私人支持者利益的占主导地位的决策者。对于私人行为体的利益传递到国际货币基金组织的机制，我们抱着不可知的态度。(参见图 3.1)但是我们的结论表明，这种传递的确会发生。我们发现，国际货币基金组织给一国的贷款额与美国货币—中心银行在该国风险程度具有极其重要的正相关关系，控制着其他因素。尽管根据本书的概念性框架(Hawkins et al.，本书)，这种“第三方的行为体”并不是国际货币基金组织的直接委托者，但是我们的结论表明银行家的确影响着代理者的行为。

私人行为体与国际货币基金组织

在第三方私人行为体中，一部分美国金融部门在新兴市场经济体中投资与借贷，是国际货币基金组织活动的主要获益者。(Oatley and Yackee 2004)这是因为国际货币基金组织的财政援助是为债权者提供保险的一种形式、道德风险的一种来源，即使国际货币基金组织试图稳定国际金融体系。道德风险是一种会引发寻求避免的行为。对于国际货币基金组织而言，当它的危机援助诱使私人投资者认为自己或许会规避风险而试图收获更多的金融回报时，道德风险就会产生。当基于以往的经验，针对发展中国家的私人投资者与放贷者对新兴经济体过多地作出承诺时，国际货币基金组织便会提供外汇流动性，从而使他们在危机时刻逃离这个国家而无需承担全部损失。[9]作为放贷者，他们意识到在收支危机时刻，他们会得到帮助而摆脱困境。例如，1995 年墨西哥危机时，私人投资者由于这种帮助并未遭受到与危机有关的损失。这导致了过度冒险，并为两年后的金融危机创造了条件。在这场危机中，投资者与外国银行的确蒙受了损失，尽管这些损失远少于在国际货币基金组织未发放 1 000 亿美元救市资金时本应遭受的损失。

国际货币基金组织的救助使私人债权者从国际借贷中获益，至少将部分损失分配到公共部门中。当国际货币基金组织向成员国政府提供资金时，该政府往往运用这笔资金偿还私人债权者。(Bird 1996：477—511)金融市场参与者意识到了这种风险的转移。德米尔古克-孔特、休伊津加(Demirguc-Kunt and Huizinga，1993)发现，美国政府对国际货币基金组织财政承诺意外的增加，导致了美国货币—中心银行市场资本化的增加。他们得出结论，即“股票市场实际上期望[国际货币基金组织]向债务国提供其他资源，用以商业银行的还本付息”(Demirguc-Kunt and Huizinga 1993：443)。道德风险及其私人行为体的风险补贴或许是稳定金融市场的必然产物(Rogoff 1999)，然而我们的观点仅认为在发展中国家拥有资产的债权者是最重要的受益者之一，因而很可能是国际货币基金组织强有力的支持者。我们认为，货币—中心银行进行游说(提供竞选捐献)以支持国际货币基金组织。

其他私人行为体也受到国际货币基金组织政策的影响。对于毫无组织的选民(投票者)，我们借助国际贸易理论确定了从国际货币基金组织稳定世界经济中获益与受损的行为体。施托尔珀与萨缪尔森(Stolper and Samuelson，1941)根据生产要素确定了经济全球化的赢家与输家，如高技能劳动力、低技能劳动力。要素所有者从中获得自己的收入。本地大量要素的所有者往往从全球化中获益更多，然而稀缺要素的所有者则往往会受损。在美国，相对稀缺的要素是低技能劳动力，因而这种群体最可能受损于全球化。(Wood 1994)随着与低技能劳动力相对丰富(因而廉价的)国家的贸易的增加，美国有组织的劳工被动员起来反对全球化，以保护低技术密集型产业。(Haskel and Slaughter 2000；Baldwin and Magee 2000)相比之下，相对于世界其他地区，美国高技能劳动力是丰富的，因而受益于全球化。

公共舆论调查所产生的现有个体层次的数据为这个观点提供了经验性支持。舍维与斯劳特(Scheve and Slaughter 2001：267—292)认为，拥有大学文凭或高级技能的工人支持国际贸易自由化，然而低学历与低技能的工人反对自由化的举措。我们将其扩展到对国际货币基金组织政策的分析，并意识到国际货币基金组织保护全球贸易与经济一体化免于金融动荡的使命，是有益于那些从经济一体化中获益的私人行为体的。因而我们认为高(低)技能的人支持(反对)国际货币基金组织，但是我们并不认为他们会游说。如下所讨论的，高技能与低技能的工人等不同的利益方在立法者的选举考量那里找到自己的代表。

国会与国际货币基金组织

尽管国会将一些重要功能授权于行政部门——总统任命国际货币基金组织执行董事，而且根据法律，执行董事的决策经由财政部部长正式批准——但是国会拥有最终权威，以决定美国介入国际货币基金组织的期限。这源于 1944 年的《布雷顿森林法》(the Bretton Woods Act)。国会不会详细地监督国际货币基金组织的大多数行为，但是国会在特定问题上扮演着积极的角色，特别是在增资方面。

在国际货币基金组织重大的政策变化方面，国会维系着直接权威。在《布雷顿森林法》的第六部分，美国配额的增加必须由美国国会批准。(Wertman 1998b)事实上，如果没有国会的同意，国际货币基金组织配额的正常增加不会生效。(Boughton 2001:858)

在其他问题上，国会不太会监督国际货币基金组织的政策，也不太会改变国际货币基金组织的美国代表以及财政部长所推进的议程。2001年美国审计总署的报告称，国会制定了60项立法性规定，以限定美国在国际货币基金组织的政策目标。(US General Accounting Office 2001)这些规定涉及一系列广泛政策，包括劳工标准、国际贸易、人权、武器扩散。在任何情况下，国会指导着财政部长授意美国执行董事，运用在国际货币基金组织执行董事会上的"声音与投票"以追求具体政策。(Wertman 1998a:1—22)[10]

我们分析国会在配额增加方面的投票，因为配额增加的投票直接显示出对国际货币基金组织的支持(更多的资金使国际货币基金组织发放更多的稳定贷款)。

立法者在配额增加问题上的立场很可能受到诸多因素的影响，包括党派认同、政治意识形态、对国际货币基金组织救市的未来影响(道德风险问题)的期望。然而，选举与选举中落败的可能性将立法者与选民的利益捆绑在一起。我们假设，立法者的行为是自私的，至少在某种程度上源自继续执政的希望。这个假设意味着，国会议员在决定对国际货币基金组织的政策时，是基于这些政策如何影响他们自己(也就是说，选举)的问题，而不考虑其在国家或国际层面的影响。议员与私人行为体的联系涉及货币—中心银行等有组织集团的竞选捐献、受国际货币基金组织政策分配性影响的公民的投票，如高技能工人。

竞选捐献为立法者提供了政治营销的资源，有助于赢得投票者的支持。因而立法者回应那些在政策与货币中有明确利益而且投资于政治的有组织集团。(Grossman and Helpman 1994)然而立法者也以选举的方式受到无组织的选民的影响。立法者考虑一项政策对其选区内投票选民的分配性影响,而且采取反映这些选区利益的政策立场。(Denzau and Munger 1986; Arnold 1992; Bailey 2001)甚至在没有直接影响与游说的情况下,立法者也会考虑。这意味着选民实际上不必基于这一机制有效的政策而投票。

表 3.1　美国国会就国际货币基金组织配额表决情况

唱名数	286 众议院修正案 306 (众议院 2957)	287 众议院修正案 307 (众议院 2957)	313 众议院修正案 341 (众议院 2957)	109 委托与会者的申请 (众议院 3579)
国　会	第 98 届国会	第 98 届国会	第 98 届国会	第 105 届国会
日　期	1983 年 7 月 29 日	1983 年 7 月 29 日	1983 年 8 月 3 日	1998 年 4 月 23 日
发起人	麦科勒姆(McCollum)(共和党人—佛罗里达州籍)	帕特曼(Patman)(民主党人—得克萨斯州籍)	科科伦(Corcoran)(共和党人—伊利诺斯州籍)	奥贝(Obey)(民主党人—威斯康星州籍)
概要	修正众议院 2957 以授权国际货币基金组织的理事同意增加美国的配额。[“反对”指的是支持国际货币基金组织配额增加的投票。]	修正众议院 2957 以取消法案中要求美国继续参与国际货币基金组织的条款。[“反对”指的是支持国际货币基金组织配额增加的投票。]	修正众议院 2957 以扩大美国对国际货币基金组织《一般借贷协议》(the General Arrangements to Borrow)的参与,从 20 亿美元增加到 42.5 亿美元,授权财政部长同意增加美国在国际货币基金组织的配额。[“反对”指的是支持国际货币基金组织配额增加的投票。]	允许参众两院通过相同的开支法案,向国际货币基金组织提供 180 亿美元以增加配额,确立《新借贷协议》。[“支持”指的是支持国际货币基金组织配额增加的投票。]
结果	支持=182 反对=227	支持=178 反对=226	支持=174 反对=249	支持=186 反对=222
党派分歧	民主党:支持=90,反对=158 共和党:支持=92,反对=69	民主党:支持=89,反对=155 共和党:支持=89,反对=71	民主党:支持=82,反对=177 共和党:支持=92,反对=72	民主党:支持=164,反对=28 共和党:支持=22,反对=193

国际货币基金组织决策者与其政策

国际货币基金组织决策程序赋予美国执行董事以显著影响力。然而国际货币基金组织没有唱名票决，致使难以直接观察美国的立场和动机。我们无法解决这个问题。我们所能做的，是决定国际货币基金组织的决策是否与我们在国内政治层次上所揭示的动机相一致。具体而言，我们认为国际货币基金组织往往更加支持那些美国货币一中心银行介入的国家。这也即假设，美国执行董事与/或财政部长是这些私人行为体的代理者。一些学者将其称为“华尔街的联系”(Wall Street connection)，几乎与这种假设没有什么分歧。(如 Stiglitz 2002)然而，国会议员同样有可能作为银行利益或银行家的代理者，与财政部沟通这些政策目标。表 3.1 描述了这些影响的路径。

数据与分析：国会在国际货币基金组织配额增加问题上的唱名表决

根据国际货币基金组织协定的条款，对配额资源的适当性的一般复核至少需要每五年开展一次。如果复核促成了批准配额增加，那么国会必须批准美国增加配额。历史上，配额增加的这些需求成为国会强有力地审查国际货币基金组织运行及其贷款计划的机会。在这些争论期间，国会议员时而需要投票。这些唱名表决为国际货币基金组织的政治提供了一扇窗，也是个机会，以确定选民的压力是否会有所介入。

1983 年、1988 年国际货币基金组织开展了第 8 次、第 11 次配额的一般复核。为此我们分别分析其后国会针对配额增加的投票。“干净的”唱名表决显示出配额增加。[11] 表 3.1 提供了唱名表决的概要信息。这四次投票代表了 1973 年以来针对国际货币基金组织资金的唱名表决。

其中三次投票(V286, V287, and V313)发生在1983年,即国际货币基金组织第8次一般复核之后。当时拉美债务危机激起了国会的焦虑,即配额的增加会为商业银行摆脱困境而提供资金。(Bordo and James 2000:32)这三次投票是针对修正案的,以剔除国际货币基金组织配额增加的综合性开支法案(the omnibus spending bill)。

第四次的唱名表决(V109)涉及1998年的一项申请,即将国际货币基金组织新资金中的180亿美元纳入众议院紧急追加开支法案(a House emergency supplemental spending bill)。众议院删除了该法案中关于增加国际货币基金组织配额的条款,并驳回了要求会议委员会(the conference committee)恢复这一条款的申请,这一申请要求美国以新承诺的方式向国际货币基金组织提供180亿美元。1998年4月23日,美国国会以186比222的表决否决了奥贝的申请,停止了接下来6个月对国际货币基金组织的拨款。

我们有两个假设。首先,我们认为众议院议员会投票支持增加国际货币基金组织配额的呼吁,而且这种支持的可能性随着议员与货币—中心银行的亲近而增大。货币—中心银行是国际货币基金组织救市的最直接受益者之一。立法者由于竞选捐献与这些银行相关,因而会支持这些银行的政策偏好。其次,我们认为,众议院不同选区选民技能水平的差异会影响议员的投票。具体而言,我们认为,选民的技能水平越高(低),议员越可能投票支持(反对)国际货币基金组织配额的增加。这体现了我们的观点,即议员与作为一个促进全球经济一体化的组织的国际货币基金组织相关,在国际货币基金组织投票上的立场反映了不同选民如何受到全球化的分配性影响。

为了确定货币—中心银行,我们运用联邦金融机构监督委员会

(the Federal Financial Institutions Examination Council, FFIEC)的“国别风险贷款调查”(Country Exposure Lending Survey)的监管分类。联邦金融机构监督委员会根据美国银行的国际风险编纂数据，并基于对机密性的考量将这些数据分成两类，即“货币—中心”银行和“其他银行”。联邦金融机构监督委员会的调查确定了货币—中心银行的具体名单，因而我们能够以此名单确立我们所搜集的竞选捐献数据。对于竞选捐献，我们运用了联邦选举委员会(the Federal Election Commission)关于政治行动委员会(Political Action Committees, PACs)的捐献数据。联邦金融机构监督委员会所确定的每个货币—中心银行都设有政治行动委员会，以向国会议员提供资金。我们虚构的变量(constructed variable)是银行—政治行动委员会(BANK-PAC)：指所有货币—中心银行在国际货币基金组织配额投票之前的两个选举周期中，向众议院议员所提供的竞选捐献的数额。

我们以两种方式衡量选民的技能水平：受教育程度和职业分类。大学(COLLEGE)变量意指选区内接受四年大学教育的人口所占比例。技能(SKILLS)变量是选区内劳动者在行政、管理、经营、职业以及具体职业方面的比例(参见变量描述与来源的附录)。

表3.2提供了对1983年三次唱名表决进行概率分析的结果(括号中的数字为休伯-怀特稳健标准误差)。在模型1—3中，我们仅仅控制了议员的“意识形态”，是由议员第一个维度的提名分所代替的(Poole and Rosenthal 1997)。提名分的第一个维度通常被解释为议员在政府干预经济方面的意识形态立场。我们以此获得一些议员投票的个体特点。由于较高的分值意味着更加“保守的”意识形态，因而我们预料到回归系数上的正号(a positive sign)——更加保守的议员应该反对国际货币基金组织资金的增加，因为国际货币基金组织的救助会导致道德风险，对动机产生了不良影响。我们发现了这

表 3.2 美国第 98 届国会中国际货币基金组织配额投票的概率分析

决策票决(DV): 1=支持 0=反对(反对票支持国际货币基金组织配额)	(1) 286	(2) 287	(3) 313	(4) 313
常量	0.804 ***	0.836 ***	0.640 ***	0.305
	(0.203)	(0.204)	(0.198)	(0.338)
提名(DW-Nominate)	1.885 ***	1.835 ***	1.788 ***	1.785 ***
	(0.201)	(0.204)	(0.192)	(0.195)
银行—政治行动委员会	−0.212 ***	−0.237 ***	−0.180 ***	−0.186 ***
	(0.049)	(0.054)	(0.047)	(0.049)
大学	−13.165 ***	−13.820 ***	−12.204 ***	−14.307 ***
	(3.3)	(3.332)	(3.225)	(4.044)
收入(INCOME)				0.025
				(0.024)
墨西哥血统(MEXICAN ORIGINS)				0.756 (0.69)
观察数	409	404	423	423
大于卡方值的概率($Prob>Chi^2$)	0.000 0	0.000 0	0.000 0	0.000 0
对数似然比(log-likelihood ratio)	−218.035	−215.778	−227.955	−226.932
括号中的稳健标准误差				

注:* 10%的重要性; ** 5%的重要性; *** 1%的重要性。

种影响的证据,然而银行—政治行动委员会与大学的变量总是正确地赋予分值,而且是极为重要的。银行的竞选捐献越多,选区的教育水平越高,那么议员越可能投票反对试图否决国际货币基金组织配额增加的修正案。在模型 4 中,我们控制了选区的收入(家庭收入种植)与墨西哥血统(选区内墨西哥后裔的比例)这两个变量。后者的控制意在理解与墨西哥——债务危机的首个受害者——亲近对议员投票的任何影响。分值的结果并不会受到这些控制的影响。

作为对稳健性的核对,我们运用选区技能水平与议员意识形态的其他衡量方法进行概率分析。表 3.3 的结果以技能(从事高技能产业的人的比例)变量取代大学变量,以政党变量(1=民主党,0=共和党)取代提名分变量的数值。对于上述取代的变化,我们的观察结果也是稳健的。

表 3.3　美国第 98 届国会中国际货币基金组织配额投票的概率分析(稳健)

决策票决:1=支持 0=反对(反对票支持国际货币基金组织配额)	(1) 286	(2) 287	(3) 313	(4) 313
常量	1.334 ***	1.156 ***	1.247 ***	1.118 ***
政党(Party)	−0.670 ***	−0.621 ***	−0.756 ***	−0.759 ***
	(0.136)	(0.136)	(0.134)	(0.136)
银行—政治行动委员会	−0.217 ***	−0.234 ***	−0.190 ***	−0.193 ***
	(0.052)	(0.057)	(0.049)	(0.049)
技能	−2.645 ***	−2.227 ***	−2.522 ***	−2.517 ***
	(0.758)	(0.801)	(0.719)	(0.785)
收入				0.006
				(0.02)
墨西哥血统				0.722
				(0.713)
观察数	409	404	423	423
大于卡方值的概率	0.000 0	0.000 0	0.000 0	0.000 0
对数似然比 括号中的稳健标准误差	−252.851	−250.786	−256.952	−256.385

注: * 10%的重要性; ** 5%的重要性; *** 1%的重要性。

针对奥贝 1998 年申请(V109,第 105 届国会)的投票似乎是个难题,因为议员极其按照党派投票——仅 28 位民主党人、22 位共和党人打破了党派界限。尽管如此,我们准确地赋值了重要的变量(正相关的,因为对奥贝申请的"赞同"票意味着资助国际货币基金组织),而且这些变量在数个模型中是颇为重要的,如表 3.4 所示。模型 1 以提名分变量控制议员的意识形态。我们更偏爱模型 2。这个模型控制着政党变量,因为它具有更好的解释力,如对数似然比所表示的,而且直接控制着投票的党派性。模型 3 增加了变量,以反映可能相关的选区特点。墨西哥+韩国+泰国意指选区中来自三个国家的族群人口的比例。20 世纪 90 年代这三个国家曾经深陷严重的货币危机。我们的估计并没有支持这种关系。净进口、净出口两个变量反映了选区工业特点的影响。如果议员所代表的选区面临着强有力的

表 3.4 美国第 105 届国会中国际货币基金组织配额投票的概率分析

决策票决:1=支持 0=反对(支持票支持国际货币基金组织配额)	(1) 109	(2) 109	(3) 109
常量	−0.508 ***	−2.186 ***	−1.854 ***
	(0.123 6)	(0.288)	(0.359)
提名	−2.678 ***		
	(0.215)		
政党		2.526 ***	2.519 ***
		(0.177)	(0.18)
银行—政治行动委员会	0.015 **	−0.021 ***	−0.020 **
	(0.007)	(0.008)	(0.008)
技能	−2.645 ***	−2.227 ***	−2.522 ***
	(0.758)	(0.801)	(0.719)
大学	2.120 *	3.539 ***	2.908 **
	(1.125)	(1.127)	(1.2)
净进口(NET IMPORTS)			−2.218 **
			(1.121)
净出口(NET EXPORTS)			1.423
			(1.99)
墨西哥+韩国+泰国 (Mexican+Korean +Thai)			0.322
			(0.683)
观察数	408	407	407
大于卡方值的概率	0.000 0	0.000 0	0.000 0
对数似然比 括号中的稳健标准误差	−151.497	−140.859	−138.867

注:* 10%的重要性;** 5%的重要性;*** 1%的重要性。

进口竞争,那么议员会反对对国际货币基金组织的注资,因为国际货币基金组织基本上执行支持贸易的指令。另一方面,如果议员所代表的选区有出口导向的产业,那么议员会支持对国际货币基金组织的注资(参见这些变量建构的附录)。我们的结果在某种程度上支持了这个观点,因为净进口变量是负值,而且是重要的。

在表 3.5 中,我们实质性地解释了结果及其影响程度的意义。我们运用表 3.3、表 3.5 的模型,模拟观察支持国际货币基金组织配额增加的投票的可能性,然后考察这些可能性是如何变化的。当我们的解释变量以其平均值为准增加一个标准差(standard deviation),但保持所有其他变量为平均值时，[12]影响是极大的。例如，银行—政治行动委员会的一个标准差的增加会增大可能性。在票决数为 286 的案例中，议员将会以 17.9%的比例提高支持国际货币基金组织注资的可能性。需要指出的是，在 1998 年投票(V109，模型 1 和模型 2)的案例中，这种影响相对小些，但是并非微不足道。竞选每增加一个标准差的平均影响(全部 5 个模型)是以 13.1%的比例提高了支持国际货币基金组织的可能性。

表 3.5 货币—中心银行的竞选捐献、选区技能水平，以及众议院议员“意识形态”的实质性影响

	银行—政治行动委员会	大学	提名	政党
286 票(第 98 届国会)表 2，模型 1	0.179***	0.112***	−0.267***	
287 票(第 98 届国会)表 2，模型 2	0.194***	0.117***	−0.262***	
313 票(第 98 届国会)表 2，模型 3	0.146***	0.098***	−0.258***	
109 票(第 105 届国会)表 4，模型 1	0.059**	0.07*	−0.344***	
109 票(第 105 届国会)表 4，模型 2	0.079***	0.115***		−0.788***

注：数值代表着对支持国际货币基金组织配额增加的投票所预测的概率的变化，因为每个变量因其平均值的一个标准差而增加，使其他变量维持在其平均值上。“政党”意指从民主党人到共和党人转变中所预测的概率的变化(从 1 到 0)。

* $p<0.10$，** $p<0.05$，*** $p<0.01$。

我们同样获得了大学变量的实质性影响，即对选区技能水平的衡量方法。选区中大学学历的人口比例每一标准差的增加，会平均以 10.2%的比例提高议员支持国际货币基金组织注资的概率(11.2 points on V286，11.7 points on V287，9.8 points on V313，7 point-son V109，Model 1，and 11.5 points on V109，Model 2)。需要指出的是，甚至当政党变量对投票产生压倒性影响时(V109，Model 2)，这些影响也是相当大的。

讨论

货币—中心银行的竞选捐献与议员对国际货币基金组织的支持之间的正相关,与对特殊利益的捐献的研究相冲突:几乎没有证据表明竞选资金会影响议员的投票。(Hall and Wayman 1990; Snyder 1992; Wright 1996)一种可能是,银行的捐献不同于其他来源的资金。例如,银行业是议员竞选的最大捐献者之一。就对国会的捐献总额(政治行动委员会、个体、软钱)而言,商业银行在 80 个产业中位列第 10。(Makinson 2003)这有助于解释我们与其他学者(e. g. Kroszner and Stratmann 1998)的研究为何会发现银行资金对国会唱名表决的影响。然而,由于一些无法模型化的选民的影响,我们对银行竞选资金的估计也许是虚增的。或许议员投票与国际银行活动在选区的重要性相关。为了控制这个问题,我们增加了一个虚拟变量,即货币—中心银行所在的选区(纽约、芝加哥、波士顿与旧金山市区)。我们也设置了一个变量,以理解银行雇员的重要性,即大型商业银行所雇用的选区人口的比例。这两个变量都不是重要的,并不会影响银行—政治行动委员会变量的数值或重要程度。

一个更为广泛的关切是,当特殊利益者捐献时是否会以具有相似立场或"购买选票"的议员为目标。(Hall and Wayman 1990; Bronars and Lott 1997)我们在这个问题上是不可知论者。如下的问题对于我们的观点没有什么意义,即银行是否捐助那些与其政策偏好一致的议员,或通过捐献以影响议员的投票。资金是一种可观察的迹象。议员更可能按照银行的意愿投票。尽管如此,相对小的数目并不表明,银行直接购买选票。在 1981—1984 年选举周期中,议员们平均从银行收到 952 美元(最大额为 20 200 美元)。鉴于此,相对于收益议员们非常廉价地出售了其选票。根据这些小的数字,竞

选捐献或许被理解为一种政治参与的形式，像投票或参与一个政治联盟。(Ansolabehere, et al. 2003)

我们的其他发现也并不排除其他解释，即选区中较高的技能水平会提高议员支持国际货币基金组织的可能性。我们的解释是，议员对国际货币基金组织救助的立场反映了全球化对选区选民的相对工资的影响。然而，这个结果也表明，教育程度越高的选民更具“世界主义色彩”，因而能够更好地理解国际金融救助的需要。但是即便大学教育或高技能的职业会形成国际主义观，也没有令人信服的理由可以解释这些特点为何意味着对救助的支持。学术型经济学家对此问题有着分歧。少部分学者基于道德风险采取公众的立场，反对救助。(Calomiris 1998; Meltzer 1998; Schwartz 1998)更多的教育或许致使民众更可能支持贸易自由化等其他对外经济政策。绝大多数的学者支持自由贸易。然而在救助问题上，这样的一致性并不存在。因此，我们难以将技能禀赋的结果归因于选民的教育程度。

我们的观点也要求，选民、国会议员能够理解国际货币基金组织救助与经济全球化之间的联系，以及全球化与相对收入份额之间的联系。然而民众是否能将国际货币基金组织为维持全球经济一体化的救助行为，与具有分配性影响的经济一体化真正联系起来呢？来自最大组织、产业集团以及国会证言的证据表明，他们的确如此。例如，当美国劳工总会与产业劳工组织的执行董事会在1998年通过一项决议时，有组织的劳工将两者联系起来了。这项决议敦促国会否决美国对国际货币基金组织的参与，除非借贷者采用严格的劳工标准，“国际货币基金组织狭隘地界定自己的使命，保护国际资本的利益”，……国际货币基金组织需要改革以确保救助计划服务于一系列更为广泛的社会与经济目标，包括“对国际劳工与人权的承诺及有力的实施”。公司组织与出口利益者将其联系起来，持支持国际货币基金组织的立场。例如，美国商会将参议院对国际货币基金组织注资

(S 1768)的投票列入其1998年立法者评级中。美国商会强烈地支持国际货币基金组织的注资,将其视为“在财政上援助陷入困境的国家的一种方式,因为其经济健康影响着美国商业”(US Chamber of Commerce 1998:4)。佛蒙特州社会党议员伯尼·桑德斯(Bernie Sanders)也将其联系起来:

> 何为这场[亚洲]救助场景的前例呢?对于我们在国际经济全球化中的角色,这说明了什么呢?如果美国政府无法保护成百万的工人、小商人与家庭农场主……我们还应该响应世界上所有银行与商业的失败吗?美国必须重新考量我们与全球经济之间关系的性质——我们对成百万贫困美国人的义务。(Sanders 1997)

国际货币基金组织的贷款类型

证据已经表明货币—中心银行的竞选捐献与国会在国际货币基金组织问题上的投票之间的关系。在此部分,我们查看下,货币—中心银行的影响是否伴随着国际货币基金组织的决策过程。我们的发现表明,国际货币基金组织贷款决策,与美国商业银行在国际货币基金组织成员国的贷款额有关。我们的分析关注,但不仅仅关注美国银行与国际货币基金组织之间的关系。由于国际组织的决策往往是大成员国之间集体讨价还价的产物(Lyne, Nielson, and Tierney,本书),因而我们首先分析美国银行,然后分析国际货币基金组织其他大捐助国(英国、法国、德国与日本)的银行的贷款风险(the loan exposures)。

国际货币基金组织行为的两个问题推动着这项分析。首先,商业银行贷款风险程度是否会使国际货币基金组织更可能救助陷入货币或债务危机的国家呢?其次,在所有其他因素相同的情况下,私人银行更大的贷款风险是否会诱使国际货币基金组织向国家提供更多的贷款呢?为了考察这些问题,我们采用了两阶段的方法。在第一个阶段,我们仅考察国际货币基金组织提供援助的决策；在第二个阶段，我们考察国际货币基金组织所提供的援助的数额。由于内在性的可能，我们将借贷的决策与援助的实际数额区分开来：支持某国的决策或许起着“批准印章”(seal of approval)的作用，进一步说服私人部门贷款。

我们的数据跨度涉及从 1983 年至 2002 年的 20 年。在这个时期，在备用与扩大基金设施项目(the Stand-By and Extended Fund Facilities programs)下，国际货币基金组织批准了 369 项贷款，平均贷款额度为 6.36 亿特别提款权(Special Drawing Rights, SDRs)。在第一阶段的分析中，我们的因变量是个双变量(a binary variable)，代表着特定年份成员国是否接受国际货币基金组织的贷款。在第二个阶段，我们分析国际货币基金组织所批准的贷款额度。由于我们先前的分析关注货币—中心银行与美国国会之间的联系，因而这部分分析的主要解释变量是这些货币—中心银行在海外的国别风险。由于内生性的原因，个别银行并未披露其外国贷款的地理剖面。然而联邦金融机构监督委员会的确收集、汇集并发布这些货币—中心银行的信息，以追踪这些银行的全部贷款行为。因而，我们的主要因变量美国—银行(US-BANKS)是每个国际货币基金组织成员国从美国货币—中心银行贷款的金额。[13]此外，由于美国并不是国际货币基金组织决策中有强大影响力的唯一重要国际借贷国，因而我们也考量英国、法国、德国与日本的大型银行的国外贷款行为。

我们的理论并没有促使我们认为，私人部门银行贷款的增加必然会促使一国需要国际货币基金组织的援助，反而是那些在特定年份深陷债务或货币危机的国家才需要。国际货币基金组织更可能向一些特定的国家提供援助。这些国家向国际货币基金组织前 5 位的捐助国的银行巨额贷款。因而为了预测国际货币基金组织的贷款行为，我们必须将委托者变量列入我们的模式中，以预测与确定主权债务与货币危机。主权债务与货币危机或许导致国家首先需要国际货币基金组织的援助。

国际货币基金组织及其他地方的经济学家提出了货币与债务危机的模型，以确立预警系统（an Early-Warning-System，EWS）。国际货币基金组织以此监督世界经济。预警系统模式运用了经济与政治变量，以预测未发生的经济危机。卡明斯基等学者（Kaminsky, Lizondo, and Reinhart, 1997）批判性地评论了预警系统模式，确定了最具解释力的经济指标。我们运用他们的结论，也考虑与国家总体债务、债务状况、国际储备及与经济相关的数个经济指标，以获得对国际货币基金组织贷款行为更加准确与真实的模型。我们也列入了卡普里奥、克林格比尔（Caprio and Klingebiel 2003）所提出的金融危机指标。由于接受国际货币基金组织的援助是经济动荡的迹象，而且动荡会在国际货币基金组织援助之后仍然持续，因而我们列入了一个虚拟变量，以代表成员国在前一个十年中是否接受过任何备用或扩大基金设施项目的贷款。

国际政治也许影响着国际货币基金组织的决策。为了控制这些影响，我们借鉴巴罗与李（Barro and Lee 2002）的方法，列入联合国投票亲近的分值以衡量国际货币基金组织成员国与大国之间的关系。[14]相似的是，我们列入了世界银行的贷款，因为国际货币基金组织或许更愿意借贷给那些从世界银行获得发展援助的国家。一系列其他控制变量使模式更加完善了：年度虚拟变量（year dummies）、时间趋势、地区与经济集团的虚拟变量（如拉美、非洲、发达国家、英联邦国家、法语国家）。

数据与分析：国际货币基金组织的结果

我们认为，更多的商业银行风险会提高国际货币基金组织对那些陷入经济危机的国家的援助的可能性。为了评价这种主张，我们对自变量与控制变量的双变量（如果成员国在特定年份接受了国际货币基金组织的贷款）进行融合时间序列/横剖面回归分析（a time-series cross-section Logit model)。表 3.6 所列的结果对我们的观点提供了些许的支持。[15] 基线模型没有包括联合国近似性的分值，以"国际政治"取而代之。需要指出的是，联合国近似性的分值几乎对我们的结果没有实质性影响。在两个模式中，如果将其他因素也考虑在内，美国货币—中心银行的风险与国际货币基金组织向一国提供贷款的可能性是正相关的，而且是重要的(在 10%的程度上)。实质上，估算表明，美国银行贷款风险中一个标准差的增加(大概 40 亿美元)会以 3.4%的比例提高接受国际货币基金组织贷款的可能性。

表 3.6　国际货币基金组织借贷决策随机效应的多元逻辑

决策票决：国际货币基金组织借贷决策(1=支持，0=反对)	(1) 基准模型	(2) 联合国近似性的分值
美国-银行(US-Banks)	0.155 * (0.080)	0.172 ** (0.088)
英国-银行(UK-Banks)	−0.122(0.090)	−0.029(0.100)
法国-银行(France-Banks)	−0.153(0.076)	−0.016(0.141)
德国-银行(Germany-Banks)	0.296 *** (0.102)	0.260 *** (0.110)
日本-银行(Japan-Banks)	−0.143(0.096)	−0.060(0.088)
国际货币基金组织以往贷款(Prior IMF Loans)	0.790 ** (0.347)	1.30 *** (0.380)
融资(Financing)	0.103 ** (0.048)	0.056(0.052)
国际复兴开发银行贷款(IBRD Loans)	0.200(0.179)	0.084(0.127)
短期债务(Short-Term Debt)	−0.029 ** (0.013)	−0.054 *** (0.017)
储备/进口(Reserves/Imports)	0.019(0.051)	−0.042(0.057)
债务(Debt)	−0.379(0.310)	−0.393(0.300)
货币-供应/储备(Money-Supply/Reserves)	0.014 * (0.008)	0.010(0.007)
贸易(Trade)	0.011 ** (0.005)	0.010(0.007)
债务-服务(Debt-Service)	0.385 * (0.221)	0.182(0.219)
美国-国债(US-Tbill)	0.183(0.123)	0.268(0.193)
储备(变化)(Reserves[Change])	2.40e-11(3.40e-11)	9.22e-12(5.29e-11)
经济危机虚拟变量(Economic Crisis Dummy)	0.637(0.259)	0.275(0.291)
美国-联合国-近似性(US-UN-Affinity)		2.15(1.80)
英国-联合国-近似性(UK-UN-Affinity)		−2.52(5.47)
法国-联合国-近似性(Fance-UN-Affinity)		−0.42(5.57)
日本-联合国-近似性(Japan-UN-Affinity)		4.33(3.45)
观察数	951	675
集团	96	89
对数似然比 括号中的标准误差	−375.02	−252.2

注：* 10%的重要性；** 5%的重要性；*** 1%的重要性。

当我们考量英国、法国、德国与日本的银行的贷款风险时，结果缺乏一致性。德国—银行(GERMANY-BANKS)变量的系数是正相关的，且是重要的。然而英国、法国与日本私人银行贷款风险的系数有所不同，而且在统计上是不重要的。这些结果似乎表明，美国、德国对国际货币基金组织决策发挥着主导性影响。然而，这些指标展示出高度的多元共线性(multicollinearity)。英国、法国、德国与日本也有大型国际性银行。这些银行的贷款强烈地反映了美国银行的借贷。美国贷款与这些其他国家银行贷款之间的相关性在 $r=0.45$ 至 $r=0.60$ 的范围之内。尽管这种重合或许会低估国际货币基金组织决策中的外部影响，但是我们列入了这些其他国家的贷款风险，因为如果我们假设这些国家不会影响国际货币基金组织决策，那么这是不现实的。这些国家总共占国际货币基金组织投票权的 23%，赋予其在国际货币基金组织决策中与美国相似的影响。[16]

我们的第二个假设与国际货币基金组织对那些接受备用或扩大基金设施项目援助的国家的贷款额相关。我们运用相同的经济指标与控制变量，期望看到美国(与其他捐助国)对一国的银行贷款额，与该国从国际货币基金组织获得的贷款额之间正相关的关系。由于我们的案例仅限于那些获得国际货币基金组织援助的国家，因而我们的样本量减少到 165 个国家。

表 3.7 所示的结果表明，国际货币基金组织支持一国获得的贷款额与美国商业银行风险是正相关的，但是极其相关的(在 0.05 程度上)。[17]根据这个模式，美国贷款每一个标准差的增加会增加国际货币基金组织贷款近 150 万特别提款权。在这些模式中其他国家贷款额的结果是前后矛盾的，而且在统计上并不是重要的。这似乎表明国际货币基金组织的政策的确反映了其大成员国的重要私人行为体的利益，而且相比于其他国家的银行贷款，美国银行的贷款行为更大地影响着国际货币基金组织的决策。

表 3.7 国际货币基金组织贷款规模最小二乘法的估算

决策票决:国际货币基金组织贷款额	(1) 基准模型	(2) 联合国近似性的分值
美国-银行	0.119 ** (0.053)	0.124 * (0.069)
英国-银行	0.026 9(0.061)	0.046(0.086)
法国-银行	−0.142 ** (0.076)	−0.201(0.135)
德国-银行	0.049(0.064)	0.031(0.088)
日本-银行	−0.006(0.057)	0.057(0.074)
国际货币基金组织以往贷款	−0.503 ** (0.214)	−0.392(0.252)
融资	0.092 *** (0.035)	0.086 ** (0.042)
国际复兴开发银行	−0.189(0.129)	−0.137(0.169)
短期债务	−0.023 *** (0.008)	0.019(0.015)
储备/进口	0.007(0.038)	−0.016(0.046)
债务	0.402 ** (0.195)	−0.345(0.281)
货币-供应/储备	−0.004(0.004)	−0.003(0.005)
贸易	−0.007 ** (0.003)	−0.007(0.005)
债务-服务	0.467 *** (0.149)	0.375 * (0.210)
美国-国债	0.108(0.098)	0.079(0.148)
经济危机虚拟变量	0.436 *** (0.155)	0.174(0.192)
美国银行借款总额(US Bank Total Lending)	−0.712 *** (0.264)	−0.657 * (0.395)
美国-联合国-近似性		−1.91(1.22)
英国-联合国-近似性		2.44(3.68)
法国-联合国-近似性		−1.44(4.36)
日本-联合国-近似性		1.29(2.55)
观察数	165	116
集团	58	50
大于卡方值的概率 括号中的标准误差	0.00	0.00

注:* 10%的重要性; ** 5%的重要性; *** 1%的重要性。

总 结

我们探讨了国际货币基金组织的政治经济学,有助于解决一些问题,但是也提出一些问题。我们首先确定了大成员国的私人行为体。这些私人行为体在国际货币基金组织活动中有金钱的利害关系。国际组织研究者往往忽视这个步骤,即使这些组织几乎总是由大成员国通过国内授权而设立与维系的。随后我们论述了,支持者中的货币—中心银行向立法者提供竞选捐献,从而积极地参与国内政治。从我们的经验结果来看,国会议员似乎对这些诉求,以及从国际货币基金组织支持全球化的指令中受益或受损的无组织集团的利益会作出积极反应。因果链条的最后一个联系是分析国际货币基金组织的结果。尽管我们的结果在某种程度上支持着如下观点,但是我们的证据是适中的、间接的,即国际货币基金组织的行为反映了货币—中心银行的利益。我们没有直接的证据表明,国际货币基金组织中美国执行董事是美国国会尽职的代理者。我们也没有直接的证据表明美国国会强迫美国代表维护私人国际银行的利益。事实上,我们忽视了或许对国际货币基金组织结果至关重要的授权程度:国会对行政部门的授权赋予美国财政部与美国执行董事,在国际货币基金组织日常事务方面支配性的权威。

我们以标准以及令人并不满意的方式证实了,我们缺乏对这种代理关系的关注:研究者实际上无需观察委托者为有效控制代理者而监督与惩罚的行为,因为富有远见的代理者预见到令人满意的行动的界限,并在这个界限中行动。这就是所谓“华尔街联系”实际上如何推进国际投资界的利益吗?我们仅能确定的是,这需要更多的研究。

总而言之,我们多个层面的观点与统计检验解释了私人行为体与国际货币基金组织之间的复杂关系。这种关系始于私人行为体的分配性目标,以选举联系的方式指向大成员国政府的国内立法机构。然而除了国际货币基金组织最重要的决策(如配额增加)之外,国内立法机构并不直接影响政策。作为一个国际组织,国际货币基金组织并不受国内法的影响。因此,美国国会等立法机构必须通过其在国际货币基金组织的代理者影响国际货币基金组织的政策。在本章节的研究中,我们发现许多美国法律正式要求美国执行董事运用其在国际货币基金组织的“声音与投票”从而实现国会的目标。这些有趣证据的意义是，美国执行董事在决定如何解释与实施这些指令方面有相当大的灵活性。简而言之，美国执行董事远不是国会的完美代理者。然而即使授权链是冗长、间接的，我们所发现的证据也可表明国内政治或许影响着国际组织的决策。

附录：数据与来源

非洲(Africa)：意指非洲国家的虚拟变量。

东盟(ASEAN)：意指东盟成员国的虚拟变量。

银行—政治行动委员会(Bank-PAC)：货币—中心银行政治行动委员会向唱名表决前两个选举周期中候选人的竞选捐献。联邦金融机构监督委员会、国别风险借贷调查确定了货币—中心银行。政治行动委员会的捐献数值来自联邦选举委员会。

大学(College)：选区中四年大学学历人口的比例(美国国会的选区，美国人口调查局)。

英联邦(Commonwealth)：意指英联邦国家的虚拟变量(http://www.thecommonwealth.org/)。

债务(Debt)：以外币、商品或服务的方式支付非本国居民的对外债务总额。包括公共担保与私人非担保的长期债务，国际货币基金组织信贷、短期债务(1 年或不到 1 年到期的债务与长期滞延付款利息)。以现价美元计算(世界发展指标，WDI)。

债务-服务(Debt-Service)：公共与公共担保的债务服务。支付于公共债务人的长期义务，以及公共机构所担保的长期私人义务的本金与利息的数额。以现价美元计算(WDI)。

发达国家(Developed Countries)：发达经济体的虚拟变量。

提名(DW-Nominate)：提名变量分值的第一个维度被解释为理解成员国对政府干预经济的意识形态立场。较大的数值意味着更具保守色彩的意识形态(McCarty et al. 1997)。

经济危机虚拟变量(Economic Crisis Dummy):意指国家当年是否经历系统性银行危机的虚拟变量(Caprio and Klingebiel 2003)。

融资(Financing):从海外融资(从非本国居民获得)。包括所有政府债券或政府所持有的对他者的索赔以及政府现金与存款的兑现,但并不包括政府对他者债务的担保。仅限中央政府(WDI)。

法国-银行(France-Banks):法国银行对个别国家的对外债权总额,以百万美元计算(BIS)。

法国-联合国-近似性(Fance-UN-Affinity):联合国大会中与法国立场相关的国家投票近似性的数值(Gartzke and Jo 2002)。

法语区(Francophonie):意指法国"法语系"国家的虚拟变量(http://www.francophonie.org/membres/etats/)。

德国-银行(Germany-Banks):德国银行对个别国家的对外债权总额,以百万美元计算(BIS)。

国际复兴开发银行(IBRD):国际复兴开发银行与国际开发协会(IDA)对一国贷款的数额,以现价美元计算(WDI)。

国际货币基金组织贷款(IMF Loans):在财政年度期间,为备用与扩大基金设施项目(the Stand-By and Extended Fund Facilities)所批准的国际货币基金组织贷款的数额,以百万特别提款权计算(《国际货币基金组织年度报告》,1983—2002)。

收入(Income):中值区家庭收入(美国国会选区)。

日本-银行(Japan-Banks):日本银行对个别国家的对外债权总额,以百万美元计算(BIS)。

日本-联合国-近似性(Japan-UN-Affinity):联合国大会中与日本立场相关的国家投票近似性的数值(Gartzke and Jo 2002)。

拉丁美洲(Latin America):意指拉美国家的虚拟变量。

墨西哥血统(Mexican Origins):墨西哥裔的选区人口比例(美国

国会选区)。

墨西哥+韩国+泰国(Mexican+Korean +Thai):墨西哥裔、韩国裔与泰国裔的选区人口比例(美国国会选区)。

货币/储备(Money/Reserves):货币与准货币(M2)与国际储备总额的比率(International Financial Statistics, IFS)。国际储备总额包括货币黄金资产、特别提款权、国际货币基金组织所持有的其成员国的储备、货币机构所控制的外汇资产(WDI)。

净进口(Net Imports):16岁及其以上受雇于净进口产业的人员占选区人口的比例。净进口产业是两位数字标准产业分类(SIC)的制造业部门,其中进口与消费的比率大于出口所得税与产业税收总额的比率(County Business Patterns, Bureau of the Census)。县一级的就业数据被以鲍德温和马吉(Baldwin and Magee 2000)所运用的程序汇集到美国国会选区一级。

净出口(Net Exports):16岁及其以上受雇于净出口产业的人员占选区人口的比例。净出口产业是两位数字标准产业分类的制造业部门,其中出口所得税与产业税收总额的比率大于进口与消费的比率(《县级商业模式》,County Business Patterns)。

政党(Party):1 =民主党人;0 =共和党人。

国际货币基金组织以往的贷款(Prior IMF Loans):意指一国在以往的10年期间是否获得国际货币基金组织援助的虚拟变量(国际货币基金组织,历年)。

储备(Reserves):往来账户、资本账户与金融账户的交易所产生的净国际储备的兑现。包括货币黄金的兑现、特别提款权、外汇资产、国际货币基金组织中的准备金,以及其他构成外国机构储备的有关非本国居民净债券的债权及其相对应的计价变化项目与特别融资项目。以现价美元计算(WDI)。

短-期-债务(Short-Term-Debt:):短期债务(占全部对外债务的

比例)。短期债务包括 1 年或不到 1 年到期的债务与长期滞延付款利息(WDI)。

技能(Skills):16 岁或以上受雇于行政、管理、经营以及专长职业的人员占选区人口的比例(美国国会选区)。

贸易(Trade):商品与服务进出口额,占国内生产总值的份额(WDI)。

英国-银行(UK-Banks):英国银行对个别国家的对外债权总额,以百万美元计算(Bank for International Settlements,"Consolidated Foreign Claims on Reporting Country Banks on Individual Countries"[BIS])。

英国-联合国-近似性(UK-UN-Affinity):联合国大会中与英国立场相关的国家的投票近似性的数值(Gartzke and Jo 2002)。

美国-银行(US-Banks):截至报告当年 3 月 31 日外国借贷者欠美国货币—中心银行的总额(并不包括外汇及其衍生产品的重估收益)(FFIEC)。

美国银行贷款总额(US Bank Total Lending):截至报告当年 3 月 31 日外国借贷者应该支付给美国货币—中心银行的总额(并不包括外汇及其衍生产品的重估收益)(FFIEC)。

美国-国债(US-Tbill):美国名义国债利率(IFS)。

美国-联合国-近似性(US-UN-Affinity):联合国大会中与美国立场相关的国家投票近似性的数值。投票近似性的得分按照三种投票行为(支持/弃权/反对)从 −1 到 1 的范围进行衡量。1 的数值意味着与美国投票立场完全相似,然而 −1 的数值表明投票的立场完全不同(Gartzke and Jo 2002)。

年份趋势(Year Trend):从 1983 年至 2002 年期间的时间趋势变量,其中 1983 年相当于 1。

注释

1. 参见 Thacker 1999；Vreeland 1999；Przeworski and Vreeland 2000；Oatley and Yackee 2004；Barro and Lee 2001；Bird and Rowlands 2001；Dreher and Vaubel 2001；Joyce 2002。

2. 货币—中心银行专营大金额与国际金融业务，位于纽约、芝加哥、旧金山等金融中心。其客户包括政府、公司与其他银行。花旗集团、摩根大通公司、美国银行符合这种描述。

3. 古尔德在本书中分析了国际货币基金组织的条件性，从而讨论了银行。

4. 在本书中，米尔纳的观点最接近我们的分析，因为她也关注国内政治。

5. 我们认可莱恩等对“集体委托者”国际组织中的小成员国与联盟建设的关切，然而我们关注美国，因为美国毫无疑问是国际货币基金组织中最强大的成员国。然而我们的方法能够被用于任何单一成员国或一组成员国。

6. 对于国际货币基金组织治理结构的详细论述，参见 Martin and Gould，本书。

7. 对于小成员国的影响，参见 Lyne, Nielson, and Tierney 本书。

8. 国际货币基金组织的一些决策必须得到国会的批准(如配额的增加)，因而这为国际货币基金组织不透明的政治打开了一扇窗。

9. 国际货币基金组织诱发了债权者、债务国的道德风险，但是对于这一问题的程度，学者们仍激烈地争论着。(Jeanne and Zettelmeyer 2001；Dreher and Vaubel 2001)亚洲金融危机之后，美国国会特许国际金融制度顾问委员会(The International Financial Institutions Advisory Commission)或梅尔策委员会(Meltzer Commission)，评价与建议美国对国际货币基金组织的政策。该委员会将道德风险视为国际金融中最为重要的问题。

10. 作为国际组织，国际货币基金组织不受美国法律的影响，因而国会必须通过财政部长影响其行为。

11. 国会往往将国际货币基金组织的资金包括在综合性开支法案中，这难以使其与立法者对国际货币基金组织问题的立场孤立开来。然而我们能够确定 1983 年、1988 年开支法案的修正案与申请。这些修正案与申请专门处理了国际货币基金组织配额增加的问题。支持或反对的投票反映了国会议员在增加美国对国际货币基金组织注资问题上的立场。在这个意义上，这些投票是“干净的”。

12. 模拟是由一个统计软件进行实施的。Tomz et al. 1998；King et al. 2000.

13. 这些数字代表了美国货币—中心银行对国际货币基金组织成员国借贷的总量。由于货币—中心银行的总体借贷在年度上有着明显的差异，然而个别国家的贷款类型相对稳定，因而我们并没有将这个变量视为全部银行的年度借贷总量的一定比例，反而选择更为稳定的实际美元的数目。

14. 德国亲近的数值是难以获得的。

15. 我们实质性的结果在不同方法中是稳定的。对于美国银行借贷的指标，我们获得了近乎相同的结果(在重要性的标示、大小以及程度上)，运用了稳健的标准误差、固定效果的估计量、对样本函数的时间自相关(temporal auto-correlation)的控制。

16. 将英国、法国、德国以及日本的贷款组合汇集成一个“对外借贷”指标的做法，并未实质性地改变我们关键解释变量的结果(重要性的量值或程度)。

17. 对于我们第一阶段的分析，我们的统计结果在不同的规格中是稳定的。

第四章
缘何多边主义？对外援助与国内委托—代理问题

海伦・米尔纳*

导　言

为何有时国家会运用多边战略与制度以实现其对外政策呢？第二次世界大战以来，发达工业国家——基本上是经济合作与发展组织成员国——选择借助多边组织分配其对外援助，如欧盟、世界银行、国际货币基金组织、联合国、地区开发银行。特别是，我试图理解这些国家在过去40年中为何将援助授权予这些国际组织。援助授权予多边组织是令人惊奇的；这种授权减少了国家对其自身对外政策的控制，还有可能增加与所有开支计划相关的委托—代理问题。这些国家的其他选择是运用自己的双边援助机构以遴选项目并监管

* 笔者特别感谢埃里卡・古尔德、肯・艾伯特(Ken Abbott)、罗伯特・基欧汉、迈克・蒂尔尼、莉萨・马丁、亚历克斯・汤普森、丹・尼尔森(Dan Nielson)、戴维・莱克、戴伦・霍金斯、芭芭拉・凯里迈诺斯、露丝・本阿奇(Ruth Ben-Artzi)、彼得・罗森多尔夫(Peter Rosendorff)的评论，2001年12月13日召开的授权国际组织的会议、2003年9月19—20日加利福尼亚大学圣迭戈分校召开的会议，南加州大学与杜克大学召开的会议。罗伯特・特拉格(Robert Trager)、直井惠(Megumi Naoi)、帕特里克・勒布隆(Patrick Leblond)、周强(Qiang Zhou)、托马斯・凯尼恩(Thomas Kenyon)提供了出色的研究帮助。斯坦福大学行为科学高级研究中心也为本项目提供了研究支持。

援助开支。这种方法在20世纪60年代之前是传统的实践。因此这里所提出的问题是，为何对外援助被授权于多边组织而不是使用传统的双边渠道。[1]

这些多边援助的总额并不是无关紧要的。例如，世界银行以两种主要形式给予援助。国际复兴开发银行（世界银行）将其受援额作为抵押在世界资本市场上贷款，然后以低于市场利率的方式贷款给发展中国家。2001年，国际复兴开发银行大概调拨了105亿美元的低息贷款。（World Bank 2001a）对于那些无法担负这些利率的赤贫者，国际复兴开发银行通过自己的其他部门提供无息贷款。世界银行的国际开发协会（the International Development Association，IDA）成立于1960年，从大概40个捐助国的资金中拨款。在2001年财政年度，该协会以援助的形式大概拨款68亿美元。（World Bank 2001b）捐助者必须同意每三年注资。这种援助形式大概仅占世界银行援助金额的25%。除了这些组织之外，欧盟、联合国、地区发展银行每年提供了大量援助资金。[2] 1999年，欧盟总拨款额达到80亿欧元。（Holland 2002：89）

对外援助的文献如此之多，所以笔者集中关注那些讨论援助国的援助行为（而不是对受援国的影响）以及多边（而不是双边）援助的文献。援助国的文献关注援助国动机的争论。简而言之，这类文献主要关注两种动机：受援国的需要或援助国的政治目标。援助是否促进经济发展与满足受援国的需要，或者说援助是否在很大程度上有助于援助国的对外政策或经济利益呢？大多数文献发现，援助国的利益似乎更好地解释了援助性质与分配。（如 Alesina and Dollar 2000；Dudley and Montmarquette 1976；Maizels and Nissanke 1984；McKinlay and Little 1977，1978；Burnside and Dollar 2000）[3] 许多文献表明，最急需的国家并不会接收到最多的援助，而且大多数援助与援助国的利益相关。如阿莱西那、多拉尔（Alesina and Dollar

2000:33)所认为的,“政治与战略考量支配着援助的类型。相比于同样贫穷、具有优势的政策立场但并无殖民经历的国家,无效的、经济上封闭的、非民主的前殖民地与其前殖民者有着友好政治关系,会收到更多的援助”。拉姆斯丹(Lumsdaine 1993)等认为,人道主义动机是基本因素。然而大量研究表明,相比于多边援助,双边援助更与援助国的利益相关。多边援助往往更是以需要为基础的。这种争论仍是重要的,而且是激烈的,但是有关多边援助与双边援助的论述尤其与笔者有关。

为何援助以多边方式给予呢?受到罗德里克(Rodrik 1996)的极大启发,现有文献阐明了两个主要原因,致使多边组织优于双边关系。第一个是信息原因。受援国的信息是个公共产品,因而援助国往往无法提供。多边机构更善于提供信息,特别是监督受援国所需的信息。第二个原因认为,相比于援助国与受援国之间的互动,多边组织在其与受援国的互动中不太政治化。如果多边组织从其成员国那里获得一些自主性,那么相比于援助国的方式它能够更好地实施有条件的援助,并按照政策变化进行援助。此外,如果受援国能够利用大量潜在的援助国,那么援助国最后或许给予更多的援助,却产生更少的影响。在这些条件下,一个多边制度或许被视为一个援助企业,向受援国提供统一立场从而使援助国的影响最大化。如本书导论所讨论的,多边主义或许会减少政策的外部性。但是这些原因在大多数条件下似乎使多边援助更为可取,从而导致一种预测,即多边援助必会取代双边援助。这种情况并未出现;相反大多数援助仍是以双边形式给予的。[4]这个事实表明,在一定条件下更好的信息、不太政治化的关系,以及援助企业的确变得重要,这足以证明多边主义的正当性。确定这些条件是提出这些诉求的下一个重要步骤。此外,罗德里克自己的数据并未强有力地支持这两个主张,因而我们面临着一个突出的难题。

笔者的论证有赖于援助国的国内政治、委托—代理问题。援助国政府的偏好、其公众的偏好很可能截然不同。援助国政府期望以对外援助追求政治与经济目的。这些目的与援助国利益相关。然而公众对解决受援国的需要更感兴趣，如受援国的经济发展。当自己的政府控制着援助时，公众不愿意将其缴纳的税金用于援助，因为他们难以监督政府，而且知道政府具有从政治角度进行援助的动机。但是既然多边援助组织因以需要为基础的援助而著称，而且任何政府无法直接控制它们，因而公众更信任多边援助组织。事实上，多边援助机构拥有集体委托者（Lyne，Nielson，and Tierney，本书），赋予其帮助国内领导人的能力。当公众更质疑援助时，政府将会发现多边援助符合自己的利益。如此一来，公众更愿意将资源分配到对外援助上。各方最终渐入佳境：政府能够分配更多的援助，而且公众能够通过多边分配获得更高质量的援助。如戴伦·霍金斯等在本书导论中所认为的，多边主义适合增强功能的公信力，但是此处是指国内公信力。

本章运用委托—代理的多边分配理论，以试图解释多边援助的类型在时间与国家层面上的差异。经济合作与发展组织 27 个援助国都有多边援助的数据，如 1960—1999 年期间经济合作与发展组织的发展援助委员会（Development Assistance Committee，DAC）的数据；其中 16 个国家连续 40 年以上的数据。数据表明，对外援助的公共舆论是援助国在多边援助与双边援助之间分配选择的一个重要因素。公众在前一个时期越不喜欢援助，政府在下一个时期越可能采取多边援助的方式。因而多边援助有助于解决国内委托—代理问题。国内政治或许是政府运用多边国际制度的一个原因。

难题？多边援助对于援助国的代价

对外援助的核心目标是，向受援国提供其他资源以影响受援国的政策选择或其他行为。这些其他资源或许被用以维持援助国所赞成的现行政策。例如,第二次世界大战期间美国对英国的租借援助(lend-lease aid)意在增加英国的资源,以便于能够与纳粹继续战斗。更为强有力的作用是,援助被用以改变受援国的行为或政策。世界银行贷款的条件性就是个例子。援助是颇具影响的,因为援助的终止会影响受援国(使其受益或受损)。当然这是积极制裁的关键形式,因而也是治国方略的基本工具。(Baldwin 1985)

因而援助向国际制度的授权是令人困惑的。如果援助是一项治国方略的有效工具,那么国家为何放弃对援助的(一些)控制呢?多边援助并没有取代双边援助。例如 20 世纪 90 年代末,美国仅仅 25%的援助是多边性的;但这个比例却高于许多欧盟成员国。恰是 20 世纪 60 年代以来,经济合作与发展组织成员国选择双边援助和多边援助。从历史上看,这是不寻常的。

这里至少有两个难题。第一,一国选择国际制度的多边援助而不是双边援助的决策是令人困惑的,因为这可能增加援助国所面临的委托—代理问题。这种选择在对外援助的授权链中增添了另一个联系,因而会加剧所有政府开支计划中固有的委托—代理问题。(Lake and McCubbins,本书)除非国家完全控制了国际制度,否则多边援助不可能如同双边援助那样。任何一国的预期目标与其代理者国际制度的行为之间注定存在着些许错位。

第二,在多边背景下,委托—代理问题甚至变得更加紧迫。如本书其他章节所阐明的(Martin; Lyne, Nielson, and Tierney),许多委托者集体性地试图引导国际制度,因而每个国家的目标与国际制度的最终效果之间的悬殊可能会增大。例如,世界银行好像是个全球性公司,由其成员国所占有,并共同控制。一国的股权额取决于该国经济相对于世界经济的数量。最大工业国(七国集团国家)大概占世界银行股权的 45%。因而富国在世界银行的政策与实践中有很大的影响。美国持有最多的股权，大概占17%，使其具有否决世界银行资本基础以及协定条款任何变更（这些变更需要85%的股权）的权力。然而事实上世界银行所有成员国的多数票决决定着核准贷款等所有其他事项。因此即使美国拥有有效的否决权，仍无法独自决定援助事务；美国必须与世界银行董事会其他成员国——世界银行的集体委托者——妥协。这个事实似乎赋予世界银行更大的自主权。

经济合作与发展组织成员国在对外援助方面是一组不同的委托者。在援助的数量、类型与分配标准方面，它们有着独特的偏好。北欧国家将其国内生产总值的较大比例用于援助，而且将援助给予很多国家而不太关注其国际政治联盟。相比之下，美国仅将其财富的较小比例用于援助，往往援助其政治盟国。2000年瑞典、挪威的援助额相当于其国内生产总值的0.8%；美国仅占其国内生产总值的0.1%。美国援助的三大受援国是俄罗斯、埃及、以色列；瑞典与挪威的三大受援国包括坦桑尼亚、莫桑比克以及南非。（OECD 2001）

这些国家的援助很可能难以协调，而且是颇具代价的。这也有可能增加代理者所实施的结果的范围，因而会减少每个国家对代理者的控制。如哈蒙德与克诺特（Hammond and Knott 1996）、莱恩、尼尔森、蒂尔尼（Lyne, Nielson, and Tierney，本书）所表明的，如果集体委托者有不同的偏好，而且协调是颇具代价的，那么它们所能做的最佳事情往往是赞成限制代理者的自由裁量权，以便于相比于最初现状，代理者无法采用对于委托者而言更为糟糕的政策。随着这些协调成本的增加，或委托者偏好之间的差异增大，代理者或许会获得自主性。关键在于，每个经济合作与发展组织成员国集体地授权予多边国际制度，丧失了对援助政策的控制。如本书导论所论述的，如果成员国是理性的，那么多边援助的收益肯定会超过这些代价。

如图 4.1 所表明的，经济合作与发展组织成员国对多边组织的平均援助承诺因时而异。[5]就援助总额的比例而言，平均援助承诺在 20 世纪 60 年代末、70 年代初似乎上升了，后来大概在 1976 年至 1990 年期间下降了。1990 年之后它有所起伏，在 20 世纪 90 年代初及其年代末处于相同的水平。[6]国家也会因时改变其授权于多边组织的数额。例如有趣的是，20 世纪 60 年代意大利处于多边援助国的中下游，到 20 世纪 80 年代成为最大的多边援助国。多边主义中不同国家与纵向的差异是推动笔者探究的难题。

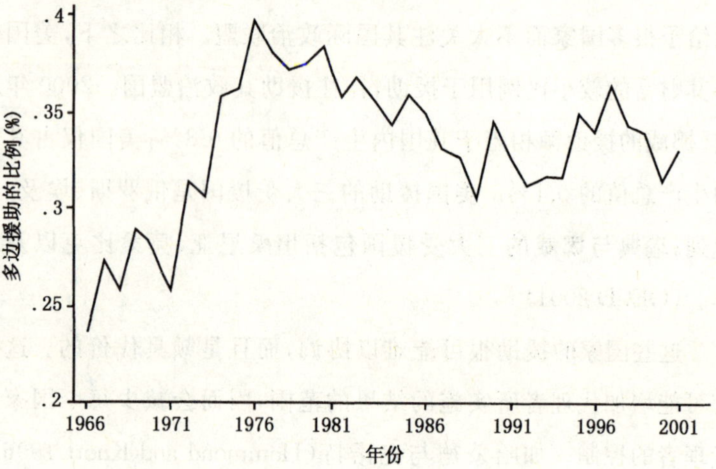

图 4.1　多边援助占全部官方发展援助的比例

多边援助对援助国的收益

大多数作者似乎认为，多边援助不同于双边援助。他们表明，多边援助本身不太与任何国家的对外政策目标相关，反而更具有人道主义取向。如本书第三章所界定的，多边援助是一种集体委托者的关系，从而促使多边援助机构有可能有益于援助国。如巴洛格(Balogh 1967：328)几乎在 40 年前所指出的，“双边援助往往是以针对政治目的的不相关标准为基础的，受制于预算的变化与中断，因而就[减轻]世界不平等而言是不令人满意的……当同样或更多的需要是整个发展计划的一般援助时，双边援助往往是与宏大工程联系在一起的”。

自此之后，研究证实了多边援助、双边援助是截然不同的。例如，相比于双边援助多边援助往往一般分配给穷国。(Maizels and Nissanke 1984)如拉姆斯丹(Lumsdaine 1993：40)所指出的，“以[多边]渠道的援助——几乎占援助总额的1/3——甚至无法界定特定援助国的来源。许多援助国有意识地将其大部分援助分配给最急需的受援国，而且相比于双边援助计划，多边制度往往支持更大的、贫穷的受援国”。一般而言，一国公司无法以多边形式给予援助，因而会损害援助国的经济利益。如马滕斯等(Martens et al. 2002：47)所指出的，“相比于国家的援助部门，多边机构或许有能力[更好]地抵制因纯粹政治目的而贷款的压力”。事实上在20世纪60年代中期，参议员威廉·富布赖特(William Fulbright)认为，所有援助应该是多边形式，因为这种形式才会真正推动经济发展，但是这决不能说服任何政府。(Balogh 1967：328—329)[7]

在大多数多边援助与双边援助的争论中，国家一直被视为单一的理性行为体。但是如笔者在其他地方所指出的，国家最好被视为由不同偏好的理性行为体所组成的集体性实体。(Milner 1997)这个视角使我们将国家内部的战略性互动视为援助授权博弈的重要因素。[8]

国际层面的资产分配是一项往往具有有限的国内支持的政策，特别当公众为此承担费用时。相比于国内类似的目标，公众往往不太赞同这个目标。例如，1998年15个欧盟成员国的欧洲晴雨表的民意调查表明，所有国家平均31%的人认为国家应该减少对外援助，而且比利时、德国等国家大多数国民更倾向于减少援助而不是增加援助，甚至当他们无需承担费用时。2000年美国的一项盖洛普民意测验表明，47%的人希望减少对外援助，然而49%的人希望维持现有水平或增加对外援助。因而对外援助并不是一项决策者有赖于公众大力支持的政策。然而大多数决策者意识到，援助是对外政策的重要部分，因而他们希望运用这项工具。特别是在民主国家，对外援助尤其受到国内强大压力的影响。

对外援助一般会产生委托—代理问题。像所有公共开支一样，对外援助涉及长长的授权链。公众向其政府纳税，而后政府将资金用于包括对外援助在内的各种计划。因而公众首先授权当选代表以决定税负水平以及不同开支计划的分配。作为当选政治家的代理者，官员然后执行这些决定。援助的多边授权增加了一个环节；援助资金需要由一些多边组织经手。作为援助国的代理者，这些多边组织决定援助的分配，然后安排其代理者实际实施这些决定。

如马滕斯等(Martens et al. 2002)所认为的，对外援助的主要区别是，授权反馈链的最后一个环节出问题了。外国受援者无法针对援助是多还是少进行投票，往往也无法针对援助是否有效及其是否值得征用那么多税金的问题表达其意见。另外，真正的援助者——如纳税的公众——也无法亲自观察其税金的使用方式。

> 对外援助最引人注目的特点是，受益于援助的人并不是那拨纳税人；他们实际上生活在不同国家，是不同的政治选民。受益者与纳税者之间在地理与政治上的分离阻碍了绩效反馈的正常过程：受益者或许能够观察绩效，但是无法按照绩效调整援助数额。(Martens et al. 2002:14)

因此，不同于国内开支计划，对外援助至少为授权链增加了两个环节。更长的授权链意味着其他的委托—代理问题。此外，和国内开支计划不同，在对外援助中，援助国的投票者无法可靠地衡量援助绩效，然而在国内开支计划中投票者能够亲眼看到开支的收益。

如委托—代理理论文献所指出的，这种关系所产生的最普遍的两个问题是道德风险和逆向选择。(e.g. Laffont and Martimort

2002；Martens et al. 2002）当代理者采取那些其委托者没有全面观察的行为，而且这些行为推动了不同于委托者目标的代理者的目标时，道德风险产生了。当代理者有委托者不知的私人信息时，逆向选择就发生了。代理者操控着私人信息，以推进不利于委托者利益的结果。所有委托—代理关系总是可能出现这些次优的结果，但是由于上述两个问题，在对外援助领域，它们可能会更糟糕，这也是对外援助的特别之处。

在对外援助领域，信息问题极其严峻。援助国的投票者不可能有时间评估受援国对援助的使用。如上所述，反馈环节出问题了，而且为援助而纳税的公众几乎没有什么知识可以用来为了对外援助结果而激励或惩罚其代理者。此外，如马滕斯等（Martens et al. 2002）所表明的，道德风险与逆向选择也会产生于援助计划的信息提供与评估中。由此，理性的公众知道，其政府关于援助计划的信息是存在严重偏见的。这个信息问题并不如下面的事实紧要，即在援助领域，代理者的利益与委托者的利益很可能是分离的。但是公众知道，自己的援助偏好与其政府的援助偏好的差距是巨大的。他们也知道，自己的政府拥有有关援助收益的私人信息。他们知道这些问题，因而公众不愿支持援助，例如为此而纳税。[9]

援助国投票者与其投票者的代理者政府或行政部门之间的简单博弈也需要考虑。公众支持以需要为基础的援助，愿意为此而纳税，但是当以政治为目标时，他们更倾向于低层次的援助。行政人员喜欢以政治为目标的援助；这种援助提供了一种对外政策工具。更多的工具总比更少的工具好些。行政人员也一定担忧援助国援助提供者的偏好。这些利益集团是援助政策的直接受益者，而且是竞选捐献者中利润最大化者。这些利益集团因商业原因而偏爱援助；也即他们想以援助方式使其利润最大化。代理者的偏好不同于委托者的偏好。

就行为体的偏好而言，援助的数量与质量是相关的。所有行为体都会担忧援助质量。霍德利(Hoadley 1980)指出，经济合作与发展组织发展援助委员会为援助国设定了4项质量目标。第一，赠予优先于贷款；大概官方发展援助的84%是赠予而不是贷款。第二，发展援助委员会成员国应该至少将其赠予式援助的90%用于最贫穷的国家。第三，援助国应该减少那些与购买捐献有关的援助。[10]最后，大多数援助应该用于最贫穷国家，以确保其人道主义援助的性质。这些质量指标意味着这种援助不太具有政治色彩、商业色彩，也不太与援助国利益相关，但更具人道主义且反映受援国的需要。根据这些标准，多边组织而不是双边援助计划更可能提供援助，因为双边援助计划受困于特殊利益的压力以及对外政策问题。

一般而言，大多数国家中的绝大多数人更偏爱人道主义性质的援助而不是政治性质的援助。如拉姆斯丹(Lumsdaine 1993:43)所指出的，"当被问起时公众总是说，援助应该用于急需的国家而不是以其推进狭隘的国家利益。在10个欧洲国家的一项民意测验中，75%的人支持援助用于最急需的欠发达国家而不是那些对自己国家具有战略、政治或经济重要性的国家"。援助的公共舆论的最新研究(McDonnell, et al. 2003:20)指出："在大多数情况下，[公众]对对外援助的压倒性支持是以如下看法为基础的，即援助用于补救人道主义危机。"

当然对于行政人员而言，援助的政治性质使其成为一项对外政策工具；因而行政人员不可能赞赏纯粹人道主义的援助观。此外，由于特殊利益集团对于援助国行政人员的重要性日益增强，这些利益集团对以商业为取向的援助的期望，也使行政人员基于援助国公众所反对的原因使用援助。如上所述，多边组织往往以人道主义方式使用援助，或至少以不太与任何援助国利益相关、肯定不太商业色彩的方式使用援助。多边援助更接近于公众的偏好。

政府的偏好往往不同于投票者的偏好，而且政府面临着采取不同于投票者所偏爱的优先援助政策的行动的压力。第一，利益集团能够使领导人偏离其委托者投票者最偏爱的政策。第二，政府也期望运用援助以推进其对外政策目标，但是这些目标与受援国的需要没有什么关系。政府控制着有关对外援助开支效果的信息。援助开支的绩效信息是由政府所控制的私人信息；也即公众难以知道其政府分配援助的方式、援助服务于援助国利益或是受援国的利益。委托—代理关系致使政府有可能向公众提供有偏差的信息。

公众知道这一点，因而几乎没有办法判断援助的绩效及其由此承担费用的收益。如对外援助及其公众态度的一项研究所声称的：

> 不只是其他政策，国际发展合作是以其不透明与公众对全球"公害"(传染病、环境受到的危险、金融动荡与危机等)、"产品"(全球层次上更多的争议)关切的相关性之间的巨大落差为特点的……因而援助国国际发展政策的更大透明度、公共权威责任的增大也是需要的。(McDonnell et al. 2003:30)

由于这些信息问题，纳税人往往认为援助的收益少于政治领导人所宣称的收益，因而他们不愿意提供从其观点来看或许是最佳的援助。对于援助的公共舆论，斯迈利等(Smillie et al. 1998: 23)认为：

> 民众往往更多地意识到援助的失败而非其成功，关注援助的浪费问题。[投票者]不仅感到全球问题似乎恶化了，而且"官僚主义的拙劣与管理不善"会使援助偏离那些最需要援助的人，任凭"有关生锈的拖拉机和断头铁路的恐怖故事"遗留。

政治领导人知道这是投票者所想的。他们希望有对外援助的预算，因而试图寻找公开承诺援助机制的方式以向投票者提供更多的收益。多边援助计划恰恰提供了这种承诺机制。曼斯菲尔德等人(Mansfield et al. 2002)认为，保证贸易保护主义领导者倾向于更自由的国际贸易协定的签订会提高其福祉。如其一样，相似的过程在对外援助中起着作用。多边援助会使领导者感到手足无措，而且使投票者更可能赞成更多的援助。因而行政人员选择多边援助的比例有赖于投票者如何看待对外援助事前收益的方式。

对于这种机制的运行而言，一些公众一定知道，相比以前，政府更愿将援助交付多边组织。然而援助国的公众因缺乏对外援助的信息而声名狼藉。但是投票者至少以两种机制获悉政府的援助政策，而无需很多的努力。第一，多边组织本身广泛传播如下事实，即政府正提供或多或少的援助。事实上，经济合作与发展组织有一个非常公开的机制，向公众与其他政府提醒着其成员国的行为：国别援助政策评估（OECD 1999）。这些评估会向公众传达其政府在援助领域所作所为的信息。经济合作与发展组织的发展援助委员会为其成员国设定了援助的数额与类型（这些成员国往往同意这些目标），而且评估会具体询问多边援助的比例。

第二，如果援助国的公众与公共组织对援助有强烈的偏好，那么他们或它们会作为其他投票者的代言人。如果投票者或组织非常关注对外援助，那么他们或它们有充分理由可以追踪政府行为，公开这种信息或用以向某些政治候选人提供建议。例如，1993 年以来一些非政府组织评估了援助计划，称之为《援助的现实》（The Reality of Aid），其主要目标是公开经济合作与发展组织国家的援助行为（OECD 1999：107）。"代言人"的使用在其他政治学领域也是重要的。（e.g. Lupia 1992，1994；Lupia and McCubbins 1994a；Milner and Rosendorff 1996；Milner 1997；Grossman and Helpman 2002；Thompson，本书；and especially Lake and McCubbins，本书）对于投票者而言，援助国政府的多边援助的信息是可以从这些来源中直接或间接获得的，特别是对关心此问题的人士而言。

当公众非常敌视援助时，政府必须将更大的数额用于多边计划，以消除投票者的疑虑，诱使他们投票支持更多的援助计划。当投票者更加支持援助时，政府将无需为了消除投票者的疑虑而做太多，而且援助也不太具有多边色彩。政府无法向投票者提供不偏不倚的信息而且投票者知道这一点，因而政府必须运用多边援助组织以表明自己的意图。当领导人致力于多边援助时，他们表示自己将更以人道主义目标而不是政治或商业目标使用援助。这种信息是可靠的，因为援助国政府无法(完全)控制多边组织，而且多边组织因其更多的以需要为基础的援助而著称。

公众真的认为，相比于自己的政府，多边组织是更好的援助提供者吗？在许多经济合作与发展组织成员国中，相比于自己的政府，公众往往对欧盟等国际组织更有信心。例如，意大利是这方面的典型例子；国内腐败被视为是普遍存在的，然而欧盟等国际组织被视为“干净得多”。尽管许多美国人怀疑国际组织，但是在大多数经济合作与发展组织国家中，国际组织被视为是非常有益的，相比于纯粹国内的制度，它往往被视为对外政策的一种手段，特别是在北欧国家。有关公共舆论的“欧洲晴雨表”的调查支持这一观点。1983 年欧洲晴雨表要求其成员国确定 5 个团体中哪个向第三世界国家提供了最有用的帮助。选项是国家政府，欧盟、联合国等国际组织，商业与产业、志愿组织。在 10 个反馈的国家中，选择是联合国等国际组织的人的比例总是超过选择国家政府的人的比例。1994 年，欧洲晴雨表再次向其 10 个成员国询问如下问题：你认为，哪个是欧盟国家提供人道主义援助的最有效方式：是欧盟成员国政府、欧盟，还是联合国或非政府组织呢？对于每个国家而言，除两种情况之外，欧盟的得票数远远多于成员国政府，而且联合国也是如此。图 4.2 表明了在减去支持国家政府的比例之后对欧盟、国际组织(如多边组织)的肯定回答的净比例(net percentage)。如所看到的，相比于自己的政府，这些国家的公众对多边援助组织更有信心。因而相比于国家政府，多边援助组织往往被视为更好的援助提供者。那么对于政府而言，当政府面临着自己投票者的公信力问题时，多边主义或许是个颇具吸引力的战略。

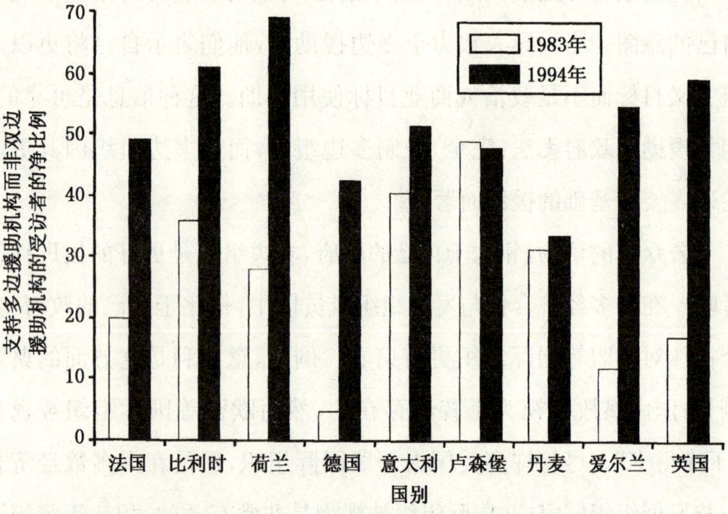

图 4.2 欧盟中的公共舆论：相比于双边组织，对多边组织更加有信心的净比例

主要假设是由这个模型推断出来的。当政府最需要消除公众对援助意图的疑虑，也即当国内委托—代理问题最为糟糕时，多边主义应该是有利的。公众对援助的（事前）收益越怀疑，那么政府越可能诉诸多边援助组织。多边援助所提供的这种可靠的信号诱使援助国的投票者提供更多的援助，因而使行政人员受益，即使这些行政人员失去了对多边援助的控制。援助国的所有团体从中受益，因为政府获得了更多的援助，而且公众也获得了更高质量的援助。

经验分析

哪些因素说明了国家相对于援助的总预算给予多边组织的一系列援助数额呢？为了解决这个问题，笔者考察了每个国家每年度官方发展援助的多边承诺总量占官方发展援助承诺总量的比例的数据。(OECD 2001)[11]这里的数据意指承诺而不是支出额。鉴于我们的模型，承诺的数据——如哪个国家每年决定提供——是更可取的，因为实际支出额依赖于援助国与受援国的条件。对于经济合作与发展组织发展援助委员会 27 个成员国的数据，其中 16 个成员国有 1960—2000 年长达 40 年的数据。韩国(10 年)、希腊(4 年)、土耳其(8 年)、波兰(2 年)、捷克(2 年)、斯洛伐克(1 年)仅有数年的数据。爱尔兰、卢森堡、新西兰、葡萄牙与西班牙等国家也仅有大概 20—30 年的数据。这形成了对主要因变量的 643 项观察。

上面所讨论的文献表明了许多在验证观点时必须控制的假设。第一，国家一定的经济特点或许使其或多或少地对多边主义感兴趣。人口对数(log of population, LN POP)所衡量的国家规模也会有一些影响。[12]小国或许更具多边主义取向，因为它们没有经济或政治实力以单边地影响其他国家。由真实的人均国内生产总值(GDP PC)所衡量的国家富裕程度也会影响着多边援助的选择。富国往往更有赖于单边手段。一国与国际经济联系的程度也是重要的。由进出口与国内生产总值的比例所衡量的贸易依赖国(TRADE)更可能运用双边援助，以便于能够更直接地影响其贸易伙伴。此外，一国政府开支的数额表明了其帮助国内外贫困者的兴趣或积极态度。政府开支占国内生产总值的比例(GOV EXP)与多边主义是正相关的。这些变量的所有数据来自世界银行(World Bank 2001b)的世界发展指标(the World Development Indicators)。

此外，国际体系的特征以同样的方式影响着所有国家。外部压力也许会推动着援助的合作。这个时期美国霸权在推进多边承诺方面发挥着重要角色，因为美国践行着多边主义规则，并惩罚搭便车行为。那么衰落的美国霸权会破坏多边援助。另外，美国霸权的丧失会使有效的多边协调成为必要，因而推动着多边援助。那么美国霸权的程度至关重要。由美国贸易总量相对于世界贸易的比例所衡量的美国霸权的程度(US HEGEMONY),会促使援助国之间更多地合作,因而会增加其多边援助的数额。另一种衡量方法是美国国民生产总值相对于世界国民生产总值总量的比例。

第二,世界体系层次上的战略竞争也许会影响着援助国的博弈。经济合作与发展组织成员国是西方安全联盟的成员。在冷战期间,我们认为这些国家希望而且更能协调其政策。事实上冷战期间东西方之间的竞争越激烈,所提供的援助更多,而且所提供的多边援助越多。不断加剧的外部竞争会增加西方国家的意愿与能力,以协调其援助政策从而克服搭便车与被受援国利用的问题。1989 年冷战的结束、1991 年苏联的解体导致 1990 年后苏联援助的急剧下降(同时对石油输出国组织阿拉伯国家的援助也大幅下降)。这些变化影响着经济合作与发展组织援助的削减以及多边援助数额的下降。阿尔文指出:“不再受制于冷战时期的战略压力,援助国感到援助不太与共同的安全议程相关,因而更能实施自己独立的官方发展援助政策。”(Arvin 2002:28)笔者所用的冷战竞争的衡量方法是一个指标,即 1989 年前为 2、1989—1991 年为 1、自此至今为 0(COLD WAR)。[13]冷战加强了西方国家在推进多边援助方面的援助合作。冷战是与多边援助的比例正相关的。

各个国家对外关系的其他因素也是重要的。由一国国内生产总值占美国国内生产总值的比例(GDP % US)所衡量的相对权力,表明该国能够独立地发挥多少影响。相对权力较少的国家更可能运用多边援助,因为这可能增加其对受援国的影响。此外,一国是否是欧盟成员国的问题也是至关重要的。我们认为,愿意加入欧盟并放弃对自己国内政策与对外政策重要控制的国家一般更倾向于多边主义。

就国内政治而言,该模型表明了许多决定政府选择多边援助或双边援助的重要特点。政党在对外援助方面具有不同的政策偏好。

这或许源自一个事实，即其核心选民在对外援助问题上具有不同的偏好。若是如此，那么多边援助或许是“锁定”更多援助的一种手段。我们也许认为，政治光谱中左翼的政党对对外援助更感兴趣。拉姆斯丹明确地阐明了左翼政党的偏好；他认为左翼政党对国内福利国家的更大支持转化成对对外援助的更多支持。“在各个国家，左翼政治家与政党特别赞成援助，而且党内赞成援助的人士更关注理想主义事业。”(Lumsdaine 1993：139)如果事实如此，那么左翼政党所控制的政府更可能采用多边援助。

因而一国政府的政党取向是至关重要的。笔者认为，左翼政府更具采用多边援助的倾向。笔者运用比较党纲项目(the Comparative Manifesto Project)有关政党计划的数据，以考量这个变量(PARTISAN)。两者是负相关的。笔者运用加贝尔与休伯方法(the Gabel and Huber method)，衡量政党的党派(Gabel and Huber 2000)。[14]

为了验证笔者的观点，笔者还衡量每个国家中对外援助的公共舆论(OPINION)。首先，笔者运用有关援助问题的数据，即受访者是否认为政府向穷国提供过多、正好或过少的对外援助。认为正好的受访者的比例与认为过少的受访者的比例放在一起。笔者以此减去认为过多的受访者的比例。那么这个变量衡量了每个国家当年支持对外援助的净公共舆论。笔者认为，这告知我们援助国的纳税人认为对外援助为其所带来的收益的情况。高水平的赞许观点表明了一种看法，即援助有许多收益。当投票者对援助持乐观态度时，那么政府不太需要消除投票者对这些收益的疑虑，因而不太运用多边援助。然而当投票者对援助的价值持悲观态度时，领导者希望提供更多的多边援助以消除投票者的疑虑。投票者将多边援助视为一个信号，即援助将用于人道主义目标。笔者认为舆论与多边援助存在着负相关的关系。

有关对外援助的公共舆论的数据并不易于收集。笔者对1963—

2001年期间援助国进行了222次考察。笔者有1976—1998年期间15个欧盟国家的数据,有美国、加拿大、日本、澳大利亚以及挪威的部分数据。[15]不同的公共舆论的民意测验衡量着对援助的赞许态度。所有支持增加或维持对外援助开支的人士被视为持有赞许的观点,而且所有赞成减少开支的人士被从中排除掉。因而这是受访者支持援助的净比例(OPINION1)。如果我们担心剔除法(listwise deletion)的问题,而且认为公共舆论在一段时期内是相当稳定的,那么数年公共舆论调查的数值或许是有意义的。对于那些没有进行调查的年份而言,笔者运用了两种不同方法,第一,最后一个数值也用于这期间的所有年份中(OPINION2)。第二,笔者运用线性外推法(a linear extrapolation)来补充这期间的数值(OPINION3)。笔者运用这两种方法所观察的例子(OPINION)上升到418个。不幸的是,这个数字相比于有效的对外援助数据仍较小(总共643)。笔者认为,如果公众越来越反对援助,那么这会促使决策者更偏爱多边援助而不是双边援助。因此公共舆论这个变量(OPINION)与因变量是负相关的。

最后,笔者以一个变量理解上一个时期所承诺的援助总额。多边承诺占总承诺的比例是变化的,因为官方发展援助总量是变化的;也即分母(denominator)是变化的,而不是分子(numerator)。笔者也考察了每年每个国家官方发展援助占国内生产总值的比例(TOTAL COMMIT)。

时间序列/截面数据(the time series cross-section data)需要关注异方差性(heteroskedasticity)、面板(panel),以及序列相关性问题(serial correlation)。数据包括40年期间不到26个国家,意味着时序个数(T)是相当大的,往往大于横截面个数(N),因而面板修正的标准差估计(panel corrected standard errors)的使用是恰当的。笔者时而会运用时间指示变量 (a time counter variable)以理解线性趋势,但是这往往会被放弃了,因为它决不是重要的,而且与冷战、美国霸权这两个变量是高度相关的。笔者以面板修正标准差方法运用了最小二乘法回归分析（OLS regressions），包括国家固定效应（country fixed effects）、滞后因变量（a lagged dependent variable）。表 4.1 列出了所有变量的概要统计。

表 4.1 变量的概要统计

变 量	观察数	平均值	标准差	最小值	最大值
滞后(ML PC)	668	0.33	0.15	0.02	0.92
舆论 1(OPINION1)	222	45.59	30.35	−54	96.40
舆论 2(OPINION2)	418	43.84	31.95	−54	96.40
舆论 3(OPINION3)	418	44.29	29.81	−54	96.40
人口(LN POP)	772	16.61	1.37	12.81	19.44
人均国内生产总值(GDP PC)	756	20 656.35	8 838.63	2 654.08	52 675.27
政府开支占国内生产总值的比例(GOV EXP)	729	18.59	4.68	7.32	29.88
贸易(TRADE)	735	63.13	38.26	9.33	238.70
党派(PARTISAN)	686	7.57	0.82	4.66	9.37
援助承诺总额(TOTAL COMMIT)	624	2.72E-09	2.05E-09	7.75E-11	1.18E-08
美国霸权(US HEGEMONY)	772	0.27	0.02	0.24	0.31
一国国内生产总值占美国国内生产总值的比例(GDP % US)	756	0.15	0.25	0.00	1
年份(YEAR)	853	1983	12.31	1960	2002

表 4.2A、4.2B 提供了（OPINION1）回归分析的结果，包括公共舆论的原始数据。滞后因变量（LAG ML PC）果然是正相关的，而且是重要的。多边取向似乎是不变的。但是需要指出的是，这个变量肯定不是一致的，表明单位根（unit root）的问题是不重要的。经济变量一般符合预期，但是往往没有达到传统的意义。国家规模（LN POP）似乎与其多边援助是负相关的，尽管这个变量决不是重要的。国家财富（GDP PC）是负相关的，往往与多边主义特别相关。出乎意料的是，政府开支总额占国民生产总值的比例（GOV EXP）是负相关的，而且通常是很重要的。这个结果意味着，当政府开支增加时，行政人员不太愿意诉诸多边援助组织。更有能力征税且用于国内的

政府不太需要与期望以多边制度分配其对外援助。正如上面所推测的，这或许是政府能力的指标而不是开支用于穷人的偏好。[16]

表 4.2A 多边援助承诺占官方发展援助总承诺的比例与公共舆论 1

因变量	滞后(ML PC)(1)	滞后(ML PC)(2)	滞后(ML PC)(3)	滞后(ML PC)(4)	滞后(ML PC)(5)
公共舆论 1	−0.000 5***	−0.000 5***	−0.000 5**	−0.000 5*	−0.000 5*
(OPINION1)	(0.000 2)	(0.000 2)	(0.000 2)	(0.000 2)	(0.000 2)
人均国内生产	−0.000 0*	−0.000 0	−0.000 0***	−0.000 0*	−0.000 0
总值(GDP PC)	(0.000 0)	(0.000 0)	(0.000 0)	(0.000 0)	(0.000 0)
人口(LN POP)	−0.069 4	0.011 3	0.002 5	0.048 0	0.014 4
	(0.136 8)	(0.148 7)	(0.136 6)	(0.113 0)	(0.112 6)
政府开支占国内	−0.006 8*	−0.006 7***	−0.007 9*	−0.070 4	−0.057 5
生产总值的	(0.004 0)	(0.004 0)	(0.004 4)	(0.135 3)	(0.139 0)
比例(GOV EXP)					
党派(PARTISAN)	0.020 8***	0.022 3***	0.021 2***	−0.006 8*	−0.006 8*
	(0.007 5)	(0.007 5)	(0.007 3)	(0.004 1)	(0.004 1)
滞后(LAG	0.423 9***	0.419 5***	0.417 5***	0.424 2***	0.422 5***
ML PC)	(0.080 3)	(0.080 2)	(0.080 6)	(0.080 2)	(0.080 5)
年份(YEAR)		−0.001 5			
		(0.002 3)			
贸易(TRADE)			−0.001 3		
			(0.000 9)		
冷战(COLD					0.002 3
WAR)					(0.010 8)
美国霸权(US				0.028 9	
HEGEMONY)				(0.374 4)	
常量	1.359 0	2.967 4	0.243 5	1.370 6	1.153 7
	(2.221 3)	(3.804 6)	(2.213 5)	(2.202 3)	(2.267 2)
观察数	176	176	176	176	176
国家数目	21	21	21	21	21
决定系数(R2)	0.84	0.847 5	0.85	0.84	0.84
卡方值(Wald chi^2)	523 726	855	7 015	322 866	2 257
大于卡方值的概率(Prob>chi^2)	0.00	0.00	0.00	0.00	0.00

注：括号中的数字为以面板校正的标准误差的最小二乘法，使用了数据管理统计绘图软件(STATA 8.2(xtpcse))。除了年份之外，所有自变量(IV)都被滞后一个时期。国别固定效应被包括在内。双尾检验：* 10%的重要性；** 5%的重要性；*** 1%的重要性。

表 4.2B　多边援助承诺占官方发展援助总承诺的比例与公共舆论 1

因变量	滞后(ML PC)(1)	滞后(ML PC)(2)	滞后(ML PC)(3)	滞后(ML PC)(4)
公共舆论 1	−0.000 5**	−0.000 5***	−0.000 5***	−0.000 5***
(OPINION1)	(0.000 2)	(0.000 2)	(0.000 2)	(0.000 2)
人均国内生产	−0.000 0*	−0.000 0	−0.000 0	−0.000 0
总值(GDP PC)	(0.000 0)	(0.000 0)	(0.000 0)	(0.000 0)
人口(LN POP)	0.060 2	−0.085 6	−0.066 0	−0.058 7
	(0.128 8)	(0.141 3)	(0.137 9)	(0.196 4)
政府开支占国内生产	−0.006 7*	−0.006 3	−0.007 4*	−0.007 6*
总值的比例(GOV EXP)	(0.004 1)	(0.004 0)	(0.004 1)	(0.004 4)
党派(PARTISAN)	0.002 11***	0.022 0***	0.021 3***	0.022 8***
	(0.007 4)	(0.007 8)	(0.007 5)	(0.007 7)
滞后(ML PC)	0.424 0***	0.415 8***	0.420 4***	0.404 4***
	(0.080 3)	(0.081 9)	(0.079 8)	(0.082 9)
一国国内生产总值	0.121 9			0.016 0
占美国国内生产总值	(0.357 8)			(0.463 8)
的比例(GDP % US)				
援助承诺总额		−2.871 7e+06		−4.884 1e+06
(TOTAL COMMIT)		(4 188 308.583 2)		(4 377 359.043 0)
欧盟(EU)			−0.038 1*	−0.021 4
			(0.020 7)	(0.025 3)
冷战(COLD WAR)				−0.001 5
				(0.014 4)
美国霸权(US				0.025 6
HEGEMONY)				(0.437 8)
年份(YEAR)				0.000 6
				(0.004 2)
贸易(TRADE)				−0.001 4
				(0.001 1)
常量	1.201 3	1.603 6	1.311 7	0.024 6
	(2.084 5)	(2.287 3)	(2.238 3)	(6.515 8)
观察数	176	176	176	176
国家数目	21	21	21	21
决定系数(R2)	0.84	0.84	0.84	0.85
卡方值(Wald chi^2)	10 614	1 994	3 631	28 442
大于卡方值的概率 ($Prob>chi^2$)	0.00	0.00	0.00	0.00

注：括号中的数字为以面板校正的标准误差的最小二乘法，使用了数据管理统计绘图软件(STATA 8.2(xtpcse))。除了年份之外，所有自变量(IV)都被滞后一个时期。国别固定效应被包括在内。双尾检验：* 10%的重要性；** 5%的重要性；*** 1%的重要性。

国际体系的影响似乎是有限的。占世界贸易或世界国民生产总值的比例所衡量的美国霸权是正相关的,但是并非重要的。美国似乎没有明显地影响到国家的援助选择。冷战的变化也没有持续性地影响多边援助;尽管总是正相关的,但并不是重要的。[17]世界政治的结构似乎在限制援助方面几乎没有什么影响。另外,欧盟成员国的身份似乎是重要的。但是其影响是意想不到的。加入欧盟的做法似乎会减少一国的多边援助。

相比之下,国内政治扮演着重要角色。但是这种影响往往是事与愿违的。党派几乎总是重要的;而且一国政府的党派取向也是重要的。但是这个结果是事与愿违的:相比于左翼政府,右翼政府始终提供更多的多边援助。由于左翼政府一般对援助更加乐观,所以这个结果是难以理解的。或许右翼政府更愿意将援助交付多边组织,因为相比于其国内援助机构,这些组织的人员的偏好与右翼政党更相似。因而右翼政府避免双边援助,支持多边援助,而且将其视为控制国内机构的一种手段。或者结果源自如下事实,即右翼政府不如左翼政府喜欢援助,相比于多边援助,更容易削减双边援助,因而导致多边援助的比例升高。总而言之,这个结果是稳健的,也是令人困惑的。

数据也强有力地支持着笔者对公共舆论的假设。表 4.2 的回归分析表明公共舆论有如笔者所预料的影响。[18]如表 4.2A、4.2B、4.3A、4.3B 所示的,这个结果产生于公共舆论变量的三种形式。援助国的公众一般日益对援助持赞许的观点,因而政府不太可能选择多边援助。这种发现表明,公众对对外援助的反对会促使行政人员支持多边援助。当公众怀疑援助的收益时,政府更可能诉诸多边组织,以消除纳税人的疑虑(如将预算用于更具人道主义动机的援助)。

表 4.3A　多边援助承诺占官方发展援助总承诺的比例与公共舆论 3

因　变　量	滞后(ML PC) (1)	滞后(ML PC) (2)	滞后(ML PC) (3)	滞后(ML PC) (4)	滞后(ML PC) (5)
公共舆论 3(OPINION3)	−0.000 3**	−0.000 3*	−0.000 3**	−0.000 4*	−0.000 4*
	(0.000 2)	(0.000 2)	(0.000 2)	(0.000 2)	(0.000 2)
人均国内生产总值(GDP PC)	−0.000 0***	−0.000 0	−0.000 0***	−0.000 0*	−0.000 0***
	(0.000 4)	(0.000 0)	(0.000 0)	(0.000 0)	(0.000 0)
人口(LN POP)	0.015 5	0.064 0	0.026 4	0.048 0	0.014 4
	(0.112 4)	(0.137 1)	(0.115 0)	(0.113 0)	(0.112 6)
政府开支占国内生产总值的	−0.009 3***	−0.009 2***	−0.009 6***	−0.009 4***	−0.009 4***
比例(GOV EXP)	(0.003 5)	(0.003 6)	(0.003 6)	(0.003 6)	(0.003 6)
党派(PARTISAN)	0.015 6**	0.016 4***	0.015 6**	0.015 9***	0.015 4**
	(0.006 2)	(0.006 3)	(0.006 1)	(0.006 1)	(0.006 3)
滞后(LAG ML PC)	0.415 9***	0.415 6***	0.415 5***	0.410 8***	0.416 2***
	(0.075 5)	(0.075 3)	(0.075 9)	(0.075 2)	(0.075 4)
年份(YEAR)		−0.001 0			
		(0.002 1)			
贸易(TRADE)			−0.000 2		
			(0.000 7)		
美国霸权(US HEGEMONY)					0.066 8
					(0.292 5)

（续表）

因变量	滞后(ML PC) (1)	滞后(ML PC) (2)	滞后(ML PC) (3)	滞后(ML PC) (4)	滞后(ML PC) (5)
冷战(COLD WAR)				0.009 0	
				(0.008 8)	
常量	0.058 5	1.156 0	−0.109 5	−0.520 8	0.062 6
	(1.839 4)	(3.326 2)	(1.874 1)	(1.853 6)	(1.841 3)
观察数	337	337	337	337	337
国家数目	21	21	21	21	21
决定系数(R2)	0.75	0.75	0.75	0.76	0.75
卡方值(Wald chi^2)	125 279	23 928	142 467	23 148	134 195
大于卡方值的概率(Prob>chi^2)	0.00	0.00	0.00	0.00	0.00

注：括号中的数字为以面板校正的标准误差的最小二乘法，使用了数据管理统计绘图软件(STATA 8.2[xtpcse])。除了年份之外，所有自变量(IV)都被滞后一个时期。国别固定效应被包括在内。双尾检验：* 10%的重要性；** 5%的重要性；*** 1%的重要性。

表 4.3B　多边援助承诺占官方发展援助总承诺的比例与公共舆论 3

因变量	滞后(ML PC) (1)	滞后(ML PC) (2)	滞后(ML PC) (3)	滞后(ML PC) (4)
公共舆论 3	−0.000 4**	−0.000 4*	−0.000 3*	−0.000 4*
(OPINION3)	(0.000 2)	(0.000 2)	(0.000 2)	(0.000 2)
人均国内生产总值	−0.000 0	−0.000 0	−0.000 0***	−0.000 0
(GDP PC)	(0.000 4)	(0.000 0)	(0.000 0)	(0.000 0)
人口(LN POP)	0.009 9	−0.036 6	0.015 5	−0.034 8
	(0.111 5)	(0.117 5)	(0.112 5)	(0.174 7)
政府开支占国内生产	−0.009 4***	−0.008 1**	−0.009 3***	−0.009 1**
总值的比例(GOV EXP)	(0.003 5)	(0.003 5)	(0.003 6)	(0.003 7)
党派(PARTISAN)	0.015 1*	0.018 0***	0.015 5**	0.017 2***
	(0.006 1)	(0.006 2)	(0.006 2)	(0.006 5)
滞后(LAG ML PC)	0.415 0***	0.393 3***	0.415 9***	0.378 4***
	(0.075 6)	(0.075 2)	(0.075 5)	(0.077 3)
一国国内生产总值	−0.169 0			−0.435 5
占美国国内生产总值的	(0.325 1)			(0.419 1)
比例(GDP % US)				
援助承诺总额				−1.11e+07**
(TOTAL COMMIT)				(4 659 486.84)
欧盟(EU)				0.011 0
				(0.030 6)
冷战(COLD WAR)				0.007 9
				(0.010 5)
美国霸权(US				−0.208 0
HEGEMONY)				(0.323 9)
年份(YEAR)				0.001 0
				(0.003 3)
贸易(TRADE)				−0.000 9
				(0.000 8)
常量	1.201 3	1.603 6	1.311 7	−0.959 4
	(2.084 5)	(2.287 3)	(2.238 3)	(4.820 8)
观察数	337	337	337	337
国家数目	21	21	21	21
决定系数(R2)	0.75	0.76	0.75	0.76
卡方值(Wald chi^2)	21 888	2 020	134 073	7 543
大于卡方值的概率 (Prob>chi^2)	0.00	0.00	0.00	0.00

注：括号中的数字为以面板校正的标准误差的最小二乘法，使用了数据管理统计绘图软件(STATA 8.2(xtpcse))。除了年份之外，所有自变量(IV)都被滞后一个时期。国别固定效应被包括在内。双尾检验：* 10%的重要性；** 5%的重要性；*** 1%的重要性。

这些结果也是相当稳健的。表4.2A、4.2B中的结果并不依赖于公共舆论变量的形式；表4.3A、表4.3B运用公共舆论数据的插补形式(an interpolated version)(OPINION3)再现了这些结果。这种数据线性地插补了公共舆论的数据。此处的结果与表4.2A、表4.2B中的那些结果非常相似。但是需要指出的是，此处所观察的数量更多些，因而对案例剔除法的担忧应该会有所减缓。这些结果运用公共舆论数据的另一种插补形式(OPINION2)，实际上与表4.3A、表4.3B中的结果相同。这种数据形式仅仅运用两项调查中所有时期的最后一个数值。公共舆论变量总是负相关的，而且在统计上具有重要意义。

对于模型中一系列广泛的变化而言，这些结果也是稳健的。如表4.2A、4.2B、4.3A、4.3B所示的，变量的增加似乎并不影响公共舆论变量的系数。当公众怀疑援助的收益并保持许多其他因素不变时，领导人更可能在下一个时期选择多边援助。国家所承诺的多边援助的数量实际上会影响公众对援助的支持吗？也即外生性的问题存在吗？对多边援助承诺的比例的公共舆论的回归分析表明重要的结果并不存在。前些时期的多边主义与当下援助的公共舆论之间没有重要的关系。如表4.2B、表4.3B所显示的，这些结果并不仅仅受到因变量的标准的变化的影响。援助承诺的总量(TOTAL COMMIT)的衡量并不影响有关公共舆论的结果，与当下多边援助承诺也没有重要的关系。

这些结果及其效力的检验在经验上强有力地支持着该模型的主要观点。多边主义回应着国内政治，似乎关系到国内委托—代理问题的解决。大众对对外援助的反对会促使政府寻找机构，以使援助免受公众的怀疑。向多边机构做出的援助承诺允许政府保护其援助预算，更好地满足公众，因为公众希望更多的以需要为基础的援助。

总　结

本章探讨了国家为何选择以多边渠道而不是双边渠道分配其对外援助的问题。对于大多数国家而言，借助国际制度的援助代表着一个相当新的程序。此外，借助多边手段的援助看上去不同于其他形式的援助。当援助国实施多边援助时，它们更难以发挥直接影响。这种援助是不相关的；多边援助往往分配给最贫穷的国家——如最急需的国家；多边援助往往是赠予而不是贷款。因而相比于双边援助，多边援助或许是高质量的，但是对于援助国政府而言，当然不太有直接的政治效用。

因而多边援助的难题可以改述如下，即援助国为何愿意以政治影响交换高质量的援助。在何种条件下这种交换对于援助国的政治领导人是有意义的？如上所述，一些学者认为多边援助是更加有效的。多边援助能够解决援助国的信息问题，推进援助国之间的合作，使援助的条件性更加有效、更少政治性。若事实如此，那么难题是为何更多的援助并不是以多边形式实施的；为何多边援助仅占全部援助的 1/3 呢？为何在 2/3 的时间里理性领导人会作出无效的选择呢？显然援助国的领导人理解多边援助所产生的损失，因而充分利用多边援助的分配。

在何种条件下多边援助是国家政府的优先选择呢？笔者认为，这种选择会解决国内委托—代理问题。像所有政府开支计划一样，对外援助使授权过程成为必要，即从投票者/纳税人到当选的政府，再到官员。在对外援助中委托—代理问题进一步加重了，因为委托者几乎不了解其用于援助的税金的收益。援助会到外国的受援者手中，然而这些受援者无法在援助国投票。援助国的纳税人几乎不了解其税金在外国被运用的方式。开支与其收益之间反馈的联系在对外援助中是缺失的。因此援助国的投票者必须依赖于其政府所提供的有限的、有偏见的信息。政府机构具有误解援助收益的动机。投票者知道,政府有援助方面的私人信息,而且代理者有与其不同的目标。投票者明确表达了对对外援助收益的看法,判定自己承担费用的意愿。当他们对援助的价值持悲观的态度时,投票者不想将资金分配到援助预算中。那么他们的代理者至少需要找到一种方法以消除一些投票者的疑虑。其中一种方法是,以多边机构分配援助。一些投票者至少认为多边机构是一种高质量的援助分配者。因而当对外援助的公共舆论变得更加消极时,行政人员日趋可能以多边组织分配更多的援助,从而消除投票者的疑虑。那么多边援助制度能够为援助国解决委托—代理问题。

此处的数据支持这一论点。当对外援助的公共舆论变得更加消极时,更多的援助是由多边组织所分配的。甚至当控制一系列广泛的其他因素时,这个结果也是有效的。总而言之,当公众不了解援助的后果而且担心其政府偏离自己的愿望时,政府会将援助的分配授权于国际制度。政府借助国际组织分配援助,发布对外援助使用的可靠信号;多边机构与集体委托者的关系使其对于国家领导人而言是有用的。国际制度以此解决国内政治中的委托—代理问题,从而使国内或国际行为体渐入佳境。民主国家的政治领导人在这些情况下更愿意创设与维系多边国际制度。如本书导论所指出的,当对委托者而言收益超过成本时政府会选择多边主义。然而应该记住的是,这些收益在很大程度上是国内的。

注释

1. 在本书中,莱恩、尼尔森与蒂尔尼考察了美国的授权美洲开发银行而后撤销的决策,提出了一个相似的问题。如鲁杰(Ruggie, 1993:6—14)所指出的,多边主义至少涉及三个或以上国家之间政策的协调。但是实质上它更意味着:这种行为是在普遍化的组织原则基础上的协调，从而使成员国行为为实现其目标的不可分割性以及一些扩散性互惠成为必要。

2. 地区性开发银行是非洲统一基金组织（the African Solidarity Fund）、非洲开发银行（African Development Bank）、亚洲开发银行（Asian Development Bank）、中美洲经济一体化银行（Central American Bank for Economic Integration）、安第斯开发协会（Andean Development Corporation）、加勒比开发银行（Caribbean Development Bank）、东加勒比中央银行（East Caribbean Central Bank）、美洲开发银行（Inter-American Development）、北欧发展基金（Nordic Development Fund）。欧洲复兴开发银行（the EBRD）主要（仅以贷款的形式）向欧洲经济委员会成员国以及俄罗斯提供援助；这种援助属于官方援助（Official Aid，OA）而不是官方发展援助（ODA）；因而笔者并没有包括欧洲复兴开发银行。

3. 当然国家往往被认为在动机方面存在着差异：尽管美国、法国属于不同类型，但是它们往往追求其对外政策目标；日本往往被视为追求其经济利益，然而瑞典更了解受援国的需要。（Dudley and Montmarquette 1976；McKinlay 1979；McKinlay and Little 1977，1978；Schraeder et al.，1998）

4. 对于多边援助相对于总援助额的比例而言，在我以国家和年份为分类所作的观察中，只有12%的案例是大于50%的。多边援助相对于总援助额的平均数大概是32%，这意味着双边援助是正常现象。

5. 经济合作与发展组织将多边援助界定为以国际制度为指向的政府援助，而由其他资金共同注资，以至于丧失了其特性，从而成为国际制度财政资产的必要组成部分，而且国际制度自由裁量分配这些共同资金（OECD 1999：81）。

6. 对外援助的所有数据源自经济合作与发展组织（2001），参见 http://www.oecd.org/dac/stats/。这些数据是每个国家所提供的年度多边援助承诺。援助的实际支出遵循着同样的模式，大概为0.85的正相关。随后笔者将讨论使用这些承诺的原因。

7. 关于多边援助的第二种观点是，它往往是长时间段的。莫斯利（Moseley 1985：378）指出："多边援助机构的存在[意味着]其成员国向这些多边机构的捐助按照规定，在事先数年前就确定了。"这个过程与双边援助计划形成了对比。在双边援助中，年度分配更为常见。

8. 参见本书中莱恩等人的论述，即总统与国会之间的国内冲突往往影响授权双边援助机构与多边援助机构的性质与程度。

9. 在本书总结性的章节中，莱克与麦卡宾斯详细阐明了授权成功的信息条件。

10. "对援助的限制是一种意在保护援助国收支平衡、刺激其私人部门出口、将援助的一部分以税收的方式返回到国库的自私行为。"（Hoadley 1980：132）

11. http://www.oecd.org/dac/stats/.

12. 人口与国内生产总值是高度相关的；人口对数也是高度相关的。两者可以衡量国家规模。笔者使用了前者，因为笔者也考虑了人均国内生产总值。

13. 笔者以其他两个变量衡量冷战竞争的程度：1990年之前所有年份数值为1的虚拟变量、1992年之前所有年份数值为1的虚拟变量。这些可作为确切的冷战结束日期的替代。

14. 它们涉及政府中的每个党派，以其在获胜联盟中席位的比例衡量政党从而得出政府的数值。对于总统制而言，变量被设为各党控制立法机构的平均数值以及总统所属党派的数值。理论上，党派变量的范围涉及从0至10。较高的数字意指更右翼的政府。那么党派变量的预期迹象是负相关的。

15. 欧盟的数据来自过去30年中11项"欧洲晴雨表"的调查：1976、1979、1980、

1981、1983、1987、1991、1993、1994、1996、1998 年。调查涉及两个一般的问题。其一为，受访者是否支持对外援助的增加、减少，或者不变呢？其二为，受访者是否特别赞成、赞成、反对，或特别反对对外援助的增加呢？

16. 如果我们不考虑党派问题，那么这种负相关不会存在。令人惊奇的是，两者之间的相关性是很低的，且是正相关的。

17. 冷战的变量决不是重要的，无论我运用标志着变化的 1989—1991 年的数据，或是 1989 年或 1991 年的虚拟变量。

18. 此处没有谈及的有趣问题是，援助的公共舆论对整个援助预算产生了什么影响。麦克唐纳等人(McDonnell et al. 2003，17)认为这并没有影响："如果试图将公共支持的程度与官方发展援助的程度联系在一起，那么这几乎必然导致如下的结论，即前者并不直接地影响后者。事实上总体而言，普通公众的偏好几乎不会影响对外政策决策，特别是援助与国际发展政策，至少不会直接影响，尽管经济合作与发展组织成员国有一些差异。政府的战略重点、政治领导人与决策者的看法、国内既得利益与具体压力集团的影响，或公共领域其他政府部门与行为体的角色似乎更是颇具影响的行为体。"原始数据表明事实并非如此。

第五章

分配、信息与授权国际组织:以国际货币基金组织的条件性为案例

莉萨·马丁*

由于许多原因,国家将权威授予国际组织。授权的动机包括监督行为或提供科学知识等信息关切和分配性关切,以确保政策反映主要国家的利益。本章详细阐明授权的信息与分配逻辑,从中得出可观察的意义,以这些假设考察国际货币基金组织中有关条件性的政策变化。

一些学者认为,相比于任何其他领域的国际组织,国际货币基金组织有更多的能动性或自主性。笔者运用本书导论中所界定的自主性:代理者潜在的独立行为的程度(笔者有时以能动性的术语意指同一概念)。最初,国际货币基金组织仅仅是一系列调节成员国行为的规则,而不是有自主性的组织。然而国际货币基金组织很快变成一个行动型组织。在成员国有关资源使用方面的争论背景下,国际货币基金组织发生了极大的转变,形成了有关条件性的做法。

* 笔者感谢德弗什·卡普尔、杰夫·弗里登、詹姆斯·鲍顿(James Boughton)、迈尔斯·卡勒及其剑桥国际金融的政治经济学工作坊及其杨百翰大学授权国际组织的会议参与者。笔者也感谢戴维·辛格(David Singer)、伊桑·汉德尔曼(Ethan Handelman)的研究帮助。

笔者首先阐述国际组织自主性差异的两个潜在根源:分配性冲突、信息的需求。对于权威的授权如何在应对这些关切方面存在着差异,笔者提出了许多看法。在国际货币基金组织中,这些关切体现为执行董事之间偏好的分歧,以及国际货币基金组织职员所掌握的内部信息。然后笔者考察了国际货币基金组织中有关条件性的规则与程序的发展,以提供与这些假设相关的证据。

笔者区分了正式能动性(formal agency)与非正式能动性(informal agency)。正式能动性意指国家明确授权予国际组织的权威数量,然而非正式能动性意指国际组织在实践中保持规则不变的情况下具有的自主性。正式能动性与非正式能动性都符合本书所运用的自主性概念。正式自主性意指国家对授权国际组织的明确规则的决定;非正式自主性意指国际组织在现有规则架构下的应变能力。笔者所提出的非正式自主性概念非常符合古尔德在本书中所研究的难题。古尔德在其有关国际货币基金组织的章节中,更加详细地论述了国际货币基金组织职员如何运用其以授权方式所获得的非正式自主性。

总之,能动性与授权的场景是复杂的。传统上,国际货币基金组织并不公布其内部活动记录的许多细节,致使难以明确地研究能动性问题。自主性则有所不同。与此同时国际货币基金组织职员在一些活动领域中是受到严格限制的,然而在其他方面几乎不受约束。分配与信息的框架有助于我们分析国际货币基金组织架构与行为的原因,因而可以更深入地了解其作为国际制度的功能。例如,它们有助于理解 20 世纪 50 年代的实质性授权、20 世纪 70 年代授权所受到的挑战。国际组织的自主性是国家有意的授权决策的产物,而不是国际组织职员无意的产物。(Barnett and Finnemore 2004:56—58)就国际货币基金组织而言,当它依照执行董事会的兴趣办事时,其职员及管理层具有自主性。历史证据也明确地表明,授权的决策是颇有争议的,是深思熟虑的;国际货币基金组织职员的自主性并不是偶然出现的。

作为自主性根源的分配性冲突与内部信息

当国家创设国际组织，而且赋予其一定的能动性时，国家必然将一定程度的权威授予国际组织。然而授权的程度因国际组织、时间与问题而截然不同。一些国际组织获得实质自主性，然而其他国际组织在没有成员国明确同意的情况下几乎无所事事。(Cortell and Peterson 2001; Nielson and Tierney 2003a; Pollack 1997)笔者认为，两种因素有助于我们理解授权程度的差异。其一为分配性冲突，意指成员国之间的利益冲突。其二为信息关切，特别是国际货币基金组织职员所控制的内部信息。笔者明确利用了委托—代理框架，提出了授权的理论，即成员国被理解为委托者，国际组织被理解为代理者。就国际货币基金组织而言，笔者仅仅假定直接代表成员国的执行董事会是委托者，管理层与职员(被视为单一的行为体)是代理者。

分配性关切

本书的导论将偏好异质性视为国际组织自主性的潜在根源。偏好异质性也能理解为分配性冲突，因为它意味着不同的委托者更倾向于不同的结果。为了证明与发展这个观点，笔者假设了一个成员国决策所处的简单的、单一维度空间。就国际货币基金组织而言，这一空间涉及从提款(drawings)的宽松条件到苛刻条件的范围。国家的理想点是将自己置于这个范围中。笔者假设，国际组织职员在这个范围也有自己的偏好。国家与国际组织的偏好因时间、国家而异。对于国际货币基金组织而言，国家的偏好受到经济与政治因素的影响。国家不仅关注诸多计划对于国际金融体系的经济后果，而且关注其与借款国的政治关系。例如，对于政治同盟国，它们更喜欢较为宽松的条件，希望它们免于国内动荡。国内动荡往往是由苛刻条件所导致的。在国际货币基金组织的案例中，笔者假设执行董事反映着国家利益。由于国际组织是由国际公务员所组成的，国际组织职员并不直接对任何特定成员国负责。那么笔者假设国际组织职员的偏好基本上受到经济（"技术"）考量的驱动。

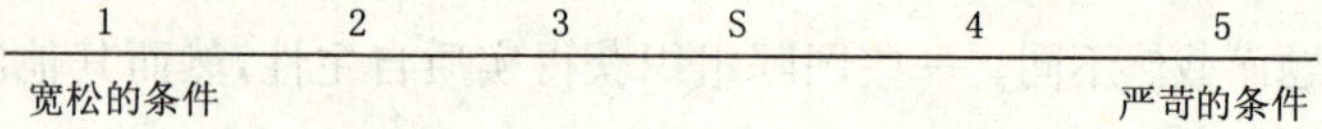

图 5.1　国家与职员对有关条件性的严苛程度的偏好

图 5.1 证明了国家及其国际组织职员的偏好在特定计划或政策选择方面是如何形成的。为了便于处理，笔者仅确定了 5 个国家。这 5 个国家被视为立场相近的国家。笔者假设国际组织职员提出一项计划的建议，然而成员国按照多数票决原则通过这项建议。从 1 到 5 的数字代表着国家的理想点。国际组织职员的理想点是由字母 S 所表示的。

国际组织职员建议及其成员国多数票决的假设是个强有力的假设，但是对所有国际组织而言这或许是不恰当的。然而，国际货币基金组织的确是如此，而且国际组织职员的建议与国家批准的一些情况对于大多数国际组织是恰当的。就国际货币基金组织而言，执行董事代表着国家，由其组成了执行董事会。执行董事有着不同的投票权，取决于其所代表的国家。一个重要的问题是，执行董事会是否调整其职员的建议，或者是不容讨价还价的。从技术上来说，在国际货币基金组织中，执行董事会有权利做其想做的事情，也能调整建议。但是在实践中，调整是颇具争议的而且是难以处理的，并受制于政治干预的冲击。因为条件在与借款国的前期谈判中已经达成，那么调整建议的企图意味着国际组织职员重新回到谈判中。这些考量意味着，在实践中执行董事会几乎从未考虑国际组织职员建议的调整问题。[1]因此，如下假设是个合情合理的简化，即执行董事会对建议基本上采取要么接受，要么放弃的态度。(Gold 1984:392; Garritsen de Vries 1985:987)

鉴于这种决策框架，在任何一项计划中国际组织职员对最终获批的计划或政策的内容具有实质性影响。国际组织职员会建议与其偏好最接近的计划，并获得大多数的支持。执行董事会仅会否决国际组织职员的建议，如果多数董事认为现状——如没有计划——相比于这项建议更符合自己的喜好。

这种简单的阐述形成了对国际组织职员自主性的数个最初假设，可将其理解为国际组织职员影响计划内容的能力。第一，当大多数国家极其不喜欢现状时，国际组织职员的影响可能会增大。在这种情况下，几乎任何建议都会获得多数票，因而国际组织职员能够做些接近其理想点的事情。例如，这种观察促使我们认为，在国际金融体系受到威胁的危急时刻国际货币基金组织职员具有实质性影响，因为执行董事急于改变现状。另一方面，当涉及相对小的借款国或根深蒂固的问题，且不会立即对国际体系产生威胁时，执行董事更愿意维持现状。在这种情况下，国际组织职员必须更关注执行董事的偏好，有效地限制自己的自主性。

第二项观察是，国家间偏好的分配对于职员的影响有重要意义。当国家偏好在整个政策范围内存在分歧时，一系列广泛的建议更可能获得多数通过。这给国际组织职员提供了操作的空间，因为他们能够在这一空间内选择最接近其理想点的建议。相比之下，当国家偏好一致时，国际组织职员没有太多的灵活性。在这种情况下，一系列更小的建议可能获得通过，限制着国际组织职员在这个更小空间内提出建议。因此笔者认为，当各国对预期的政策(国际货币基金组织中条件性的程度)存在着分歧时，国际组织职员的自主性会更大。这些分歧使国际组织职员挑拨国家相争。[2]

笔者所提出的假设更关注非正式能动性——在一系列稳定的规则下国际组织职员的自主性。然而这一阐述也表明,管理国际组织职员活动的规则可能的变化是国家偏好分配的产物。国家意识到国际组织职员在任何决策上都可能有重要的自主性,因而寻求方法以事先约束国际组织职员的活动。例如,它们具体规定政策的指导方针,或更直接地监督国际组织职员的活动。在何种条件下,国家更可能严格地约束国际组织职员呢?

一个明确的看法是,当国家认为国际组织职员的偏好与自己的偏好相一致时,国家更可能授权重要的正式权威。如果国际组织职员被视为异常者——相比于大多数国家偏爱更为宽松或苛刻的条件——国家可能会运用议程设定权以迫使结果远离国际组织职员的偏好。在这些情况下,国家可能会收回权威,或为政策设定更加明确的指导方针,或更为直接的监管。另一方面,当国际组织职员被视为"立场相近"时,国家愿意赋予国际组织职员极大的灵活性。这种假设与本书导论中的假设相一致,即"代理者的性质"影响着自主性的类型。

按照这种逻辑,如果国家的偏好与国际组织职员的偏好最为接近,那么这些国家是国际组织职员自主性最强有力的支持者。那些认为自己的利益与国际组织职员相冲突的国家会要求更为严格的约束、更明确的指导方针等。因而国家偏好、国际组织偏好的分配向我们提供了一些一般性假设,如对国际组织的正式授权、在一系列稳定的规则情况下国际组织的自主性。四项分配方面的假设将会构成下面的经验性讨论:

(D1) 在危机期间,当国家最不满意现状时,它们会赋予国际组织职员最大的自主性。

(D2) 鉴于一系列稳定的规则,如果国家偏好一致,那么国际组织职员的自主性会增大。

(D3) 当国家认为国际组织职员的偏好与自己的偏好相一致时，国家将会向国际组织职员授予更多的权威。

(D4) 如果国家的偏好最接近国际组织职员的偏好，那么这些国家最愿意授权国际组织。

信息关切

国际组织自主性差异的另一重要根源是对信息关切的考量。在国际货币基金组织项目设计等许多情况下，政策起草需要大量有效信息。本书导论预先提出了这种变化，即“专业化”被视为授权与自主性的一个根源。甚至当国家密切监管活动时，国家代表往往不可能有必要的专业知识以及时地草拟复杂、有效的项目。因而国家极其有赖于国际组织职员的备忘录与建议。

那么国际组织便同时具有了重要的责任和灵活性的其他根源。国际组织职员负责收集必要的经济与政治信息，而且使智囊团设计出有可能成功的政策。在国际货币基金组织的案例中，他们必须收集一系列广泛的经济变量方面的信息。他们也应该获得更具政治性的知识，以帮助判断项目成功的可能性。例如，政府有可能遵守意向书的条款吗？或者国家是否会无法满足这些条款，无论是自愿地或是由于国内的强烈反对？如果没有这方面的信息，国际货币基金组织的贷款项目不会是有效的，甚至可能是事与愿违的。

因而国家面临着一个困境。一方面，它们面临着授权国际组织职员的动机，以收集信息并且用于高质量的项目设计。另一方面，授权导致国际组织职员获得内部信息，但国际组织职员没有恰当或及时地分享。这种内部信息能够成为重要的灵活性的根源。例如，考虑下国际货币基金组织执行董事会更偏爱贷款的宽松条件，或许因为借款国是主要利益相关者的政治同盟。相比之下，国际组织职员认为，影响深远的政策变革是必要的，因而苛刻条件是适当的。国际组织职员或许有能力运用其内部信息，夸大借款国所面临的经济困难或小看政治困难，因而说服执行董事会批准更苛刻的条件，而不是其原来所偏爱的条件。[3]

国际货币基金组织的另一复杂之处是，借款国往往不愿意披露重要信息。执行董事代表着世界范围不同的选民。任何借款国都可能在执行董事会上面对着政治对手。因此国家不愿披露敏感信息。然而如果借款者不披露信息，那么项目便停留在无法稳固的基础之上。因而执行董事具有说服借款者向国际组织职员完全披露信息的动机，同时消除它们的疑虑，即这种信息不会被泄露或用于政治目的。这种保证的一种方式是，允许国际组织职员将一些信息视为机密。当果断的决策是必要时，相似的考量也产生了，即当执行董事会认为有必要迅速地设立一个项目时，它没有时间仔细地评估所有相关的信息，从而发现自己极其有赖于国际组织职员所披露的信息。因此，执行董事会面临着一种权衡，即任何项目认知上的紧迫性，与减少国际组织职员信息优势的愿望。

因而笔者认为，鉴于国际组织收集信息的能力以及将信息向成员国披露的要求，国家经常做出欺诈的行为。在设计一个极为重要的强有力的项目的情况下——例如，在金融危机中——笔者认为国家愿意赋予国际组织在信息保密方面更大的余地。如上所述，当国家认为国际组织职员具有与国家相近的偏好时，也是如此。对国际组织职员所拥有的内部信息的关切会影响国际组织派驻职员的决策。如果国际组织职员被派驻在海外而不是在总部，那么这会使其收集更多的信息，但也会提高其对国家的影响力。

笔者在下面的经验性讨论中考察两个信息方面的假设：

（I1）当对高质量信息的需求强烈时，国际组织职员将会获得收集、保密信息的能力，如在危机时刻。

（I2）当国际组织职员的偏好被视为偏离了主要成员国的偏好

时，国际组织职员在其信息能力方面受到更多的约束。

国际货币基金组织有关条件性与指导方针的决策变迁

委托—代理问题说明了国际货币基金组织的架构及其条件性的变迁。执行董事会与管理层、国际组织职员的关系是整个能动性问题的关键。当执行董事提出贷款项目及其相关的条件时，国际组织职员具有议程设定权。笔者考虑自主性的分配性与信息根源，从而探究议程设定权如何转化成国际组织职员相对于执行董事会的自主性。笔者发现了对上述假设的重要支持，特别是以信息考量为基础的假设。

国际货币基金组织的架构

国际货币基金组织的架构包括理事会、执行董事会、总干事、副总干事、公务员。理事会是由国际货币基金组织成员国的政治代表所组成的，基本上是财政部长。理事会具有管理国际货币基金组织的最终权威。然而国际货币基金组织的协定条款允许理事几乎将自己所有权力授予执行董事会，而且理事也是如此做的。(Gold 1984：389)在国际货币基金组织的初期，理事有时企图扮演着更加积极的角色。例如，他们曾经设立委员会以讨论年度报告。然而出勤率很低，因而这种观念很快被放弃了。(Southard 1979：3)

执行董事会现在由 24 名执行董事组成，是国际货币基金组织的常设决策机构，开展日常业务。其常设会议地点在华盛顿，由基金份额最大的 5 个国家(英、日、德、法、英)任命 5 位执行董事。其余执行董事是由选举而产生的，没有固定人员而且差异性很大。每个执行董事投票权的数量与每个成员国的份额(对国际货币基金组织财政资源的注资)相关。反过来，这些份额大体上是以每个成员国在世界经济中的财政比重为基础的。一些国际货币基金组织决策需要执行董事会85%或70%的多数票。然而笔者所关注的是批准贷款(在国际货币基金组织中称之为提款)。批准贷款需要执行董事的简单多数,尽管在实践中执行董事会实行协商一致,几乎不会明确地投票。美国大概占总票权的18%。

随着国际货币基金组织成员国与活动的增多,国际货币基金组织职员随着时间的推移而增加,现在达到2 000人。每个部门负责人任期5年,向总干事汇报。按照传统,总干事一直由欧洲人担任,美国人是第一副总干事。相比于许多其他国际组织的领导人,总干事的宪政地位是非常强大的。由于总干事是执行董事会会议的主席,因而他"负责控制议程,指导讨论,以此影响执行董事会的决策"(Strange 1973:286)。一些总干事则可以更多地利用这种议程设定权而获益。

国际货币基金组织职员对于执行董事会的运行是至关重要的。执行董事会在很大程度上以备忘录、职员所准备的文件为基础开展工作。国际货币基金组织职员跟有兴趣从中提款的国家进行谈判,定期监督,准备所有成员国的报告。许多职员被定期派驻在华盛顿之外的国家。这些国家与国际货币基金组织有着广泛的业务关系。

随着时间的推移,将国际货币基金组织资源分配给成员国的基本机制、条件性的基本管道已经成为备用安排(a stand-by arrangement)。如果国家希望获得资源,那么它们会与国际货币基金组织职员针对备用安排进行谈判。在执行董事会批准之后,这种安排在一定条件下允许国家按照具体的日程提取资源。与备用安排相关的意向书具体规定了借款国保证采取的行动。

笔者的关切是,国际货币基金组织项目的谈判与批准,以及这些程序如何影响执行董事会、国际货币基金组织职员与管理层的相对影响。执行董事会如果没有职员的建议就无法批准一个项目,因而理解这个复杂的委托—代理问题的有益起点，是意识到职员虽然具有议程设定权，然而执行董事会具有接受或拒绝职员建议的权力。如果职员预料到，执行董事会的决策并不符合其喜好，那么他们首先会拒绝提供一个项目，从而使其具有把关权力(gatekeeping power)。一旦一个项目是适当的，议程设定权表现为如下形式，即借款者是否满足贷款的条件，而且职员针对是否推出下一阶段的提款问题发表建议。

将条件与国际货币基金组织提款本身相联系的决策赋予职员与管理层一定的自主性。条件的具体内容必然受到职员的影响，因而条件性的任何使用都会赋予其权威。因此，对国际货币基金组织使用条件性及其设定条件的程序的最初决策的理解，说明了能动性问题的重要方面。这些最初的决策也是重要的，因为在过去50年中程序几乎没有什么变化，尽管条件的内容、贷款规模、参与的国家发生了巨变。最近，国际货币基金组织评估了条件性的做法，而且明确公布了指导方针。尽管职员权威与自主性问题的公开讨论并不经常、但有时的确可以在公共记录中得以查阅，而且表明上述框架有助于我们理解执行董事会与职员之间的关系。

最初岁月

约翰·凯恩斯、哈里·怀特(Harry Dexter White)在布雷顿森林所达成的协定条款中有意模糊了条件性的问题。凯恩斯、怀特及其所代表的政治家的立场是可预见的，因为英国肯定必须从国际货币基金组织提款，而美国是这些资源的重要来源。凯恩斯所支持的自动性与怀特所支持的条件性之间的争论，在国际货币基金组织最初的数年中结束了，1952年在美国的支持下得以解决。最初的迹象表明自动性占主导地位。(Robichek 1984:67)凯恩斯急于避免赋予国际货币基金组织以“广泛的自由裁量权与监管权”(Dell 1981:1)。他认为,布雷顿森林协定支持自己的观点,即国际货币基金组织的"倡议、自由裁量权"应该受到限制。事实上美国之外的其他成员国都持有这种偏好。国际货币基金组织内部的备忘录与国会听证会证实,美国希望国际货币基金组织能够限制对资源的提款。[4]美国勉强同意如下要求,即对于资源使用的意图,政府进行交涉。(Dam 1982:117)

美国确保协定条款要求国际货币基金组织的资源仅能用于与其原则相一致的目标,从而开启了条件性的问题。如果执行董事会能够质疑成员国的交涉问题,"那么它有可能能够以对需要进行评估的借口实施一定的自由裁量权"(Dam 1982:117)。布雷顿森林协定的模糊性使美国谈判者告知国会提款受制于条件,然而其他国家却认为无条件的提款是可能的。凯恩斯意识到美国国会可能会反对协定,因此为了急于确保协定的通过,没有公开质疑美国的解释。到1947年,执行董事会决定,执行董事会有权挑战成员国对资源使用目标的交涉。这一起因导致条件性原则的形成。

国际货币基金组织首任总干事卡米尔·格特(Camille Gutt)表达了与自动性相一致的观点(Dell 1981:8),然而美国继续坚持执行董事会审查提款申请的权利。在1949—1951年,从国际货币基金组织的提款几乎停止了,因为马歇尔基金援助取代了国际货币基金组织的资源,而且资源使用的机制陷于僵局。1950年没有国家从中提款。从1949年10月至1951年9月,整个提款数额仅为7 680万美元,而这个时期早期提款的偿还额是6 770万美元(Horsefield 1969,1:276)。

在这个时期,执行董事会、国际货币基金组织职员与管理层极其关注程序的设计,以增加国家的提款。在这些讨论期间自动性的概念消失了,许多职员的建议出现了。职员们首先质疑执行董事会是否具有规定提款条款的法律权利,声称执行董事会必须无条件批准提款或完全拒绝。(Horsefield 1969, 1:279)职员建议在提款之后不断地咨询。如果所采用的政策并不恰当，那么国际货币基金组织便中断资源的继续使用。许多执行董事感到，这个程序过于严厉。在遭到否决之后，职员改变了腔调，建议国际货币基金组织或许有能力向成员国建议适当的政策，致使这些政策的遵守成为提款权的前提。这种建议也引起了担忧。美国支持职员的观点，然而其他国家"质疑国际货币基金组织会起很大作用，如职员在解释其权力时所指出的那样"（IMF Archives S1723，EB Minutes，Meeting 285，February 12，1948）。

在这个时期美国坚持资源使用是与条件相关的，而且国际货币基金组织的协定条款允许这样的条件，事实上也是如此要求的。1948 年 3 月美国执行董事的备忘录主张，条款提供了"充足的权力以确立对借款国的条件……就仍欠债国际货币基金组织的借款国的经济政策而言"（IMF Archives S1720）。

1951 年 11 月，新任总干事伊瓦尔·鲁斯（Ivar Rooth）提出了一项计划，即众所周知的"鲁斯计划"。这项计划最终打破了僵局，成为备用安排的基础。国际货币基金组织职员的工作小组进行了广泛的讨论与一些调整。此后 1952 年 2 月鲁斯计划得到了批准。这项计划的基本思想是，更多资源的提款产生了更苛刻的条件。成员国同意国际货币基金组织的计划，以确保政策变革，以及在执行董事会批准备用安排之前在规定时间内偿还提款。

条件性的这种正式发展反映了 1948 年至 1952 年[5]期间执行董事会的实际行为。在这个时期，对提款的申请往往受到挑战，因为政策问题导致了无力偿还的问题。例如，1948 年 5 月柬埔寨 1 250 万美元的非正式申请暂停了，因为当时柬埔寨经济状况改善的措施是"不够的"。执行董事会规定，"强有力的货币稳定政策"是必要的，而且如果柬埔寨"准备采取适当的措施"那么将会批准申请。（Archives S1720，Memo from Taylor to Brand，November 5，1948）

执行董事会对秘鲁与智利也采取了相似的政策。(Archives S1720, Memo from van Campenhout to Brenner, March 16, 1948; Archives S1720, EB Minutes, Meeting 240, December 23, 1947)

条件性原则的发展伴随着职责从执行董事会向职员的转变。在国际货币基金组织成立后的前两年中,执行董事会在谈判中扮演着积极的角色,负责外地特派团。1947年执行董事会确立了如下的最初原则:

> 一般情况下,有关的执行董事、总干事以及职员负责国际货币基金组织与每个成员国之间的联系。如近来所做的,在特定情况下特派团会被派出,但是这些特殊联系仅在执行董事会做出决策之后实施。(Archives S1720, Meeting 170, May 20, 1947)

这种说法说明了职员自主性所受到的严格约束,然而执行董事会最初试图维系这种自主性。执行董事有时会质疑职员对特定政策问题的判断,如对伊朗汇率问题的建议,或对柬埔寨财政问题的建议。这些问题总是提高了职员的自主性,而且执行董事试图对其授予足够的权威以使其各尽其职,但是仍维持着控制。例如,美国执行董事索瑟德(Southard)并不满意职员对伊朗的报告,"明确重申其对职员独立性的支持,即便同时宣称自己并不同意国际货币基金组织提交执行董事会并不赞成的技术报告"(Horsefield 1969, 1:471)。

1948年执行董事参与特派团的做法停止了。执行董事会的一项决策阐明了执行董事会与职员之间的责任分工。从1948年至20世纪50年代初,执行董事会仍然紧紧控制着职员的特派团。"每个特派团的构成受制于执行董事会的批准,而且执行董事会为其提出了详细指令的纲要。"(Horsefield 1969, 2:11)此外,成员国在提交正式申请之前通常直接跟美国执行董事讨论其未来提款的申请。这种做法截止到1956年。苏珊·斯特兰奇(Susan Strange)将其视为"职责从美国向国际货币基金组织的重要转变"(Strange 1973:279)。执行董事会对特派团的监管也不太严格。由于职员执行任务,因而他们必须立即做出许多决定，从而表明了其议程设定的作用。这些决策仅受制于事后评估。总而言之，到 20 世纪 50 年代末与 20 世纪 60 年代初，决策的复杂过程意味着，“管理层与职员有大量责任”（Horsefield 1969，2：11）。“无法否认的是，之后职员的影响日渐增大。”（Horsefield 1969，1：471）

迈尔斯·卡赫勒（Miles Kahler 1990：96）也指出，20 世纪 50 年代初职员获得了自主性，并开始践行。执行董事会不再试图修订国别项目。他指出了与授权的信息框架相一致的理由：“美国支持职员自主性的这些扩展。在某种程度上，执行董事会别无选择；国别项目的精细设计需要一定程度的专业知识以及信息，然而执行董事及其人员无法提供这些。”（Kahler 1990：96）然而他也指出，国家政府仍控制着总体的政策大纲。

斯特兰奇也发现，更多的权威从占主导地位的执行董事会转向职员。“首先……秘书处因执行董事会而相形见绌。秘书处从属于执行董事会，主要担当执行董事会的顾问。”（Strange 1973：267）然而一旦职员经常与成员国磋商，他们会获得更多的权威。斯特兰奇将商业界的压力——及时决策的需要——视为职员自主性扩大的一个因素。对于许多事情，职员采用了所谓的“时效终止的程序”（lapse-of-time procedure）。“事实上这意味着执行董事会主动支持职员的决策，除非反对或质问的执行董事立即合理地提出这个问题。”（Strange 1973：267）

历史学家玛格丽特·德弗里斯（Margaret Garritsen de Vries）所提出的理由类似于授权的信息与分配理由。她认为，职员与执行董事的频繁交流意味着职员向执行董事非正式地传递着信息，因而明确的监管是不必要的。随着时间的推移，执行董事逐渐更加信任工作人员。另一个理由是其积累的知识。人员的增加以及执行董事会的人员流动意味着，执行董事会不会增进职员过去所获得的某种制度记忆。[6]因而利用高质量信息的愿望导致了职员获得更多的授权。

基斯·霍斯菲尔德(Keith Horsefield)认为,谈判场所从美国华盛顿向成员国首都的转移极大地提高了职员的影响。他指出了这种转移赋予职员的信息优势:

> 它……促使职员,相比于任何执行董事,但是除该国任命或选举的人员,获得有关每个成员国问题的更加详尽的信息。这是由此向成员国经济改革项目迈出的一小步;甚至是向将条件包括到备用安排中更小的一步。备用安排反映了这些项目以及成员国所做出的保证。然而结果是,执行董事会逐渐面临着草拟的备用安排以及意向书。职员仅与成员国磋商后才准备了备用安排以及意向书——或至多与直接相关的执行董事磋商——备用安排与意向书也包含了职员自身所草拟的条件。(Horsefield 1969, 1:472)

与这种场所变换相关的争议性问题是,在职员将国别磋商的草拟报告提交执行董事会之前,有关的执行董事是否有能力评估这些报告。“管理层/人员据理争辩,如果职员必须磋商报告的内容,那么整个磋商过程是受挫的……在确立职员操作层面的独立性方面这是另一重要的步骤。”(Southard 1979:10)

霍斯菲尔德称这种变换无异于“革命”,果然有一些执行董事抗议。在1951年年会上,一些理事表达了类似的观点。代表澳大利亚的理事强烈反对“国际货币基金组织的趋势。据敝人了解,这往往是由一部分职员施加于执行董事会的,以这种方式解释法律从而扩大国际货币基金组织的功能,因而间接地扩大了职员的影响”(Horsefield 1969, 1:270)。然而草拟有效计划的信息需求最终使执行董事会认为,它几乎没有什么选择而只能支持这种授权。权威向职员的转移并不是失控的能动性,或委托者并不关注的证据,而是个有意的选择。对高质量信息的直接控制进行权衡的需要决定着这种选择。这种职员自主性的解释与巴尼特、芬尼莫尔的解释形成鲜明对照。(Barnett and Finnemore 2004:ch.3)例如,巴尼特、芬尼莫尔认为职员具有权威与影响力,是由于其合法性与官僚动机,而不是由于其委托者的理性决策。

霍斯菲尔德也指出分配性框架所强调的执行董事之间的利益冲突。他认为:"加强职员地位的主要原因是,他们有机会采取举措并付诸行动。"(Horsefield 1969, 1:472)例如,职员向国际货币基金组织成员国提供了一份未经执行董事会评估的有关国际储备与流动性的重要报告。霍斯菲尔德意识到"执行董事之间观点的冲突……或许不可能提供意见一致的执行董事会报告"以作为职员自主性的许可条件。(Horsefield 1969, 1:472)

美国执行董事弗兰克·索瑟德(Frank Southard)发布了这个时期执行董事会与职员关系变化的分析,与官方历史学家所得出的结论相一致:"最终,结果是强有力的管理层/职员和执行董事会在很大程度上按照管理层建议而行动。"(Southard 1979:7)索瑟德也证明了模型的假设是符合实际的,即执行董事实际上对于职员所建议的国别项目没有修改的权力。执行董事会的确修订一般政策文件与年度报告,然而"除实际错误之外,国别磋商的报告不会被修订,包括资源使用的建议"(Southard 1979:9)。此外,他展示了工作人员与管理层所具有的有效的把关权力。这是在许多争论之后,由执行董事会所决定的。执行董事会在没有职员建议的情况下不会考虑资源使用的申请。一些国家可能以诉诸执行董事会相威胁从而规避了职员的这种把关性权威,但是这些威胁决不会发生,因为执行董事会明确了它在这些情况下将投"反对票"。(Southard 1979:10)

机制的变迁

20世纪50年代期间备用安排的实施机制不断变化。对能动性问题的关切——特别是一些确保执行董事会在职员活动不断增加的情况下仍拥有监管权的机制——在这个时期不断地出现。一个明显的例子是总干事鲁斯1956年的离职演说。他强调执行董事会与职员、管理层之间关系的“微妙”性。他特别不满意一种趋势，即执行董事彼此讨论问题而不是与管理层讨论问题。由于20世纪50年代中期国际货币基金组织并不如鲁斯所期望的那样活跃，因而他感到国际货币基金组织的成就辜负了其承诺。他将这种失败的根源置于“执行董事、管理层与职员各司其职的难题……鲁斯先生重新强调一种期望，即将政策的实施及其日常管理活动委托于国际货币基金组织的管理层与职员”(Horsefield 1969, 1:424)。鲁斯的继任者佩尔·雅各布森(Per Jacobsson)持相似的观点：执行董事会“极其压制总干事”(Southard 1979:5)。

在条件性做法形成与制度化的早期阶段，现在仍存在于执行董事会与职员之间关系的框架得以确立。这个时期见证了相当多的授权。执行董事会保持着对一般政策决策的控制，而且其授权是有意的。职员获得对具体项目的议程设定权与把关权。这种授权的理由在于上述讨论的信息与分配标准，特别是这个阶段中的信息原则。后来正式程序中的两个变化值得关注：1968年、1979年所颁布的有关条件性的指导方针。

1968年一系列明确的有关条件性的指导方针首次确立。这些指导方针产生于一些执行董事对条件性内容的关切、职员对这些条件的过度影响。那些代表发展中国家的执行董事提出了许多关切，特别是对1967年与英国磋商的一项项目的回应。英镑危机产生了，而且总干事在与英国的磋商中是起作用的。这种情况与1956年涉及英国的最后一个重要事件形成鲜明对比。随后英国执行董事与美国财政部长进行了决定性的磋商。(Southard 1979:20)1967年，总干事表明，他能够规定国际货币基金组织据此提供援助的条款，而且以运用这种影响力劝说英国贬值英镑。磋商是保密的,而且执行董事并不知其进展。这种赋予总干事重要自主性的决策证明了审议并不缺乏执行董事的关注。例如,执行董事考虑十国集团(the Group of Ten)是否是更好地处理这种敏感情况的机构。然而,英国与执行董事会更倾向于国际货币基金组织扮演着主导角色。(Strange 1976:140)

这些磋商的结果却导致发展中国家的骚动,因为它们认为在磋商中所达成的条件相比于那些发展中国家项目的条件更加宽松。项目没有规定提款的阶段、绩效条款、货币或信贷最高额。(Dell 1981:12—13)这种宽松备受批评,因为英国最高信贷款项是14亿美元,因而这本应该需要严格的绩效标准。相反评估与咨询的规定取代了正常的绩效要求。

总干事皮埃尔·施魏策尔(Pierre-Paul Schweitzer)预料到,发展中国家会严格审查英国项目的条款,因而花费相当多的时间解释所商定的项目背后的推论。他的主要理由是,英镑等重要货币的贬值可能会威胁到国际货币体系。"在这些情况下,对他而言所有财政支持似乎应该是只要需要就会集体出台。这些财政支持是由国际货币基金组织向成员国所提供的。"(Garritsen de Vries 1976:341)

不管施魏策尔的理由如何,发展中国家执行董事抱怨这种事件揭示出不平等的对待方式,并呼吁支持统一的标准。这种不满导致国际货币基金组织资源使用的综合评估,促成了1969年有关条件性的指导方针。评估始于一份职员们的文件。这份文件支持现行政策,因为对每个项目的个别设计是必要的。我们也能将这种观点解读为对职员自由裁量权的支持。发达国家支持职员的立场,但发展中国家并不支持。它们需要一些标准以指导绩效条款的数量与内容。

执行董事会讨论的结果是,1968年批准了一系列指导方针。这些指导方针反映了发达国家的需求,因为它们意识到“由于问题的多样性以及成员国的制度安排,关于绩效标准的数量与内容的一般规则并没有被采用”(Decision No. 2603-(68-132), September 20, 1968)。然而执行董事会按照发展中国家的偏好决定,“绩效标准的数量……应该限于那些被视为真正必要的项目,以决定成员国稳定项目的目标是否实施了”(Dell 1981:12)。执行董事会提出了备用安排中咨询与绩效条款的标准文本。因而指导方针赋予职员们大量自由裁量权,而且基本上使现有做法规范化,然而它们同样也能被解读为试图限制这种自由裁量权。

在接下来的数年中,执行董事会相比于以往更关注职员磋商细节的评估。职员所建议的现有绩效标准的任何变化必需通过执行董事会的批准,而且执行董事会所要求的政策变得更加具体。执行董事会也要求、并收到职员在其磋商中所使用的财政模型的评估。执行董事会要求以前项目结果的更多证据、更多的定量以使其更容易地监管项目。直到 20 世纪 70 年代,执行董事会不断加大监管。执行董事会成员,“特别是发展中国家的董事曾经注意限制国际货币基金组织管理层与职员,在其与潜在借贷国的磋商中所实施的条件性的范围”(Polak 1991:53)。发展中国家的观点一时在美国身上得到回应,即 1971 年尼克松政府极其不满意国际货币基金组织的管理。美国官员批评总干事施魏策尔赋予职员太多的余地(James 1996:244)。

在 1976 年年会上,职员广受批评。(Garritsen de Vries 1985:493)来自发展中国家的执行董事开始明确地呼吁“执行董事会确定具体指导方针与约束从而使执行董事会深入介入国际货币基金组织针对特定国家的政策”(Garritsen de Vries 1985:502)。叙利亚籍执行董事表达了相似的观点。执行董事会“应该在条件性应用于成员国方面扮演着更大的角色。以目前的情况来看,执行董事会事先没有批准这些条件,也即在项目定案之前。这些条件是由管理层与职员所决定的，仅仅由执行董事会事后批准而已”（Garritsen de Vries 1985：503）。

1979年指导方针的评估反映了这种不断增强的警惕，进而试图确定有关条件的数量与内容的标准。这种侧重点在于限制所运用的绩效标准与前提的数量。指导方针赋予执行董事“更密切地参与磋商过程”（Garritsen de Vries 1985：505）。在20世纪80年代末与90年代初，指导方针的评估时而进行，但是几乎没有改变基本架构。如何解释这些有关条件性的指导方针的争论呢？它们支持着分配性框架。在20世纪六七十年代，执行董事会上的利益冲突加剧了，因为发达国家实际上不再从国际货币基金组织的资源中提款。因而它们对条件性的兴趣更接近美国长期坚持的观点，然而发展中国家更偏爱宽松的条件。这种观点的分歧增大了，因为工业国家认为许多项目的条件过于宽松。（Kahler 1990：104）

分配性框架预料到，鉴于一系列稳定的正式程序，执行董事会上偏好的这种两极化事实上会提高执行董事会的灵活性，因为它们能够使执行董事彼此相争。事实上在20世纪70年代期间，执行董事认为管理层与职员在本质上确定着政策，而不仅仅实施政策。（Kahler 1990：104）面对这种不断增大的实际自主性，执行董事会正如预期地那样试图改变规则以控制职员。此外，这些争论有力地支持了一种预计，即与职员的偏好最接近的执行董事最愿意赋予职员重要的自主性。控制职员的企图主要来自发展中国家，因为发展中国家认为职员强加了各种条件，以满足发达国家的需要。

内部信息的前提条件与处理

笔者在上述部分考查了有关条件性的程序变化的历史证据。现在转向另外两个与能动性问题相关的议题：项目中对前提条件的使用、内部信息处理的规定。20 世纪 70 年代中期以来,前提条件的问题变得重要起来。当时这些问题是常见的,而且内部信息问题贯穿于国际货币基金组织的生活。这两个议题都可能使职员获得重要的自主性。

前提条件是指管理层以及职员在他们将任何项目提交执行董事会待批准之前,需要成员国所采取的行动。前提条件不断变化着,从而解决着监管与公信力的问题。1979 年有关条件性的指导方针将前提条件的使用视为与确立公信力的需要相关。随着条件按照一般方式被写入项目中,问题不断地出现,即谁监管这些条件,成员国是否会真正地满足这些条件,以及国际货币基金组织资源的进一步发放是否真正依赖于成员国的成就?要求成员国在任何项目之前满足一定的标准会规避所有这些难题。

然而如约翰·威廉森(John Williamson)所指出的,前提条件的使用产生了一个新问题,即"执行董事会并未事先控制职员的行为"(Williamson 1982:36)。这个问题对于职员自主性的议题而言是至关重要的。由于职员确定了这些前提条件,决定着何时国家满足这些前提条件,能够拒绝在前提条件得到满足之前向执行董事会提交项目,它们成为高度自主性的根源。威廉森意识到了这个问题,但是也认为执行董事会事后询问职员所要求的前提条件的权力或许可以适当地约束着职员,并可解释执行董事会为何赞同前提条件的使用。

1979 年有关条件性的指导方针试图限制前提条件的使用。该指导方针指出:"在国际货币基金组织批准备用安排之前成员国有望采用一些改进措施,但是只有在必要时才促使成员国采用与实施与国际货币基金组织规定、政策相一致的项目。"(Decision No. 6056-[79/39], March 2, 1979)执行董事仍然使用前提条件,表明了其对目前程序的满意——或至少一种考量,即使使用的收益超过了职员权威增加所产生的损失。1986 年的一项评估表明，管理层与职员确立了前提条件，然而他们面对着执行董事会针对以前项目或第四条款磋商的讨论的背景（IMF 1986：7）。然而证据也表明职员时而会利用前提条件来避免自己所认为的执行董事会过多的政治干预。例如在 20 世纪 90 年代初俄罗斯的案例中，对职员建议的持续性干预导致了前提条件更多的使用。（Åslund 2000：25）兰德尔·斯通（Randall Stone 2004）仔细研究了国际货币基金组织在非洲的项目，表明这种政治干预是项目在经济方面失败的基本原因，并支持着如下观点，即职员具有试图限制的动机。

当前提条件、“先前行为”变得相对常见时，20 世纪 70 年代末执行董事会花费一些时间讨论其使用及意义。1978 年 8 月的一份报告承认了这种关切：

> 数个执行董事建议，对成员国先前行为的要求应该完全取消。一般而言，直到备用安排的申请提交执行董事会待批准时，执行董事才正式获悉这些措施；因此当成员国与职员讨论时，这些措施并未受到执行董事会的支持。（IMF 1978：6）

其他执行董事发现，前提条件的使用在一些情况下是必要的。一点也不奇怪的是，职员同意后者的立场，并认为他们建立了一个顾及有效项目的基础。该报告还明确地讨论了能动性问题。以前提条件有时是必不可少的为假设，问题变成了该如何使执行董事会与其决定更加密切相关。难题是，必要的措施仅在职员与成员国财政机构之间的讨论过程中得到了确认。该报告建议总干事与执行董事之间的非正式联系，以使执行董事会知情，但是反对执行董事会正式讨论不断变化的前提条件。两年后的评估表明执行董事会仍然关注这个问题，但是执行董事赞成在就事论事的基础上继续使用前提条件。（IMF 1983：7）

职员自主性的第二个根源是内部信息的处理。这种自主性往往符合执行董事会的关切。在与成员国的磋商过程中，职员往往能获得成员国想要保密的信息。国际货币基金组织的分析者注意到职员与成员国之间讨论的“微妙”(Gold 1984:392)。如果成员国没有预料到这种信息仍然是内部的，那么他或许会拒绝披露信息，从而危及一个项目的成功。

在国际货币基金组织的最初岁月中，执行董事会认为，自己知晓职员的全部信息。然而由于职员的磋商更加重要，因而执行董事日渐愿意职员与管理层对一些信息保密。协定与法规的最初条款没有提及内部信息的处理问题。然而执行董事获取这些信息的问题很快产生了，并早在 1947 年 3 月就成为了执行董事会的议事日程。

执行董事会的早期决定确立了所有执行董事对任何信息的同等权利；代表成员国的有关执行董事没有获取信息的特权。执行董事会的决定“规定，执行董事会每个成员有权请求并获得国际货币基金组织的全部信息”(Garritsen de Vries 1985:991)。然而，总干事对成员国保护敏感信息的愿望表现出一些理解，在向执行董事披露信息之前征得成员国的同意。这种做法至少使成员国知晓哪些信息会被披露，哪些信息仍是保密的。

在 20 世纪 50 年代中期之后，情况有所改变。职员的活动日趋增加。在历史学家加里森·德弗里斯(Garritsen de Vries 1985:990)所称的“国际货币基金组织决策的显著进步”中，执行董事愿意使总干事保密内部信息。这种发展被视为与以下问题密切相关，即总干事或职员被允许在向成员国提出问题方面采取主动。

20 世纪 70 年代，如何处理内部信息的问题再次浮现，反映了发达国家与发展中国家之间日益增大的分歧，如同国际货币基金组织议事日程上的其他新问题一样。总干事约翰尼斯·维特文(Johannes Witteveen)时而进行冗长的内部磋商。由于磋商冗长乏味地拖延，因而执行董事会必然担心自己会被排除在外。(Garritsen

de Vries 1985，1006)一些担忧会加剧，即如果职员保密内部信息，那么这会不适当地增加技术人员在磋商中的权力。(Buira 1983：133)“引人注目的证词表明，作为其决策的基础，执行董事会成员所获得的信息的数量事实上是有限的”。(Eckaus 1986：245)

当内部信息问题再次浮现时，那么职员所提供的技术援助是否应该首先得到有关执行董事的授权。这个问题激起了总干事与职员强烈的情绪，因为他们感觉这个问题是“极其重要的”(Garritsen de Vries 1985：994)。他们担心，这种先例意味着成员国所提供的任何信息可供以所有政府。他们也强调现有授权对于国际货币基金组织成功的重要性：“如果执行董事在国际货币基金组织日常事务方面指导总干事，那么国际货币基金组织将会成为一项次要的制度，与成员国政府没有有效的关系。”(Garritsen de Vries 1985：994)

执行董事们广泛地讨论了这个问题，支持现有做法。“简而言之，执行董事会决定总干事与职员在内部信息方面仍有相当大的自由。”(Garritsen de Vries 1985：994)然而他们也采取措施以支持现有程序，以温和的方式控制职员。职员们的报告可供执行董事参阅，除非成员国明确要求不能如此。职员受命与成员国讨论保密的问题，鼓励成员国不要隐瞒消息，除非这样是绝对必需的。近年来，支持成员国披露信息的努力变得更多了。在巨大的压力下，国际货币基金组织提高了操作的透明度。总干事被要求与执行董事进行更加频繁的非正式讨论，以使其获悉磋商的进展。执行董事会也采取措施，确立了一个委员会以处理总干事无法解决的有关信息获取的任何冲突。然而，这个委员会似乎并未被使用过。

那么，这种模式在20世纪50年代中期是对职员的实质性授权，在20世纪70年代末及至当今则适度地尝试更多地限制其对信息的获取。加里森·德弗里斯(Garritsen de Vries 1985：992)概括了这些明确的决定背后的逻辑。这些决定允许管理层与职员获取内部信息：

> 贯穿于执行董事会这些决定的重要主题是，内部信息的这种处理促使国际货币基金组织更有效地推进其目标与行使权力。次要的主题是，信息或以其为基础的结论往往以慎重的形式被提交给执行董事会。

因而执行董事会牢牢控制着有关内部信息的决策，然而这些决策的内容相当于对职员的实质性授权。如信息框架所表明的，当需要高质量信息时，更多的授权可能会发生。

总 结

对国际组织的授权导致了国际组织职员在某种程度上的自主性，能够借助委托—代理关系的概念得以分析。国际货币基金组织的案例证实了这些关系。两种分析性框架洞察了职员的自主性与影响力的差异。其一为分配性框架，关注国家及其职员的偏好。其二考虑作为授权动机的信息需求。这些视角提供了理解职员在国际货币基金组织条件性方面的权威变化的机制。它们表明了6种有关职员正式与非正式能动性的假设截然不同。借助结论，笔者概括了国际货币基金组织的历史证据是如何与这6项预计相较量的。

首先，分配的视角表明，当国家最不满意现状(D1)时，会更多地授权。在危机期间，国家更愿意赋予职员重要自主性，符合这个假设。第二，当国家偏好存在分歧时，职员的自主性也会提高(D2)。当20世纪60年代及之后发达国家与发展中国家的立场两极分化时，国际货币基金组织职员发现自己有更多的灵活性与影响力。作为回应，执行董事会试图更加正式地限制职员的活动。相比之下，当执行董事会的偏好一致时——如在危机期间——职员们发现自己必须更加直接地应对执行董事会的需要。

第三,当职员的偏好更接近成员国的偏好(D3)时,国家更愿意授权于职员。国际货币基金组织最初岁月的经历最强有力地支持着这种假设。由于执行董事知道他们会"信任"职员,因而他们将重要的权威授予职员。一项与此密切相关的预计是,那些与职员偏好接近的国家最愿意授权(D4)。20 世纪六七十年代有关条件性的争论强有力地支持这种假设。当时代表发展中国家的执行董事一直抱怨职员自主性问题,探寻更加严格地约束职员行为的方式。

其他预计集中在信息问题上。国际组织职员获得自主性,因为对高质量信息的需求增加了(I1)。这很可能是对国际货币基金组织历史上职员能动性最强有力的解释。设计某种可能成功的项目而对必要信息的需要导致职员被派驻海外,执行董事从磋商中退却,以及其他极大地增大职员权威的措施。另一方面,国家将会约束职员收集内部信息的能力,当国家的偏好存在分歧(I2)时。这种影响的证据显然体现在 20 世纪 70 年代有关内部信息的处理、前提条件使用的决策方面。当时执行董事两极化的偏好导致了迫使职员向执行董事会披露更多信息的努力。

总而言之,国际货币基金组织在条件性方面的决策过程及其这个过程的历史变迁表明,事实上职员的确具有重要的自主性与影响力。[7]然而这种发现并不是失控的能动性的证据。相反,执行董事会商议、充分争论了职员应该获得多少权威的决策。执行董事会选择授权于职员,以解决与国际货币基金组织资源使用习惯的分配性与信息问题。与此同时执行董事会保留撤销与限制职员自主性的权力,并时而运用这种权力。国际货币基金组织有关条件性的做法表明,此处分配性与信息框架为理解授权国际组织的一般问题提供了有价值的工具。

注释

1. 斯通(Stone 2002)指出了一些特殊情况,即国际组织职员被迫调整自己的建议,因为执行董事会没有通过。

2. 我注意到,这个假设不同于本书导论中所提出的假设,即偏好异质性越大,国家越不可能授权。这种差异之所以存在,是因为我考量了非正式自主性:在规则不变的情况下国际组织职员所具有的自主性。鉴于前期的授权决策与不变的规则,更大的异质性会增加国际组织职员回旋的余地。本书的导论实际上提到过这个假设,即偏好异质性使国家难以重构现有的授权关系。

3. 如本书导论所阐明的,我们或许能够将这样的结果视为代理者影响委托者的例证。然而为了尽可能地使观点简单明了,我更愿意将这种变化解释为代理者自主性的标准使用,而非不断变化的委托者的偏好。

4. 布罗兹、霍斯在本书中证明了美国国会与国际货币基金组织活动之间的一致联系。

5. 档案的证据似乎与威廉森(Williamson 1982:11)的断言相抵触,即早期的放贷基本上反映了自动的原则。

6. 也参见 Finch 1994。

7. 一位来自荷兰的执行董事以前曾经是国际货币基金组织的职员,抱怨称当他是高级职员时更具影响力。("The 'Yes' Men Atop the IMF," Wall Street Journal, May 12, 1983)

第六章 欧盟中的授权与自由裁量权*

马克·波拉克

像其他国际组织一样，欧盟是由其成员国构成的。这些成员国的政府签署、批准一系列条约。这些条约概述了欧盟的目标与制度，始于 1951 年欧洲煤钢共同体，延续到当今欧盟的形成与制度设计。像在任何国际组织中，欧洲成员国政府赋予自己在欧盟治理中的关键性角色。然而同时，欧盟成员国政府将日益增多的权力与自由裁量权分配到行政性欧盟委员会、欧盟法院、欧洲中央银行、欧洲议会等大量超国家组织，以及越来越多的独立机构。成员国政府授权这些独立机构在具体议题领域的管制或信息功能。尽管这些超国家组织显然是成员国政府的产物或代理者，但是它们拥有权力，和不同于其委托者成员国的偏好。实践者、学术观察者往往假定其为欧洲一体化工程的体现。这些超国家组织事实上是一体化过程的“引擎”或“发动机”。

正如本书的编者所指出的，对超国家组织的授权产生了两个基本且相关的问题。首先，国家为何选择授权国际组织一定的任务与

* 笔者感谢诸位编者、比尔·伯恩哈德、安德鲁·科特尔(Andrew Cortell)、莫娜·莱恩、海伦·米尔纳、亚历克斯·汤普森(Alex Thompson)及其他国际组织授权工作坊的参与者对本章草稿的评论。

责任,而不是仅仅单边地行动或直接地合作呢?就欧盟而言,成员国为何选择创设一个行政性欧盟委员会与其他超国家代理者,向其授权一系列功能呢?其次,国家如何控制国际组织呢?国家授权于国际组织之后,运用何种机制来确保其服务于自己的利益呢?(Hawkins, Lake, Nielson, and Tierney,本书)对于欧盟,这个问题使我们关注撒切尔与斯通·斯威特(Thatcher and Stone Sweet 2002)所称的授权"方式"问题,即国际代理者的制度设计、控制机制以限制其自由裁量权。[1]

正如编者们所指出的,这些问题的首要方法仍是源自理性选择理论的委托—代理理论。授权的委托—代理方法采用了一个功能性逻辑,以代理者的功能术语解释授权的决策。最普遍的说法是,政治委托者授权代理者以降低决策的交易成本。由此观之,授权的制度形式反映了委托者在具体议题领域的复杂考量。委托者设计各种控制机制以修改其代理者的自由裁量权从而使授权的收益最大化,使授权的损失最小化。因此在委托—代理方法中,政治委托者期望降低决策的交易成本,从而解释着授权的"为何"与"如何"。

在本章中,笔者阐述与验证了许多有关条件的委托—代理假设,即在何种条件下欧盟成员国政府将权力与自由裁量权授予欧盟的主要行政代理者欧盟委员会。[2]本章由四部分构成。在第一部分,笔者陈述了委托—代理的简单授权模式,从中获得有关功能的数个可验证的假设。委托者可能将功能授权超国家的代理者,对控制机制进行制度设计以限制欧盟委员会的自由裁量权。在第二部分,笔者考察了欧盟委员会得到授权的功能的经验性记录,包括欧盟最初设计的历史分析、欧盟委员会自由裁量权的功能性与跨部门性分析。笔者认为这些分析更符合委托—代理模式的预测。在第三部分,笔者特别关注欧盟议会提名及其对欧盟委员会不信任案的角色。笔者认为,欧洲议会的关键性、不断增强的角色表明对授权纯粹功能性解释的局限性，也表明了欧盟制度设计中民主合法性的规范性关切的——至少余地——重要性；同时还提出了有趣的问题，即欧洲议会是否为欧盟委员会的集体委托者或多个委托者。在第四部分与最后一部分，笔者得出结论，委托—代理分析事实上是国际授权研究中卓有成效的方法，解释着成员国授权国际组织的差异，以及后来这些国际组织影响政策结果的差异。笔者认为，未来研究的基本挑战在于超越“理论的并列论述”（parallel demonstration of theory），即委托—代理方法使我们解释了授权决策以及代理者在大量国际组织中的影响——并着手解释国际组织中的国际授权与能动性。

委托—代理分析：授权功能，限制自由裁量权

一般而言，一群委托者（如国内立法者或成员国政府）对代理者（管制性机构或超国家组织）的授权是更为一般的制度选择或制度设计问题的特殊情况：为何一群行为体集体性地确定一系列具体的制度而不是其他制度以管治其随后的互动呢？制度选择问题的理性选择的基本方法是功能性的：也就是说，这种方法以特定制度所执行的功能，及其对政策结果的影响解释制度选择问题。当然这种功能与影响受制于任何制度设计所固有的不确定性。（Keohane 1984；Koremenos et al. 2001）

在美国政治学方面，有关授权的制度设计的许多文献考察了公共政策决策所涉及的交易成本。交易成本使希望连任的国会议员难以形成有效的政策而满足其选民。美国政治学的现成模型强调决策的两种具体交易成本，然而授权或许会降低这两种交易成本。（参见Epstein and O'Halloran 1999a；Huber and Shipan 2000）（1）当立法委托者面临着复杂的政策环境，往往要求技术信息与专家建议以草拟有效的公共政策时，信息方面的交易成本会产生。为了产生必要

的信息，立法者设计政治制度，以聘用政策专家，而且为这些专家创造为立法者提供与政策相关的信息的动机。(2)除了这些信息关切之外，立法委托者或许会面临第二种交易成本，即可信性承诺的问题；也就是说一些立法者发现自己以选举方式致力于某种类型的政策，但是无法可信地约束自己或其后继者在未来维持这些政策。由此，立法者往往授权官僚代理者(如国会委员会、管制性机构，或独立的中央银行)。由于其独立性及其不受日常选举压力的影响，这些代理者更有能力致力于在未来维持一项特定政策。这两种交易成本及其成本减少的前景也在基欧汉的国际机制功能理论中扮演着关键性角色。在基欧汉的理论中，国际制度降低了先前国际谈判的交易成本，监督遵约并确定违规者，从而推进了国家间合作。

在阐述与验证这些委托—代理模型方面，至关重要的是事先规定功能的类型并使其操作化。委托者或许有望授权这些功能，以降低交易成本。事实上如果没有这些规定，交易成本的模型会显得啰嗦：委托者授权代理者以降低交易成本。我们知道，这些权力降低交易成本，因为委托者愿意授予这些权力。由此，笔者从美国政治学的委托—代理文献中得出假设(H1)，即委托者会授权代理者四个重要功能：(1)监督对委托者之间协议的遵约；(2)解决“不完全契约”的问题，最引人注目的是裁决委托者关于以前协议的意义的争端；(3)推动专家对经济活动的可靠管制。在这些领域，委托者是所知不多的，或怀有偏见的；(4)确定议会议程以避免政策替代性方案无尽的“循环”。如果委托者自己拥有议程设定的权力，那么这种情况或许会产生。

就欧盟而言，我们发现欧盟成员国政府将这四种功能授予欧盟委员会等代理者。这种授权类型支持下面的假设，即委托者成员国事实上基本受到一种期望的驱动。成员国期望使国际合作的政治交易成本最小化。相比之下，一种随机的授权类型，或权威因功能而非上述情况进行系统授权的类型表明，成员国受到交易成本最小化以外的关切的驱动。

然而如果我们孤立地研究授权而没有进一步考察授权的制度形式，那么这种授权的作用是有限的。授权的制度形式限制着代理者在其功能方面的自由裁量权。[3]特别是当授权予一个代理者时，委托者也能够采用各种控制机制以限制代理者的自由裁量权，以及代理损失的前景。这些控制机制能够分为两大类：事先行政程序、事后监管程序。行政程序或多或少狭义地界定着能动性活动的范围、其所利用的法律工具及其所遵从的程序。相比之下，监管程序包括委托者用以(1)监督代理行为，(2)影响代理行为的各种制度性机制。委托者监督代理行为，从而纠正有利于代理者的信息不对称问题。委托者通过积极的与消极的制裁影响着代理行为。立法委托者所控制的一系列强大制裁包括对人员任命的控制、对预算的控制，以及通过新的立法来推翻原有的代理行为。(Hawkins et al.，本书)

如果这些控制机制是毫无成本的，那么我们认为委托者在所有情况下采取全部行政与监管程序以使代理损失最小化或免受损失。然而这些机制并非毫无成本的。例如，严格的行政控制往往形成严厉而低效的政策，然而监管程序与制裁或许对委托者、代理者施加以大量成本。此外，两种类型的监管限制着代理者源自其委托者的自主性，也限制着其作为独立的管制者的公信力。

鉴于这些成本，委托—代理模型认为委托者会精挑细选控制机制，挑战控制机制，以使其适应功能的性质以及具体议题领域的特点。也就是说，在授权方面委托者试图选择“正确的”制度使代理损失降到自己可接受的程度上。然而如休伯、希潘(Huber and Shipan 2000:9)所指出的，“正确的”制度由于政治环境的性质而相当不同：“一种方法并不适合所有人。”相反他们认为，控制机制的制度设计被视为因变量，反过来反映着政治环境的其他因素。对于解释制度选择而言,政治环境是自变量。

在过去5年中,理性选择学者们针对具体的政治环境提出了一系列广泛的假设。政治环境被视为影响着委托者将自由裁量权授予管制性代理者的决策。然而许多作者挑选出两个已提到的因素——对与政策相关的专业知识的需求、对可靠承诺的需求——作为最重要的授权动机、代理者自由裁量权最重要的决定因素。

首先,理性选择学者往往引述不完全信息——或更具体地说,立法者对与政策相关的信息的需求——以证明美国国会等立法者授权环境保护署或食品药物管理局等管制性机构。笔者的观点是明确的:经验世界本来是不确定的,而且立法者不断面临着与政策相关的信息的要求。在这些情况下,立法者或许发现授权一个管制性机构是有用的。这个管制性机构提供与政策相关的专业知识,因而提高管制质量的同时减轻立法者及其人员的工作负担。对于授权而言,这种信息原理促成了一个假设,即"在其他所有东西都一样的情况下,笼罩在不确定性中的政策领域往往更可能被授权"(Epstein and O'Halloran 1999a: 197; Bawn 1995; Huber 1998)。

其次,立法委托者或许在确立自己对具体政策选择的承诺的可信性方面面临着困难。更为具体的是,作为一项博弈的政治的性质在时间点上服务于可信性承诺的两个一般障碍:时间不一致性、不明确的政治产权。立法者或政府的长期最优策略不同于其短期政策,因而这些行为体面临着短期的理性动机而违背其长期承诺。这时,时间不一致的现象出现了。当一群立法者或政府面临着最终被其他不同偏好的行为体所取代的前景时,不明确的政治产权的现象出现了。这些不同偏好的行为体会推翻原来立法者或政府所偏爱的政策。在这两种情况下,立法者、政府具有将权力——非常重要的自由裁量权授予独立机构的理性动机。这些独立机构采用与维持特定政策,甚至在违背委托者或其继任者的压力下。短期偏好与长期偏好之间这种偏差的经典例子产生于货币政策领域。在这一领域，立法者与政府对反通货膨胀货币政策具有长期的偏好，但是发现自己无力致力于这些政策，因为他们也有降低利率和在选举前夕刺激经济的短期诱惑。

可信性承诺的问题也产生于具体议题领域。在这些领域，政策为广大公众带来了分散的利益，但却将成本强加于潜在的重要选民。例如，国会立法者发现这种做法在政治上是有效的，即针对商业卡特尔与集中采用严格的反垄断政策或关闭无效且昂贵的军事基地，但是在每种情况下，立法者面对自己选区中利益集团的抗议时忍不住会手下留情。(Epstein and O'Halloran 1999a:1—4)由此观之，相比于政治选民、市场，不受政治压力影响的独立管制者会具有更多的公信力。立法者将重要的自由裁量权授予这种非多数的组织，从中受益。如果这种观点的确是正确的，那么我们认为立法委托者不仅在以相对不确定性为标志的议题领域，而且在集中化的成本、分散的利益为特点的议题领域授权。近年来，安德鲁·莫劳夫奇克将这种观点应用于欧盟。(Andrew Moravcsik 1998:73)莫劳夫奇克认为，成员国政府在欧盟各种条约中授权，基本上确立了其相互承诺的公信力。这些条约监管着遵约，填补条约的细节，从而形成了欧盟关键性但并不完整的条约。贾恩多梅尼戈·马琼(Giandomenico Majone 2001)进一步认为，事实上有“两种授权的逻辑”而不是一种：与政策相关的专业知识的需求所启示的逻辑，以及对可信性承诺的需求所指导的“受托”逻辑。在前者中，委托者在相对具有约束力的控制机制中将行政功能授权于代理者，然而在后者中委托者故意远离其代理者——或“受托者”——因而代理者会实施其委托者无法做出可信性所承诺的政策。马琼认为，大体上来说成员国在欧盟条约中授权，基本上是为了确立可信的承诺，因而在这些条约中将相当多但并非全部的自由裁量权授予超国家代理者。相比之下，欧盟理事会在二级立法中将实施权授予欧盟委员会，“以减少成本并且提高欧盟理事会中决策的质量”，因而设计控制机制以限制欧盟委员会的自由裁量权。(Majone 2001:115)

为了我们的目的，美国与欧盟文献的上述观点被改为用以经验验证的假设。具体而言，我们能够假定，欧盟委员会的净裁量权在对复杂议题领域中与政策相关的信息的需求(H2)、委托者成员国之间可信性承诺的需求(H3)方面将会截然不同。此外，我们效仿马琼，将会验证第四个假设(H4)，即欧盟委员会的裁量权有很大的差别，即意在提高可信性承诺的以条约为基础的信托性授权、意在提供与政策相关的信息的二级立法中较低层次的裁量权。

然而这些假设的验证需要对下面的问题进行操作化，即授权与裁量权(如下)的因变量，特别是不确定性、对可信性承诺的需求难以理解的自变量。对一个议题领域固有的不确定性或信息强度的衡量是一个困难且有争议的过程，因为这一议题领域的实际复杂性是不可能直接衡量的，而且许多学者所提出的各种代理模式事实上衡量着具体议题领域对信息的需求之外的因素。例如，在上述所引证的各种研究中，学者们已提出了针对信息强度、复杂性与不确定性的衡量措施，包括在特定法案中所引用的法律的数量(Krehbiel 1991)；特定议题领域中国会委员会会议或听证会的数量(Epstein and O'Halloran 1999a:206—211)；欧盟特定立法的期限(Franchino 2000)、提倡采用“细则”的规定的数量、特定领域“行动计划”的有或无、特定立法中委员会的有或无。(Franchino 2001)然而其中一些衡量措施无法应用于欧盟，或信息之外的其他衡量风险的因素。例如，弗朗基诺(Franchino)作为信息强度指标的用语乍一看似乎是合理的，然而令人惊奇的是其他研究授权的学者以同样合理的理由运用同样的衡量方法作为自由裁量权的指标。相比于较短时段的授权，更长时段的授权是更详细的，因而会更多地约束一个实施性代理者。

因而,以定量方式衡量信息强度或不确定性的尝试总是遇到代理模式的问题,因为学者们依赖于代理模式的指标,但是有衡量不确定性之外其他因素的风险。这些代理模式的指标为统计分析提供了精确数字。

因此,笔者没有提出针对不确定性的定量代理模式,反而依赖于科学与技术问题,以及对外政策、国防政策的宽泛分类。对外政策、国防政策最可能需要广泛的技术性专业知识。[4]如果对政策相关的专业知识的需求是成员国授权欧盟委员会的一个重要动机,那么我们会看到这些议题领域所聚集的这种授权,也会看到成员国将足够的预算与人员分配给欧盟委员会以提供这种专业知识。另一方面,如果授权多数出现在这些议题领域之外,或成员国政府没有向欧盟委员会提供足够的预算与人员,那么授权的信息准则不会得到支持。

对可信性承诺的需求的抽象概念也有同样的问题。这个概念往往被视为授权国内代理者、国际代理者的重要动机,但是难以独立于授权行为本身进行操作化与衡量。鉴于这些困难,笔者运用两个(并不完美的)可信性承诺的指标。第一个指标是功能性的,然而第二个指标是以议题领域中成本与收益的分配为基础的。对于前者,学者们一般认为特定的授权性功能似乎特别与公信力问题的缓解相关。首先且最重要的是,对协定遵约的监督是任何国内或国际协定的公信力的关键所在;尽管这种授权显然包括信息的内容,但是从可信性承诺来看,它应该算是证据。第二,司法规则的制定或仲裁填补着不完全契约。这是另一种提高契约可信度的普遍提及的手段。这种手段不太约束委托者,因而也算是对可信性承诺动机的支持。

相比之下,上述阐明的其他两个功能支持着信息或可信性承诺的论据。例如,对于立法方面的议程设定,马琼(Majone 2001)认为,成员国将议程设定权授予欧盟委员会以提高其对欧洲计划共同承诺的可信度;然而纽金特(Nugent 2000)等学者则强调欧盟委员会的信息角色。欧盟委员会作为一个专家型行为体有能力提出立法建议，将所有成员国的偏好与实践考虑在内。同样对于管制而言，管制性权力的授权意在技术不确定的情况下利用代理专业知识，或使管制者不受政治压力的影响而提高管制的可信度——或两者兼有，因为信息与可信性承诺并不是相互排斥的，而是相互重叠的。总而言之，这两种功能——监督与实施与不完全契约的填补——的授权支持着授权的可信性承诺观；相比之下，议程设定与管制性权力的授权支持着任何一种观点或这两种观点，需要更密切地分析委托者的动机。

分析可信度作为授权动机的重要性的第二个手段是考察各议题领域中变化的模式。如上所述，许多学者认为对于议题领域或政策而言，可信性承诺应该是个非常严重的问题。可信性承诺强加以成本并产生分散收益。如果是这样，我们应该预计在一些政策方面看到对代理者更多的授权及更多的自由裁量权。这些政策造成集中成本而且产生分散收益——包括贸易自由化、反托拉斯政策、环境与消费者保护、国防。相比之下，我们应该预计立法委托者在税收政策、农业与其他政治拨款的开支计划等领域保留自己的监管权。在上述领域，这些收益以集中选区为目标，而且代价是分散的。在美国的背景中，爱泼斯坦等在其对国会授权的分析中发现了对这些假设的支持。根据爱泼斯坦等(Epstein and O'Halloran 1999a：201—203)的研究，"立法者紧紧守护着为特定选区提供受益机会的那些领域"，如税收、社会安全。相比之下，立法者更倾向于在收益分散的领域授权，致使难以向个别选区邀功，而且代价是集中的，致使授权成为改变无耻行为的一种手段；诸多例子包括国防、外事、义务兵役。如果将这种分析扩展到欧盟，笔者应该会发现成员国在以集中成本与分散收益为特点的议题领域(贸易、反托拉斯、对外政策、环境与消费者保护)授权最大程度的自由裁量权，在集中收益与分散成本为特点的议题领域(税收、农业及其他转移支付)授权最低程度的自由裁量权。

授权欧盟委员会：实证性记录

欧盟成员国政府授权欧盟委员会以什么权力或功能呢？成员国政府在多大程度上以何种方式试图以各种控制机制削减欧盟委员会的自由裁量权呢？授权与自由裁量权的这种差异是否符合可信性承诺的不确定性或需要等政治环境的诸多方面呢？在此部分，笔者详细地考察了对欧盟委员会授权与自由裁量权的记录，以回答这些问题。笔者首先考察欧盟构成性条约中授权欧盟委员会的记录，随后分析派生法领域的授权，最后以上述部分所具体阐明的四种假设分析证据。

诸项条约中对欧盟委员会功能的授权

欧盟是诸项已确立的并随后修改其制度性条款的条约的产物。在煤钢共同体(1951 年)最初的试验之后，1953 年的《欧洲共同体条约》是欧洲共同体奠基性的"宪法性"文件，此后数次被修正，特别是在三个具有里程碑意义的条约中：1986 年的《欧洲单一法》(the Single European Act，SEA)、1992 年的《马斯特里赫特条约》(《欧洲联盟条约》)、1997 年的《阿姆斯特丹条约》。[5] 1997 年被并入《统一条约》(*the Consolidated Treaties*)的这些条约阐明了当今欧盟的基本制度架构，包括对欧盟委员会、欧盟法院、欧洲议会等超国家组织的授权。对于我们的目的而言，这些条约也提供了评价授权于欧盟委员会的功能、意在限制其自由裁量权的控制机制、自由裁量权方面跨领域变化模式的机会。

具体涉及欧盟委员会的《统一条约》的 9 个条款(Articles 211-19 EC)，描述了欧盟委员会的任务与构成。其中第一个条款(Article 211)始于对欧盟委员会功能的简单列表：

> 为了确保共同市场的正常运行与发展，欧盟委员会将会：
>
> ● 确保该项条约的条款及其制度所采取的措施的应用；

- 阐述该项条约所涉及的事务的建议或提出看法，如果该项条约明文规定或欧盟委员会视其为必要；
- 拥有自己的决策权而且以该项条约所规定的方式参与改变欧盟理事会与欧洲议会所采取的措施；
- 行使欧盟理事会所授予的权力以实施欧盟理事会所制定的规则。

显然这些条款为欧盟委员会安排了一个广泛的角色，而且由条约的其他条款所补充着。欧盟委员会被要求参与欧洲共同体立法进程的议程设定；监督与实施欧洲共同体的主法与派生法；实施欧盟理事会所采纳的政策。此外，这些功能与委托—代理模型所阐明的功能密切相对应，包括议程设定、监督与实施、专家与可信性管制的采用。笔者依次非常简要地考虑下。

议程设定

至于议程设定，欧盟委员会被授予在几乎所有“第一支柱”或欧洲共同体立法方面唯一的倡议权，意味着欧盟理事会，或欧盟理事会与欧洲议会所采用的任何立法必须以欧盟委员会的建议为基础而行事。马琼(Majone 2001)认为，对欧盟委员会这一出色的授权代表着成员国政府对欧洲一体化计划自我承诺的经典行为，基于似是而非的假设，即欧盟委员会是对进一步一体化具有强烈偏好的“偏好异常者”，能够被预期以其权力追求这些目标。

然而欧盟委员会在任何特定领域中实际的议程设定权不仅取决于其他倡议权，而且取决于一项特定立法中的修订规则与投票规则。在欧盟的欧洲共同体支柱中，这些条约规定，欧盟委员会的建议仅能够以部长理事会全体一致的投票修订——这是一项非常严格的修订规则。除需要直接投票表决的“定案规则”(closed rule)以外，该项修订规则对修订的采用设置了更高的门槛，因而更多地保护了议程设定者的建议,相比于美国大多数国会立法而言。反过来,这一修订规则的影响有赖于治理立法通过的投票规则。因而在需要欧盟理事会全体一致的共识的案件中,欧盟委员会的建议在某种意义上并没有特殊地位,即修订能够如同欧盟委员会最初建议一样很容易地通过。然而在欧盟理事会以特定多数通过立法的那些案件中,欧盟委员会的建议相比于修订更易于通过,而且其议程设定权可与美国国会委员会的议程设定权相比。然而在更加复杂的情况下,《马斯特里赫特条约》所引入的联合决策程序允许欧洲议会与部长理事会(前者以绝对多数的方式,而后者以特定多数的方式)共同修订欧盟委员会的建议,弱化了欧盟委员会的议程设定权,反而有利于欧洲议会。

监督与实施

在起草与修订条约方面,成员国政府非常关注确保自身对条约条款遵约的问题,而且为此它们授予欧盟委员会与欧盟法院以广泛的权力,从而监督与实施成员国对欧洲共同体法律的遵约。在这方面最重要的条约规定是欧洲共同体第 226 条,即欧盟委员会被授权以监督成员国对欧洲共同体法律的遵约,因其反复的不遵约而先于欧盟法院对成员国实施侵权诉讼。

最初,提起侵权诉讼的权力并不包括对成员国施加具体处罚的权力;然而在 1992 年的《马斯特里赫特条约》中面临着不遵约欧盟法院判决情况剧增的情况,因此成员国政府修订了条约赋予欧盟委员会对成员国因其不遵约欧盟法院决议而提起侵权诉讼的权力、提议欧盟法院对这些成员国发布惩罚性罚款的权力。这些规定与委托—代理分析所产生的预测之间的一致足够清楚,无需详述。显然欧洲经济共同体的成员国政府授权欧盟委员会以实施权,以增加其彼此对欧洲经济共同体目标的承诺的可信度,而且由于同样的原因成员国政府随后扩大了欧盟委员会的实施权。此外,在这种授权中成员国政府也授予欧盟委员会以重要的自由裁量权，允许欧盟委员会在没有寻求欧盟理事会批准的情况下以自己的权威提起侵权诉讼。

实施与管制

除了其作为欧洲共同体立法的监督者与实施者，欧盟委员会也在欧盟特定领域的政策实施中扮演着更直接的角色。并不像美国行政部门或管制机构，欧盟委员会并没有“当场”实施欧盟政策的类似官僚机构，而是交由成员国政府，尽管是在欧盟委员会的监督之下。虽然如此，欧盟委员会的确在欧洲层次上扮演着行政角色：

- 在欧盟理事会与议会立法框架内实施管制；
- 管理欧洲共同体在农业、结构性基金，以及研究与技术发展等领域的开支计划；
- 在竞争政策等特定议题领域直接运用欧洲共同体法律。

此外，如我们现在将要看到的，欧盟成员国选择在派生立法中进一步授权实施权与管制权。派生立法仍是欧盟委员会管制性权威的基本来源。

总而言之，这些条约的各种规定授予欧盟委员会以相当广泛且影响深远的权力。更重要的是，这些权力恰好属于委托—代理分析所预测的功能的三种。然而对这些功能的考量几乎没有告知我们欧盟委员会在实施授权的权力方面所享有的实际自由裁量权，也没有告知这些自由裁量权的决定因素。在下一部分，笔者将转向这些问题。

成员国控制机制的范围

乍一看，条约的语言表明，欧盟委员会是“在其履行职责方面完全独立的”，而且事实上成员国被禁止“寻求在其履行职责方面影响欧盟委员会委员”。然而这些条约与欧盟派生法律的其他规定包括了一系列广泛的管理程序与监管机制，使成员国政府对欧盟委员会个别委员或整个欧盟委员会产生潜在的影响。这些机制包括：

1. 任免程序。欧盟委员会及其主席是由成员国政府所任命的，尽管欧洲议会日益扮演着更大的角色，允许两类行为体原则上影响着欧盟委员会委员的最初或内生性偏好。相比之下，条约对个别委员的离职或"强制性退休"具有极具限制性的条款。这些情况仅会在欧盟法院决议的情况下发生，而且仅当颇成问题的欧盟委员会委员不再履行其职责或犯下严重不当行为时。此外，成员国政府被禁止解雇或试图影响履行其职责的委员，尽管在实践中委员们自然而且有效地熟悉本国的政治敏感性。

2. 监管程序。在其议程设定角色中，欧盟委员会需要在欧盟理事会中先于成员国政府提出建议，确保必要的——与可变的——多数或全体一致以支持其在欧盟理事会与欧洲议会的建议。就其实施权而言，条约允许欧盟理事会对欧盟委员会实施权的行使设定"条件"。在实践中，这些条件发展成为成百上千的"专家"委员所构成的不可思议的体系。这些委员以"警察巡逻"的经典方式监管欧盟委员会，审查欧盟委员会的决议，保留以多数方式推翻这些决议的权利。这些由于具体议题领域的性质与敏感性而迥然不同。此外，专家的定性与定量研究已经清楚地表明，欧盟委员会、欧洲议会及其欧盟理事会中的成员国政府对于各种类型的专家委员具有系统性与可预测的偏好，而且欧盟理事会始终如一地在"敏感的"议题领域使用更具约束性的专家委员会程序，包括在欧盟委员会的偏好相对偏离欧盟理事会居中偏好的议题领域。(Dogan 2000；Franchino 2000；Pollack 2003a)

3. 行政法与司法审查。欧盟的诸项条约本身几乎对行政法保持沉默，仅包含数项广泛措辞的规定。例如，欧洲共同体第 253 条要求欧盟委员会与欧盟其他机构对其行为"陈述原因"。虽然如此，这些条约的确提供了司法审查的广泛框架，最显著的在于欧洲共同体第 230 条。该条款约定了欧洲共同体法律无效的各种理由；欧盟法院以及充当着"火灾报警"监管者的各种公共与私人申诉人，将这些最低限度的要求发展成为日益具有委托者色彩的偏好、架构、决策规则、复杂且具约束性的行政法体系。反过来，这些发展使欧盟委员会与成员国政府之间的委托者—代理者关系合法化(Goldstein et al. 2000)，限制成员国不受法律支配的压力的范围，使欧盟法院成为委托—代理争端的最终仲裁者。(Ward 2000; Pollack 2003a:146—152)

4. 预算。理论上，法律委托者或许以预算过程控制其代理者的人事与自由。例如，对监管性代理行为不满的立法者或许会减少代理者所获得的资源，以回应推卸责任。然而如特里·莫(Terry Moe 1984)所提到的，预算控制是一项相当生硬的工具，实践中会减少与所观察到的推卸责任无关的有价值的代理产出，对于委托者与代理者而言颇具代价。尽管如此，欧盟理事会与欧洲议会时而以其对欧洲预算的共同控制确保对欧盟委员会的影响，或削减欧盟委员会所支持的项目的预算，或控制(欧洲议会)年度预算的发放。

5. 制度性制衡。最后欧盟委员会也受到两个共同体机构的其他制度性制衡。这两个共同体机构被设立为独立机构，具有监督欧盟委员会及其他共同体机构的行为的明确职责。其一为欧洲审计院(the European Court of Auditors)。该院负有对共同体预算进行年度审计的职责，发布一系列日趋批评性的报告，涉及欧盟委员会与成员国的财政管理。其二为欧洲监察专员(the European Ombudsman)，即欧洲议会所任命的任期5年且可连任的独立官员。欧洲监察专员负有收集与调查欧盟公民、公司或协会对管理不善的投诉的职责。

欧盟委员会自由裁量权中的跨部门差异

显然对欧盟委员会的授权伴随着政治委托者所运用的许多经典控制机制，以在国内政治环境中控制其行政代理者。授权的委托—代理模型的重要预测之一是，在授权与自由裁量权事务中"一种尺寸并不适合所有人”。也就是,成员国委托者根据政策相关的专业知识(H2)或可信承诺(H3)的要求在不同议题领域使其代理者的自由裁量权多样化。

为了检验这些假设,笔者将《统一条约》编码为授权的行为,在35个议题领域衡量欧盟委员会的“授权率”、“约束率”(constraint ratio)、“自由裁量权指数”,遵从爱泼斯坦等(Epstein and O'Halloran 1999a)及弗兰奇诺(Franchino 2001)所提出的编码规则,以决定欧盟成员国政府是否如授权的委托—代理模型所预测的那样修改欧盟委员会的自由裁量权。[6]简言之,诸多条约特定章节的授权率意指授予欧盟委员会以行政权力的条约规定与该章节规定总数的比率。接下来对于每个议题领域,笔者测算约束率,即特定章节中控制机制类型的数量占弗兰奇诺(Franchino 2001)所列出的12种控制机制的比例。第三,对于每个议题领域,笔者形成一个自由裁量权指数,即授权率减去授权率与约束率的乘积。这一分析的结果如表6.1所示。

表6.1　《统一条约》中行政权力的授权与自由裁量权

议题领域	授　权	约　束	自由裁量权
1. 竞争:担保	33.33%	0	33.33%
2. 欧洲社会基金	33.33%	0.083 3	30.55%
3. 竞争:国家补助	28.57%	0.083 3	26.19%
4. 共同商业政策	22.22%	0.166 7	18.52%
5. 劳工自由流动	14.29%	0	14.29%
6. 法律的近似	15.79%	0	14.29%
7. 交通	15.79%	0.166 7	13.16%
8. 农业	6.25%	0	6.25%
9. 社会供给	4.55%	0	4.55%
10. 经济与货币联盟:过渡性条款	2.5%	0.083 3	2.4%

来源:《统一条约》。

首先,对于“授权”,笔者采用了弗兰奇诺(Franchino 2001:31)有关授权编码的传统规则,其中“授权是任何重大的规定,授予……欧盟委员会以使政策脱离现状的权威”。表6.1的第二栏显示这些结果。条约以这种相当约束性的指数,仅在10个议题领域向欧盟委员会授予有约束力的行政权力，特别是在竞争政策、共同商业政策、欧洲社会基金领域。在竞争政策领域，欧盟委员会被授予重要的管制权，以将欧洲共同体规则运用到企业联合与集中以及国家援助。在共同商业政策领域，欧盟委员会充当着欧洲共同体管辖权范围内贸易问题上欧洲共同体的谈判者。在欧洲社会基金领域，条约的相关规定仅仅提及"欧洲社会基金是由欧盟委员会管理的"。

表 6.2 所概述的这些功能在很大程度上可归入前面所提到的两类：第一，监督与实施对欧盟竞争规则的遵约（第 35、75、85、86、88 条）或监督成员国对这类规则的例外（第 76、95、134 条）；第二，批准实施条例（第 39 条）。一些例外包括第 133 条、第 147 条。前者授权欧盟委员会在国际贸易谈判领域代表欧盟进行谈判；后者作为《罗马条约》的一部分被批准，是授权欧盟委员会以实施开支计划的唯一一条。

表 6.2　《统一条约》授权欧盟委员会的行政权力

议题领域	授予的权力
1. 竞争：担保	第 85(1，2)、86 条(3)授权欧盟委员会制定与实施规程以处理企业联合及其公司对支配地位的滥用。
2. 欧洲社会基金	第 147 条规定"基金将由欧盟委员会管理"。
3. 竞争：国家补助	第 88 条(1，2，3)授权欧盟委员会提议与实施有关国家产业补助的规则。
4. 共同商业政策	第 133、134 条授权欧盟委员会在对外贸易领域充当欧盟唯一的谈判者。
5. 劳工自由流动	第 39 条(3d)授权欧盟委员会起草实施条例，在此条件下个人仍身处其所工作的成员国中。
6. 法律的近似性	第 95 条(6，9)授予欧盟委员会以批准或驳回比欧盟标准更为严格的国家标准，以及在欧盟法院提起起诉的权力。
7. 交通	第 75 条(4)、第 76 条(1，2)授予欧盟委员会以监督与实施成员国在交通部门的政策的权力以与共同市场的规定相符合。
8. 农业	第 38 条给予欧盟委员会以解决反补贴指控的权力，当国家政策扭曲成员国之间的竞争时。
9. 社会供给	第 138 条允许欧盟委员会启动与社会伙伴的磋商。
10. 经济与货币联盟：过渡性条款	第 119 条(3)允许欧盟委员会"授权处于危难时刻的国家采取保护性措施以及欧盟委员会将决定的条件与细节"。

来源：《统一条约》。

从授权转向约束，弗兰奇诺(Franchino 2001)列出了 12 项可能的控制机制，超越了欧洲共同体法律司法审查的横向规定。成员国或许运用这些规定以控制欧盟委员会。遵循着弗兰奇诺的方法，以这 12 个控制机制为特征的立法规定有数值为 1 的约束率，而并无控制机制的规定的数值为 0。表 6.1 第三栏的数字以及表 6.3 第二栏，更为详细地分析揭示出条约的确运用了许多这些具体议题领域的控制机制，超越了上述的横向控制。

表 6.3 行政授权中约束的类型，欧洲共同体与欧盟条约

议题领域	约束的类型
1. 竞争：担保	没有规定。
2. 欧洲社会基金	咨询要求：成员国、工会与雇主代表组成的咨询委员会。
3. 竞争：国家补助	可能的立法行为：在第 88 条(2)中有关欧盟理事会以全体一致的方式推翻欧盟委员会的决议。
4. 共同商业政策	咨询要求：第 133 条委员会。 必要的立法行为：最后协议必须由欧盟理事会以特定多数表决制批准。
5. 劳工自由流动	没有规定。
6. 法律的近似性	没有规定。
7. 交通	规则制定的要求：措施必须考虑运输工具的经济环境。 咨询的要求：欧盟委员会必须向交通咨询委员会咨询，在一些情况下向个别成员国政府咨询。 豁免：第 78 条为前东德规定了明确的豁免权。
8. 农业	没有规定。
9. 社会供给	没有规定。
10. 经济与货币联盟：过渡性条款	可能的立法行为：欧盟理事会以有效多数投票驳回欧盟委员会的决议。

来源：《统一条约》。

最后，如果我们计算最初的授权率，而后减去授权率与约束率乘积的数值，那么我们会得到一个自由裁量权指数，如表 6.1 最后一栏所示的。这一指数大体上衡量了在特定议题领域中欧盟委员会被支配的全部自由裁量权。总之，这些数字表明，条约在相对少的议题领域明确授予欧盟委员会以行政权力与广泛的自由裁量权，其中最重要的议题领域是竞争政策与共同商业政策。此外，后者通常被描述为具有集中成本与分散收益为特征的议题领域，因而我们能够将这些发现暂且解释为对如下假设的支持，即以条约为基础的授权基本上是受到克服可信承诺问题的要求所驱动的。

派生立法中的授权与自由裁量权

相比于以条约为基础的授权，欧盟成员国政府在派生立法中向欧盟委员会授予更为广泛的行政权力——而且它们也使这种授权带有更具约束性的控制机制。遵循与爱泼斯坦等（Epstein and O'Halloran's 1999a）抽样程序相似的研究设计，弗兰奇诺设立了158项欧洲共同体重大立法的数据集。他根据与上面所运用的相似的规则对其授权、约束与自由裁量权进行编码。尽管弗兰奇诺对不同议题领域的编码以及基本立法与派生立法之间的期限与细节存在着差异，但是其发现不仅提供了用以检验授权假设的补充性资料，而且使我们可以检验第4个假设（H4），即成员国政府在条约中向欧盟委员会授权广泛的自由裁量权以确保可信的承诺，同时在派生立法中向欧盟委员会授权更具日常的管理任务与更少的自由裁量权。

对于马琼的假设而言，弗兰奇诺（Franchino 2001）充其量提供了部分证据。具体而言，弗兰奇诺的数据表明，成员国政府在派生立法中更广泛地授权，包括158项立法中的71项、弗兰奇诺所提及的41个议题领域中的24个，尽管所有立法的平均自由裁量权指数为4.4%。显然相比于条约，成员国政府更愿意在派生立法中一系列广泛的议题领域中授予欧盟委员会以行政权力。在条约中，授权的条款更难以改变与卸责。

然而从议题领域来看，我们并未发现基本立法与派生立法之间显而易见的系统性差异，但发现了一个部分重叠的模式。具体而言，弗兰奇诺列出了自由裁量权率大于5%的议题领域：(1)竞争—担保规则(20.67%)；(2)资金补偿额(15%)；(3)农业——市场的组织

(14.74%);(4)渔业——市场的组织(10.61%);(5)竞争——并购控制(9.71%);(6)商业政策(7.37%);(7)农业——财政规定(6.90%);(8)交通——市场条件(6.51%);(9)农业——结构性政策(6.33%);(10)区域政策(6.21%)。如以条约为基础的授权案例,我们也发现竞争与商业政策处于自由裁量权度的顶端,表明前面所提到的承诺的逻辑从以条约为基础的授权转向派生授权。然而此外我们也发现在欧盟开支计划管理方面欧盟委员会重要的自由裁量权的程度,包括农业、渔业、地区政策,尽管事实上这些议题领域似乎并不是以可信承诺(因为这些承诺涉及分配集中收益)的高要求或政策相关的专业知识(因为以往的研究并未将其作为科学或技术复杂性为特征的议题领域而提及)为特征的。按照第 4 个假设(H4),所观察的自由裁量权模式并未表明两种截然不同的授权逻辑(分别是可信度与非正式),反而表明这些逻辑部分重叠着。这些逻辑仍需详细的说明。

分析

回到本章之初所提出的四种假设,经验证据为我们的第一个假设(H1)提供了强有力的支持,涉及欧盟成员国政府向超国家组织授权的功能的性质。如我们所看到的,欧盟成员国一如既往地授权议程设定、批准细则,以及监督与实施的功能,对上述授权的功能理论提供了强有力的支持。

超越欧盟委员会的功能而审视欧盟委员会在条约及其派生立法中自由裁量权的模式与决定因素,上面所考察的证据表明可信性承诺(H3)的重要性、信息关切(H2)的相对不重要性、作为授权的重要交易成本动机的速度与效率的出乎意料的重要性。

如果我们首先看条约中授权的模式,我们会发现对马琼(Majone 2001)与莫劳夫奇克(Moravcsik 1998)观点的强有力的支持,即以条约为基础的授权似乎在很大程度上意在提高成员国对其欧洲义务的承诺的可信度,而不是在技术复杂性与不确定性的领域提供专家信息。这一最为显而易见的证据是欧盟委员会对成员国政府不遵守欧洲共同体法律而提起侵权诉讼的广泛自由裁量权。其原因是显而易见的:为了充当一个可信的实施者,欧盟委员会必须被视为独立于甚至最强大的成员国政府的要求与偏好,而且对绝缘与可信的这一需要反映在第 226 条。该条款允许欧盟委员会以自己的权威提起侵权诉讼。

欧盟委员会确定立法议程的权力或许被解释为受到可信承诺或利用欧盟委员会技术专业知识的要求所驱动。然而这种议程设定的信息动机并不需要欧洲经济共同体第 149 条的具体规定。该条款允许欧盟理事会仅以全体一致的方式修改欧盟委员会的建议。此外,据谈判的参与者皮埃尔·佩斯卡托雷(Pierre Pescatore 1981:169)所称,该规定的重要性对于欧洲经济共同体的起草者而言是显而易见的。近来特瑟伯利斯(Tsebelis)与克雷佩尔(Kreppel)的档案研究支持着佩斯卡托雷的论述。例如他们指出,保罗-亨利·斯帕克(Paul-Henri Spaak)意识到该条款向欧盟委员会所表达的权力,如德国谈判者(后来担任欧盟委员会首任主席)沃尔特·霍尔斯坦(Walter Hallstein)所意识到的。(Tsebelis and Kreppel 1998:59)斯帕克作为条约起草委员会的主席将全体一致条款引入了第 149 条。毫无疑问的是,欧盟委员会议程设定权的派生性信息是存在的,因为欧盟委员会或许被期望会意识到所有 25 个国家的关切或对其非常敏感。虽然如此,大量有效的证据表明,将议程设定权授予欧盟委员会的最初决定受到成员国政府自身承诺的要求的驱动。成员国政府承诺授权一个可预知的超国家主义的议程设定者。[7]

最后关于实施与管制权力,显而易见的是成员国政府在条约中并未授予欧盟委员会以全面的管制权力,而是使欧盟委员会以条约为基础的权力集中在竞争与对外贸易政策等数个议题领域。如我们所看到的，这两个议题领域被公认为集中成本（往往由生产者承担）以换取分散收益，对于国家决策者而言提出了重要的可信承诺问题；这两个议题领域是美国等其他政治体系中广泛授权与自由裁量权的主题。在其他政治体系中，它们仍是行政或独立管制机构独占的范围。除了仅存的具体议题领域的授权以外，欧盟委员会的许多权力将监管功能与监督和实施功能结合在一起，与如下观点相契合，即成员国授权以增强其承诺的可信度。相比之下，成员国政府在复杂的科技领域并没有授予欧盟委员会以广泛的权力，这几乎没有提供对信息假设的支持。

派生立法中的授权表明了所授权的议题领域及其授权者表面动机中的巨大变化，但是大量证据表明了对可信承诺的关切而与授权的信息原理无关。然而此外，欧盟的派生立法也是以农业、渔业，以及区域政策等领域对欧盟委员会某种令人惊奇的授权程度为特征的。这些政策是经典的分肥拨款（pork-barrel）政策，将集中收益分配到充分动员的选民手中——一种正好与上面所提出的可信承诺观点相反的模式。成员国对与政策相关的专业知识的要求并不能够解释这种授权模式，因为欧盟成员国政府在这些领域拥有大量老练的官僚。无论如何，这些领域并不属于欧盟授权中最复杂的科技议题领域。相反，这些领域的案例研究分析表明，成员国政府既不受到可信承诺的要求的驱动，也不受与政策相关的信息需要的驱动，反而受到减少欧盟理事会工作负担而增加实施速度与效率的愿望的驱动。这一愿望在农业与渔业市场的日常管理中是至关重要的。这类对决策速度的关切充其量在大多数委托—代理的决策模型中扮演着次要的角色；然而如果我们考虑下爱泼斯坦等人（Epstein and O'Halloran 1999a：240）的观点，即授权的成本收益应该“相对于最佳可行的方案”而进行衡量，那么在欧盟环境下对速度的关切并不是个微不足道的问题。如欧盟决策的研究者所意识到的，欧洲立法进程是非常缓慢而且令人痛苦的，要求数月或是数年在部长理事会达成一致，在特定议题领域要求欧洲议会的多数。相比之下，对欧盟委员会行政权力的授权提供了快速且有效决策的前景，否则以欧盟层次上复杂与超多数的立法程序是不可能实现的。

对于第 4 个假设(H4)，最后我们发现充其量部分地支持了马琼(Majone 2001)两种截然不同的授权逻辑观(条约中的受托者、派生立法中的问讯人员)。相反，我们发现两种授权类型的重叠模式与动机，即可信承诺是基本授权与派生授权的共同关切，速度与效率在派生授权中是特别重要的考量，而且信息要求对于超国家授权类型而言相对不太重要。

欧洲议会的异常角色

迄今为止，欧盟中授权的证据强有力地支持了委托—代理的预测，即欧盟成员国政府授权欧盟委员会以降低决策的交易成本。然而在回顾这些证据时，我们不太关注欧盟对欧盟委员会授权的一个令人困惑的特点，即欧盟政府再三地愿意增加欧洲议会在欧盟委员会任命与苛评中的角色。如我们上面所看到的，任命、调动以及再任命的能力是任何委托—代理关系中最基本的控制机制之一。简言之，任命的权力允许委托者选择那些其所认为偏好接近于中间选民的偏好，或形成中间选民所期望的结果的代理者。相比之下，调动的权力与再任命的可能性允许代理者以调离或不再任命相威胁而架构代理者的动机。

就欧盟委员会而言，欧盟成员国政府授予自身在欧盟委员会委员及其任期为 5 年的主席的提名中的关键性角色；但是它们有因严重过失而调离个别委员的极具约束性的前景，在其 5 年任期内无法罢免整个欧盟委员会。简言之，成员国政府保留对任命其认为代表其利益的委员的充分控制，但是在其5年任期内允许欧盟委员会充分的独立，以无需担心成员国的苛评而执行其活动。

然而如莱恩等所指出的，欧洲议会不断扩大的角色使情况更加复杂。欧洲议会能够以其成员的2/3多数苛评欧盟委员会，也在批准成员国对欧盟委员会主席及其委员的任命中扮演着与日俱增的角色。欧洲议会与成员国政府的这种监督角色对委托—代理方法提出了两个难题：第一，成员国政府为何向欧洲议会授予这些权力；第二，对于欧盟委员会的自由裁量权与责任而言，这种情况的意义是什么呢？

为何成员国政府如此做？

就传统的委托—代理模型而言，对欧洲议会监督权力的授权是令人困惑的。固然立法委托者对代理者的监督在理论与实践上是司空见惯的，如审计员、检察官等制度性制衡那样。然而就欧洲议会而言，成员国向其无法控制自身偏好的机构授予监督权力——事实上因为欧盟议会的议员直接在第二层级的选举中当选。这一选举往往呈现出抗议政府执政的形式，因而欧盟议会的政治复杂性往往与部长理事会中政府的偏好背道而驰。此外，相比于欧洲审计院或欧洲监察专员，欧洲议会没有特别调查的权力或专业知识，然而享有对其5年任期内欧盟委员会的不信任权利。因而欧盟成员国政府将这类监督权授予具有独特政治偏好但无任何特别政策专业知识的机构的意愿，对授权的功能主义分析提出了一个难题。

相比于上面所提到的功能主义、交易成本的授权观，历史取向的学者几乎一致地认为，各种条约的设计者创设了欧洲议会，赋予其监督权力以基本上确保这一新政府形式的民主合法性。否则设计者担心这一新政府形式与民主控制并不一样。在这一方面，引人注目的是甚至安德鲁·莫劳夫奇克（Andrew Moravcsik 1998：276）都承认，欧盟成员国政府似乎基本上受到意识形态动机的驱动，包括对议会民主、其对欧洲议会授权的决策的强烈信念。莫劳夫奇克的政府间自由主义模型强有力地提出了可信承诺观以解释大多数授权行为。对欧洲议会授权的历史证据支持如下观点，即这类授权受到对欧盟诸项制度与决策的民主特性的关切的驱动，而不是受到对降低交易成本的功能主义关切的驱动。(Pollack 2003a: ch.4)在社会学制度主义的语言中，成员国再三地选择在欧盟层次上复制议会民主的特征，代表着迪马乔与鲍威尔所称的“规范性制度主义的同态性”(DiMaggio and Powell 1991b)的一个案例。在这种同态性中，在一种环境中被视为合法的制度形式被复制到另一环境中。

虽然如此，如果我们认为成员国政府受到有关民主合法性的规范关切的驱动，这并不意味着这些成员国仅仅受到“适当性逻辑”的驱动，也不意味着它们不再关注对欧洲议会授权可能的后果。当这类授权的分配性意义并不明确或不重要时，“联邦制”国家迫切要求欧洲议会与日俱增的监督角色，而且并不情愿的国家也接受了。然而与此同时成员国再三地表明自己不愿充分支持议会模式，例如允许欧洲议会提名即将就任的欧盟委员会。事实上没有证据表明成员国政府严肃看待放弃其任命欧盟委员会主席的集体权利或提名“其自己的”委员的个体权利——传统上政府间主义的英国与法国、传统上超国家主义的比荷卢经济联盟国家以同样的激情所捍卫的权利。如果这一解释是正确的，那么这表明规范性制度主义的同态性的确发生在欧盟中，但是它仍是一个无足轻重的现象，而且成员国支持“合法的”制度性范本，仅仅因为这些范本不会冒折中其实质性偏好的风险。

多个委托者?

那么欧盟是以一个混合体系为特征的，其中行政的欧盟委员会是由其成员国政府所提名的。成员国也仍然是欧盟构成性条约的控制者。然而成员国的提名必须由欧洲议会批准。欧洲议会也具有苛评欧盟委员会的独特能力。由此,莱恩等认为欧盟委员会是个具有多个委托者的代理者,即成员国与欧洲议会。

欧洲议会对欧盟委员会的监督权事实上是重要的,无论其在提名过程中还是在其以苛评相威胁中的角色。对于欧盟委员会的提名,西蒙·胡克(Simon Hug 2003)正确地指出,对欧盟委员会提名的同意权力允许欧洲议会改变着即将就任的欧盟委员会的内生性偏好。欧盟委员会的偏好与成员国的集体立场必须对欧洲议会的绝对多数而言是可接受的。与此同时,欧洲议会在 20 世纪 90 年代积极使用其苛评权力,特别是 1999 年促使桑特(Santer)为主席的欧盟委员会的集体辞职。欧洲议会这一可信的苛评的威胁意味着欧盟委员会必须仍然至少最低限度地回应欧洲议会议员(MEP)的关切。

尽管有这些重要的权力,欧洲议会与欧盟委员会的关系似乎未达到莱恩的要求,即多个委托者"能够以独立于其他委托者的方式与代理者重订契约"。如果我们看看欧盟委员会任命与解职的程序,那么我们会看到欧洲议会有能力独立地苛评欧盟委员会,但是无法任命一个新的委员会,反而受制于欧洲理事会对提名者连续不断的投票。在此意义上,欧洲议会更近似于美国参议院。美国参议院能够以 2/3 多数弹劾总统,但是并不会成为总统的委托者。(Hawkins et al.,本书)相似的是,欧洲议会能够充当欧盟委员会的集体委托者。当欧洲议会作为其与部长理事会的共同决策程序的一部分而向欧盟委员会授予新权力时;然而欧洲议会在没有部长理事会同意的情况下无法独立地通过或废止这类立法,这再次没有达到莱恩对多个委托者的界定。

不过虽然欧洲议会不属于莱恩所阐明的多个委托者的概念范围,然而作者们相当正确地指出欧盟委员会在欧盟制度架构中所面临的复杂动机。在这一制度架构中,欧盟成员国在某些场合(如以条约为基础的授权)仍是集体委托者,然而欧洲理事会与欧洲议会在其他场合(如欧盟委员会的提名、联合决策程序下的授权)代表着集体委托者,而且欧洲议会始终是以苛评的前景影响欧盟委员会的独立根源。由此,将欧盟委员会作为集体委托者成员国的代理者进行模型化的做法,的确呈现出有关当代欧盟政治体系误导性的图景,然而欧盟政治体系是以欧盟委员会对成员国与其欧洲议会双重责任为特点的。

总结:竞争性假设与可比性研究

本章以欧盟委员会为案例着手检验有关成员国授权欧盟委员会的功能类型(为何授权?)及其这种授权的制度形式(如何授权)的委托—代理假设。在两个案例中,经验证据提供了对委托—代理模型的预测强有力的支持。简言之,欧盟成员国向欧盟委员会所授权的功能类型恰恰是委托—代理文献所强调的,包括对欧盟法律遵约的监督、有效且可信条例的通过,以及部长理事会中立法议程的设定。此外,同一政府以此设计了行政与监督机制,从而限制欧盟委员会的自由裁量权。这些政府根据其对可信的或快速且有效的决策的要求(但并非根据与政策相关的信息,因为这些能够由国家政府本身很容易地提供了),在不同议题领域有选择地且战略性地使用这些控制机制。

不过在当下项目的背景下,以两点需要注意的事项而结束的做法似乎是明智的。第一,如我们所看到的,向欧洲议会授以监督权的做法从委托—代理模型的视角来看似乎是令人不解的,而且笔者认为这类授权最好被解释为规范性制度主义的同态性的例子(如国内议会模式在欧盟层次上的转换)。因此,尽管社会学概念在欧盟的案例中不太重要，但是规范性、模仿性、强制性制度主义的同态性的社会学概念值得认真对待，以作为解释国际政治中国家授权决策的竞争性假设。相似的是，委托—代理模型强调不对称性信息以及代理者法定的自由裁量权，以作为世界政治中国际组织相比于政府的基本资源，然而这些假设应该自觉地针对竞争性的建构主义假设进行检验，即国际组织控制着包括道德权威与合法性在内的其他资源，而且这些资源赋予国际组织比委托—代理的传统分析所表明的更大的影响。(Barnett and Finnemore 1999; Hawkins and Jacoby，本书)

第二点涉及我们的发现超越欧盟而在其他国际环境下的普遍性，包括本书中其他作者所研究的各种地区性与全球性国际组织。甚至在没有进行系统性比较调查的情况下，对行政、司法与立法代理者的授权而言，欧盟显然处于或接近连续体的终端。事实上其他国际行政机构并没有欧盟委员会的监管与议程设定权；其他国际法院也没有欧盟法院那样如此广泛地触及到其成员国的法律秩序；其他国际大会也没有欧洲议会的立法权；其他国际(或国内)金融制度也没有欧洲中央银行的法定独立性。委托者授权的动机也似乎因组织而异：以欧盟与国际货币基金组织、联合国安理会等其他组织的差异为证。在欧盟，信息关切似乎充其量是次要的，然而在国际货币基金组织、联合国安理会等其他组织中，信息关切似乎是重要的授权动机。(Martin, Thompson，本书)

为此，国际授权的全面考量不仅应该寻求在解释国际组织中的委托—代理互动的同时，证明委托—代理模型的有效性——尽管这当然是有用的——而且应该更加竭力寻求解释国际组织的差异，包括为何欧盟在对超国家代理者授权方面如此超过其他国际组织的基本问题。或许最重要的是，我们应该留意一种可能性，即所观察到的差异是受一些变量所驱动的。这些变量(a)身处委托—代理的传统分析之外，(b)而且在于欧盟几乎没有或完全没有差异的不同变量之间。若是如此，那么国际政治中授权的比较分析或许需要超越委托—代理的传统文献，更加关注国际政治中授权的意图方面，进行跨制度的比较研究。

空间阻止着这种授权比较理论的系统阐述，然而笔者的观点因以委托—代理传统模型在很大程度上所忽视的三个变量以及欧盟几乎没有差异的不同变量而得到了证实，但是我们期望这些变量在解释不同国际组织中的授权差异方面是重要的。第一，委托—代理模型与集体委托者之间的权力差异相一致、相适应，然而这类模型一般假设这些差异反映在政治制度的投票规则中——依据国际关系理论是一个天真的假设。同样重要的是，委托—代理的传统模型并未涉及集体委托者之间一个霸权者的可能性，然而如莱恩等所指出的，集体委托者内一个霸权者的存在在理论上能够对委托—代理的互动、授权国际组织的决策产生深刻影响。在这一方面，令人惊奇的是欧盟并没有霸权者，而是由大国与小国构成的。本书所研究的大多数国际组织是(或已经)由霸权者美国所主导的，因而其重要性需要深入研究。

第二，委托—代理的传统分析往往假设，授权发生在一国国内法治中，而且委托—代理的互动是由委托者与代理者之间具有法律约束力的契约所架构的。相似的是，欧盟见证了最初且影响深远的法律化。欧盟法院日渐成为欧盟法律的权威解释者与委托—代理者争端的权威仲裁者。更为具体地说，欧盟的法律化增加了正式/法律规则的重要性——因而是由成员国政府极其谨慎地制定的，而且成员国政府将其视为有约束力的而非仅仅是“廉价对话”(cheap talk)——却减少了成员国政府对欧盟委员会非正式压力的范围。相比之下，本书所研究的大多数其他国际组织的法律化更弱，反过来为(a)法律上没有约束力的授权行为中的“廉价对话”、(b)成员国委托者对其代理者非正式的政治压力留有更大的余地。

最后，由于欧盟中最初的授权，其他国际组织中的国家以欧盟为例子向其代理者授权，提出了一种可能性，即授权决策受到来自欧盟的社会学习的影响。如社会学制度主义所主张的，这种学习或许呈现出规范性或模仿性制度主义的同态性的形式。处于新的国际组织中的国家模仿欧盟合法或成功的范本，如最近新成立的非洲联盟至少复制了欧盟机构的通用结构。然而相比之下，国家也从欧盟成员国的错误中学习。由于欧盟委员会、欧盟法院、欧洲议会的部分独立性，这些错误招致了一些代理损失，因而一些国家抵制向超国家机构授以权力或自由裁量权；轶事例子包括欧盟成员国自己在新近的条约中授予新权力的勉为其难、北美自由贸易协定与南方共同市场中对授权国际组织并不情愿的行为。因而，欧盟或许为其他国际组织中的社会学习提供了机会，但是其究竟充当着模型还是反模型（anti-model）的问题至今仍不清楚。

注释

1. 撒切尔与斯威特的第三个问题是“何种后果”，关注授权之后委托—代理关系的性质，更具体地使关注代理者的自主性及其以委托者无法预料的方式影响政策结果的能力。为了易于处理，我在本章中排除了这个重要但复杂的问题。

2. 本章中委托—代理分析以及对欧盟委员会授权的讨论广泛借鉴了波拉克的论述。(Pollack 2003a)对于欧盟授权欧洲法院及其相对于其政治委托者的特别裁量权的讨论，参见(Pollack 2003a：ch.3)以及凯伦·奥尔特在本书中的章节。

3. 本章所使用的“裁量权”一词遵循着爱泼斯坦、奥哈洛伦(Epstein and O'Halloran 1999a)的概念界定，大概相当于编者们在本书导论中所使用的“自主性”。

4. 此外，这些政策与爱泼斯坦等学者对以委员会听证会的数据为基础对最复杂问题领域的分类相当吻合。(Epstein and O'Halloran 1999a：206—211)

5. 本章并未分析《尼斯条约》(2001)的条款或《宪法条约》(2004)，因为前者在对欧盟委员会授权方面没有做出重大变化，然而后者当时仍然必须有待成员国的批准。

6. 对于本章所提供的数据搜集中所遵从的方法的详细内容，参见 Pollack 2003a：App.1—3。

7. 然而同样地欧盟成员国政府后来根据第 149 条的经验否决了欧盟委员会在司法、国内事务，以及共同外交与安全政策等政治敏感领域相似的提议权(a monopoly of initiative)，这进一步表明，政府根据问题领域以及现有规定的经验调整欧盟委员会的权力。

第三部分　代理者偏好的差异、合法性、任务与渗透性

第七章
代理者如何重要

戴伦·霍金斯、韦德·雅各比 *

尽管委托—代理理论变得日益复杂，但是它仍然没有充分论述代理行为。也就是说，出乎意料的是委托—代理理论几乎没有直接论述代理者。威廉森(Williamson，1985:30)的精辟论述——代理者以诡计追逐私利——几乎20年之后依然是经典名言，而且目前大多数论述也没有超越它。[1]该领域主要关注委托者控制这些代理者的行为。这些控制——包括细则、甄选、监管和报告要求、制度性制衡和制裁，正如在导论中所详述的——向我们展现了一个委托者眼中间接的代理者图景。这种间接的图景不仅补充了威廉森所提出的可能带来麻烦的代理者的原创概念，而且也表明委托者有许多控制这些代理者的手段。

学者们不太关注代理者试图避开这些控制所运用的策略。正如在导论中所讨论的，代理者往往不仅仅试图隐瞒自己的信息和行动。

* 我们感谢戴维·莱克、丹尼尔·尼尔森、迈克尔·蒂尔尼、安德鲁·科特尔、莉萨·马丁、雷切尔·契科夫斯奇(Rachel Cichowski)、凯伦·奥尔特、杰伊·古德利夫(Jay Goodliffe)、马克·波拉克、凯利·帕得森(Kelly Patterson)、斯科特·库珀(Scott Cooper)、乔恩·佩弗豪斯(Jon Pevehouse)、雷切尔·爱泼斯坦(Rachel Epstein)、埃德·佩奇(Ed Page)及其他人士的评论。卡米尔·杰克逊(Camille Jackson)、安娜·桑德斯(Anna Sanders)提供了弥足珍贵的研究帮助。

事实上如下面所探讨的，一些代理者的策略根本没有被隐瞒。其他策略的确被隐瞒了，但是代理者以不同的方法隐瞒其行径。尽管学者们竭力阐明并描述了委托者的一系列控制策略，但如在导论中所总结的，我们也需要相应地努力理解代理者的策略。此外，对委托者控制机制的关切会优先关注委托者设计那些控制代理者行为的契约的方式，实质上转而关注制度形成的时期。制度形成时期与其后续结果之间的情况取决于代理者的行为和策略。当然此后委托者可以重订契约，然而鉴于委托者之间集体行动的问题，重订契约往往相当困难。(Nielson and Tierney 2003a)如果学者们成功地分析了委托者和代理者之间的互动，那么他们需要更详细地理解代理者。本书的其他章节将代理者的特征视为重要的解释因素——如汤普森(Thompson)所界定的偏好异质性、科特尔(Cortell)和彼得森(Peterson)所界定的职业与政治人员、奥尔特(Alter)所界定的国际法院的特性——然而我们关注的确是代理者的策略。

我们的核心观点是，委托者的偏好和控制机制并不能充分解释委托者最终雇用哪些代理者，或者一旦受雇后这些代理者的行动方式。更具体地说，自主的代理者的策略能够影响委托者授权的决策以及代理者的自主程度。那些将代理者仅仅视为试图隐瞒信息和行动的理论家很可能会忽略重要的战略互动，然而这些战略互动会改变委托—代理的结果。我们的观点不仅与委托—代理的方法相关，而且也关系到国际制度广泛的理论争论。许多制度主义者关注国家偏好和国际组织设计的理论化。(Abbott and Snidal 2000; Koremenos et al. 2001)我们从理论上关注作为具有能动性的战略行为体的国际组织。国际组织之所以至关重要，不仅因为国家设计解决问题的规则，而且因为这些国际组织本身也是自主的行为体，与国家、其他行为体战略性地互动。尽管几乎没有人不赞成这个论点，但是除个别例外(Barnett and Finnemore 1999, 2004)，学者尚未研究这些行为体的策略及其影响国际后果的方式。与巴尼特、芬尼莫尔一样，我们真正将国际组织视为代理者。然而与之不同的是，我们并不关注赋予国际组织以权威（并使国际组织超出了委托—代理方法）的社会知识，反而关注国际组织在其与国家的关系中所采取的特定策略。

我们大多数人凭直觉知道代理者的策略有所不同，而且大众文化也不断提醒我们这一点。阿甘（Forrest Gump）是一位出色的代理者，因为他总是确切地按照全部承诺（以及惊人的能力）行事。当军事教官问阿甘其所想时，他大声说："想您的全部指示，长官！"对于军事教官而言，阿甘是个"十足的天才"。对于我们而言，阿甘是一个毫不困扰其委托者的策略的代理者。不过阿甘与众不同。更为常见的是，我们称之为乔治·卡斯坦萨（George Castanza）的代理者。像其《宋飞正传》（Seinfeld）的同名者一样，这类代理者没有决断力、几乎没有能力而且总是爱占便宜。既然甄选已然失败，那么对这类代理者的密切监督是必不可少的。委托者的确会从这类代理者中有所收获——否则它们会终止契约——但是在成本是否大于收益的问题上这总是个风险。委托—代理理论者几乎不会奢望有许多阿甘这样的代理者——尽管如同军事教官一样，他们知道如何欣赏这类代理者——但是他们往往描述乔治·卡斯坦萨这样的代理者，即委托者对其决不会满意，但又极不愿意放弃。

在委托—代理分析中更为忽略的是，克林特·伊斯特伍德（Clint Eastwood）所演绎的《无名客三部曲》（The Man With No Name）中所例证的一种代理者。在《荒野浪子》（High Plains Drifter）中，一个小镇上的名门望族雇用了无名客以免受亡命之徒的恐吓。在《荒野大镖客》（A Fistful of Dollars）中，他受雇于两个交战家族以帮助其彼此获胜。但不论是使委托者（镇长们）不团结或是使其（两个家族）彼此对抗，这种代理者都是梦魇：他隐瞒着有别于其委托者偏好的自己的偏好，静候委托者最脆弱的时刻以明晰契约条款，利用委托者授予的所有自主性，再运用自己的权力获取更多，不愧为运用诡计的利己主义者。此番类比的目的不在于以其无情与欺诈的卡通形象取代国际组织官员软弱与无能的刻板印象。关键在于，代理者的策略大相径庭，往往会对结果有一定影响。学者们或许凭直觉知道这一点，但是迄今为止对于这些差异的考量在委托—代理或国际制度理论方面几乎没有什么影响。

代理者的策略往往会影响委托者的授权决策、代理者的自主性，而且我们采用了本书导论中这两个概念的界定。我们认为，代理者的策略会诱使潜在的委托者授权，而后一旦授权往往会增大代理者自身的自主性。尽管代理者的一系列策略值得考量，但是我们主要关注以下四类：阐释委托者在授权之前的命令及其他规则；重新阐释一旦国家授权之后的这些规则；将渗透性（向非委托者的第三方）扩展、缓冲（给委托者监督代理者造成障碍）。我们并不认为委托者过于愚笨而无法预测到这些策略，而且无法设计应对策略。相反，鉴于所有控制都会给实施控制的委托者带来成本，而且由此委托者或许不会积极使用控制机制，我们希望识别出代理者利用委托者面临的这些困难所运用的策略。代理者以此确保自身的授权权威，增大其自主性。

对于委托者所设计的契约的每个内生方面，我们强调代理者的策略所引发的外生方面。所有委托者都为代理者的行为提出命令和一系列规则。然而如我们下面所表明的，潜在的代理者并不会耐心地等待委托者的授权，反而寻求以对委托者友好的解释，使委托者相信自己是出色的代理者。另一方面，一旦委托者授予更多的权威，代理者便会公开地竭力重新阐释这些命令和规则，以此增大其自主性。相似的是，委托者以与代理者沟通的方式实施监督是大多数代理契约中正常、外生的一部分。然而代理者时而设立精巧的组织架构以增加监督成本，能够以策略缓冲这些监督。最后，委托者和代理者都存在于一个更为广泛的政治语境中，而且委托者很可能使代理者渗透到影响代理者决策的某些第三方(Gould 2003)。由于渗透性对于委托者而言可能是一种帮助——通过众所周知的“火警”机制(McCubbins and Schwartz 1984:148)，这往往对代理者的契约而言是内生的。但是代理者能够以使策略服务于第三方而不是委托者的方式提高渗透性。

本章包括三节以及总结。首先，我们确定在什么范围条件下代理者的策略最为重要。在第二节，我们分析代理者的策略影响授权和自主性的方式。最后，我们以《欧洲人权公约》为例进行案例研究。我们发现欧洲人权委员会以及欧洲人权法院首先说服国家授权，此后以三种不同的策略获得更大的自主性。

策略何时重要？作为范围条件的代理成本和代理者数量

对于重要的代理者策略而言，代理者需要影响力。尤其是，创设新代理者的成本一定比授权现有代理者的成本高，而且现有代理者的数量一定是有限的。(参见表 7.1)[2]这个观点是以随后所有分析为基础的，确定了后面观点的范围条件。如果创设新代理者的成本很低或者代理者很多，那么代理者的特点和策略不太可能重要。

表 7.1　范围条件：何时代理者重要

	设立的高成本	设立的低成本
少量现有代理者	代理者的特点及其策略是关键的。	代理者的特点与策略不太重要，因为委托者能够创设新代理者。
大量现有代理者	代理者的特点与策略不太重要，因为委托者会从现有代理者中遴选。	代理者的特点与策略并不重要。

委托者在创设新代理者时会带来两种成本：契约成本、不确定性的成本。契约成本包括与其他潜在的委托者磋商及其确立新代理者

与新的控制机制所需的时间和资源。尽管授权于现有代理者的国家也必须承担契约成本，但是我们假设这些成本往往低于授权新代理者所产生的成本。创设新代理者的委托者必须针对代理者的基本特点、决策规则、融资方式、广泛的能力以及决策结构进行磋商。现有代理者已形成这些特点，因此契约成本对于眼前任务的磋商而言是有限的。除此之外，委托者往往在创设新代理者时确定新授权方式的规则，因而会使这些成本最低化。(Gruber 2000)

不确定性的成本会成倍地增加新代理者的这些契约成本。当创设新代理者时，委托者并不清楚这些代理者是否会按照文本行事，控制机制是否有效，其他委托者在创设代理者时是否会隐瞒议程，而且这些未来的代理者是否会使委托者受益。在现有代理者的情况下，委托者掌握更多关于代理者偏好以及能力、委托者之间或委托者与代理者之间政治互动性质的信息。因此，委托者对可预见的结果更具信心——假如其偏好充分地一致——由于更小的风险更可能授权。

如果创设新代理者的成本相对较高，那么数量有限的现有代理者使代理者的特点及其策略更为重要。如果现有代理者很多，作为控制机制的甄选也有效。然而如果代理者的数量减少，那么甄选日渐不太相关，反而现有代理者的特点日渐突出。在国际政治和国内政治中，有效的制度型代理者的数目一般相当少；仅少数官僚机构或者有专业知识的国际组织对于任何既定问题才是有效的，而且委托者往往有赖于现有代理者以解决新任务。数量有限的代理者也对其他控制机制产生不利影响。例如，当代理者知道委托者几乎没有其他选择时，制裁便难以奏效。如果美国有可能可信地将钱用以雇佣其他代理者，那么美国无限期拖延联合国会费的做法无疑将会更有效地改革联合国。联合国在如此多的议题领域的垄断地位使其现有特点更为重要，更难以改变。此外，相比于经济领域，代理者的策略在政治领域可能更为重要，因为代理者的典型输出是公共政策，然而公共政策往往是个垄断产品，几乎没有标价。这使得委托者难以或不可能比较不同的代理者或者衡量其效率。[3]

迄今为止我们的观点表明，数量有限的代理者会使代理者的特点和策略对委托—代理的结果而言更为重要。这一立场回应了委托—代理理论最初受到的批评，即相比于经济代理者，政治官僚可能更加难以控制，而且政治语境与经济语境的运作方式完全不同。（Moe 1984）尽管现在相当多的经验研究在事实上已经表明，相比于委托—代理，标准理论所示的，许多政治代理者有更多的自主性和懈怠行为，然而几乎没有人继续进行这一洞见。（Eisner and Meier 1990；Hill and Weissert 1995；Krause 1996；Rourke 1976；Wood 1988）我们的方法也与组织行为的社会学方法一致。该社会学方法长期以来强调组织结构对于政治结果的重要角色。（Perrow 1986；Pierson 1996；DiMaggio and Powell 1991a；Barnett and Finnemore 1999）

代理者的策略如何影响授权和自主性

委托—代理理论和国际制度领域的学者关注委托者的偏好以解释授权、关注控制机制以解释自主性。波拉克（Pollack 2003a）援引委托—代理理论，声称国家授权国际组织以降低交易成本，获得公信力。阿博特等人（Abbott and Snidal 2000）运用制度理论得出了相似的结论，即国家授权国际组织以降低交易成本，增强可信的承诺，解决不完全契约的问题。莫劳夫奇克（Moravcsik 2003a）也指出政府（并非国家）偏好的重要性，认为政府授权国际组织以锁定国内政策。对于自主性，波拉克（Pollack 2003a）认为国家控制机制决定了国际组织自主性的范围，回应了委托—代理的主流解释。尼尔森等人（Nielson and Tierney 2003a）深表赞同，同时认为委托者之间尚未解决的集体行动问题会给代理者带来更大的自主性。

我们从根本上并不会完全否认委托者的偏好以及控制机制的重要性，在此解释当我们视代理者的策略独立地影响委托者的授权和代理者的自主性时所发生的情况。我们探讨四种这样的策略：代理者对授权之前潜在的命令的解释、一旦授权代理者对其命令的再解释、代理者向第三方增大渗透性的努力、代理者缓冲委托者监督的努力。这些代理者的策略可以扩大其自主性，或者说服委托者授予更多的权威。这些策略也能够用以回避委托者的控制机制。这些策略大有不同。解释和再解释这两条策略涉及委托者事前的控制（规则、甄选），然而增大渗透性、缓冲两种策略则规避委托者事后的控制（监督、制裁）。（Strom 2000）解释和再解释都会公开进行，然而缓冲的策略一般是秘密进行的，而且增大渗透性的行动往往是半隐蔽的状态。由于各种原因，委托者通常不会断然拒绝代理者的策略，包括有关其控制架构受到挑战的信息的缺失、控制架构再设计与再建的代价过高的判断、集体委托者内部达成一致的困难，或者代理者意料之外的行为实际上符合其利益的信念。

代理者解释与再解释规则

尽管特定规则的运用本身就是一项控制机制，但是委托—代理理论所提出的所有控制机制从广义上而言都是以规则为基础的。监督与报告的要求都需要规则——往往是正式的、书面的——涉及代理者必须报告多少信息，何时以及如何报告。制度性制衡依赖于如下方面的规则，即哪些代理者在哪个方面拥有哪些权力、何方必须同意代理者的行动、何者意味着同意、代理者如何获得这种同意。没有任何一条规则是完全明确的或者涉及所有意外事件；因此解释的空间总是存在的。委托者当然有以对自己有利的方式解释规则的能力，但是代理者也是如此。例如，代理者可以决定特定事件是否属于其行动所需的命令之内。

在授权之初，代理者可能反映其对规则的解释。委托者几乎并不一次性地授权新代理者，反而仅仅授权有限的任务或时间。在国际舞台上，当数量有限的国家批准条约时，国家往往以条约创设新的代理者。其余国家则可能会仔细监督代理者的行为，然后以批准或其他方法授权。特别是，委托者关注代理者对全部命令的解释：代理者行动所处的案例、代理者所拥有的权力、可预期的结果的性质。寻求额外授权的代理者可能会以对委托者友好的方式阐释规则以获得授权。

一旦实质性授权产生了——在国际舞台上一旦足够多的国家已经批准条约或者接受一个国际组织作为代理者——代理者不太可能尊重那些没有参与且不太重要的委托者的利益。因此，长期的代理者更可能——视代理者的偏好而定——公开以与委托者偏好相冲突的方式再解释其命令以及其他规则。因此我们区分了授权之前的解释策略、授权之后的再解释策略。有时授权会时隔很多年。再解释随着环境或代理者偏好的变化而变化。当然代理者并不能仅仅随意地解释命令。除了委托者的威胁之外，代理者也受到如下因素的约束，即对良好声誉的期望、对专业规范的承诺、使他者采纳其解释的期望，如奥尔特在本书中所阐述的。

代理者可以运用许多再解释的方法，增加委托者控制机制的成本，或者减小委托者无视再解释的可能性。四种机制较为突出。[4]第一，代理者能够以渐进的方式再解释规则，尽管是显而易见的，但这不会使委托者有推翻再解释的足够动机，而且使委托者有时间适应新的解释。这些渐进的方案会以实质性方法集中起来。第二，代理者以分化集体委托者而使其不可能采取行动以推翻裁定的方式再解释规则。第三，代理者以与委托者实质性偏好相一致但进行程序创新的方式而行事。如果委托者急于支持实质性决策，那么它们往往不愿关注程序创新，反而或许会发现代理者在随后的决策中援引这些程序为先例。特别是如果集体委托者分化了，那么最初的程序规则难以恢复。第四，代理者会要求委托者将代理者非正式使用的实践正式化。委托者希望这些变化的正式化将会终结代理者的创新，但是如果代理者的偏好逐渐与委托者的偏好不一致，那么正式化仅仅会使其更加努力地改变契约。像以前一样委托者能够终止契约，但是代理者接触到大量数据和信息，使其有能力有力地坚持与捍卫其独立的再解释权。我们将在案例研究中阐述这些观点。

代理者增大其对第三方的渗透性

委托者和代理者并非在真空中运行，而是在包含其他行为体的政治语境中互动。尽管这些非委托者的行为体在控制代理者的正式投票权利上没有发言权，但是它们与代理者的行为高度相关。在国际关系中，在国家授权资源与权威予国际组织的几乎任何议题中，重要的社会团体已经动员起来，包括安全、经济、环境、性别、人权议题。近年来学者们强调，不同国家的社会团体日渐以网络或者组织联合起来，在许多案例中成功地改变了议程以及国际组织代理者的行为。(Keck and Sikkink 1998; Risse et al. 1999)在一些案例中，因果关系甚至颠倒过来了，因为非委托者影响代理者，此后代理者再影响委托者。(Tsebelis and Garrett 2000)

代理者的渗透性意指代理者的制度特点，使得非委托者参与到代理者的决策过程。委托者或许有充分的理由使渗透性对契约而言是内生性的，但是或许最常提及的是支持非委托者监督代理者的期望，即所谓的火警机制。(McCubbins and Schwartz 1984)由此观之，第三方运用渗透性架构专门为委托者提供信息，正如莱克等人在结语中所阐明的。我们认为，代理者或许也有能力影响其自身渗透性的程度，而且第三方行为体不仅向委托者提供信息，还试图影响代理者。

我们研究制度性规则和实践，以此确定渗透性。在低端范围内，委托者、代理者往往并不对外公布其商议情况。中央银行、北约以及联合国安理会或许是世界上最难以渗透的代理者，定期秘密召开会议。另一方面，在极具渗透性的代理者中非委托者与裁决性代理者一起向委托者表达不满，在公正裁决之前直接与委托者平等地申辩。在上述两种情况之间，非委托者会游说代理者，帮助融资，参与讨论，或者仅仅袖手旁观。当代理者面临选择时，那么不言自明的是利益集团、其他非委托者当然是颇具影响的。当代理者被指定时，非委托者会运用劝说、羞辱、信息或者符号影响决策。（Keck and Sikkink 1998）许多联合国机构都属于此范畴，但是往往时间愈久愈具渗透性。世界银行等其他全球组织也属于此方面突出的例子，其中非委托者能够在重要的限制下参与。（Fox and Brown 1998；Nelson 1995）

日渐增大的渗透性可能会影响代理者的偏好，因为非委托者运用激励、劝说使代理者趋向自己的偏好。正如莱克等在本书中所指出的，第三方毫无疑问为委托者提供了信息，但是它们也试图直接影响代理者。当代理者与第三方的偏好相一致，而且第三方有代理者完成工作所需要的信息或者其他资源时，或者当代理者试图获得第三方的遵从而且强迫这种遵从的成本颇高时，代理者可能回应第三方。当代理者、第三方有着基本的理解、规范、或专业承诺因而易于接受劝说时，代理者也可能回应第三方。至少易于渗透的代理者会趋向有利于强大的非委托者的决策，然而仍在委托者设定的范围之内。非委托者最多会力促代理者直接逾越这些范围。当渗透性有利于非委托者而其偏好有别于委托者偏好时，这种情况特别有可能。

代理者的渗透性并不是一个固定不变的特点，而且并不是所有的渗透性对于委托—代理契约是内生的；相反代理者的战略性行动能够操控渗透性。委托者难以设计自主的、可渗透的代理者,也难以控制这些代理者,尤其是在代理者数量有限而且第三方几乎没有其他行动选择的情况下。设计之时其渗透性受到约束的代理者假以时日会扩大与其互动的行为体的范围,或者扩大其与第三方接触的深度。面临预算或人员削减的代理者会寻求获得非委托者的支持。官僚机构以此能够构建公共输入和搜集信息,支持具有相似偏好的异常者。美国选民再三地要求其代理者——立法者——设计法律以限制公司或者工会(都是非委托者)等大额捐赠者跟这些代理者的接触。尽管美国选民再三地努力,但是非委托者一直致力于寻找接触这些极具渗透性的代理者的方式。美国国会在设计与非委托者共事的官僚机构时也经历过相同的问题。随后这些非委托者试图吸引住这些代理者。在国际舞台上,欧盟法院允许个人在国内法院违反欧洲法,并鼓励这些国内法院将诉讼递交欧盟法院,由此扩大了自身的渗透性。(Alter 2001)

代理者以二元论、仪式论缓冲委托者的监督

组织社会学家长期以来关注组织的诸多方面,似乎并未直接为组织效率做出贡献。这其中一些洞见也可以扩展到委托—代理理论。缓冲意指一个组织抵制监督的努力。我们提出两种缓冲形式:二元论、仪式论。二元论意指组织的核心任务(其实际工作)与那些满足其制度环境中其他有力玩家之间松联结(a loose coupling)的形成。(DiMaggio and Powell 1991a; Meyer and Rowan 1991)仪式论意指组织活动的肤浅报告,意在满足监督而又不披露太多信息。当解释是对甄选等事先控制的回应时,代理者以缓冲手段减轻委托者事后监督其行为的干扰。解释与再解释都是公开的行为,但是缓冲往往更为隐蔽。代理者能够力推其组织中的“二元论”特点从而区分监督;对异常者而言最合意的组织的一部分会公开发展,然而其他部

分仍然更为隐蔽。代理者使委托者接受不完整的或者象征性的信息，或使监督纯粹为形式或表面文章，从而使监督仪式化。

日渐增大的渗透性促使代理者缓冲。当委托者和第三方对于代理者的要求相冲突时，代理人可能会呈现出二元论特点。(DiMaggio and Powell 1991a)也即，假以时日非委托者的影响或许逐渐反映在代理者的架构中：一部分或许如最初契约的要求为委托者行事，然而另一部分则为其他支持者工作。例如，联合国儿童基金会预算的一半左右来自非国家行为体，而且在其各国办公室和总部首创了非政府组织咨询委员会。对国际组织而言，以非政府组织委员会接触特定的外部行为体的做法已成为官样文章(例如联合国非政府组织联络办公室、世界银行咨询委员会)。国际组织的咨询也扩大到非政府组织、私人公司(特别是联合国开发计划署、联合国)。因而代理者或许会自我重塑以便委托者的控制仅会影响代理者活动的一部分。由于对委托者颇具吸引的代理者可能也对他者有吸引力，委托者或许无力使其代理者不为他者的事业而兼职，特别是如果在与委托者签订契约之前，该组织已有悠久的历史。因此，渗透性造就了二元论的动机，然而二元论为更大的渗透性造就了可能性，也间接地使更大的自主性成为可能。

两种缓冲形式——二元论、仪式论——提高了委托者真正监督的成本。强大的代理者不会受到警察巡逻(由委托者执行)或者火警机制(各种形式的分权式滥告状)的影响，反而向委托者提供一种结构良好的自我报告，从而宽慰委托者但会减轻任何潜在的干扰。这后一种可能极其有利于代理者，因为它们很可能在监督之时停止活动。安然公司、世界通讯公司的例子颇具启示性：委托者(股东)假设自身身处警察巡逻、火警(这些意味着有效的冗余而非无效的混乱的体系的扩展)的监督之下；与此同时实际监督更近似于结构良好的自我报告，即代理者首先内化，随后完全使监督仪式化。当委托者将监督与报告的要求视为其控制代理者的关键机制时，委托者能够承受巨大风险，正如公司丑闻的例子所表明的，委托者也可以不揭露，除非为时已晚。[5]

因此，二元论是一种源自代理者的渗透性，而且假以时日会产生更大渗透性的策略。二元论使得一些代理者服务于多种支持者（委托者、第三方），但仍会扩大自身的自主性。这本身是个巧妙的方法。在正确的条件下，二元论也是从委托者偷得的一个许可证，然而委托者发现其监督成本不断上涨。当然委托者可能会监督代理人所造成的结果，却忘记尽力监督代理者的行为。这种举措仅仅简化了委托者的事务，但是不会太多地改善状况，因为如果代理者为委托者提供了真正有价值的服务，那么代理者或许有能力从中挑选，仍旧将"利润"返还给委托者。

上述讨论产生了两个基本观点：第一，委托者更可能授权于以解释策略使委托者相信代理者的偏好与其偏好类似的代理者。第二，当代理者运用策略以再解释命令、其他规则，扩大其渗透性，缓冲委托者监督时，代理者的自主性可能会更大。这两个观点在时间上是有先后顺序的；代理者必须首先使委托者信服，授予更多的权威，而且仅当委托者承诺时代理者才能获得更大的自主性。现有文献的其他观点是，授权是由委托者的需要而定，而且代理者的自主性是由委托者的控制机制所决定的。（Pollack 2003a）

为何委托者不仅仅改变其控制机制以反制代理者的这些策略呢？在一些案例中委托者如此做了。我们并未得出普遍性结论，即委托者约束代理者的努力都是无效的；事实上我们对委托者在使代理者无计可施方面所花的心思印象深刻。但是在关注力促委托者与代理者战略互动的代理者策略时，我们看到委托者并不总是根除代理者意在获得更大自主性的策略的5个原因。第一，委托者时而受骗地认为自己正在监督代理者一些真正且重要的事务。第二，委托者更好的控制机制的成本有时超过了其约束代理者所获得的收益，特别是当代理者努力规避的成本很低时。因此，代理者或许有能力实际上增加委托者控制的成本。第三，或许在代理者的影响下委托者可能改变其偏好，逐渐认为即使代理者正运用使其获得更大自主性的策略代理者也完成了一些具有真正价值的事情。第四，对于是否及如何改变代理者的行为委托者或许无力达成共识。第五，相比于没有代理者的情况，委托者或许仍然相对渐入佳境（因而继续执行契约），甚至当在更有效的监督手段的情况下委托者的境况相对更差时。

人权代理者

我们将上述观点应用于《欧洲人权公约》（ECHR）及其两大机构，欧洲人权委员会和欧洲人权法院，以证明其合理性。国家为何将重要的权威授予《欧洲人权公约》呢？一旦授权，欧洲人权委员会和欧洲人权法院会在多大程度上扩展其自主性呢？为何？我们提出了4项分析性观点：

1. 当代理者以解释的策略使委托者相信其偏好相一致时，委托者更可能授权。[6]

2. 一旦国家授权，代理者能够运用缓冲策略，暗自扩大其自主性。[7]

3. 一旦国家授权，代理人便会采取策略增大自己对第三方的渗透性，因而扩大其自主性。

4. 一旦国家授权，代理人能够以再解释的策略公开增大其自主性。

这些观点超出了现有文献的观点。如马丁等在本书中所提出的，委托者的偏好解释了授权的决策，而且委托者的控制机制决定着代理者的自主性。如果我们的观点是正确的,我们应该看到国家(集体委托者的潜在成员)观察代理者授权之前的偏好。我们也应该看到欧洲人权委员会和欧洲人权法院(代理者)以与国家偏好相一致的方式解释规则,而且以减少国家认真监督的需要的方式而行事,从而使国家确信授权。一旦高水平的授权发生了,我们应该看到代理者以上述三种策略扩大其自主性。如果现有理论解释是正确的,我们应该观察到国家在没有考虑代理者偏好的情况下就决定授权,而且我们应该看到控制机制与代理者的强关联性,不管代理者的策略。

对于我们的理论而言,《欧洲人权公约》是一个很好的案例,因为欧洲人权委员会和欧洲人权法院的策略因时间而不同,而且其得到的授权、自主性也是如此。在本书中,奥尔特认为委托者几乎没有约束法院权威的契约机制。控制机制或许是有限的,而且法院极其关注其声誉,然而《欧洲人权公约》的诸项制度仍是代理者,因为国家首先创设这些制度,能够随时以个体或集体方式收回权威。《欧洲人权公约》也为理论建设提供了有益的案例,因为不同的分析视角暗示着不同的结果。从强调国家主权的视角来看,国家应该不愿意在人权问题上授权或者允许人权国际组织很大的自主性,因为授权可能会引起国内事务的外部干预。(Kissinger 2001)然而从国内政治视角来看,人权国际组织或许有助于保障国内稳定,因而一些国家乐于授予权威和自主性。(Moravcsik 2000)委托—代理的功能主义方法期望司法机构显示出高度自主性,因为国家需要使其承诺可信。(Pollack,本书)《欧洲人权公约》提供了丰富的经验范围,以探讨这些竞争性预测。

尽管《欧洲人权公约》并不是特别出名,但却是一项越来越重要的制度。在最近对其 32 个成员国的全面调查中发现,每个国家必须根据欧洲人权法院裁决改变重要的国内政策、实践或立法。(Blackburn and Polakiewicz 2001;另参见 Shelton 2003)这些裁决并不限于当地监狱的一些囚犯。相反它们会广泛地影响国内政策、制度。例如,欧洲人权法院要求英国改革其禁止同性恋的法律,允许同性恋人伍,剥夺窃听以及其他警察权力,禁止公立学校体罚(Stiles forthcoming)。欧洲人权法院一再反对土耳其政府针对库尔德人的安全政策,包括2003年3月的一项裁决,即阿卜杜拉·奥贾兰(Abdullah Öcalan)——著名的库尔德游击队领导人——遭到了不公正的审判。尽管欧洲人权法院判国家败诉的裁决出现在日渐重要且富有争议的议题领域,但是国家的遵约是如此例行公事,以至于许多知名法学家认为欧洲人权法院得到了"判决所带来的几乎一致的尊重和服从"(Janis et al. 1995:8)。

签署于1950年的《欧洲人权公约》,在足够多的国家批准之后于1953年生效。[8]欧洲国家便以《欧洲人权公约》创设了欧洲人权法院。《欧洲人权公约》要求国家遵守主要由公民自由和政治权利所界定的人权原则,并不包括社会和经济权利。根据《欧洲人权公约》创建的欧洲人权委员会1954年开始运行,主要处理有关违反人权的投诉,清除那些并不满足受理标准的投诉,搜集案件的信息,努力使争端各方达成友好解决办法,公开报告和建议,把尚未解决的争端转交其他决策机构。[9]1959年当足够多的国家认可其审判权时,欧洲人权法院建立了。对于欧洲人权法院,国家授权其裁决《欧洲人权公约》是否被违反的能力、批准有约束力的判决的能力,以要求国家改变其做法。当1998年欧洲国家解散欧洲人权委员会时,它们将委员会的功能也移交给了欧洲人权法院。[10]

起初国家对于授予这种权威十分谨慎,因而形成了两步走的授权过程。《欧洲人权公约》中最初的命令并不允许欧洲人权委员会接受个人投诉,也不授予欧洲人权法院以审判权,除非个别国家明确授权。因此,对于授权的国家而言它们首先必须批准《欧洲人权公约》,其次必须接受——以书面形式——个人申诉、有约束力的欧洲人权法院审判权原则(很可能仅接受其一)。在没有个人申诉和欧洲人权法院审判权的情况下,《欧洲人权公约》无法实施。(Moravcsik 2000)在没有个人申诉的情况下,案件必须由其他国家提交。这是一项不可能发生的事情,因为任何提交投诉的国家都会收到针对自己的报复性投诉。在缺乏有约束力的欧洲人权法院审判权的情况下,国家无法参与欧洲人权法院诉讼,不可能执行欧洲人权法院在其他案件中所陈述的原则。因此,没有接受这些选择性条款却批准《欧洲人权公约》的国家事实上几乎没有授权。个人申诉和强制性审判权一起构成了重要的主权让渡,因为个人本质上能够在有约束性决策权威的国际法院因国家违反人权而提出起诉。

20世纪五六十年代,欧洲人权委员会和欧洲人权法院深知数个国家不愿授权。我们的理论表明,仅当国际组织以克制的方式解释其命令的策略说服委托者授权时,国际组织才能得到实质性权威。这种克制的方式基本上是顺从国家偏好的。对代理者行为的密切观察发现,代理者的确是相当克制的。在起初的8年中欧洲人权委员会收到1 500多份个人申诉,但是发现仅11项申诉可以受理。(Weil 1963a, 809)欧洲人权委员会所回绝的一些案件毫无疑问引起了委员会巨大的关注,但是委员会对国家相当服从,拒绝接受鲁道夫·赫斯(Rudolph Hess)等知名纳粹分子的投诉,而且驳回任何对德国共产党的投诉,因为德国政府已经取消这类投诉。(Weil 1963a:810—811)在最初的10年中欧洲人权法院只作出了10项判决,直到1968年才在实质性议题上判定国家败诉。这时其创建已有10年之久,也是国家最初批准《欧洲人权公约》第18年之际。这种对国家顺从的记录包括欧洲人权法院备受关注的第一起案件*无法无天*(Lawless)。欧洲人权法院判定爱尔兰的确拒绝给予非法的爱尔兰共和国军有嫌疑的成员以正当程序权利,但是爱尔兰政府的拒绝是合法的,也与《欧洲人权公约》相一致,因为爱尔兰首次实施紧急状态(Robertson and Merrills 1993:66—67,184—189)。欧洲人权委员会、欧洲人权法院从其最初的案例阐述了“裁量余地原则”(margin of appreciation),即政府在维系法律和秩序中有重要利益,而且相比于国际司法机构政府在判断这些利益方面处于更好的位置。(Yourow 1996:15—21)

如表 7.2 所说明的,20 世纪 70 年代欧洲人权委员会、欧洲人权法院仍然谨小慎微。1979 年欧洲人权委员会仅仅受理了 2%的案件,然而欧洲人权法院判国家败诉的裁决仅占当时的 25%。欧洲人权委员会、欧洲人权法院的这种谨慎方式正是我们所预料到的,因为直到 20 世纪 70 年代或更晚,一些重要的民主国家才完全授权。然而 1981 年《欧洲人权公约》中近乎全部成员国都鼓励欧洲人权法院。一旦 20 世纪 70 年代法国、意大利、葡萄牙、西班牙和瑞士接受了选择性条款,仅仅希腊、土耳其和塞浦路斯身处共产主义阵营、《欧洲人权公约》之外。在冷战背景下,许多潜在的新成员国似乎并未置身事外。1982 年欧洲人权法院首次受理了欧洲人权委员会 10%的决议,而且这表明欧洲人权法院裁决及其判国家败诉的裁决持续性增加的领先地位。(见表 7.2)

表 7.2　欧洲人权法院与委员会的渗透性与自主性,1955—2004 年

年　份	受理的决议数量[a]	受理的比例	法院裁决的数量	判国家败诉的比例
1955				
1956				
1957				
1958				
1959				
1960			0	
1961			5	0
1962			0	
1963			0	
1964			0	
1965			0	

（续表）

年　份	受理的决议数量[a]	受理的比例	法院裁决的数量	判国家败诉的比例
1966			0	
1967			0	
1968			7	29
1969			4	25
1970			1	0
1971			9	22
1972			0	
1973			0	
1974			0	
1975			4	50
1976			29	7
1977	7 341	2	0	
1978	731	2	11	36
1979	280	9	14	57
20 世纪 60—70 年代	8 352	2	84	25
1980	341	6	7	43
1981	430	5	10	40
1982	425	10	16	56
1983	436	7	18	39
1984	582	9	27	63
1985	582	12	14	5
1986	511	8	28	29
1987	590	5	39	62
1988	654	7	33	42
1989	1 338	7	41	51
20 世纪 80 年代	5 889	8	233	49
1990	1 216	12	39	69
1991	1 659	13	73	63
1992	1 704	11	90	69
1993	1 765	12	59	56
1994	2 372	25	65	52
1995	2 990	27	70	56
1996	3 400	18	115	44
1997	3 777	19	139	47
1998	4 420	17	168	58
1990—1998 年	23 303	18	818	56
1999	4 251	17	173	86
2000	7 862	14	566	83

（续表）

年　份	受理的决议数量[a]	受理的比例	法院裁决的数量	判国家败诉的比例
2001	9 728	8	827	83
2002	18 450	3	897	87
2003	18 034	4	883	86
2004	21 181	4	1 005	84
1999—2004 年	74 775	6	4 351	85

来源：第 2—3 栏：for 1955—1990，European Commission of Human Rights，Secretary，1998，"Information Note，" Strasbourg：Council of Europe；for 1990—2004，Survey of Activities，European Court of Human Rights，online at http://www.echr.coe.int/ECHR/EN/Header/Reports＋and＋Statistics/Reports/Annual＋surveys＋of＋activity/，2005 年 7 月登录。

第 4—5 栏：for 1960—1994，Gomien 1995；for 1995—1998，Judgments and Decisions and Reports of Judgments and Decisions，European Court of Human Rights；for 1999—2004，European Court of Human Rights，"Judgments and Decisions，" at http://www.echr.coe.int/Eng/Judgments.htm，2005 年 7 月登录。

a　1955—1976 年欧洲人权委员会并没有决策；1997 年的条目代表着 1955—1977 年期间所有年份的总数。

大量证据表明，国家密切关注欧洲人权委员会、欧洲人权法院的行动，特别是因为国家在是否接受代表着真正授权的选择性条款方面争论着。丹麦和爱尔兰率先接受选择性条款（1953 年），但是每个国家都有重要的附加条件——丹麦为两项选择性条款附加日落条款（sunset clause），仅接受两年的期限，然而爱尔兰的最高法院最初限制《欧洲人权公约》判决的适用范围。（Golsong 1958）1955—1960 年期间，一批国家接受选择性条款，由此欧洲人权法院得以创建。这些国家——奥地利、比利时、德国、冰岛、卢森堡和荷兰——内部的争论使欧洲人权委员会的履历受到极大关注。（Partsch 1956/1957）例如，荷兰政府承认其最初对于欧洲人权委员会将会作出政治决议的担忧，"然而在欧洲人权委员会创建之后，显然它没有政治结构"，而且欧洲人权委员会也无法滥用权威（Council of Europe 1958—1959：562）。当德国反对派疑惑为何德国总理没有接受《欧洲人权公约》的两项选择性条款时，政府表示"不急于行事"，在接下来的 18 个月中拒绝德国对上述条款作出承诺。[11]

在1961—1966年期间，另一些谨小慎微的国家——挪威、瑞典和英国接受了选择性条款。尽管瑞典很早就批准了《欧洲人权公约》，但是瑞典政府一直不愿意在接下来的强制性欧洲人权法院审判权的环节中承担主权代价，直到“经验表明法院的确是个实际需要”。[12] 20世纪60年代初在其他国家和国内一些政治家接受欧洲人权法院审判权的压力下，瑞典（和挪威）宣称在决定是否授权之前“需要以观察的方式体验欧洲人权法院的实际运行方式”。[13] 1966年（挪威同意的两年之后），瑞典政府才同意欧洲人权法院的审判权，注意到“体验表明欧洲人权法院的运行是有限的”。[14] 1963—1966年期间欧洲人权法院没有作出任何判决，而且瑞典政府注意到所有悬而未决的案件都涉及“比利时的语言议题”。因此瑞典政府观察欧洲人权法院的偏好长达6年，此后才完全授权。

直到1966年英国也完全授权《欧洲人权公约》。克莱门特·阿特利(Clement Atlee)的保守党政府极力反对强有力的《欧洲人权公约》，坚持个人申诉、有约束力的欧洲人权法院审判权的选择性条款。(Moravcsik 2000；Stiles, in press)解密后的行政部门文件表明，当1964年工党政府执政之时，工党政府开始解决针对英国授权的反对意见——这些反对意见主要集中在棘手的殖民问题上。例如，为了回应有关欧洲人权法院的裁决对从前殖民地移民的潜在影响的担忧，大法官指出，“过去的经验表明几乎没有这样的案件是由欧洲人权法院裁决的”，而且外交部法律顾问深表赞成，“在我看来欧洲人权委员会解决这个问题的方式是合理的。我不明白为何我们不太期望欧洲人权法院。欧洲人权法院由相比于欧洲人权委员会甚至更为卓越的人士所组成”(Lord Lester 1998：249)。在这个及其他争论中，英国政府内部讨论的主要观点涉及欧洲人权法院的偏好。甚至一旦放心了，英国政府告知欧洲人权委员会英国仅接受三年内个人申诉的权利，以便出现问题时不再接受。1973—1974 年期间其他主要欧洲民主国家意大利、瑞士完全授权欧洲人权法院，然而法国则拖延到 1981 年。[15]

我们现在转向自主性的问题。我们以判国家败诉的裁决的比例衡量自主性，与本书中自主性的概念、司法政治文献相一致。(Larkins 1996, 1998; Helmke 2002)我们的分析单位是欧洲人权法院对违反《欧洲人权公约》实质性条款情况的调查，因为每项判决或许有不仅一项调查。[16]整体性地看到判决(“案件”)代表着严重的汇集问题：如果欧洲人权法院在一项特定的判决中针对三个实质性问题之一对国家做出裁决，那么判决算是有利于或不利于国家呢？因此，分解裁决以及审视欧洲人权法院所报告的单个调查更具意义。如表 7.2 的最后一栏所表明的，20 世纪六七十年代欧洲人权法院 25%的裁决不利于国家，但是 20 世纪 80 年代增加到 50%左右，1998 年之后达到 85%。这些相反的裁决应该被视为欧洲人权法院在无名与孤立的案件中判国家败诉的事务，特别是因为不利裁决的增加同时伴随着受判案件数量的大幅增加。此外，欧盟法院在重要的公共政策问题上日益使用其权威，包括安全问题、同性恋权利等敏感性社会问题。[17]

什么促使代理者的自主性随时间变化而增大呢？波拉克(2003a 和本卷)认为委托者的控制机制决定了代理者自主性的范围。欧盟法院(the European Court of Justice)等代理者有很大的自主性，因为委托者以此设计控制机制，以解决其面临的信息和可信度问题。由此观之，代理者活动的范围取决于委托者。这个观点提供了一种分析欧洲人权法院的有效切入点。国家几乎没有将控制机制强加于欧洲人权法院，表明它们希望欧洲人权法院拥有实质的自主性。最重要的控制手段是与管理向欧洲人权法院申诉权利的程序性规则有关。国家试图以不同的方式限制个人向欧洲人权法院申诉的权利，包括个人申诉与欧洲人权法院审判权的可选条款、欧洲人权委员会对个人申诉的审查、仅由国家或者欧洲人权委员会向欧洲人权法院提交案件的措施。同样重要的是，甚至一旦欧洲人权委员会将个人案件提交到欧洲人权法院，个人在欧洲人权法院没有诉讼资格，也没有参与资格。国家授意欧洲人权委员会向欧洲人权法院提交投诉，但并不是按照个人利益，而是作为“公共利益的捍卫者”行事。国家甚至没有作出规定以告知个人欧洲人权法院的诉讼，即使个人是欧洲人权法院的主要申诉人。(Robertson and Merrills 1993:303—310)

关于控制机制解释的最大问题在于，在国家改变其向个人许以更多的欧洲人权法院的申诉权利的控制机制之前，欧洲人权法院的自主性大幅增加。根据1994年10月生效的第9号协议国家修改了《欧洲人权公约》，允许个人——除欧洲人权委员会或国家之外——向欧洲人权法院提交案件并接受欧洲人权委员会对其案件报告的副本。在第9号协议之前国家已经数次修改《欧洲人权公约》了，但是从未修改过有关个人向欧洲人权法院申诉权利的规则或者是其他重要的控制机制。然而当国家采纳第9号协议时，欧洲人权法院判国家败诉的裁决每年往往在70%—80%之间，高于20世纪五六十年代的50%。因此，委托者改变管理个人申诉权利的控制机制的决策并不能解释自主性的增大。

我们反而认为，欧洲人权委员会和欧洲人权法院以上述策略扩大其自主性。第一，欧洲人权委员会逐渐设计出一个二元论架构，服务于除国家受命的公共利益之外的个人申诉者的利益。欧洲人权委员会委员最初认为他们对个人申诉者拥有比《欧洲人权公约》所允许的更大责任。1960年欧洲人权委员会向欧洲人权法院提交了第一起案件，即爱尔兰“无法无天”案件。其中欧洲人权委员会将其调查结果传递给申诉者并请其评论，此后打算将其提交欧洲人权法院。(Robertson and Merrills 1993:305—306)起初，这个二元论架构相当不完善。在上述案件中欧洲人权委员会代表毫不夸张地首次阐明了欧洲人权委员会及其申诉者的观点(Weil 1963b:155)。久而久之,程序更加复杂。1970年,欧洲人权委员会邀请申诉者的律师参与在欧洲人权法院的申诉。(Robertson and Merrills 1993:307)到1982年,欧洲人权委员会已创建大量程序规则,以允许申诉者向欧洲人权法院直接申诉的权利。如欧洲人权法院的两位观察者所阐释的,“在这些变化之后显然在没有修改《欧洲人权公约》的情况下意在提高申诉者地位的一切事情都实现了”(Robertson and Merrills 1993:307)。对于以第9号协议而修改《欧洲人权公约》所形成的代理者的这些变化,国家历经14年才批准。

欧洲人权委员会的二元论并非完全隐蔽的,特别是既非众所周知,也未大加宣传,某种程度上因为二元论涉及程序性议题而非实质性结果,而且欧洲人权委员会利用了正义所需要的规范性遮蔽。因此,监督欧洲人权法院的大多数国家忽视其重要性。例如,瑞典政府主要监督提交欧洲人权法院的案件类型及其决议的实质性结果。如果瑞典政府更为深入地调查,那么瑞典政府可以发现欧洲人权委员会正开始确立重要的程序性先例,从而赋予个体公民比国家最初预想的更大的制度性申诉权利。甚至最积极反对瑞典加入的瑞典外长奥斯滕·温登(Osten Unden)也没有发现欧洲人权委员会案件所导致的细微的程序变化。温登并没有深入调查这些细节,反而概括了自己对于《欧洲人权公约》的监督情况。他注意到,欧洲人权法院裁决了“一些有趣的案件,但是几乎都是广泛司法调查的实际需要的例子”(Unden 1963)。

温登和其他人所忽视的是,欧洲人权委员会、欧洲人权法院在专业环境下运作,从而极其注重个人申诉。此外,《欧洲人权公约》赋予欧洲人权委员会和欧洲人权法院任务以支持个体反对国家滥用权力,而且西方司法规范认为所有当事人都有资格参加庭审。欧洲人权委员会对司法的规范性承诺及其支持正当程序更广泛的规范环境使其要求个人对欧洲人权法院更多的申诉权利。这种行为与二元论假设相一致,表明代理者将以反映对代理者的要求而非仅仅委托者偏好的方式适应其环境。

欧洲人权委员会的二元论活动帮助欧洲人权法院逐步增大其对个人申诉者的渗透性。久而久之,欧洲人权法院发布了一系列裁决,在很大程度上证实了欧洲人权委员会赋予个人向欧洲人权法院申诉权利的努力。在 1961 年"无法无天"案件中,欧洲人权法院声明,"欧洲人权法院必须谨记其保护个人利益的责任"(Janis et al. 1995: 67)。当时欧洲人权法院留意到国家的担忧,因此要求欧洲人权委员会而非个人申诉者陈述申请者的观点。在 10 年之后的"流浪"(Vagrancy)案件中,欧洲人权法院允许申请者的律师协助欧洲人权委员会在欧洲人权法院陈述案件。欧洲人权法院依然小心谨慎地坚决认为,当欧洲人权委员会要求律师协助时律师才能如此做,因此并未赋予律师独立的发言权。(Robertson and Merrills 1993:307)1982 年,欧洲人权法院修改了其自身的程序规则,允许个人直接代表自己,从而完成了最后一步。

至少在某种程度上作为这些裁决的产物,欧洲人权法院的渗透性——如欧洲人权委员会所受理的申诉的数量和比例所衡量的——大幅提升(表 7.2)。20 世纪五六十年代,欧洲人权委员会所受理的申诉仅占其收到数量的 2%,20 世纪 80 年代达到 8%,1990—1998 年期间为 18%。在此期间,申请的数量稳步上升;截至 2004 年欧洲人权法院每年对 21 000 多个案件作出受理决议。渗透性的这种增大无疑扩大了欧洲人权法院日益增大的自主性。国家可能仅会委托自己认为会胜诉的少数精挑细选的案件。1980 年之后欧洲人权委员会委托更多案件的意愿颇为关键,因为它使欧洲人权法院更可能行使其自主性。申请者陈述自身案件的能力增大了申请者劝服欧洲人权法院的机会，从而增大了欧洲人权法院的自主性。

在二元论和渗透性至少部分地被确立之后，欧洲人权法院发布了颇具影响的判决，再解释《欧洲人权公约》的性质以及欧洲人权法院自身的命令。法院往往面临的一个基本问题是，它们是否处理意在成为双方之间契约的规则或具有“宗旨和目标”的立法规则。这些宗旨和目标应该是以裁决的方式捍卫与详述的。将规则解释为契约的法院可能以更保守的方式裁决，服从于契约缔约方的意愿与理解。然而认为规则具有加以推进的目的论目标的法院更可能积极地裁决。以 1970 年德国的维姆霍夫（Wemhoff）、1975 年英国的戈尔德（Golder）的案件为始，欧洲人权法院明确采取了后一种方法：“鉴于《欧洲人权公约》是一个立法性条约，寻求最适当的解释也是必要的，以实现条约的宗旨和目标而不是最大限度地限制缔约方的义务。”（Harris et al. 1999：7；Ovey and White 2002：34—39）少数法官徒然地抱怨这种方法，认为欧洲人权法院正在践踏主权，因而“一个谨慎而保守的解释”是妥当的。

随后欧洲人权法院根据不断变化的社会标准而非 1950 年《欧洲人权公约》起草者的标准或意图发布了解释《欧洲人权公约》的数项裁决。在 1978 年英国蒂勒（Tyrer）案件的决议中，欧洲人权法院声称《欧洲人权公约》是一个“活生生的工具，正如欧洲人权委员会所正确强调的，《欧洲人权公约》必须根据目前状况得以解释”（Harris et al. 1999：8）。欧洲人权法院重新确认了其在接下来的许多案件中运用不断变化的社会标准的权威，由此时而扩大了《欧洲人权公约》所赋予的权利范围。例如，在 2002 年的一个案件中，欧洲人权法院发现破坏财产可能构成“侮辱性待遇”，因而违背了人权公约。（Shelton 2003：126—127 与脚注）欧洲人权法院认为，“人权保护和基本自由领域越来越高的标准是需要的，因而必然要求在评价民主社会基本价值观的违反方面更加坚定”（Shelton 2003：126—127）。1979 年，欧洲人权法院开始限制其给予各国政府在决定自身法律与秩序需要方面的“裁量余地原则”。正如一份缜密的评论所概括的，1979 年之后欧洲人权法院的判决“更加仔细地监管国家自由裁量的余地，在捍卫原告权利方面更为坚定”（Yourow 1996：56）。

我们并不认为，1960 年欧洲人权法院战略性地规划了 40 年之后将会获得更大自主性的路线。然而证据表明，欧洲人权委员会和欧洲人权法院的官员在确保国家授权和扩大其自主性方面发挥着积极作用。最初欧洲人权委员会几乎没有收到什么案件，甚至提交给欧洲人权法院的案件更少，而且这些案件往往不会判国家败诉——所有这些促使更多的国家授权欧洲人权委员会和欧洲人权法院。与此同时，欧洲人权委员会开始设立一个二元论架构以使其承诺适应个人，而且欧洲人权法院以开先例的裁决增大其自身的渗透性，助力这个过程。在大量国家致力于这种机制之后，欧洲人权法院以更广泛的方式再解释《欧洲人权公约》，在甚至更广泛的大量权利上开始判国家败诉。如一位观察家所指出的，“欧洲人权法院的解释工具使其随心所欲地开展一切斗争”（Carozza 1998：1221）。国家或许容忍欧洲人权委员会、欧洲人权法院的路径，甚至从中受益（是否会受益的问题仍然悬而未决），但是显然它们最初没有打算或规划这一路径，而是由代理者自身所宣扬出去的。

概 括 与 总 结

根据两位著名学者的观点，委托—代理理论的目标“在于提出理论，以解释特定的制度形式如何被用以增大官员遵约行为的可能性”（Huber and Shipan 2002：27）。委托—代理理论当然意识到了代理损失的可能性，但是大多数理论一般认为委托者以纳入委托—代理契约的控制机制使实际损失最小化。相惜以默的是，委托者的特点和策略决定了代理者自主性的程度，即马丁等在本书中所持的观点。正如休伯(Huber)等人所指出的，委托—代理学说“正确地强调[代理者的]自由裁量权往往是有意为之的。这是政治家有意向官员授予的，因为如此做是实现预期的政策目标的最佳策略”[18]。更具体地说，它们将授予代理者自由裁量权的程度视为委托者与代理者的偏好之间的冲突、委托者编写详细规则的能力、集体委托者之间没有冲突，以及委托者缺少影响代理者的其他手段的产物。(Huber and Shipan 2002:215)

我们深表赞同，委托—代理的理论者关注委托者的控制机制以解释代理者的自主性，然而我们反而关注代理者的策略。本章的核心观点是，代理者拥有委托—代理理论者尚未探讨的许多策略，而且这些策略极大地影响着委托者授权的决定以及代理者的自主性。我们并不认为委托者没有意识到这些策略，或者无力以自己的策略应对。我们反而认为，鉴于委托者在实施控制机制方面所面临的成本，当代理者运用这些策略时往往有能力增大其自主程度。代理者也有能力战略性地限制自己的自主性(或表达其如此做的意图)，由此使委托者向这些代理者授予更多的权威。我们断然不会认为，代理者的自主性并不是休伯等人(Huber and Shipan 2002:17)所描述的委托者“无助地放弃权利”的产物。相反的是，自主性至少某种程度上是代理者理性与战略性考量的产物。委托者当然以自己的一些策略应对代理者的策略，但是由于种种原因只取得有限的成功。

委托—代理理论者一般在解释委托者之前先理解代理者。这一事实或许导致理论上的偏差。当委托—代理理论视代理者为内生的时(如，受委托者设计的影响)，那么即使代理者时而的确渐行渐远，它们基本上仍是最初创建者的代理者。卡彭特(Carpenter 2001:11)在研究美国官僚制度时也发现了相似的问题:即学者“仅以创设机构的立法、总统、制衡或力促其决策的法院决议研究官僚制度”。这一方法的最大问题是，“它将政治发展还原到制度*创建*而忽视制度*转型*”。正如该项研究所明确表明的，国际组织能够而且的确随着时间而发生极大的变化。没有详细考察代理者策略的学者不可能解释代理者自主性随时间的变化。

我们确定了代理者用以影响委托—代理关系的 4 种策略：解释、再解释、渗透与缓冲。这 4 种策略反过来可分为二元论、仪式论。我们阐明了欧洲人权委员会和欧洲人权法院以这些策略首先说服国家更多地授权而后扩大其自主性的方式，提出了代理者的策略并论述其影响的努力仅是研究过程的第一步。下一步就是确定哪些代理者更可能运用这些策略，在什么条件下更可能成功。此外，代理者的特点可能因时间、议题领域与制度极为不同，可能以影响委托—代理结果的方式与代理者的策略互动。

阐明代理者策略如何发挥重要性可能丰富委托—代理理论。例如，一个关键性议题可能就是潜在的代理者使委托者“选择我们”的诱因（或者现有代理者为从目前雇用自己的委托者获得其他工作的新“事业”的诱因）。大量潜在的高质量代理者在多大程度上促进了更多授权的长期趋势呢？代理者诱导理论的自然延伸将是条件形式化。代理者不仅以此条件诱使委托者雇用自己，而且事后改变契约的条款。本章所提到的所有策略都是这种讨论的合理起点。

最后，一个更为有力的代理者特点和策略的理论或许更加直接地将委托者的集体行动问题和代理者的行为联系起来。莱恩等（本书）强调代理的成本往往反映多个委托者、集体委托者之间的问题。[19]鉴于其所提到的混乱状态，运用我们所强调的策略的代理者试图向集体委托者的一些成员贿赂或者提供排他性的选票交易（side payments），以使其按照自己所设想的方式确定条款。当然，这种策略是有限的。如果集体委托者内部的搭便车问题是实质性的，那么甚至源自代理者的小问题或许都会导致委托者在未来一旦有机会之时终结其授权。这个逻辑会核实本章最初所介绍过的棘手的代理者:毕竟一个毫无作为的代理者惹人厌烦,监守自盗的代理者令人憎恶,但是在委托者之间撒播分歧的代理者将永远无法得到委托者的雇用。

注释

1. 例如,伯格曼等(Bergman et al. 2000:257)注意到"授权往往是颇成问题的。代理者或许有不同于其委托者的利益……而且/或者委托者或许无法代表自己观察代理者的行为"。

2. 有关创设新代理者的高成本,参见 Keohane 1984 and Weber 1994。

3. 戴维·莱克帮助我们指出了这一点,在此深表感谢。

4. 巴尼特与芬尼莫尔(Barnett and Finnemore 2004:7)指出,代理者的解释"界定着良好行为的意义与规范、社会行为体的性质及其合法社会行为的类型",实际上"创造着社会现实"。我们深表赞同,但是将其视为产生无法预知的结果的长期过程,而且也受到委托者解释的塑造。我们仍然关注委托者授权与代理者自主性的中期以及更不相关的因变量。

5. 我们的解读与如下的事实相一致,即投票者的愤怒会促使立法者以委任的"真正"监管相回应。《萨班斯-奥克斯利法》(the Sarbanes-Oxley Act)使美国公司损失几十亿美元,强调了委托者笨拙的控制的真正困境:因为一些公司的股东/委托者未能控制其代理者,投票者/委托者作为消费者在本质上对自己征收了大量税。最大的赢家是所有幸存的会计公司。

6. 该观点意指授权的边际程度而非绝对程度。这一区分是关键的。我们假设,许多委托者理解再解释、渗透性以及缓冲的一般风险,而且这种意识可能会削弱授权的绝对程度。然而在任何特定的委托者选择中,以对委托者友好的方式公开解释其委任权的代理者应该诱使更多的委托者授权,相比于那些并未如此做的代理者或潜在的代理者。

7. 如将要阐明的,"暗自"并不意指掩饰与敌视立法官员的行动,反而意指其静悄悄地在事务缠身的国内官员的关注范围之外做出最初改变的偏好。

8. 对于欧洲制度的有益评论,参见 Merrills 2001; Ovey and White 2002; Janis et al. 1995。

9. Convention for the Protection of Human Rights and Fundamental Freedoms (hereafter, "European Convention"), American Journal of International Law, 1951, 45 (2), Supplement: Official Documents, 24—39, Articles 25—32.

10. European Convention, as amended by Protocol 11, at http://conventions.coe.int/Treaty/EN/cadreprincipal.htm, 2003 年 9 月 8 日登录。

11. Bundestag Drucksache 174/53 of January 12, 1954.此处由作者翻译。

12. "His royal majesty's government bill No.165 of 1951," March 2, 1951. Translated by Lotta Andersson, 14.

13. "His royal majesty's government bill No. 33 of 1966," January 27, 1966, 4. Translated by Elena Gismarvik.

14. Ibid., 4.

15. 除共产主义国家之外,西班牙、葡萄牙、希腊是威权主义国家,芬兰直到 1989 年才加入欧洲理事会。

16. 在努力理解有关欧洲人权法院对违反人权的裁决方面的核心问题的过程中,我们并不指望程序问题、友好解决以及因其他原因而从欧洲人权法院诉讼事件表中划掉的案件。这可能导致对欧洲人权法院自主性的低估,很大程度上因为欧洲人权法院相当频繁地在程序问题上判国家败诉。国家几乎毫无例外地将程序问题视为一种避免实质性裁决的方式。这些相对而言是罕见的,因为大多数案件因无法受理而预先被甄选了,但是它们也包括如下的案件,即在进一步及其更为广泛的评估后,欧洲人权法院判决申请无法起诉,因而这些裁决有利于国家。

17. 对于欧洲人权法院日益扩大的审判规程的评论,参见 Janis et al. 1995; and Harris et al. 1999。

18. 原文如此。

19. 如马丁在本书中所表明的,当协调的成本增加时,机构也会获得裁量。

第八章

甄别权:作为见闻广博的代理者的国际组织*

亚历山大·汤普森

序　　言

2003年对伊拉克的军事干预不禁使许多评论家为其间联合国安理会的不作为而痛惜。小布什政府的支持者则认为安理会不愿明确支持军事行动的态度相当于应对国际秩序受到威胁的失败,暴露出安理会软弱无力,或甚"无关紧要""无能为力"。[1]出乎意料的是,一些国际法学界的人士根据法律理由提出了批评。他们认为,安理会没有阻止美国的单边干预,因此没有履行到其作为国际法的捍卫者以及国际和平推动者的角色。例如,在美国国际法协会的一次访谈中,理查德·福克(Richard Falk 2004:2)认为鉴于"《联合国宪章》预防战争的目标",安理会是"有缺陷的"。国际法学者迈克尔·格伦农(Michael Glennon 2003:16)则提出了更为严厉的批评,痛心于"联合国安理会的分裂",从而没有使"武力使用受制于法治"。

这些批评因其自己的主张而受到挑战:毕竟,安理会并没有支持

* 笔者向本书的编者肯尼斯·舒尔茨、彼得·古勒维奇,以及加利福尼亚大学召开的有关授权国际组织的会议参与者非常有益的评论。本章的部分内容曾发表在《国际组织》学术杂志上(Thompson 2006)。

这场战争，而且安理会授权的检查——特别是回想起来——在牵制、削弱伊拉克方面非常有用。但是这些批评也有赖于安理会在强制性军事干预角色方面狭隘、很大程度上并不准确的观点。失败的概念只有在与界定成功的一些标准相联系时才有意义，而且上述批评有赖于安理会基本作用的特定(往往是隐含的)假设。尤其是两类批评有赖于安理会作为连贯一致行为体的观点。安理会的职责是执行规则以及影响国家行为以此维系和平。这是安理会角色的字面解释——有义务确定威胁并在必要时采取军事手段——如《联合国宪章》所预想的。[2]

以此种方式将几乎任何国际制度视为准政府的做法是不现实的；它为判定成功设立了一个过高的标准。本章将展现出有关安理会及其他国际组织在武力使用事件中角色的截然不同的视角，以更为根本地辩护安理会在伊拉克战争中的行动。正如霍金斯等人(Hawkins et al.)在本书的导论中所提到的，当代理者在执行特定任务方面专业化时，委托者都有对其授权的动机。国际组织在武力使用方面不如大国专业化，因此国际社会往往必须有赖于大国以应对集体威胁。然而，当国际社会逐渐"雇用"这些强制性代理者按照自己的意愿行事时，国际社会——包括领导人及其国内公众都面临着不确定性。这种不确定性为国际组织提供了重要角色。笔者认为，在一场可能的军事干预背景下，国际组织专门提供实施胁迫国家的意图及其政策可能后果的信息、国际社会决定是否支持干预的信息。这种专业性为国际社会提供了有赖于国际组织的动机，他们的代理人可以"甄别"值得国际支持的干预。因此，国际社会作为一个集体委托者有赖于两类代理者：实施胁迫的大国、甄别这些胁迫者的国际组织。

这种甄别的功能也使国家有受国际组织约束的动机——作为单边行动或以特别联盟方式行动的替代性方案——当国家使用武力

时。甄别进程所带来的国际支持即便是对于一个实施胁迫的大国而言也是合适的,因为这种支持决定着既定政策的政治成本,在一些情况下影响着政策的长期成功。如果没有国际组织的核准——即政策被国际组织否决或者国际组织没有参与时——国际社会不太可能积极回应。值得注意的是,在诸如此类案例中作为代理者的国际组织相当成功地执行了其甄别功能。

一旦实施胁迫的国家被授权执行一项行动,国际社会往往几乎不控制其行动;延迟和恶果的可能性很大。这也是雇主所面临的同一问题。一旦雇用了新员工,雇主难以解雇雇员,即使业绩不好。(Spence 1973:356)[3]因此,事先甄别的努力尤为重要,相比于道德风险和承诺,逆向选择(adverse selection)的问题是本章分析的基本关注点。

本章将论及导论中提到的数个观点。其中两个观点一开始就是值得强调的。首先霍金斯等人关注甄别和挑选问题,但可能性方面的观点不多。他们合理地认为,国家试图避免授权于那些并不如实履行任务的国际组织,反而选择那些在其偏好以及领导力方面"惺惺相惜"的代理者国际组织。委托者和代理者之间不对称性信息的问题显然对于笔者的观点而言是关键性的,尽管在笔者的描述中可能实施胁迫的国家而非国际组织,才是隐藏信息的相关代理者,而国际组织则扮演着作为甄别机制的干预角色。因此鉴于甄别的假设,笔者的发现与本书的导论相一致,尽管笔者所考察的实质性问题尚需改进。

笔者的观点也补充了霍金斯等人关于偏好一致性的讨论。霍金斯等人认为,相比于一组志趣相投的国家,一组异质的国家不太可能授权予一个代理者。这个洞见有助于解释为什么特定的国际组织对干预的支持特别重要。恰恰因为由异质国家所组成的国际组织在是否以及如何授权干预的问题上不太可能达成一致,因而其达成一致的成功决策是更为有益、有意义的。根据立法委员会的信息理论,笔者认为,相比于更具同质性的制度,拥有不同成员身份的国际组织更可能向国际社会传递有关潜在的胁迫国及其政策的信息,如地区制度与特别联盟。因此在霍金斯等人所撰写的章节的精神下,笔者明确关注代理者国际组织的特征的差异。

本章将对下面的问题提出理论观点,即国际组织在军事胁迫的情况下如何充当国际社会的信息代理者。第三部分提供了一个1990—1991年伊拉克战争的案例研究以阐述国际组织甄别的作用。之后笔者将以此逻辑阐明实施胁迫的国家如何在制度方案中"择地行诉"(forum shop)。除其他意义之外,这些相关交易阐明了为何安理会是唯一有用的甄别代理人。总结部分将回到本书所提出的理论主题。

国际组织的甄别功能

在一系列国际制度中,正式国际组织才拥有独立于国家利益和影响而行动的能力。[4]特别是国际组织的*中立性*使其充当国际社会的信息代理者,提供一个国家——在本案例中,是潜在的胁迫国——所不能可靠提供的信息。国际组织无法由单个国家所控制,而且它们是体现成员国(或多或少)不同利益的常设机构,因而国际组织作为信息源具有两个优势:首先,它们能够对胁迫国施加约束,致使有可能表达有限的抱负;第二,身为国际社会的代表使其获得有关政策后果的信息。这些信息被视为中立的,因而是可信的。两种信息对领导人及其公众而言是重要的,因为它们评价了胁迫国及其干预政策,也即它们试图克服其逆向选择的问题。

为了帮助我们理解是什么使得国际组织见闻广博,我们将国际组织界定为立法委员会。立法委员会的一个功能便是向立法者(其委托者)提供信息。正如这些由立法者组成的委员会一样,国际组织也是由国际体系中的国家所构成的。很大程度上受托马斯·吉利根(Thomas Gilligan)的著作的启发,立法组织的信息理论提出,委员会设计之初便是为立法提供与政策相关的信息。(Gilligan and Krehbiel 1989, 1990; Krehbiel 1991)最重要的设计特征便是成员偏好的构成。成员偏好很大程度上决定了委员会所提供的信息在多大程度上是有益的。具体而言,异质的委员会(即成员身份是多种多样的,"始于"与会者的居中偏好)会比同质的委员会带来更多的信息;一个由"偏好异常者"组成的委员会(其成员相比于与会者的居中偏好有极端的偏好)相比于偏好较为适度的成员所组成的委员会不太那么见闻广博。仅当偏好是多种多样且具有代表性时,委员会才能传递被视为可靠而对整个立法都有益的信息。

制度性代理者传递信息的这些原则也可以被有用地应用于国际制度领域。以胁迫性干预背景下的多边基本方案为比照而考量国际组织的特性是有启发性的:特别联盟。然而国际组织是常设机构,多边联盟则由志趣相投的国家组成,如"意愿联盟"(coalition of the willing)一词所反映的。在立法信号文献的语言中,多边联盟是志趣相投的,是由偏好异常者所组成的。在干预问题上,这类联盟中的中间成员的理想点可能与胁迫者的理想点非常接近,因而联盟不可能施加实质性的约束,而且来自联盟的支持对于国际社会的中间成员而言并非见闻广博的。战略信息传输理论最强有力的发现之一是,更具相似偏好的行为体能够彼此传递信息更丰富的信号。(Crawford and Sobel 1982; Lupia and McCubbins 1994b:368; Krehbiel 1991)因此,胁迫者的多边支持本身几乎没有向国际社会传递信息。

作为见闻广博的代理者,国际组织向国际社会传递两种类型的信息,其一指向国家领导人,其二指向公众。接下来笔者将更详细地阐述这些信息传递机制。

关于意图和政策后果的信息

笔者假定国家领导人相对清楚政策方案及其后果，而且国际组织的成员国在有关一个议题的专长或知识方面并没有有意义的信息优势。然而其他领导人的确缺乏有关胁迫国领导意图的信息，而且担心胁迫国在应对集体威胁时会采取相比于国际社会所偏好的更具侵略性或野心的政策。这种行为是代理懈怠（以“偏离”的形式）的一种形式，以制造恶果的方式破坏其他国家的利益。

国际社会以及考虑胁迫的国家都面临着困境。在武力使用的情况下，大国难以使其他国家确信自己的目标是有限的，是没有威胁的。当真正的集体威胁发生时，国际社会又必须依赖这些作为代理者的国家军事干预。具有中立偏好的国际组织可以传递极具信息量的信号，因为该国际组织向胁迫国施加更具侵略性的国家（比如，一个意图威胁第三方国家的国家）所不愿承受的代价。国际关系学方面的文献当然意识到，国际制度往往在可靠承诺的条件下对国家施加颇具代价的约束，但是这些明确代价的概念化及其确定尚不完善。(Lake 1999; Martin 1992a)当胁迫是以国际组织的方式实施时，至少 4 种相互重叠的代价将会产生。

第一，当政策是以国际组织的方式实施时，一国的行动自由几乎总是有限的，因而会减少胁迫性代理者的自由裁量权。其他成员的偏好有助于确定可能的胁迫措施的范围，而且当胁迫国选择以国际组织开展工作时会接受这些范围。事实上一旦一国选择以国际组织而行事，它面临着获得一定支持的任务，因而被迫将一系列有限的、可拥护的目标推上台面。例如，有关 1441 号决议美国最初的草案——最终在伊拉克重新设立了检查机制，在并无合作的情况下以“严重后果”相威胁——已经淡化了，消除其他安理会成员国将会否决的规定，如有关“执行”更为具体的授权以及颇具挑衅性的要求，即五个常任理事国中任何一国所派遣的代表都属于检查组。(Blix

2004:76—79)

第二，胁迫国面临着组织成本——包括沟通、讨价还价、达成共同立场的成本——当它们以国际组织而行事时。(Olson 1965:47)这些是交易成本的一种形式。对外政策的任何多边方法会增加决策以及政策执行的成本。这些因政治因素以及“影响成本”(influence cost)而更加复杂，因为每个行为体都寻求按照自身利益塑造组织的决策。在波斯尼亚，数年中欧洲人和美国人奋力实施一项连贯的计划，因为每个政府都寻求以自身利益塑造政策。最后如讨价还价的一位分析家所总结的，“美国政府往往与欧洲人达成妥协，或给予照顾性考虑，采纳与其自身政策偏好不符的政策”，以便保留北约的认可。(Papayoanou 1997:92)选票交易或许是在国际组织的背景下达成共识的另一种成本。

第三，延迟在某种程度上是前两种成本的产物。与不太正式的多边方法相比，国际组织的批准涉及投票以及一个结构化的决策过程。这便需要一种开展外交以及等待政策批准的意愿。

第四，以国际组织开展工作的做法增大了使干预国家受制于甄别的程度。国际组织增加了透明度，需要更加公开的对行为的论述，因而国际社会有能力掌握在其支持下开展工作的一国的行为，当它们准备或实施干预时。此外，在国际组织内部发生的信息与话语交流往往揭示出有关国家偏好及其计划性行为的信息，导致国际层面更为有效的监督以及高质量的信号传递。(Wallander 1999; Keohane 1984)国际组织中成员国的多样性是关键。不像单边努力或具有相似利益的特别联盟，大多数国际组织包括具有不同利益的国家。这些国家会以挑剔的眼光注视着胁迫国。这种甄别几乎不言自明地导致更为真实的信号传递。(Lupia and McCubbins 1994b:368)

笔者将这些不同的成本一概称为*约束的成本*，使得胁迫国当选择以国际组织的方式开展工作时可以传递富有意义的信号。胁迫国表现出克制以及让渡某些控制、不愿做某些更具威胁性的“类型”的事情的意愿。这使第三方国家倍感安心，反过来第三方国家不太可能采取政治报复或反对干预。

然而，即使其他国家领导人判定对胁迫性政策的支持符合其国家利益，若如此他们也可能面临着国内障碍；他们必须使其公众确信对另一国使用武力的支持是正当的。国际组织的同意，以及把与政策相关的信息传递给海外的国内公众，有助于克服这一额外的难题。

虽然国际关系学者日益关注国内公众如何影响国家利益以及政策的问题[5]，然而海外国内公众的角色并未得到充分理解，应该被视为重要的战略玩家。相对于其领导，公众毫无所知。对于既定政策的原因与政策及其潜在的后果之间的关系他们并不确知。在另一国胁迫的情况下，他们并不知道政策是否正当以及服务于多边利益，或是否涉及将会产生意料之外的国际影响的自私目标。国际议题往往并不突出，而且每个个体对对外政策都有微不足道的影响，因而公众几乎没有搜集对外事务信息的动机，也没有仔细考量国际事务的动机。因此若个体很大程度上仍对国际政策事务无知，那么这完全是理性的。

然而无知并不意味着漠视。公众也寻找“信息捷径”以评价国际问题，而且国际组织的认可也可以发挥这一功能。(Popkin 1991)相比于政府或特别联盟的诉求，国际组织的诉求更加中立，代表国际社会的态度，因而其所传递的政策信息更为可靠，因而更为广博。这就是立法机构中的异质性委员会的信息原理背后的基本原则，“在不确定性的情况下”，吉利根等人(Gilligan and Krehbiel 1989:463)写道：“委员会中利益的多样性提升了信息的效率。”每个公民，如立法者，会回应他们所收到的有关政策合理性和影响的新信息，而且以明智的方式更新其信念。(Shapiro and Jacobs 2000:224)

这一信息传递过程有助于国内民众确定值得支持的干预政策。

国际组织的同意通过信息传递过程使领导人更容易提供支持。如一位加拿大外交官所提及的:“普通加拿大人并不知道[对外政策]的细枝末节。这实质上是些象征。在国际组织同意的情况下,你几乎无需解释[对干预的支持]。”[6]在双层博弈文献的语言中,国际组织代理者所传递给国内公众的信息使国内的反对减小到最低程度,从而扩大了领导人国内“获胜集合”(win-set)的范围。(Putnam 1988)一般而言,这种信息逻辑提供了一种以规范为基础的标准解释的替代性方案,即为什么公众支持多边主义——尤其是以国际组织为中心的——而非单边主义。

安理会和伊拉克，1990—1991 年

1990—1991 年的波斯湾战争有助于阐明国际组织在军事干预时期的甄别功能。在 1990 年 8 月伊拉克入侵科威特之后,美国在联合国竭尽全力,以施加压力而最终将伊拉克从科威特驱逐,不断寻求安理会的解决方案。联合国的 12 份决议谴责伊拉克的行为并对其实施制裁,其中包括 678 号决议,授权联合国成员国“运用所有必要的手段”,此后才诉诸武力。最后的支持是广泛的,而且美国并未因战争而遭受严重的外交失败。37 个国家向此次联盟派遣了人员,20 个国家提供了军事装备。540 亿美元的财政捐款也送到美国手中。[7]

海湾战争期间外交的大多数观察者认为,美国诉诸安理会,并且在其同意的情况下而行动,从而有能力获得更多合法性及对其使用胁迫的支持。但是这一观察回避了重要问题。联合国为何以及如何有能力行使这一功能?为什么联合国对基本上由美国所主导的努力的参与会改变其他国家看待与应对事件的方式?甄别和信息传递的逻辑有助于我们解决这些问题。

在该事件的最初阶段,国际社会的确面临着逆向选择的问题,并

不确定是否“雇用”——也即提供默许或直接的支持——美国为其胁迫性代理者。最初,大多数政府和公众在美国干预的问题上各持己见。许多阿拉伯人视萨达姆为英雄,而且阿拉伯公众并不愿意西方军队进入该地区。(Lesch 1991; Heikal 1992:225—226)甚至面临着伊拉克侵略最直接威胁的沙特阿拉伯国王法赫德也极不情愿接受美国的帮助。如穆罕默德·海卡尔所阐明的:“在位 8 年的他从未面临如此艰难的决策……沙特阿拉伯人的天性反抗着接受美国帮助的压力。”(Heikal 1992:213)非阿拉伯领导人也不再希望美国援手。戈尔巴乔夫在支持美国方面面临着强大的国内反对,在沙漠盾牌期间他告知老布什,他“期望美国从沙特阿拉伯撤军的迫切心情如同其期望伊拉克从科威特撤军的心情一样”(Beschloss and Talbott 1993:262)。法国曾经是伊拉克最重要的西方盟友,像许多其他国家一样面临着重大损失,因贸易中断与石油禁运(Terasawa and Gates 1993:182—183)。

总而言之,对领导人和公众而言,潜在的美国军事行动符合国际社会的利益并非是显而易见的。该案例表明安理会进程对美国施加了颇具代价的约束,从而有助于减少领导人对美国野心的担忧,而且联合国的同意有助于克服许多国家的国内反对意见,促进了其政府对干预的支持。

甄别美国的意图

当美国盘算使用胁迫使伊拉克从科威特撤军时,美国必须考虑唯一超级大国的军事实力进入世界上政治敏感地区的可能反应。海湾地区的国家真正关切其主权以及美国军事影响的侵害,然而海湾地区之外的国家担忧由此确立的先例及其在海湾地区的利益。对于许多领导人而言,美国的武力炫耀在本质上是凶险的、令人不快的。当美国寻求同意,将一些决策让渡给联合国时,这向国际社会发出强烈的信号，即美国有有限且维持现状的目标，也即扭转伊拉克入侵的局面。

美国以安理会为渠道实施胁迫，承受着有助于表达其意图的代价。除了组建多国部队所产生的行动和后勤方面的困难之外，美国政治和军事领导人在政策变化或者延迟、所追求的胁迫目标的程度方面面临着许多真正的约束。美国行为也受制于高水平的透明与审查。所有这些限制都是因联合国开展工作而产生或加重的。老布什政府受到安理会、由每个阶段寻求同意所导致的迟缓与有条不紊的决策过程的约束。如一位老布什政府的高级官员所痛惜的，“当你试图使人员到岗时，你必须听它们的”(*Newsweek*, October 1, 1990: 20)。这反映了寻求国际组织同意所付出的影响成本。

美国特定政策的两个阶段被延迟和修改了以安抚安理会：对伊拉克实施首个禁运的决议、开展沙漠风暴行动的决议。8月6日通过的661号决议对伊拉克实施贸易禁运。但是第一次实施措施直到8月31日才落实。尽管美国——与英国，其海军也积极地巡逻波斯湾——从一开始愿意而且有能力实施联合国对伊拉克的禁运，但是数周内这些船只仍可通过海军封锁。美国决策者面临困境，如国家安全顾问布伦特·斯考克罗夫特(Brent Scowcroft)所描述的：

> 问题是，我们采取单边行动以阻止它们，还是等待且试图获得联合国的另外授权呢？对此我们与英国人展开了冗长的讨论，当然撒切尔夫人说驱逐船只……詹姆斯·贝克坚持让我们等待。他使总统认为我们失去了苏联人(仍然坚定地反对使用武力)以及安理会在实施问题上投赞成票的机会，如果我们继续单边行动。(Bush and Scowcroft 1998:351—352)

鲍威尔(Colin Powell)、切尼(Dick Cheney)认为，由于政治原因它们应该等待联合国的同意(Woodward 1991:284)。法国和苏联认为，仅仅661号决议不足以授权实施禁运；苏联特别是个重要障碍，延迟了一项同意武力的新决议(*Toronto Star*, August 25, 1990: AI)。最终,8 月 25 日安理会通过了 665 号决议,授权使用武力,以禁止拒绝停下来接受检查的以伊拉克为目的地的船只。

对美国而言,等待联合国同意以实施禁运的做法是颇具代价的。当然当时物资正运往伊拉克。首先是可信度问题,因为犹豫不决会提出有关美国决心的问题。(Freedman and Karsh 1993:147)此外,等待另一项决议的做法很可能使美国和英国丧失灵活性,即由撒切尔夫人所表达的但事实上并非空穴来风的担忧。(Thatcher 1993: 821)中国、苏联、法国担心美国的禁运行为会引发战争,坚持决议采用严格的措辞,不仅仅表述"最低限度的武力使用"——美国惯用句法,几乎有无限的解释——反而详细地说明仅仅"与具体情况相对应且必要"的措施才得以使用。此外,一些证据表明中法苏三个国家明确将 665 决议视为一种限制美国使用武力的方式。[8] 如一位记者当时所提及的,"苏联希望尽可能地使美国在海湾地区的军事行动受到许多约束"(*The Independent*, August 27, 1990:7)。

对美国决策者而言,下一场大辩论——与延迟——是有关沙漠风暴行动的。撒切尔对老布什重申,回到联合国进行讨论是十分冒险的;她担心这会过度约束美英两国。为了寻求更进一步的决议,"我们冒着修订的风险",因此最好"按照我们自己的主张发动战争"(Bush and Scowcroft 1998:384)。最后,美国从伊拉克入侵开始等待了 4 个月,直到 11 月 29 日 678 号决议才授权使用武力。在美国甚至提出一项决议之前,相当多的外交与磋商已展开了。尽管谢瓦尔德纳泽(Shevardnadze)和贝克早在 11 月 8 日针对决议可接受的措辞已经达成一致,而且戈尔巴乔夫在 11 月 19 日的会议上告知老布什自己会投决议的赞成票,但是苏联人在整个 11 月都坚持给予外交更多的时间。(Freedman and Karsh 1993:230—232)甚至当安理会投票日期已然确定时,美国也希望对伊拉克撤军确定一个相对限时的最后期限,但是苏联和法国建议以“为和平而暂停”为通过决议的条件。苏联要求1月31日为截止日期,法国妥协地选择了1月15日。美国决策者更偏爱一种更为灵活的方法,因而“宣”战的观点代表着一种约束。(New York Times, November 14, 1990:A1)

由于两个方面的原因,延迟对美国军事策划者、决策者而言颇具代价。第一,延迟使得萨达姆有机会备战。布什在1月初清楚地表达了其担忧,即“在逝去的每一天萨达姆的军队都在加筑防御工事,向科威特更深入地推进。我们冒着在世界上最珍贵的通货——人类生命——方面付出更高代价的风险,如果我们给予萨达姆更多的备战时间”[9]。尽管美国军队需要一部分时间以调遣军队和设备,但是等待的时间很可能超过了最佳时间段数周。延迟的第二个潜在的成本便是在政治领域。包括国会内部在内的反战运动从1月开始不断发展。因此从国内政治立场来看,延迟是老布什最不愿看到的,几乎使其付出沉重代价(Mueller 1994:59—60)。在国际上一些人担心,长时间的联盟是难以维系的。在《华盛顿邮报》的一篇社论中,亨利·基辛格警告,“随着伊拉克入侵所带来的情绪逐渐消失,战争的‘心理基础’便会随着时间减弱”,而且当时正在进行的广泛外交努力则会“因耗费时间而有损军事选择”(Washington Post, November 11, 1990:B7)。

然而,这场等待在政治上是重要的:它满足了希望进一步探讨外交解决办法的欧洲国家,也使得阿拉伯国家探究“阿拉伯解决办法”。它也发出信号,即美国愿意受到约束,以调和他者利益的方式着手处理冲突。

当美国2月28日宣布停火时,反应是喜忧参半的。萨达姆依然执政,再多一两天的战斗将会摧毁更多的伊拉克设施,俘获成千上万的更多伊军。这些失败的迹象导致了战后的控诉,即联盟甚至并未成功。美国领导人以此限制其目标,某种程度上因为他们感觉受到联合国授权的约束，不愿冒险丧失授权。老布什知道坚持联合国授权是颇具代价的，因为战前的民意测验表现出公众推翻萨达姆的强烈意愿。(Mueller 1994:41—42, 545)对于老布什而言："我坚信我们不应该挺进巴格达。如联合国决议所规定的，我们所表述的任务是项简单任务——结束侵略，把伊拉克军队赶出科威特，使科威特领导人重新执政。占领伊拉克……将会使我们超越决议所授予的国际法的许可。"(Bush and Scowcroft 1995:464)乔治·W.布什证实其父亲受制于决议，仅仅将萨达姆赶出科威特。(Woodward 2002:329)以追求更具野心的目标而摆脱联合国保护的做法将会冒有疏远世界上一些国家的风险，而且一系列更具扩张性的目标——最初曾被有所考虑，但是当联合国路径选定后被放弃了——将会被解释为具有侵略性和威胁性的。

联合国的介入及其所传递的信号对于不同的第三方国家在不同方面是重要的。阿拉伯国家领导人特别关注冷战结束之后美国和以色列的影响，对西方干预的前景"深感恐惧并怀疑其隐秘动机"[10]，包括对当地资源的开采以及巩固在该地区政治主导地位的愿望。[11]戴维·莱克(David Lake 1999:235—236)指出，科威特、沙特阿拉伯等最直接受影响的国家被要求放弃独立的对外政策并在美国军事存在期间有效地屈从于保护国的地位。此外，包括推翻萨达姆在内的战争目的是其他阿拉伯国家完全无法接受的。因而自愿接受的克制以及有限的目标对美国而言是关键性的，以避免该地区其他国家的政治抵制。

该地区以外的其他国家因稍微不同的原因倍感担忧。法国人希望萨达姆政权依然执政，而且伊拉克也不被过分地削弱，以便于其贸易关系在根本上依然完好无损。在将欧洲输给西方之后，苏联人对美国在中东的动机、长期目标有着真正的政治、战略担忧。中东是冷战期间的重要战场。(Alexandrova 1991:233—234)如一位外交部官员早在僵持阶段所抱怨的，“并无保证的是，在危机结束之后美国会离开沙特”(*New York Times*, August 31, 1990：A13)。因而美国以直接外交，特别是安理会的方式准许苏联相当多地控制决策。(Baker 1995：396—410)将某种自主性让渡给安理会的做法向更广泛的国际社会传递出一种重要信号，即美国的偏好使其成为一位值得信赖的胁迫性代理者。

克服公众反对

从美军开始抵达到防卫沙特之时，国际社会的领导人在决定是否支持一个由美国所领导的潜在侵略力量方面面临着严峻的国内政治问题。11月，美国的所有欧洲盟友(除英国之外)、加拿大以及日益形成联盟的所有阿拉伯国家都以安理会决议作为支持使用武力的条件。这有助于其将对战争的支持“贩卖”给其国内民众。显然美国决策者考虑到国外民众，当他们以安理会开展工作时。斯考克罗夫特认为，联合国“掩盖了我们努力的可接受度而且动员我们希望所建构的原则背后的世界舆论”(Bush and Scowcroft 1998：491)。

阿拉伯与穆斯林世界的国内民众疑虑重重。西方对中东的军事介入是个敏感问题，激起了殖民主义的记忆，引起对阿以冲突的关注。这使许多中东领导人难以公开支持美国的干预。事实上，甚至在最初入侵之前即伊拉克在科威特边境集结部队之时，阿拉伯领导人便恳请美国低调行事。他们担心美国相对强硬的反应仅会恶化局势。(Freedman and Karsh 1993：51)在伊拉克入侵之后，没有一个阿拉伯国家敢于公开呼吁西方支援；甚至科威特对国际援助孤注一掷的呼吁因“阿拉伯解决办法”的明确偏好而受到限制。

在阿拉伯公众中甚至那些反对伊拉克侵略的人士都将美国的角色视为一个单独的问题，对此强烈反对。(Heikal 1992：239)“对于许多阿拉伯人而言”，一位地区专家解释道：“美国军事存在的前景使政治争论由伊拉克侵略的问题变为西方新殖民主义的问题。”(Lesch 1991:37)对于阿拉伯领导人来说,同样重要的是动员反对集团。这些集团大多数是伊斯兰教徒,而且其立场最初因美国的介入而强化了。(Azzam 1991:478—479)萨达姆将斗争描述为反美、反以色列,从而煽动这些情绪。一些阿拉伯领导人相信美国干预并不会带来威胁,希望提供支持,因而在国际政治和国内政治之间难以抉择。海湾战争时期对阿拉伯民意的一项研究表明,阿拉伯政府事实上受到国内态度的约束,据此调整其政策。(Pollock 1992)

然而尽管受到了强烈的反对,“关于西方在海湾地区的军事存在会点燃‘阿拉伯街头’的预测在很大程度上失败了”(Lake 1999:243, fn.173)。一旦埃及、叙利亚以及沙特阿拉伯等重要阿拉伯国家认定好战的,甚至更为强大的伊拉克所在地区的风险太大而无法容忍,而且西方干预完全没有威胁,那么这些国家的领导人会遵循美国的领导,并发起以多边干预为中心的“协调性信息运动”(Telhami 1993:194)。埃及总统穆巴拉克告知其国民,萨达姆“以一人之力对抗世界”,而且其支持干预的政策也得到了84%的埃及人的支持。[12] 支持胁迫的政府有能力使萨达姆无法强加自己对事件的解读——如伊拉克与美国的冲突。显而易见的是,甚至在危机期间那些支持萨达姆的政府也赞成联合国的制裁,欢迎联合国的介入。

该地区之外的领导人所面临的国内政治挑战在性质上截然不同,但是同样重要。特别是苏联是一个重要伙伴——事实上苏联可能是唯一一个美国绝对需要获得其同意的国家。然而戈尔巴乔夫及其外长爱德华·谢瓦尔德纳泽面临着各种国内危机,使其坚称任何可能的军事行动的决策必须由安理会决定。(*Washington Post*, November 9, 1990:A1)戈尔巴乔夫承受着右派的巨大压力,使苏联政策脱离美国广泛的影响。(Fuller 1991:58)支持对伊拉克实施军事胁迫的前景也激起了当时被视为亲美派的谢瓦尔德纳泽和苏联对外政策中阿拉伯民族主义者之间的激烈争论。(Alexandrova 1991：232—233；Fuller 1991：58)特别是因为苏联和伊拉克在冷战时期是亲密的盟友，苏联公众并不认为美国入侵伊拉克符合其国家利益，而且美国试图拉苏联入伙的外交努力也因国内反对以及国际因素而落空。(Baker 1995：282；Beschloss and Talbott 1993：247)在与贝克的谈话中，戈尔巴乔夫准确地指出："你们正要求苏联同意美国对苏联的长期盟友使用武力。"[13]底线是，苏联的任何团体不会料想支持"美国"的军事行动。

最后，戈尔巴乔夫以及谢瓦尔德纳泽指望安理会的同意，将对公众的工作定位为集体任务，从而有能力维系足够的国内支持。联合国成为苏联政策的焦点。例如，几乎在沙漠盾牌行动一经宣布之时，苏联外交部发言人就评论道："许多年的经验表明，在冲突情况下最正确、最理智的行动方式是集体努力以及联合国机制最大限度的使用……我们支持安理会解决这一最紧迫的问题(伊拉克入侵科威特)。"(Freedman and Karsh 1993：125)把胁迫伊拉克与联合国挂钩的做法表明了集体利益危如累卵，因而能够使一个重要国家支持政策，从而缓和了国内的反对。

许多西方领导人也有赖于联合国，以使其支持在政治上成为可能。一位观察者说道："除非在联合国的支持下，否则法国不会卷入海湾地区。"(Connaughton 1992：106—107)尽管密特朗(Mitterrand)认为从法律角度第51条款应该是足够的，但是他却并不认为这项条款向其国内公众提供胁迫的正当性。"第51条款并不介意公共舆论"，他对贝克解释道。"五千五百万法国人并不是国际律师。我们需要这个决议(以授权使用武力)，从而确保其所承担的后果。"(Baker 1995：315)在支持军事行动方面，日本、德国也面临着文化和宪政障碍。为了在法律与公共舆论方面使其对联盟的支持具有正当性，政府将干预视为联合国保护下的集体努力。[14]

2003年伊拉克战争并未得到安理会授权。对海湾战争与伊拉克战争的国际公共舆论进行有用的比较是必要的。在海湾战争中，70%的西欧人支持干预[15]，然而2003年1月接受民意测验的欧洲人中仅19%支持伊拉克战争。[16]联合国的授权似乎在后者中是个关键变量。当被问及美国在没有联合国同意的情况下是否应该军事干预伊拉克时，30个欧洲国家中仅一个国家（斯洛伐克）的多数人赞成。当被问及其国家是否可以在安理会授权的情况下参与军事干预时，多数赞成的国家达到15个。[17]2003年1月的盖洛普国际民意测验表明几乎没有人支持战争。当被问及其国家是否应该支持战争时，仅美国和澳大利亚的多数民众肯定性地回应；在其余37个国家中绝大多数的支持并不存在。然而联合国授权的前景使大多数欧洲国家对战争的支持率提高了30%—50%，加拿大是46%，澳大利亚是56%，新西兰是52%，印度是29%，尼日利亚是35%。[18]

在这两场战争中，甚至当政府领导人判定支持干预行动符合其国家利益时，他们也经常面临国内反对。一份报纸曾概括1990年8月末的欧洲局势，然而对伊拉克的一致谴责是史无前例的，“国内政治困境以及对于跟随美国的警惕依然导致在没有联合国保护的情况下关于军事行动问题的分歧”（*The Independent*，August 25，1990：7）。安理会的同意是说服这些公众最强有力的工具，即胁迫性政策是正当的，是值得支持的。如一位土耳其政府官员所提及的，将2003年伊拉克战争与海湾战争相比，“决议给予我们一些在国内产生影响的东西；在2003年伊拉克战争中我们恰恰没有这一决议”[19]。

1990—1991年期间，无数联合国决议的通过使领导人向全世界公众将干预描述为对共同威胁的合理回应。安理会的异质性——当时非常任理事国包括加拿大、哥伦比亚、埃塞俄比亚、芬兰、科特迪瓦、古巴、马来西亚、罗马尼亚、也门以及扎伊尔——使得老布什可信地指出：“各个民族在共同的事业中聚集在一起。”（State of the

Union speech, January 29, 1991)其他国家领导人在公开场合也表达了相同的主题,因此公众广泛地支持对伊拉克使用武力,是对此信息的回应。安理会提供了其中立的同意,有助于公众从不理想的干预政策中遴选出合适的干预政策。

制度差异和择地行诉

当然,国际社会几乎没有控制一个潜在的胁迫国是否选择以国际组织开展工作——胁迫国单边或以意愿联盟的方式而行动。此外,胁迫国有时选择国际组织。这些选择本身传递着信息,对国际社会甄别胁迫性政策的能力颇具意义。在这一部分笔者以理论观点的逻辑解决两个问题。首先,在什么情况下一个潜在的胁迫国家会选择通过国际组织开展工作?其次,当以国际组织为基准的行动方案已经敲定,胁迫国如何选择有效的组织?

迄今为止笔者认为正式的国际组织拥有不同于国家利益的某种中立,以此解释其作为见闻广博的代理者的能力。然而,我们应该更准确地将制度中立视为因制度而有所不同,包括在国际组织本身中。尽管投票规则、官僚自主性、国家影响的非正式根源等重要变量显然存在着,然而笔者以成员国之间偏好的分配界定制度中立。笔者认为,军事胁迫期间一项制度的甄别权极其有赖于其相对于潜在的胁迫国利益的独立性及其对国际社会利益的代表程度。

从胁迫的代理者视角来看,随着制度中立性的增大,受到的约束也是如此——政策更可能被延迟、修改或者完全受阻。这些成本相当程度地是由政治收益所反映的:制度的中立性越大,该制度对于国际社会委托者而言就越见闻广博,而且使用武力的政治成本也就越低。因而依据偏好分配所界定的制度差异有助于解决择地行诉的其他问题。每项制度选择都提供成本和收益(在此笔者将多边主义视为一种非正式制度形式)。

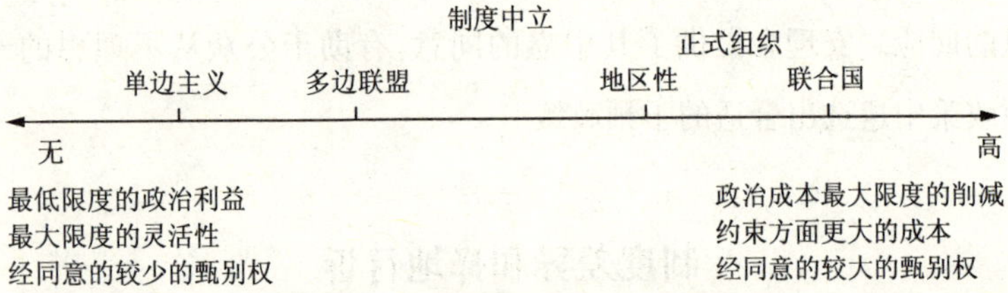

图 8.1 差异在制度中立中的意义

图 8.1 描绘了诸多权衡问题,涉及或多或少中立性的制度的授权、代表完全没有独立授权的单边主义。单边主义使胁迫国保留完全自主性但是无助于降低国际政治成本,因为单边行动的选择向国际社会表明胁迫性政策是受自私的目标所驱动的。这会被视为一种负面的甄别。因此,我们预料当胁迫国需要最大限度的灵活性,或者它们预期胁迫的国际政治成本低时,或者两者兼有时会产生单边主义。特别的多边主义是一项中等策略:志趣相投的国家并不会过多地约束胁迫国,也不会被视为国际社会公正的代表,因此"意愿联盟"仅会产生适度的政治收益。由于其固定的成员资格,正式国际组织最为中立,因而是国际社会最为见闻广博的制度。他们是最为有效的正面的甄别代理者。从胁迫国的视角来看,正式国际组织的介入会降低国际政治成本但是(很大程度上因为)它也施加约束。

这些权衡都体现在两个其他条件不变的命题下,确立了胁迫国寻求国际组织同意,而非其他选择更为一般的条件。首先,它们越不重视灵活性(如它们对约束的成本不太敏感),胁迫国越可能诉诸国际组织。其次,预期的国际政治成本越高,胁迫国越可能诉诸国际组织。当两个条件都满足时,国家便极有可能通过国际组织确定政策。两个例子——1989 年入侵巴拿马(单边行动而没有国际组织的同意）以及 2003 年伊拉克战争（多边行动，但没有国际组织的同意）——说明了这个逻辑，提供了与 1990—1991 年海湾战争形成鲜明对比的案例。

在巴拿马的单边主义可以由对灵活性的高度重视以及对政治成本的适度关切而解释。鉴于战略目标，逮捕曼纽尔·诺列加（Manuel Noriega），拯救关押的中情局特工，在其动手之前击溃巴拿马国防军——诉诸国际组织或者多边联盟颇具代价。这些战略目标需要迅雷不及掩耳之力。保密也是至关重要的，致使外交和磋商不切实际。（Woodward 1991：178；Powell 1995：428）此外，最明显可取的国际组织，美洲国家组织事实上行动迟缓。尽管美洲国家组织通过了一项谴责 1989 年 5 月选举的决议，但是它在接下来数月中也未能成功迫使诺列加下台，最终在更为具体的行动上无法达成一致。该选举是以欺诈为标志的，而后被诺列加宣布无效。（Felton 1989：2223）这些约束的成本都太高而无法支持。无论如何美国期望对其干预的反应相对缄默。该地区之外的大多数政府愿意让美国在其影响范围内随意行动。[20]拉美国家消极应对该干预，但是过于依赖美国而无法以有意义的方式实施报复。如一位学者所提及的，“老布什政府准备经受住无法避免的抗议，因为这些抱怨者既不能也不愿使得美国付出任何有形的代价”（LeoGrande 1990：619）。

另一方面，中东对美国而言是一个更为敏感的地区。在 2003 年伊拉克战争爆发之前，决策者事实上担心国际社会的强烈反对，因而在数月内试图获得安理会的明确支持。然而，美国并不愿意放弃灵活性——就颠覆萨达姆政权的延迟和限制而言——而且这最终使安理会的同意成为不可能。对国际组织所施加的约束的厌恶可能有两个方面的原因。首先，最近吸取的教训来自对科索沃的干预。在科索沃问题上北约成员国不断争吵，最小公分母的政策是一以贯之的。其次，“9·11”袭击事件加深了美国的脆弱感。

如戴维·马龙(David Malone)所提及的,“这会使美国更加敌视联合国以及其他约束美国权力的努力”(Malone 2003:76)。甚至在阿富汗,小布什政府也拒绝安理会明确授权干预,“以保留尽可能多的行动自由”(Malone 2003:76)。尽管对海湾战争时国际政治反应的担忧仍然很大,但是美国并不愿放弃灵活性。美国白宫不愿获得国际组织的授权,反而努力建立联盟,强调其范围和介入,以实现某种政治掩护。

如图 8.1 所示,国际组织本身之间的选择代表了连续体所面对的权衡的缩影。以立法机构中委员会信号理论为基础,图 8.2 以图表的形式表现了国际组织成员构成中的三种差异。假设胁迫国比国际社会的中间成员(其偏好以大体上正常的方式分配着)更支持干预,胁迫国对国际组织的选择将决定着多少信息会被传递给外国领导人和公众。图 8.2a 代表了国际组织成员资格既是异质又具代表性的情况,体现了与国际社会的中间偏好相匹配的中间偏好。在安全事务中,安理会恰好满足了这些特点。

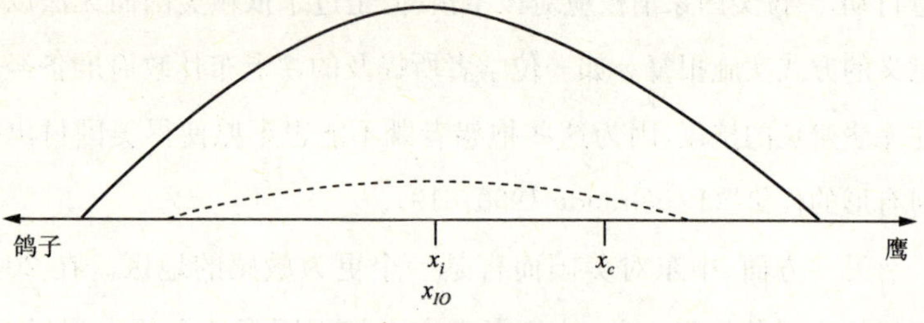

a. 具有代表性(适度)偏好的异质性国际组织

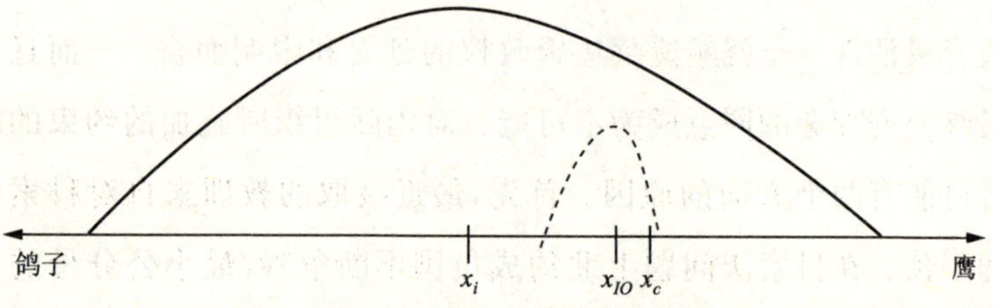

b. 具有异常(鹰式)偏好的同质性国际组织

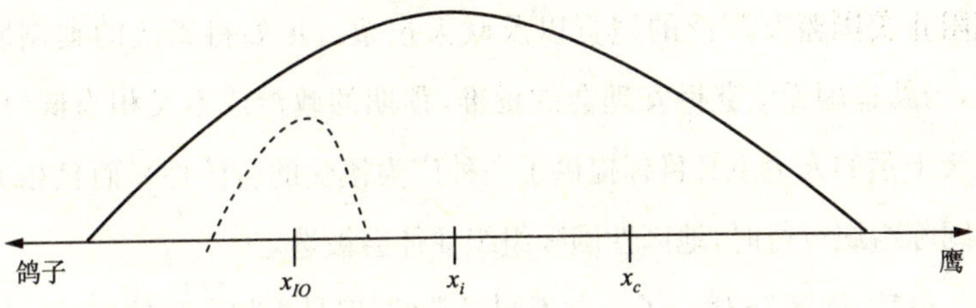

c. 具有异常（鸽式）偏好的同质性国际组织

x_i＝国际社会中间成员的理想点
x_{IO}＝国际组织中间成员的理想点
x_c＝胁迫国的理想点

图 8.2　军事干预方面偏好的分配

国际组织中间偏好与胁迫国的理想点之间的差距表明，国际组织独立于胁迫国；国际组织中间成员的理想点与胁迫国的理想点的接近意味着，向第三方的信息传递是有效的，也即国际组织充当着国际社会见闻广博的代理者。通过这种国际组织施加胁迫可能使颇具代价的约束成为必要——包括政策完全受阻的可能性[21]——但是也会产生有关意图及其政策后果的高质量信息。简而言之，胁迫国放弃大部分权威以换取由国际组织甄别权所带来的最大限度的政治收益。

图 8.2b 代表了另一经典案例。国际组织成员身份相对同质，而且尽管它们一般不如胁迫国那么强硬，但是其中间偏好也更接近胁迫国而非中间委托者的偏好。[22]因为它们并不像表 8.2a 中的国际组织那样具有代表性以及中立，所以胁迫国有能力保留更多的灵活性，并且更可能获得与其理想点相接近的结果。如果以国际组织实施胁迫，那么一些信息将会被传递给国际社会，然而作为降低国际政治成本的机制，这种选择不太有效。这也解释了为什么美洲国家组织以及北约等地区机构在使美国干预合法化方面具有有限的能力。(Slater 1969)东加勒比国家组织对 1983 年入侵格林纳达的授权也未

能阻止美国盟友广泛的谴责以及联大投票。正如科索沃的案例所示，当胁迫国无法获得安理会的批准，预期的政治成本又相当低（科索沃干预的人道主义目标提供了一种广为接受的合法性），而且相关的国际组织可行时，地区性国际组织往往会被选定。

最后，图 8.2c 代表了一种不同寻常的（但是貌似合理的）案例，是有关委员会构成规则的例外。在立法机构的背景中，克雷比尔意识到由偏好不同的国家组成的同质性委员会或许会发表与预期不同的声明。在这个案例中，这个信号特别富有信息，而且有效甄别的可能性也很大。例如，如果一个农业委员会提议减少津贴，或者一个国防委员会提议削减军费开支，这向与会者传递了明确信息，即这些政策是合理的。（Krehbiel 1991：83）国际关系学中的类比或许是阿拉伯联盟支持针对一个阿拉伯国家干预的案例。

胁迫国对制度方案的选择——从单边主义，特别是多边主义到诸多国际组织的选择——根本上是由其目标以及案例的情况所决定的，由此影响着胁迫国对上述成本以及收益的敏感度。然而值得注意的是，胁迫国受到既定案例中适当且可行的国际组织有限的约束。鉴于这些可行的方案，如果可能的话，胁迫国寻求以中立性制度而开展工作，但是再无其他的了。

总结

在军事干预时期，国际组织的核心政治角色便是充当着世界范围内领导人和公众的一个甄别机制。国际组织充当着国际社会的一个代理者，其功能是传递有关胁迫国及其使用武力的建议的信息。笔者对如下问题提出理论观点，即这种信息传递如何运行，而且大国为何以及在什么条件下通过国际组织实施其胁迫性政策——作为单边主义或者特别是多边主义的替代性方案——尽管这样需要付出代价。

考虑到其见闻广博的性质，国际制度的一个关键的制度特点便是其成员构成。异质性和具有广泛代表性的国际组织成员有能力提供被国际社会视为可信的信息，使其更有效地执行甄别功能。相比之下，地区组织以及意愿联盟并不如此中立，因而并非见闻广博。这些代理者的特性有助于解释广为观察的现象，即安理会作为国家使用武力方面政策的“合法化者”发挥着独一无二的重要角色。(Voeten 2005；Hurd 2002；Thompson 2006)如笔者的案例研究所表明的，在1990—1991年海湾战争期间，通过安理会开展工作，使美国有能力向其他国家领导人传递有关其意图的信息，向海外公众传递与其政策相关的信息，以及增加对其干预的国际支持的信息。

委托—代理理论在国际组织中的应用关注国际组织领域中数个“一贯的怀疑派”(usual suspects)。本书对其中一些国际组织有所涉及，如欧盟、世界银行、国际货币组织以及联合国专门机构。这些组织都十分重要，显然值得研究，但是它们并不具有代表性，因为它们通常是特别大且颇具影响的官僚机构。霍金斯等人明确指出，国际组织最好被理解为官僚机构。[23]在大多数将国际组织视为见闻广博的代理者的论述中——包括莉萨·马丁、马克·波拉克在本书中的章节——国际组织提供信息的能力取决于其独立职员的专业知识。然而如本章所示，为了理解作为代理者的国际组织，我们无需关注官僚机构。这一点很重要，因为许多国际组织缺乏重要职员，更不用说自主的官僚机构了。笔者对成员构成和偏好异质性的理论讨论表明了国际组织影响力的不同来源，应该有助于扩展我们对授权国际组织的理论性理解。

注释

1. 小布什总统在2002年9月联合国大会演讲时告诫，没有断然地处理伊拉克的失败将会致使联合国“毫无相干”。保守党籍专栏作家(Charles Krauthammer 2003)断言联合国“无能为力”,因其没有有效地解除伊拉克的武装,并预言联合国将会垮台。也参见 Perle 2003。

2.《联合国宪章》第 7 章授权安理会识别国际和平与安全受到的威胁,以外交与经济制裁而应对,若有必要将授权军事行动。《联合国宪章》的策划者意识到安理会在很大程度上有赖于成员国的军事力量,他们将这些力量视为可供安理会调遣的(第 45、47 条)。然而实践上,安理会并未执行指挥与控制的功能。

3. 国际组织所准许胁迫国家的权威是可撤销的,尽管一旦干预开始了,国际组织与其他国家几乎没有继续控制的机制。

4. 见阿博特等人(Abbott and Snidal 1998)的论述。对于国际组织独立性的进一步概念化,参见(Haftel and Thompson 2006; Thompson and Haftel 2003 以及本书的数章)。

5. 对于胁迫背景下的好例子,参见 Schultz 2001。

6. 作者对加拿大高级外交官的采访,2003 年 11 月 14 日。

7. 关于军事捐献,参见 Lake(1999:208—210); Matthews(1993:313—315)。对于财政捐献,参见 Terasawa and Gates 1993, and Freedman and Karsh(1993:358—361)。

8. 关于 665 号决议通过的更多信息,参见 Freedman and Karsh(1993:143—150)。

9. 1991 年 1 月 5 日,乔治·布什针对海湾危机的全国广播讲话。http://bushlibrary.tamu.edu/research/papers/1991.

10. Khalidi(1991:167)。也参见 *Los Angeles Times*, August 31, 1990:A6。

11. Azzam 1991:481.例如,沙特国王法赫德怀疑美国试图设立其他军事基地(Heikal 1992:212)。

12. *New York Times*, November 8, 1991:A1;“民意测验表明多数埃及人支持政府的政策”,Xinhua Overseas News Service, January 20, 1991(accessed via Lexis-Nexis),援引自美国开罗商会所进行的一项民意测验。

13. BBC Television, Washington Version, January 17, 1992,转引自 Freedman and Karsh(1993:231)。

14. *The Daily Telegraph*, September 10, 1990:12; Purrington and A.K.(1991:318).

15. Gallup poll conducted in October 1990, summarized in *the Washington Post*, October 25, 1990:A31.

16. EOS Gallup Europe, “International Crisis Survey,” available at www.eosgallupeurope.com/int_survey.

17. Ibid.

18. “Iraq Poll 2003,” available at www.gallup-international.com/surveys.htm.

19. 2003 年 11 月 13 日,我在纽约与土耳其外交官的面谈。

20. 总而言之,美国决策者假设西半球的干预在政治上没有那么多代价。2000 年 1 月 11 日在华盛顿笔者与美国国务院官员的面谈。

21. 事实上,甚至安理会中最强大的成员国美国在一些情况下因否决权或威胁而受阻,最近的例子体现在科索沃与伊拉克。在后者的案例中,美国也并未获得决议通过所需的 9 票门槛,反映了安理会的多样性与独立性。

22. 多边联盟的图解最像图 8.2b 中的国际组织,尽管多边联盟没有那么多的偏好差异,而且其理想点更接近胁迫国的理想点。

23. 有关国际组织自主性根源的官僚机构的论述,参见 Barnett and Finnemore 1999。

第九章
尽职的代理者、缺乏控制的行为体或两者兼有？世界卫生组织和世界贸易组织的人事、投票规则以及懈怠

安德鲁·科特尔、苏珊·彼得森*

如今国际组织似乎毫无朋友，却有许多批评者。国际组织的批评者轮番将其描述为美国以及其他大国愚蠢的工具(Mutume 2005; Oatley and Yackee 2000)，或者是缺乏控制的行为体。这种行为体逃避创建和组成它们的国家的控制，威胁着国家主权(Miller 2005)。正如本书的多数章节所说的，我们反对诸如此类过于简单化的论断。一些国际组织的制度设计使其从事其成员国并不期望的行为，然而其他国际组织则被过度限制，无法拥有诸如此类的独立性。不过甚至那些有能力懈怠的代理者往往按照其委托者的设想而行事。2003年世界卫生组织史无前例地直接警告旅游者远离“非典”严重爆发的国家。然而在此前及其后以及大部分的历史中，世界卫生组织的职员避免违反与其成员国的契约。近年来相似的是，世界贸易组织上

* 我们感谢该项目的编者及其他参与者，特别是如下同事：凯伦·奥尔特、玛莎·芬尼莫尔、埃里卡·古尔德、戴伦·霍金斯、韦德·雅各比、戴维·莱克、莉萨·马丁、乔纳森·默瑟(Jonathan Mercer)、丹尼尔·尼尔森、希瑟·斯库利(Heather Scully)、迈克尔·蒂尔尼。

诉机构(Appellate Body, AB)准许非国家行为体在其争端解决过程的资格,尽管成员国显然将国际组织视为逾越其权威。然而像世界卫生组织一样,世界贸易组织的行为事实上是规则的例外;世界贸易组织通常来说大致按照其成员的意图执行其授权的功能。

在何种条件下国际组织会懈怠呢?也即,什么因素决定着何时国际组织的管理层——其"支持性的管理机构"(Abbott and Snidal 1998:4),是由授命促进成员国协调以及执行国际组织命令的人员构成——采取委托者所并不期望的独立行动呢?近来委托—代理理论在国际组织的应用表明,代理者的制度设计会影响其自主性以及其懈怠的可能性。如霍金斯等在导论中所提及的,委托者以各种控制机制——自由裁量权的最初授予、监督与报告的要求、甄别与选择机制、制度性制衡和制裁——安排代理者的意图,确保其符合委托者的偏好。我们的分析支持这种一般方法,但是表明许多委托—代理理论的应用没有明确对其观点的两个关键性分析步骤之一或两者进行理论化。

首先,代理者是否懈怠很大程度上取决于其偏好。委托—代理理论一般将代理者的偏好视为给定的,而且假设其偏好与委托者的偏好相冲突。然而如迈克尔·巴奈特等人(Michael Barnett and Martha Finnemore 1999:705—706)所指出的,这是个颇成问题的假设,因为"国际组织……通常由委托者(国家)创立,被赋予委托者所确定的宗旨。那么我们怎么能够归咎于先天的独立偏好呢"[1]?委托—代理理论对甄别与选择的关注表明了一个答案:国际组织的人事规则影响其偏好。特别是国际职员或者独立职员——与受命代表其自己国家利益的职员截然相反——可能形成不同于其成员国的偏好。

其次,委托—代理理论正确地意识到代理者是否懈怠取决于委托者共识的程度。如果重要的偏好异质性存在时,那么代理者能够利用分歧以推进自身的偏好。（Kiewiet and McCubbins 1991：26—27；Nielson and Tierney 2003a：249）然而，仅仅偏好异质性并不能表明这种差异是否或如何重要。控制的安排或投票规则协调着偏好异质性，限制委托者使用监管机制，从而影响代理者的自主性。

在本章中，我们解释何时国际组织会懈怠，思考它们何时实际上会如此做。我们首先分析授权契约中自由裁量权的授予。当国家授予国际组织以重要的自由裁量权而非具体规定细则以使代理者执行其责任时，那么懈怠是可能的。自由裁量权是必需的，但是并不是懈怠的充分条件。仅当其他两个条件满足时，国际组织才会逃脱其委托者的控制。首先，国际组织的管理层必须有不同于其委托者的偏好。这最有可能，当国际组织职员由国际人员而非由各国政府所赞成的提名者担任时。与此同时，形成某种认知共同体的独立职员不可能想看见其组织以及任务的成功毁于一旦。由此国际职员也许、往往的确自我克制，倡导与其委托者一致的偏好。其次，具有独立偏好的国际组织是否有能力将其转化为懈怠，这在很大程度上取决于治理国家间关系的投票规则。通常，赋予相对少的国家以权力的投票规则会增强委托者的控制，限制懈怠；赋予许多国家以权力的投票规则致使委托者之间难以达成一致，因而一般会增大国际组织的自主性。

简而言之，我们提出两步法，先以人事解释偏好，而后以具有独立偏好的国际组织中的投票规则解释管理层执行偏好的能力。仅仅拥有国际职员且决策权威至少在多数国家手中的国际组织才有能力懈怠。然而甚至这些国际组织也不可能从事其成员国并不期望的行为，因为它们担心诸如此类的行为对使命与声誉的后果。

接下来的章节包括两部分。在第一部分我们提出自己的观点。我们简要讨论授权契约中自由裁量权的授予作为懈怠必要条件的重要性，以北约为案例考察人事程序和投票规则的影响。在第二部分，我们将理论观点应用到两个具有合适人事和投票规则的国际组织——换句话说，最可能懈怠的代理者——世界卫生组织和世界贸易组织。在这两个案例中管理层有能力以委托者并不希望的方式而行事，但是它们很少这样做。国际职业人员赋予管理层以变革的偏好。恰恰是这一因素使其无法惹是生非。

国际组织和懈怠

自由裁量权，“往往是[授权]契约最为重要的特征”(Hawkins et al.，本书)，是自主性的必要条件。如果委托者并未向其代理者授权任何自由裁量权，当然国际组织缺乏一种单方面违背其成员国意愿的能力。如果国家授予自由裁量权，懈怠或许会产生，但是并不必然如此。在简要讨论自由裁量权作为先决条件的重要性之后，我们关注两个解释性变量，即人事与投票规则。这两个变量决定着获授自由裁量权的国际组织是否有能力以国家所并不期望的方式使用自由裁量权。

当成员国草拟自由裁量权时，懈怠的机会便会首次发生。该权威授予具体规定委托者的目标，但是并不包括代理者为实现这些目标所采取的特定行动。诸如此类的自由裁量权或许包括代理者授权处理的问题范围、可行的政策工具，以及代理者使用这些政策工具所必须遵循的程序。(McCubbins and Page 1987：411—413)自由裁量权的授予造就了懈怠的机会；不同类型的国际组织——如法院、银行、监管机构或官僚机构——为国家提供不同的控制措施，为超国家制度提供促进其议程的不同战略。(Cox and Jacobson 1973；Tallberg 2000)在有可能概述最初授权方面，一个问题似乎是异常重要的：国际组织在没有成员国具体以及先前同意的情况下是否拥有履行其命令的权威。如果它们没有这种权威,那么代理者几乎没有机会从事委托者所并不期望的行为。

北约很好地诠释了这一点。国家向其代理者授予有限的权威,特别是在军事核心议题上,反而为代理者被期望以何种方式开展工作的问题形成一个规则体系。最重要的是,北约的管理层并不决定何时使用武力的问题;国家决定。实际上,国家个别地或通过北约最高决策机构北大西洋理事会(the North Atlantic Council, NAC)要求北约指挥者在确定目标及其他决策方面征得同意,从而依然牢牢控制着这些决策。(Clark 2001)委托者赋予北约秘书长权威以运用其影响力从而解决分歧,并提出北大西洋理事会所考量的议题(Jordan 1967: ch.2; NATO 2001: ch.10),但是在没有北大西洋理事会同意的情况下无法按照自己的建议而行事。北约人员协助军力部署、规范化、基础设施发展,研究议题,促进信息交流,确定共同标准与集体目标。在所有这些领域,当然北约管理层影响着委托者的偏好与行为,但是有有限的自主性。北约人员的所有建议反馈到成员国。成员国负责管理基金,彼此达成协议,而且直接将基金转移到其他国家。(Kay 1998:42)

那么毫不奇怪的是,北约几乎没有独立行动的余地,因为其创建者是以此设计的。考虑下北约与世界卫生组织、世界贸易组织之间的差异,如下所讨论的。国家授权世界卫生组织以权威以研究公共卫生威胁,在没有取得对具体建议同意的情况下公开传播信息。相似的是,世界贸易组织拥有裁决成员国之间贸易争端及其自行确定裁决程序的权威。像世界卫生组织、世界贸易组织这样的代理者比北约组织有更广泛的独立行动,这只不过是告诉我们,委托者希望这些国际组织享有更大的自主性。为了实现这一目标,国家有意将自由裁量权纳入授权契约中。那么有趣的问题是,获授重要自由裁量权的国际组织何时会懈怠呢?答案在于制度设计的其他两项因素，而且这两项因素不太容易受到委托者的操控。

首先，人事规则，即影响国际组织管理层所雇用人员类型的程序，决定着国际组织是否及在多大程度上发展出不同于其成员国偏好的偏好。这些规则因两种一般形式而不同：国家所支持的人员或国际公务员。

人事程序影响着国际组织有独立偏好的程度。[2]国家代表不可能形成独立于委托者的偏好，但是由授权代表国际组织的官员所组成的国际职员可能发展出不同的偏好。至少由于两个原因这是对的。首先，国际职员在其特定的领域更可能是专家，如公共卫生或国际贸易领域。拥有共同职业认同的人员可能关注国际组织的使命以知识或问题为基础的方面，发展出一种相似的“适当性逻辑”(March and Olsen 1998)，因为其职业角色成为其审视国际组织命令的透镜。(Alter，本书)适当性逻辑与服务于特定国际社会目标或者规范性价值观有关，使国际组织以有悖于成员国偏好的方式理解其工作。国际职员并不仅仅将自己视为国家的代理者，而且是国际社会的一员，授权监督国际社会的价值观。例如，世界卫生组织的职员或许逐渐将自己视为世界公共卫生的受托者，然而世界贸易组织上诉机构的国际法官便是公正和自由贸易的保护者。

其次，和国家代表不同，国际公务员具有推进国际组织使命的官僚动机。国际公务员晋升的工作保证与前景取决于与国际组织有关而非与成员国有关的标准。诸如此类的内部评价——以及可能培育出的组织文化——提升了国际组织职员的内聚性，由此产生与国家偏好相冲突的独立偏好。相比之下，成员国的代表往往更注重使其国家利益最大化，或者关注国内政治或选举政治以及担忧未经选举的国际组织官僚的缺席。甚至当国家代表如北约的军事人员一样有着专业知识和职业规范时，他们拥有许多利益，而且其中任何一项利益或许都优先于国际组织的命令。[3]

国际组织职员具有发展独立偏好的认知和官僚动机，同时至少面临着两类抵消性的压力。首先，有着共同社会目标的国际职员可能强烈地意识到其因代理的存在与资源而对国家的依赖程度。因此他们往往避免倡导有损国际组织生存或者资源的立场。其次，国际职员谨防玷污其在成员国和国际公众眼中声誉的行为。(Johnston 2001)在这两个案例中，国际职员并非有别于国家代表。国家代表由于恐惧制裁而不可能偏离其委托者的偏好。当生存或者声誉关切赫然耸现时，国际职员将会有这种恐惧。对国际组织资源和声誉的威胁也影响着国际职员共有的国际社会目标和规范性价值观，由此缓和了其独立的倾向。简而言之，国际组织职员同时会形成独立的偏好，努力符合国家偏好。哪一系列的变化在任何特定案例中占先的问题仍是经验考察的一项任务。

国际组织不会懈怠，除非其管理层的偏好有别于其成员国的偏好，但是并非所有具有独立偏好的国际组织都同样有能力实现其偏好。如果要理解有能力使职员实现其偏好的条件，那么这需要关注*控制架构或者投票规则*。正是这些架构或规则支配着国家监督管理层的努力。这些规则解决了集体委托者中成员国偏好异质性的问题(Lyne，Nielson，and Tierney，本书)，决定着成员国同意国际组织行为、制裁其代理者或在新的授权契约上达成共识的能力。(Pierson 1996；Pollack 1997)

控制架构因国家间投票权威的分配而有所不同。其一是以全体一致或共识为特点的高度分散的架构。其中所有国家必须同意，而且任何一个国家可以拒绝一个拟采取的行动。其二为多数原则，然而绝大多数在很大程度上会分散权威，因为它们给予许多国家以平等角色。当少数派或者一个委员会监督国际组织行为时，一个更为集中的控制架构便出现了。最为集中的控制架构由对国际组织行使合法权威的单一国家所构成。该国家最可能以加权投票规则行使权威。

当代国际组织证实了这一范围。在世界贸易组织中,控制是高度分散的,因为决策规则基本上是以148位成员国的共识为基础的。在其他国际组织中,并不全体一致地多数监督着国际组织行为。世界卫生组织根据不同的议题运用多数或者绝大多数投票规则,然而欧盟则为其成员国与欧洲委员会的关系运用一个特定多数投票体系。没有一个当代国际组织接近一个集中架构。最接近集中架构的国际组织——世界贸易组织和联合国安理会——将否决权集中在少数成员,但是把批准行为的权威分散在大多数国家。

构建委托者之间关系的投票规则影响着国际组织实施其偏好的能力,且导致懈怠。(Alter and Lyne, Nielson, and Tierney,本书)一般而言,赋予相对少数国家以权力的投票规则提高了委托者的控制,限制了懈怠行为,因为国家可以相对容易地撤销无必要的动作。在诸如此类的条件下,懈怠行为最小化是因为,"代理者理性地预期委托者的偏好以及制裁的极大可能性……并相应地调整其自身行为"(Pollack 2002:202)。相比之下,赋予许多国家以权力的控制架构一般提高了代理者的自主性,因为委托者难以制止或者撤销并非所愿的国际组织行为。在诸如此类的情况下,代理者意识到其委托者缺乏对其制裁的政治共识。事实上,控制架构决定着言行不一致是否以及在多大程度上存在的问题。言行不一致涉及委托者对其懈怠的代理者实施威胁的能力。

我们的观点预计,仅以具体制度设计为特点的国际组织才有能力懈怠。自由裁量权的授予带来懈怠的机会,但是仅仅像世界贸易组织、世界卫生组织那样具有国际职员而且相对分散的控制架构的国际组织才会懈怠。图 9.1 总结了这一论点。

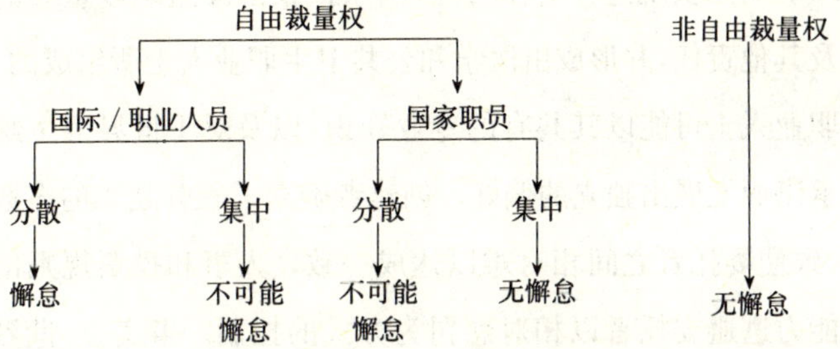

图 9.1 制度设计与国际组织的懈怠

与此同时，有能力按照其创建国与成员国并非所愿的方式而行事的国际组织几乎不懈怠。这在很大程度上是因为国际组织会形成独立偏好——因为国际组织是由代表国际组织而非其国家政府的国际职员所构成的——职员不可能希望从事有损其使命和资源的行为。

案 例

一项理想的研究设计将会根据图 9.1 所描述的类型检验一系列案例中的观点，但是仅一个章节是不可能的。相反我们考察两个最可能产生懈怠的案例。其中国际组织管理层由国际职员构成，而且投票规则分散权威。我们探讨不同时期及不同方面的世界贸易组织和世界卫生组织，提供了相比于案例更多的观察。鉴于最可能的案例选择，最有趣的任务便是追踪独立变量产生懈怠的过程，探寻懈怠并不总是产生的原因。接下来的案例研究简要考察委托者授予其代理者自由裁量权的行为，衡量两个独立变量：人事和投票规则，而后详细地探讨上述两个问题。

世界卫生组织

1948 年“作为指挥和协调国际卫生工作的机构”而成立的世界

卫生组织致力于“实现人类最大可能的健康程度”(WHO 1948：Preamble)。为了实现这一宏伟目标，国家授权国际组织以重要的信息收集及其他责任，并形成由医学和公共卫生职业人士所组成的人事。这些职业人士可能以其共有的专业知识，以及对于世界卫生组织使命的承诺而发展出独立的偏好。创建者确立了三分之二的多数投票规则，致使委托者之间相对难以达成一致。人事和投票规则使代理者有能力逃避委托者以相对惩罚为方式的控制。事实上，世界卫生组织职员会懈怠，最显著的是在“非典”问题上，但是这种懈怠情况是十分少见的，因为职员的共有经验和官僚承诺往往使其十分谨慎。事实上在一个案例中尽管国家无力推翻世界卫生组织的决定，但是职员会自我调整，以回应成员国的批评。

《世界卫生组织宪章》第 2 条阐明了其在卫生领域的重要作用：协调国家和非国家行为体之间的国际卫生工作；消除疾病；在一系列广泛的领域促进健康；为成员国政府加强卫生服务提供技术援助；发展和推进国际卫生标准；维持流行病学和统计服务；“提出约定、协议以及规定，针对国际卫生事务提出建议”；“推进与开展卫生领域的研究”；研究并报告“从预防和治疗角度影响公共卫生和医疗的管理和社会技术”；“在卫生领域提供信息、咨询和协助”；“帮助发展卫生领域公众知情的公共舆论”。(WHO 1948：Art.2)

起初，世界卫生组织秘书处的架构反映了两种授权于职员的活动，即信息收集和技术援助。[4] 如今秘书处是由实质性议题领域和独立部门所组成的。每一个部门由总干事助理所领导，负责研究、监管、保健、培训、协调以及其他任务。[5] 简而言之，世界卫生组织的职员搜集和传播信息，发布建议，出版专家报告，对一系列广泛的卫生议题提供技术建议，往往几乎不受成员国的监管。例如，专家委员会必须同意其报告的任何变化。像其他许多不太正式的世界卫生组织文件一样，报告仅需总干事的同意就可发表。(Jacobson 1973：202)这些报告指导着世界卫生组织工作的职员以及世界范围的医学专业人员，而且因为媒体往往报道，因而这些报告为更大范围的大众所熟知。(Jacobson 1984:124)

世界卫生组织的创建者将这些责任授权于管理层——包括总干事、秘书处以及执行委员会(executive board)——在很大程度上由医生及其他公共卫生专家构成。世界卫生大会(WHA)是由世界卫生组织中成员国代表所组成的机构，选举执行委员会。执行委员会包括 32 名技术专家，负责提出建议并推进世界卫生大会的工作。根据世界卫生组织的原则，执行委员会的成员代表个人而非国家。执行委员会提名世界卫生组织总干事，但由世界卫生大会任命。

反过来，世界卫生组织总干事监管秘书处的 3 500 位卫生及其他专家。这些官员在日内瓦世界卫生组织的办事处、6 个地区办事处，以及分布在 10 个国家的 13 个实验室工作。在世界卫生组织成立之初，委托者签署临时而非永久性契约，以寻求确保职员之间高水平的科学创新。创建者认为，在世界卫生组织任职过长的职员太容易陷入世界卫生组织的官僚机制中，从而丧失其科学优势。然而 1973 年雅各布森指出："这项政策在法律上占主导地位，但是事实上并非完全如此。"(Jacobson 1973:199)

除了秘书处的临时和永久性职员之外，总干事也任命了专家咨询小组、专家委员会、科学小组以监督和研究许多国际医疗问题。这些机构包括有相关科学、医学以及技术专业知识的个人。专家咨询小组的成员报告其领域的发展，而专家委员会和科学小组研究具体问题。(Jacobson 1973:202)

创建者确立一个多数或绝对多数投票规则以管理成员国之间及其委托者与其代理者之间的关系，这取决于其所考虑的问题。世界卫生大会是世界卫生组织以一国一票为基础的最高决策机构，代表着 192 个成员国。尽管"重要问题"——规定、决议以及《宪章》的修正案——需要三分之二的成员国投票，但是世界卫生大会的大多数决议是以多数原则达成的。(WHO 1948:Art.60)约束职员或者训斥失控型职员的努力需要世界卫生大会三分之二的表决，然而这样的投票或许是难以集聚的。世界卫生组织技术援助的受援国——非洲、亚洲以及拉丁美洲的国家——可能支持活跃型职员的努力，扩大世界卫生组织的预算，或将授权拓展到新的行动领域。[6]事实上 1960 年之后发展中国家便占世界卫生大会的三分之二。

在实践中，世界卫生组织的职员在许多场合与世界卫生大会中的发展中国家不谋而合，由此将世界卫生组织引入新的医疗领域，如药剂学(Mingst 1992:216—218)、母乳替代品(Sikkink 1986; Mingst 1992:216—217)和烟草控制(Lazurus 2003; Williams 2003)。世界卫生组织的所谓"政治化"提供了这一现象的另一案例。20 世纪 70 年代，管理层有时鼓励世界卫生大会的成员在许多政治议题上坚持自己的意见，然而往往一些最大的捐助国反对这些意见。尽管美国抱怨一些议题在世界卫生组织的授权范围之外，但是世界卫生大会支持有关核武器风险以及越南战争传染病影响的专家报告。(Jacobson 1973:187; Williams 1987:63)专家报告和世界卫生大会的决议表明了世界卫生组织在中东冲突中的偏好，因其对巴勒斯坦人健康的影响而批评以色列的政策，要求世界卫生组织巡视被占领地区，支持巴勒斯坦自决权以改善其卫生状况。(Jacobson 1973:187; Mingst 1992:223; Williams 1987:64)在每个案例中，世界卫生组织管理层的报告和建议探讨了其创建者并未想过的新领域，但是仅当三分之二的委托者投票而推动世界卫生组织迈向这些新领域时，政策变革才会产生。世界卫生组织职员做到了其想做的事情——确定，研究，回应健康威胁——即使包括一些十分强大的国家在内的国家反对所确定的威胁或者所倡导的解决办法。

尽管这些案例并不包括懈怠，但是它们强调了对职员偏好相冲突的影响——认知、官僚方面的。他们在医学、科学以及公共卫生方面的训练和专业知识往往促使世界卫生组织职员倡导世界卫生组织涉足新的卫生与健康领域。与此同时，世界卫生组织角色的医学化视角往往使得他们排除了更多的政治问题。如前总干事格罗·布伦特兰(Gro Brundtland)所说的："我们能够在事实以及技术性医疗内容上达成一致的领域设定标准。但是在如何资助卫生保健或哪些国民生产总值应该划给卫生等更具政治色彩的问题——所有这些议题都极具政治性，而且无论如何它们当然不是由仅仅不足 4 000 名职员的国际组织所决定的。"(Global War 2002：26)

职员对机构存亡和繁荣的共同承诺强化了这种谨慎。例如 1983 年时任总干事的哈夫丹·马勒(Halfdan Mahler)在世界卫生大会上警告发展中国家：

> 如果我们允许自己步入我们宪政功能之外的领域，我担心我们自己会身处于一直极力避免的雷区，以优先考虑第三世界贫苦者的健康。我们并不想使我们的组织言过其实，也不想失去作为一个由 160 个国家组成的国际组织所赢得的巨大声望，即有能力为全世界民众的健康彼此进行合作，无关乎种族、宗教、政治信仰、社会或者经济发展——事实上是我们的《宪章》对我们的要求。(Williams 1987：63)

相似的是，1989 年当对巴勒斯坦解放组织(PLO)的承认有可能分裂世界卫生组织时，时任总干事中岛宏(Hiroshi Nakajima)达成了一项妥协。如果巴勒斯坦解放组织成员国资格的申请得以批准，美国承诺拒绝支付会费。美国会费占世界卫生组织预算的四分之一。中岛宏游说世界卫生大会成员而将世界卫生组织的存亡置于政治之前，从而达成了妥协(Lewis 1989；Randal 1989)。在这两个案例中，世界卫生组织职员充当了阻碍其在其他案例中所倡导的变革的作用。

对变革的认知性压力、谨慎的官僚动机在另一个领域发生了冲突——传染性疾病的监管与应对——世界卫生组织职员最终选择了懈怠。在这一领域，世界卫生组织是按照《国际卫生条例》(IHR)的范围而运行的。《国际卫生条例》最初是1959年批准的《国际公共卫生条例》，1969年改名，意在“以对世界通行最低限度的干预确保防范疾病的国际传播最大限度的安全”(WHO 1983：Foreword)。条例要求成员国告知世界卫生组织三种疾病爆发的情况：霍乱、瘟疫、黄热病。如果世界卫生组织职员受邀到受影响的国家，那么他们可以研究与建议应对措施，为国家政府提供帮助。这种有限的告知要求意在形成“世界卫生组织根据《国际卫生条例》有关疾病国际监视活动的基础”(Fidler 2004：33)。然而国家没有报告任何其他疾病的法律义务，而且世界卫生组织职员没有传播除政府疾病报告之外任何手段所获信息的权威。

职员在一些情况下超越了这种权威。其对疾病爆发的公共卫生影响的关切使其形成与委托者意图相冲突的偏好，然而委托者之间投票权威的分散意味着这些职员是难以约束的。管理层长期奋力地在《国际卫生条例》范围内运行，完成其使命以“鼓励与推进工作从而根除流行病、地方病及其他疾病”(WHO 1948：II，2g)。在世界卫生组织传染病委员会和执行理事会同意的情况下，1970年总干事马科利诺·戈梅斯·坎道(Marcolino Gomes Candau)在没有几内亚政府官方告知或允许的情况下报告了《国际卫生条例》所涉及的几内亚霍乱的爆发，超越了世界卫生组织的权威。几内亚政府无视世界卫生组织总干事再三的要求，拒绝报告霍乱的爆发情况，因此坎道自己掌控事态，公开传播其他来源的信息。在公开声明中，坎道承认自己在《国际卫生条例》之外行事，但是声称其行为是履行世界卫生组织功能所必需的，如《世界卫生组织宪章》第2条所阐明的。(Fidler 2004：64)其他管理层——传染性疾病委员会和执行委员会——宽恕了总干事的行为。尽管这次行动几乎没有附带性结果，但是职员小心谨慎，再也不会以此超越《国际卫生条例》的范围。

就授权契约而言，职员的变革偏好仍然是强烈的。20 世纪 80、90 年代，世界卫生组织受到国家与非国家行为体的谴责，因为其日益漠不关心艾滋病等问题。(Godlee 1994a, 1994b)此外，职员日渐不满于《国际卫生条例》的限制和低效：仅三种疾病需要告知；国家因未报告这些疾病的病例往往违反了规定；《国际卫生条例》事实上漠不关心日渐增多的艾滋病病毒、艾滋病。(Fidler 2004：35—41)作为回应，世界卫生组织职员开始游说成员国修订卫生条例。这些职员需要修订《国际卫生条例》的观点与许多成员国家不谋而合。成员国长期以来认为，现有的《国际卫生条例》是不充分的。1995 年世界卫生大会授意总干事修订《国际卫生条例》(WHA 1995)。管理层寻求增加包括非国家行为体来源获得的传染病信息在内的国家政府的疾病报告，需要报告“公共卫生紧急事件”而非仅仅具体疾病的权威，确立争端解决机制，以解决《国际卫生条例》所产生的分歧。(WHO 2002; Fidler 2005：21—24)[7]最初这些修订于 1998 年完成，但是由于技术问题、成员国反对争端解决机制的行为及其随后世界卫生组织的建议，即《国际卫生条例》确定国家疾病监控体系所需的能力(Fidler 2005：26—30)，预定日期历经四次推迟而直到 2004 年 5 月才完成。在修订完成之前，2001 年世界卫生大会屈从于侵蚀技术能力的行为，正式同意收集非政府来源的传染病信息。

随着修订《国际卫生条例》进程的缓慢推进，在一些情况下世界卫生组织管理层在现有契约之外行事。首先，管理层收集和运用非政府来源的传染病信息，并不服从委托者。1994 年，一个非政府组织发起了一个以网络为基础的报告体系，即新兴疾病的监测计划。该计划意在预警传染性疾病的爆发。1997 年世界卫生组织开始运用非政府组织网络，即全球公共卫生信息网络以寻求疾病暴发的非政府来源,包括许多《国际卫生条例》并未涉及的疾病。1998年世界卫生组织开始运行其自身的全球疫情预警和反应网络。(Fidler 2004:63, 66—67)简而言之,从1998—2001年,当世界卫生大会同意收集非政府来源的信息时,管理层往往会在成员国不了解的情况下懈怠,更谈不上同意了。

在这种背景下,2003年2月世界卫生组织对新疾病"非典"的爆发情况发出了警报,由此世界卫生组织发生了第二次而且更加异乎寻常的懈怠例子。世界卫生组织在该案例中的行为至少以两种方式表现了对以往模式的重要决裂。首先,非政府信息表明流行病或许源自中国广东省,丝毫没有减弱的趋势,而且在中国官员毫不妥协的情况下,世界卫生组织不断公开指责中国政府拒绝其进入广东省的做法。(Ying and Savadore 2003)如戴维·费德勒(David P. Fidler 2004:96—97)所指出的:"在史无前例的行动中,世界卫生组织不停地攻击中国。"中国对并不属于《国际卫生条例》范围的疾病病例没有报告的义务。"世界卫生组织对中国政府的公开批评代表了与传统外交的根本决裂,然而传统外交是以世界卫生组织和成员国之间关系为特征的。"

第二,在总干事布伦特兰(Brundtland)的领导下,3月12日世界卫生组织发布了一份罕见的全球健康警报。随后3、4月,世界卫生组织发布了一系列史无前例的紧急警报,警告旅游者不要去多伦多、香港、台湾以及中国其他地区,以努力控制疾病的传播。世界卫生组织的官员对旅游警示的撤销设置了条件,被广泛地视为伤害了受害国家的贸易和旅游,引起中国和加拿大的强烈抗议。世界卫生组织不仅仅在现有授权契约之外行事,并且如菲德勒(Fidler 2004:139—140)所总结的,世界卫生组织的行为"超出了其在修订版《国际卫生条例》中拟提出的权威……世界卫生组织建议中最为激进的一个——具体地区的旅游警示——是针对旅行者而非成员国的。对于修订版的《国际卫生条例》，世界卫生组织会提出它将发布'针对成员国行动的建议'"。

实际上当世界卫生组织的一些职员和发展中国家寻求将世界卫生组织的工作拓展到政治领域时，职员的偏好反映了相互冲突的压力。对于大多数职员而言，其作为健康专业人士的角色迫使其倡导强有力的行动，将不断蔓延的"非典"流行病置于控制之下，显然违背了现有授权契约的条款。当被问及世界卫生组织这一行动的授权从何而来时，时任总干事李钟郁(J.W.Lee)回应道，"在某种程度上我们的授权是……真相"(NPR 2003)，而非委托者与其代理者之间的授权契约。然而一些职员反对发布旅游警示的决策。他们认为，如果他们错误估计了危机的严重性，那么世界卫生组织的合法性将会受损。事实上，世界卫生组织的职员小心谨慎，同时显然在授权契约之外运行。作为对加拿大政府抗议的回应，仅在 6 天之后世界卫生组织撤销了对多伦多的旅游警示，尽管世界卫生组织最初制定了时间表。在该时间表中，世界卫生组织在三周之后或"非典"潜伏期两次重申咨询的需要。(Fidler 2004:92)

世界卫生组织管理层最终成功地改变了组织程序和授权，事后赢得成员国对其此前行为的同意。(WHA 2003)然而 2003 年 5 月之前世界卫生组织在"非典"和最初霍乱的流行病以及两个病例期间收集信息活动方面懈怠了。世界卫生组织的制度设计导致了这种懈怠行为。世界卫生组织医学和公共卫生的专业人士寻求做必需之事以根除传染性疾病的流行，而不是遵循其委托者的政治指令。世界卫生组织采取高度集中的投票规则，以推翻管理层违反授权契约条款的行为。一些国家——并非是三分之二的国家——显然并不喜欢管理层上述的行为。或者世界卫生组织以政治任命者而非卫生专家而组成的秘书处创建一个组织，然而在这个组织中，在传染性疾病监管与控制方面职员并不倡导独立的偏好。尽管我们发现传染性疾病领域的懈怠行为,但是世界卫生组织不能被描述为一个缺乏控制的行为体。促成专业人士独立偏好的制度性特点促使公共健康专业人士也较谨慎。这些专业人士担心在授权契约范围之外行事可能造成对世界卫生组织合法性和财政保障的影响。

世界贸易组织

创建于1995年的世界贸易组织致力于其大量(截至2005年7月有148位成员)并不断扩大的成员国之间的贸易自由化。为了完成这一授权,成员授权世界贸易组织以争端解决的责任、有名无实的信息角色。世界贸易组织有由国际经济专业人士所组成的职员。这些职员对世界贸易组织使命的共同专业知识与承诺有可能产生独立的偏好。对于大多数议题,成员传统上采用全体一致的投票规则,致使难以达成共识或者改变现状。这些人事和投票规则都表明,代理者有能力形成自己的偏好而且逃避其委托者的控制,至少在争端解决体系方面。事实上,世界贸易组织争端解决体系的最高权威上诉机构至少在两次重要行动中出现了懈怠现象。两者影响到非国家行为体在世界贸易组织争端解决体系上的地位。与此同时,在成员看来上诉机构对其地位的关切致使其小心谨慎,迄今为止扭转了一些行为,尽管不满意的成员无力扭转其行为。

世界贸易组织有两个关键性管理机构,秘书处及争端解决机构。秘书处没有独立的决策权。其22个部门主要为成员、公众、媒体提供专家信息,在会议以及谈判过程中组织和支持成员,并为世界贸易组织的发展中行为体成员提供技术援助。大约630位公务员的职员主要包括贸易经济学家、国际贸易律师、国际贸易领域的其他专家和翻译,由总干事领导。由于成员对新古典经济学的有效性和贸易自由化的重要性持有相似的观点,因而格雷戈里·谢弗(Gregory Shaffer 2001:56)把专业职员比作认知共同体。秘书处的职员或许表现出这些偏好,但是发现难以此行事,因为秘书处的职员仅扮演着支持性角色。正如谢弗(2001:56)所观察的:“基于其在公正、内部信息及其与贸易外交官之间密切联系的声誉,秘书处的职员至少能够有余地地帮助塑造知识,设计议题,确定利益,促进联盟建设,从而影响结果。”[8]

成员将极其重要的自由裁量权授权于一个双层争端解决机构。这些机构被期望独立解释成员遵守其条约的义务,授权建议成员如何使其贸易实践与其世界贸易组织中的义务相接轨。第一层包括三人制争端解决小组,以裁决个别争端。小组独立决定成员的行为是否符合世界贸易组织的规则。其裁决可能不会改变贸易协定赋予成员的权利。(参见 WTO 1994: DSU)

第二层争端解决机构包括一个由 7 位成员组成的常设机构,即上诉机构。上诉机构有自己的小秘书处,包括一位干事以及许多律师。仅当争端缔约方对小组的裁决并未达成一致时,上诉机构才被授予权威。根据世界贸易组织《争端解决谅解》(the WTO's Dispute Settlement Understanding, DSU, Art.17.13),上诉机构仅能支持、修改,或完全改变争端解决小组的裁决,仅裁决其中一方对小组的司法解释上诉的内容。上诉机构没有将案件遣回相关小组的权力。像小组成员一样,上诉机构的成员会从外部专家搜集信息,被期望“依照国际公法的惯例澄清这些协定的现有规定”解释贸易协定。(WTO 1994: DSU, Art. 3.2)像小组的裁决一样,上诉机构的裁决不会改变一个成员的协定义务。除此之外,协定要求上诉机构发展自己的上诉审查工作程序,由此增强了其自主性。尽管争端解决机构——总理事会——主席与世界贸易组织总干事的同意是不必要的,但是上诉机构与其一起制定这些程序。事实上,仅一个条款涉及这种权威,日渐包括有关上诉程序及其他成员未按照行事的其他程序问题的一系列广泛的技术细节。(Steger 2002)上诉机构在这一领域拥有最大的自主性，因而最可能懈怠。

小组成员根据需要随时选自一个小范围的官员。许多官员代表着成员，然而以其个人能力供职。换个说法，小组成员以兼职、就案论案的方式供职，仍然在公共和私人部门从事自己的专职工作。欧盟的一项最新报告发现，“小组成员没有时间提升争端解决体系的程序或者技术方面的专业知识”（引自 Miller 2005）。成员创设了甄选机制以减少意料之外的结果：成员挑选潜在的小组成员，或许拒绝为其所涉争端而选择的小组成员；除非争端各方同意，否则小组成员就不是争端各方的国民。此外，争端各方能够甄别“中期评审”小组的报告，评论其发现和结论。或许更为重要的是，争端各方能够自动将并不如意的小组决议上诉争端解决体系的第二层即上诉机构。

上诉机构的成员是“公认权威并在法律、国际贸易和适用协定所涉主题方面具有公认专业知识的人员组成。他们不得附属于任何政府”（WTO 1994：DSU，Art.17.3）。这些官员的任期为 4 年，可连任一次，被选而“广泛地代表”成员。正如凯伦·奥尔特（Karen Alter 2003：795）所指出的，“任命的政治基本上是以司法任命的地理分布为关注点”，因此会减弱甄别上诉机构潜在成员的能力。上诉机构的成员背景各异，包括在政府、国际组织、私人律所以及学术领域以往的经验。[9]然而他们拥有共同的专业关注点，即国际经济和法律问题。詹姆斯·巴克斯（James Bacchus 2002：1030）于 1995—2004 年曾任职上诉机构。据其而言，上诉机构成员之间共同的专业兴趣有助于其形成一个共同目标。

> 从一开始，我就与最高层次的知名国际法官共事。他们每位都是最为优秀的法律思想家。他们一直潜心学习历史、哲学、经济学和法学。他们一直致力于实现一个尚未成形的更美好的世界——如果我们成功地以共同的努力确保了国际法治。

在这一方面，上诉机构成员的专业关注使其意识到他们“从一开始的共同目标便是建立一个独立、准司法制度，以平等、有效地服务于世界贸易组织所有成员”(Bacchus 2003:7)。然而他也指出，世界贸易组织“成员”的含义并不仅仅局限于国家。

> 我们的“责任范围”包括世界贸易组织146位成员的所有人。无论何时我们都代表着50亿人口……他们对更为饱满、更为真实的人性——对自由最为殷切的希望——的需要、渴望、感情与期望永远与我们同在，因此我们据理力争，帮助世界贸易组织的成员国澄清与维持其国际条约义务。我们相信，我们通过共同努力能够最好地服务于其对自由的希望。(Bacchus 2003:7)

这两种角色——成员国政府的代理者、个体公民的代表——本质上并不冲突。然而，优先关注国际公众利益的做法能够产生懈怠。

克劳斯-迪特尔·埃勒曼(Claus-Dieter Ehlermann 2003:478) 1995—2001年曾任职于上诉机构，他认为上诉机构自身的架构和程序也塑造了这种共同认同和视野，而且上诉机构为执行获授的责任设立自己的程序。埃勒曼强调上诉机构的“工作程序”，并认为这些程序“在主客观意义上有助于上诉机构的独立性”。其“意见交换体系极大地促进了决策的一致性和连贯性以及成员之间高度的权力分享”。事实上，尽管条约使上诉机构的各个成员可以提出不同意见，但是迄今为止上诉机构仅70项左右的裁决是由全体一致达成的。

由各成员官方代表所组成的总理事会(a General Council)负责监督世界贸易组织的秘书处以及争端解决过程。其决策必须全体一致通过，这意味着没有一个国家反对该项决策。世界贸易组织确定需要投票的情况，然而投票是以一成员一票的原则为基础的。世界贸易组织关键原则的改变需要全体一致同意。尽管世界贸易组织协定个别方面的权威解释需要四分之三的多数[10]，但是标准惯例是以全体一致达成的决策。理事以反向协商一致(reverse consensus)的程序同意小组和上诉机构的决策；除非成员全体一致地决定不采用裁决,小组和上诉机构的决策分别在 60 天和 30 天内生效。(WTO 1994: DSU, Arts.16.4, 17.14)那么理事有可能对上诉机构报告的具体内容分别投票。(Ehlermann 2003:479)

控制的架构进一步增大了上诉机构在创设工作程序方面的自主性。现有投票规则使成员难以推翻意料之外的程序:四分之三的成员是改变上诉机构关于协定的解释所必需的,或者成员全体一致地修改协定。这种投票规则,

> 有利于上诉机构因为世界贸易组织成员难以达成一项集体决策。在第 9 项条款(该条款要求四分之三多数才采纳协议的解释)下,世界贸易组织的决策过程反映了世界贸易组织体系的重大结构性缺陷,因为它缺乏提供上诉机构决策的灵活"立法回应"规定,无论它们被视为错误或正确的。(Joergens 1999:213)

那么上诉机构极有可能懈怠。第一,成员授权一系列广泛的自由裁量权,特别是在程序领域。第二,那些发展其自身认同而且以内部形成的程序为基础而运行的专业人士成为上诉机构的成员。因此理解与成员观点相冲突的适当行为是可能的。第三,投票规则致使成员难以改变上诉机构的决策。总之,这三个特点表明上诉机构的成员拥有懈怠的能力。

然而世界贸易组织 10 年历史的研读表明,懈怠现象是极少的。因为上诉机构的成员意识到,其创设一个有效国际司法机构的能力取决于国家参与的意愿。历史记录表明,上诉机构的许多决策使一些国家深感不满。然而上诉机构以此按照成员的意图而行事:以判定被告方是否通过与其协定义务相抵触的国内法律或规定。相似的是,上诉机构证实了一些成员对适当程序的理解,即使对适当性的一致看法并不存在。例如,上诉机构同意(WTO 1997)成员可以在争端解决体系中以私人律师代表自己。如巴克斯(Bacchus 2001:957)所观察的,尽管"在关贸总协定以及世界贸易组织的 50 年之中私人律

师首次可以代表一个国家”，但是上诉机构认为“我们不会预知世界贸易组织成员中的哪些国家想要参与到上诉机构诉讼之中。因而我们允许律师为其代表”。事实上，上诉机构所采取的行为并没有得到普遍的支持，但是这些行为并非懈怠，因为上诉机构是按照其意图而行事。这一模式有两个例外。

这两个懈怠的案例涉及上诉机构有关非政府组织地位的决策。在乌拉圭回合谈判中，非政府组织的参与备受议论，但是大多数成员反对将非当事人的意见陈述纳入条约之中。因此协定并未提及非政府组织的角色。然而上诉机构裁决，协定赋予上诉机构与小组以接受非政府组织意见陈述的自由裁量权。(WTO 1998，2000a)这一行为反映了上诉机构对受世界贸易组织影响的更多人的使命感。如巴克斯(Bacchus 2004:4；also Ehlermann 2003:484)后来所解释的，“提交非当事方意见陈述的机会将为更多的世人提供其发言的机会——无论如何不会破坏这些诉讼的政府间的本质特点。非当事方的意见陈述能够提供一种其他有价值的意见——对世界范围的司法系统而言也是如此”。绝大多数成员反对这一决策，认为上诉机构的行为改变了成员的义务，而且这也在上诉机构的管辖权之外。墨西哥代表表达了许多发展中行为体的立场：

> 当乌拉圭回合谈判磋商世界贸易组织《争端解决谅解》的条款时，一些国家建议小组应该有能力接受非当事方的意见陈述。如果世界贸易组织《争端解决谅解》的条款并没有包括这种可能性，因为世界贸易组织成员判定这并不是适当的。换句话说，成员并未面临一种局势，即他们意外地造成了法律空白，是并未预见到未来这类问题将会产生的产物。成员有意决定将上述可能性不包括在世界贸易组织《争端解决谅解》之中。(WTO 2000c:14)

上诉机构的行为并未得到全体一致的反对，因为包括美国在内的一些国家支持非政府组织的参与。因而那些反对上诉机构单方面修改条约的决策的成员并未扭转局面。

2000 年 11 月不同的结果产生了。当时上诉机构为石棉案(the Asbestos case)确立了一个程序以提交非当事方的意见陈述。(WTO 2000b)上诉机构分庭的秘书处将程序发布在世界贸易组织的网站上,而且秘书处的对外关系部门“作为已确立的程序向非政府组织简报的订阅者发送了一封邮件”(WTO 2000c:9)。上诉机构从世界贸易组织协定中索要这一行为的权威,以“这一诉讼行为中公平与有序程序”为其决策提供正当性。(WTO 2000b:1;2003a)秘书处以“其自身为增加有关个体和国家对世界贸易组织的知识和理解的程序”解释其行为。(WTO 2000c:3)这些行动发生在 1999 年西雅图游行之后。当时许多人抱怨世界贸易组织缺乏透明度,疏远非国家行为体,然而上述程序被视为有助于满足非国家行为体。然而大多数成员认为以上两个机构超出其能力,进入为国家而设的程序领域。

总理事会召开了一次特别会议以解决这个问题。以成员的消极反应为基础,总理事会主席授意上诉机构“直到成员考虑什么规则是需要的时才在未来案件中极其小心”(WTO 2000c:28)。这种克制性的回应反映了修正世界贸易组织《争端解决谅解》所需的全体一致的投票规则,致使成员难以改变上诉机构的决策,因为少数成员支持该项决策。尽管如此,上诉机构随后拒绝了紧随新程序之后的 17 位非当事人的意见陈述。

对上诉机构变更一事的一种解释反映了对世界贸易组织《争端解决谅解》持续不断的反省及一种可能性,即成员将会修复世界贸易组织《争端解决谅解》中的漏洞以控制上诉机构。然而既然少数成员欢迎非政府组织参与,这种全体一致的投票规则使得成员的改革也难以进行。[11]按照埃勒曼(Ehlermann 2003:484—485)的说法,一个更具说服力的解释源自一个事实,即“这一决策产生了一场重大的外交争端”，以此影响到上诉机构和世界贸易组织本身的合法性。在此后有启迪作用的书面反思中，巴克斯（Bacchus 2002：1035）也对争端解决机制的实力表达了相似的关切：“我没有责任或者资格为世界贸易组织成员的决策提出建议……世界贸易组织的成员决定何以最佳地确立新规则制定的有效体系。”[12]相对于上诉机构自身使程序清晰或增强法治的愿望，成员的批评成为上诉机构行为更为重要的决定性因素。

世界贸易组织的制度设计使其上诉机构有能力在授权契约之外行动。由于合理的投票规则，上诉机构得以发展独立的偏好。如埃勒曼（Ehlermann 2003：485）所指出的，“没有人能够——或应该——期望上诉机构改变其对世界贸易组织《争端解决谅解》的解释”，直到四分之三的成员同意才改变协定。然而在世界贸易组织的10年历史中仅两项重要的懈怠案例发生了。促成独立偏好——专业人士——的同一制度特性抑制了7位法官的懈怠。这些法官担心成员质疑其发展出有效且合法的国际司法程序的能力的后果。在此方面，许多成员对制度改革的兴趣或许仍强有力地抑制着懈怠。由于全体一致的投票规则，制度改革难以实现。

总　　结

本章探讨了国际组织何时会懈怠，而且考虑其实际上何时会懈怠。委托—代理方法提供了一个有益的起点：授权契约的设计确定了代理者的自主性，尤其在于国际组织是否被授予重要的自由裁量权以完成其使命。然而这种许可的条件并不解释代理者是否会以其委托者不希望的方式使用其自主性或者代理者是否能够成功地如此做。为了充分理解国际组织懈怠的倾向，我们需要考察委托者和代理者双方的特点。

像霍金斯等一样，首先我们认为代理者的偏好至关重要。这些偏好在很大程度上是人事程序的作用。国际组织管理层最有可能发展出与成员国相冲突的独立偏好，当国际人员而非国家任命者任职时。世界卫生组织和世界贸易组织的人事受命代表国际组织而非其母国政府，而且每个都会形成某种认知共同体，其偏好往往有别于委托者的偏好。

然而并非所有的国际职员同样有能力实现其偏好，往往是由于与代理者关系不大的原因。由此像莱恩等一样，我们关注第二个变量：治理集体委托者成员之间的投票规则。一般而言，授予相对少的国家以权力的投票规则会增强委托者的控制，而且限制懈怠；授予大量国家以权力的规则致使委托者之间难以达成一致而增大代理者的自主性，如世界贸易组织和世界卫生组织的投票规则。简而言之，笔者的两步论点探讨委托者、代理者的特点对懈怠可能性的影响。

然而有懈怠的能力并不意味着国际组织将会懈怠。委托—代理方法强调作为委托者控制其代理者的基本手段的监管机制。相比之下，我们认为人事程序造就了自我克制的动机。致力于其专业使命的独立人员不可能希望看到其组织与使命因丧失合法性或资金支持而受到削弱。世界卫生组织和世界贸易组织的案例都表明，那些时而反对组织使命扩大的人员很少、且谨慎地超越其权威以及改变其行为，尽管其成员国无力扭转其行为。

我们关注人事程序，克服了理性主义方法的一个疏漏从而确定了国际组织偏好的根源，也克服了建构主义视角的缺点，即国际组织的组织文化并未产生对懈怠更为常见的要求。人事程序也解释了同一国际组织为何似乎是缺乏控制的行为体、尽职的代理者。代理者偏好的深入研究是需要的，以确定国际组织在任何特定时间下行为选择的范围条件。这项研究应该将代理者偏好的关注和集体委托者内部变化的理解结合起来。无政府状态下的授权使懈怠的发生极为可能，因为国家捍卫其主权权利，创设成员国之间权威分配的投票架构。

注释

1. 巴尼特等人(Barnett and Finnemore 1999)的分析或许会形成与其所批评的一样的错误。他们认为，国际组织不同的偏好及其功能失调的行为源自现代官僚机构的界定性特征及其内部、具体官僚性特点。然而所有国际组织都在某种程度上拥有与现代官僚共同的特点，应该会寻求逃避其创建者的控制。

2. 人事规则或许也影响国际组织实施其偏好的能力。单个国家应该发现甄选其所支持的官员是最容易的。此外，相比于对公务员的制裁，对国家所支持的官员的制裁可能是更加可信的。国家所支持的官员将其基本专业兴趣确定为在国家政府中的晋升，然而公务员的晋升有赖于推进国际组织的目标。

3. 这并不意味着，纯粹国家所支持的人员并不能够形成独立的偏好。因为官员的任期长度及其非政府人士雇用的前景会增大，甚至国家所支持的人员或许会发展出独立于其成员国的偏好。(Keohane et al. 2000:460)

4. 每项活动有其独立的部门。技术服务中心(the Central Technical Services)负责信息收集，而咨询服务部(the Advisory Services)向要求协助的国家提供专家顾问以及训练有素的专业人士。(Berkov 1957:30—31)

5. 部门包括：艾滋病、肺结核与疟疾；传染病；非传染病与心理健康；可持续发展与健康环境；卫生技术与药物；家庭与社区健康；政策信息与依据；对外关系与主管部门；综合管理。

6. 事实上，如果管理层的偏好与发展中国家的偏好并不一致，那么世界卫生大会将会相对容易地推翻世界卫生组织职员的行动。

7. 如费德勒(Fidler 2005:23—24，n.125)所解释的："这一争端解决条款将适用于所有争端，并非仅仅涉及那些限制国际贸易的措施。仲裁委员会的建议似乎显然意在解决未经授权的和过度的措施的问题，因为通知不达的问题可以由世界卫生组织收集非政府来源的监管信息的能力所弥补。"

8. 在这个能力中，秘书处的官员协助争端解决小组。根据上诉机构的前成员所说，"可以放心地假定这些官员对小组工作的影响是相当大的"(Ehlermann 2003:473)。

9. 对于现有成员及其原任职成员完整的个人简历，参见 www.wto.org。

10. 一些行为需要三分之二的多数，包括因成员的理由而对修正案的提交。

11. 事实上，成员仍对适当改革争吵不已，近来推迟了修订的最后期限。参见 WTO 2003b。

12. 他(2004:4)仍然相信这些规则的必要性，如他在上诉机构离职之后的演讲中所解释的："争端解决诉讼中临时法律顾问的参与……能够——而且应该……按照合理的规则以合理的方式受到治理与控制——如世界范围的司法机构那样。数年前石棉案中上诉机构所运用的规则是世界贸易组织成员着手解决这个问题的好地方。"

第十章

国际货币基金组织条件性的授权：理解控制与一致性的差异

埃里卡·古尔德*

导　言

各国一直授权于国际组织。各国将从武器核查到维和、再到汇率监管、自由贸易安排范围的活动授权国际组织。对该授权结果的两种基本解释往往主导着国际关系学术界。其一，国际组织是委托者国家的完美女仆，而且国际组织的活动直接与国家偏好相一致。其二，国际组织是受制于其自身利益或文化的独立官僚机构；国际组织的活动根本不与国家偏好密切相关。然而经验现实似乎并不符合上述两种模式：国际组织及其特定活动在其遵照国家指令的程度方面截然不同。一些国际组织及其活动密切反映国家的意愿，然而其他国际组织似乎是由其他因素所决定的。何以会解释这一差异呢？

委托—代理框架直接涉及这些问题，对如下问题提供了一种解

* 笔者致谢朱迪·戈尔茨坦(Judy Goldstein)、迈尔斯·卡勒、芭芭拉·凯里迈诺斯(Barbara Koremenos)、莉萨·马丁、乔恩·佩弗豪斯、肯·斯泰尔斯(Ken Stiles)及多位编辑对本章初稿详细而深刻的评论，感谢国际货币基金组织档案为本研究所提供的关键渠道。

释,即"特定国际组织或其特定活动会更密切地遵照国家指令,然而其他组织并非如此"。本章关注将特定活动授权国际组织的做法——授权国际货币基金组织有条件性贷款安排的设计——并思考委托—代理理论如何解释国际组织在遵照国家偏好方面的差异。

特别是,本章关注委托—代理框架在多大程度上帮助我们理解,一旦最初授权产生,国家偏好与国际组织的活动之间——或委托者与代理者之间——的关系。各国或许因各种原因最初授权条件性。(Milner,见本书)笔者的主要关注是,一旦条件性已被授权于委托者,如何有能力控制代理者国际组织?委托—代理模型在多大程度上能够解释这些差异?对于本项研究而言,国际货币基金组织的条件性是一个特别令人困惑且恰当的关注点,因为原来的经验性材料表明,代理懈怠或代理者遵照委托者偏好的程度存在着广泛的差异。此外,国际货币基金组织的活动颇具影响(相比于其他国际组织);由此这一差异饱受争议。如美国国会任命的梅尔泽委员会(Meltzer Commission)报告所述的,国际货币基金组织的条件性"给予国际货币基金组织对成员国决策一定程度的影响,对于多边组织而言是史无前例的"(IFIAC, 2000)。国际货币基金组织的条件性由此提供了一个有趣的案例:各国对国际货币基金组织条件性协议设计的控制因何不同?

简言之,本章认为委托—代理框架在解释国际组织所开展的活动及委托者控制的差异方面有特定优缺点。就优点而言,委托—代理框架关注委托者、代理者的成本收益分析,为解释国际组织在遵照委托者国家偏好方面的差异提供了洞见。以国际货币基金组织的条件性为例,国际货币基金组织在遵照委托者国家偏好方面存在诸多差异。委托—代理框架有助于解释更为广泛的一致或偏差模式:对于委托者的监督而言,代价更低的国际货币基金组织条件性项目的要素使其更不遵照委托者的偏好。相似的是,对于委托者的观察与实施而言,更具代价的国际货币基金组织条件性项目的要素往往不太被遵照。

然而本章也强调如本书所界定的委托—代理方法在解释、预测国际组织活动方面的一些局限性。[1]虽然委托—代理方法有能力解释国际货币基金组织活动的一些广泛趋势——在与委托者偏好相一致方面的差异——但它不能解释或预测当代理者偏离委托者偏好时的实际代理活动,或具体活动类型中一致性的差异。这些缺陷对致力于解释国际组织实际活动的学者而言具有严重后果。尽管委托—代理方法或许有助于学者确定一个国际组织有能力利用的"自主"(或潜在的懈怠)的程度,但是不能必然表明代理者实际上是否会利用这一自主性,而且若是如此代理者是否、如何偏离委托者的偏好。[2]若委托者发现代价过高而无法密切监督国际货币基金组织,那么国际货币基金组织的条件性会更严还是更松呢?

本章将这样展开讨论。首先,笔者简要回顾有关国际货币基金组织代理懈怠的现有文献,主要包括在经验图景的解释方面几乎完全对立的两种主导性视角。本章随后介绍此处所用的委托—代理框架的主要特点:委托者与代理者的模型、集体委托者的偏好及代理者活动的测量方法、授权的性质。第四部分很大程度上是经验性的。笔者以国际货币基金组织条件性及委托者偏好的新测量方法(均直接摘自国际货币基金组织档案)评价国际货币基金组织在其条件性协议设计方面代理懈怠的差异。由此产生的代理懈怠模式是复杂的:某些设计的特征往往与委托者的偏好更加一致;一些项目相比于其他项目似乎与委托者偏好更加一致。第四部分在很大程度上是分析性的。对于这种代理懈怠模式,传统解释并未提供有说服力的解释。直接与代理懈怠有关的委托—代理框架在多大程度上会解释这一差异呢?简而言之,笔者认为委托—代理框架的确解释了不同设计特征中一致性的广泛趋势,但是对于国际组织活动的实际结果并未提供一种解释。笔者在总结部分提供一些补救这一弱点的建议。

有关国际货币基金组织代理懈怠的现有文献

不同的理论方法使学者关注不同的问题。委托—代理框架有益地使我们提出三个一般性问题:委托者为何授权?委托者如何试图控制代理者?这一授权的影响(或代理者的行为如何与委托者的偏好相一致)是什么?本章主要关注涉及进行中的授权关系及其授权影响的第2、3个问题。

出人意外的是,迄今为止国际关系学界在很大程度上忽视了这些问题,相反,大多数国际关系学者往往由国际组织的两项基本解释所主导着。其一,国际组织是委托者国家的完美女仆。很多有关国际货币基金组织的学术与大众文献属于这一阵营。例如,迈尔斯·卡勒认为,美国强有力地控制着国际货币基金组织的条件性,并常常力促增加条件性,而这也是我们所观察到的。(Kahler, 1990)斯特罗姆·撒克(Strom Thacker)也类似地认为,国际货币基金组织的贷款决策完全受到美国利益的驱动,尽管并不是具体的国际货币基金组织的条件性。(Thacker, 1999)其二,国际组织是受制于其自身利益或文化的独立官僚机构。例如,迈克尔·巴内特、玛莎·芬尼莫尔认为国际组织往往是"功能失调"的。国际组织"功能失调"的活动是受到其文化环境而非其委托者国家的驱动。(Barnett and Finnemore, 1999:707)至于国际货币基金组织及其条件性,他们认为国际货币基金组织职员的专业知识使其可以在很大范围上发展、调整特定知识模式,反过来为国际货币基金组织条件性的扩大提供了正当性。他们认为,国际货币基金组织项目的失败可能导致其条件性的扩大,但其职员的专业知识决定着这一变化的内容。(Barneet and Finnemore, 2004)[3]

然而经验现实似乎并不符合这些模型。反而我们观察到,包括国际货币基金组织在内的国际组织在某些情况下违背其委托者国家的利益而行动，而在其他情况下国际组织完全受控于国家。至于国际货币基金组织条件性的协议，我们观察到一些协议似乎满足着国际货币基金组织最大援助国美国的利益。1998 年的俄罗斯和 1995 年的墨西哥是合适的、常见的两个例证。类似的是，我们观察到在一些安排中美国明确反对一个项目或贷款，但尽管如此也被通过了，如 1957 年与 1981 年的印度、1969 年的英国(参见 1957 年 1 月 17 日 G. L.L. de Moubray 备忘录，James 1996：333—334，2000 年 2 月与笔者的第四次采访)[4]。由此，个别案例被用以支持占主导地位但又相互冲突的有关国际组织的解释之一或两者。委托—代理框架提供了一种更具中间道路的模型，表明代理懈怠因不同的代理者、代理活动、时间而有所差别。然而有关国际货币基金组织条件性的现有文献仅仅提供了有限的经验数据，因而并不允许学者裁定这两种竞争性的解释。(Guitàn 1981，1995；Polak 1991；Horsefield 1969：Vol.1；Dell 1981；Williamson 1983；Kahler 1990；Barnett and Finnemore 2004)

委托者、代理者及条件性的授权

测量代理懈怠

国际货币基金组织条件性的协议——代理活动——与其最初的设计相比已发生显著变化。然而如何解释这种变化的问题并不是显而易见的，因为授权“契约”已被修订，而且有关条件性的委托者的偏好也已变了。[5]学者业已发现代理懈怠的程度——代理者的活动偏离委托者指示的程度——特别难以衡量。(如 Pollack 2002)那么，怎样知道国际货币基金组织的条件性何时真正遵照委托者的指令，而且何时并非如此呢？

温加斯特、莫兰(Weingast and Moran 1983)已经建议，学者可以观察委托者(此处设定为国际货币基金组织执行董事会)多久会规训或调整作为代理懈怠指标的代理者。国际货币基金组织条件性的所有项目须由拥有最终否决权的执行董事会批准。按照该逻辑，我们能够记录一些例子，即董事会拒绝某项目而且规训违规的代理者时。有趣的是，执行董事会几乎没有修正国际货币基金组织的特定协议，更不用说否决了。(见采访 2、4，2000 年 2 月；Southard 1979)执行董事会否决，或甚修改一项条件性贷款协议要求的案例在国际货币基金组织历史中是屈指可数的。[6]对温加斯特、莫兰(Weingast and Moran 1983)而言，这一观察表明代理者的完全遵从：执行董事会的控制如此有效，以至于国际货币基金组织的活动总是反映执行董事会的偏好。然而由于两个方面的原因，这一解释似乎是颇受质疑的。第一，观察等价(observational equivalence)的一般问题是存在的：学者无论认为委托者完全控制代理者或是认为代理者的活动相对自主，都预测执行董事会的无为而治。(Nielson et al. 2003)第二，在国际货币基金组织条件性的特定案例中，对许多执行董事及其下属的采访以及执行董事会会议的文本表明，委托者往往并不同意(尽管程度上有所不同)国际货币基金组织的个别项目设计，但项目仍然获批了。[7]因此，对执行董事会会议或表决的分析似乎不是评估代理懈怠的最佳方法。

相比之下，基威特与麦卡宾斯(Kiewiet and McCubbins 1991)建议对委托者偏好及随后代理者的活动的比较是评估代理懈怠最有效、最直接的方法之一。这一建议需要测量委托者的偏好及代理者的活动。本章采纳基威特与麦卡宾斯的建议。随后的两部分讨论了委托者与代理者是如何被理解的、本章所用到的对委托者偏好与代理者活动的衡量。

委托者

如霍金斯等在本书导论所指出的，委托者是“向代理者委托有条件性权威的行为体”。在这种情况下，国际货币基金组织的委托者是集体委托者。(Lyne、Nielson and Tierney，本书；Nielson and Tierney 2003a:247)执行董事会是1952年设立的由国家代表组成的机构，将条件性贷款协议的设计任务授权国际货币基金组织管理层及职员。自此，这一授权的条款经多次修改。

根据集体委托者的概念，在集体委托者内汇集偏好的决策规则是根本性的(如上)。引人注目的是，国际货币基金组织的执行董事在一些决策的表决中拥有不同的“加权”投票权。许多决策需要绝对多数，这进一步突出了具有相对大的投票权的执行董事的权力。然而就本例而言，众所周知的加权投票体系实际上并没有主导着其条件性的协议。相反，条件性贷款协议正式上是由简单多数表决批准的，而非多数或绝对多数的投票权(第7条第5c款)。

那么应如何衡量委托者有关国际货币基金组织条件性协议设计方面的偏好呢？学者往往仅仅假设委托者的偏好。或者委托者的偏好由对有关代理者活动的偏好的明确论述或由相关领域委托者的行为推知。(Nielson and Tierney 2003b)在本章中，笔者主要以《贷款条件性指南》(以下简称《指南》)为基础。《指南》是有关详细辩论的条件性的明确指示，是由执行董事会不定期批准的。执行董事会根据批准条件性个别协议所用到的同一决策规则(多数票决)进行表决(参见2003年8月19日发自詹姆斯·鲍顿的邮件)。尽管《指南》尚不能完全反映集体委托者的偏好，但是的确提供了一种委托者偏好的衡量方法，当其他衡量方法几乎没有时。笔者认为，相对而言这是一种准确的衡量方法。然而为了增强对这一衡量方法准确性的信心，笔者补充了一些其他证据来源——包括国际货币基金组织职员及知情人士的陈述、其他学者严谨的案例研究——进一步证明这些

《指南》是对集体委托者偏好的有益评估。为了衡量代理懈怠，笔者将上述指令（或所声明的偏好）与随后代理者的活动进行比较：国际货币基金组织会遵照集体委托者的指令吗？

代理者

委托—代理模型的另一方自然是代理者，在本例中即国际货币基金组织。学者也往往假定某个代理者的利益，如官僚机构想使“其预算、职员人数及其独立最大化”（Vaubel 1996：195；Niskanen 1971）。在该案例中，笔者利用关于国际货币基金组织及其利益更具归纳性的模型。如上所述，国际货币基金组织本身是由绝大多数在少数美国与西欧大学接受教育的经济学家构成的。（Gould 2003；Gould 2006；Clark 1998：182，引自 Kapur 2001：33；Evans and Finnemore，对职员同质性的论述，2001）尽管上述职员国家背景各异，但是国际货币基金组织的新职员与管理层因其教育的影响有非常相似的假设与原则。（Chwieroth 2003：9）国际货币基金组织的职员、管理层是作为经济学家而接受训练的，他们想成为成功的经济学家，以理论原则的应用而影响整个国际经济的趋势及其个别借款者的经济。国际货币基金组织项目的失败不仅损害了项目设计者的声誉，而且损害组织的声誉及其所用原则的可信度。由此，笔者假设国际货币基金组织——也即管理层及职员——均希望其项目成功地显著改善其所干预的经济。

一些人士强调国际货币基金组织管理层与职员的差异，因为前者多是政治任命者，后者大多数是追名逐利者。笔者并不强调管理层与职员的这一差异。诚然，委托—代理关系并非仅仅是执行董事会—国际货币基金组织。授权链在两个方向延伸。这一授权链的每一步或许都是重要的，导致代理懈怠的增加，但是为了本章的宗旨，笔者最感兴趣且仅讨论各国（如执行董事会）向国际组织（如国际货币基金组织管理层及职员)的基本授权。

直到近来,国际货币基金组织项目获得的机会或国际货币基金组织活动的衡量是有限的。对于本章,笔者有赖于最近形成的有关国际货币基金组织 249 项条件性协议(备用安排,SBA;扩展基金安排,EFF;结构调整机制,SAF;升级版结构调整机制,ESAF)的数据集。该数据集涉及 1952—1995 年的 20 个国家。我们所观察的是一份独特的条件性贷款安排,也即独特的国家—贷款—年份情况。鉴于国际货币基金组织档案的组织及其资源,完全随机抽样虽然在方法论上是可取的,但并非是可行的。因此笔者选取了代表性的国家,然后选取了数据,包括该国 1952 年(当时国际货币基金组织的条件性开始实施)至 1995 年(此后在数据采集时许多安排仍是分类的)期间所有相关的协议。249 份案例来自如下 20 国:阿根廷、孟加拉国、玻利维亚、巴西、中非、科特迪瓦、萨尔瓦多、加纳、海地、韩国、马里、墨西哥、摩洛哥、尼日尔、菲律宾、罗马尼亚、南非、土耳其、英国、南斯拉夫。尽管这是一个非典型的案例选择方法,但是 249 份案例在地区与安排类型上一般是颇具代表性的。(Gould 2003; Gould 2006)

国际货币基金组织条件性的数据集对每项贷款协议进行编码,根据最初贷款协议所述的条款,包括意向书、附件及由此产生的新闻稿。一项典型的国际货币基金组织贷款协议,包括借款国申请贷款并详述该国经济与政府许多不同部门广泛的政策项目的信件。安排一般本身阐明了更多的政策建议以及项目的评审安排,往往在倒数第二段具体说明约束性条件。如若违反,约束性条件将会导致国际货币基金组织贷款的暂停。每个案例根据 31 个不同标准的问题及 52 个不同的约束性条件进行编码。

委托—代理模型的预测

委托—代理框架关注委托者及代理者的成本—收益分析。(Hawkins 等,见本书)当授权的收益超过成本时,委托者会授权。同样地,当遵约的收益超过非遵约的成本时,代理者也应该会遵照委托者的指令。委托者显然有可支配的各种控制技巧,如监督与报告的要求、甄选程序、制度性制衡及制裁等。(Kiewiet and McCubbins 1991)然而对代理者完全的监督与实施是颇具代价的监控。由此,只要委托者的收益(与改进的遵约有关)超过其成本(如资源及时间的增加),委托者会运用这些控制技巧。若监督与实施毫无代价,那么代理懈怠大概也会降为零。然而代理者与委托者之间利益的分歧、监督的成本及其两者的信息不对称会导致代理懈怠。根据委托者成本—收益的考量,由于监督的成本函数,根据委托者成本—收益的考量,代理者活动的某种不确定性或对委托者偏好偏离的某种认可可能是最优的。由委托—代理框架得出的一般假设是:

> 若控制与监督更具(更少)代价,那么代理者的行为更少(更多)与委托者的偏好相一致,假定不同的利益而且其他变量保持不变。

在特定情况下,控制或多或少是颇具代价的。例如,在其他因素相同的情况下其理想点相对接近委托者的理想点(按照所假定的单一维度的政策空间)的代理者对控制而言是不太有成本的,相比于其理想点远离委托者理想点的代理者。由此,委托者往往试图“选择”与其偏好相似的代理者。从本例看,国际货币基金组织条件性协议的不同方面(如借贷期、条件数等)是由同一代理者(国际货币基金组织)所设计的,因此代理者的类型不会解释代理懈怠。更令人欣慰的是,委托—代理框架强调授权活动性质的重要性。一定的活动作为不太复杂或迟钝的活动需要委托者投入更多的能量与资源,以实现同一程度的遵约。

对代理者任何既定活动的监督与实施是更具代价的,如果这一活动不太具有可观察性、可测量性,反而更有赖于代理者的专业知识。(Bawn 1995:697; Epstein and O'Halloran 1994:716; Huber and Shipan 2002; Bendor 等 2001:244; Kiewiet and McCubbins 1991:17)当代理者的活动不易观察、测量时,那么委托者必须消耗能力与资源,以收集有关代理者活动、代理懈怠程度的信息。由此在这些例子中,委托者往往有赖于代理者所传递的信息。尽管这些信息不太具有成本,但是或许危及代理活动的评估。相比之下,当代理者的活动易于测量、观察时,委托者能够轻易收集有关代理者活动的独立数据,且无需过大的代价制裁代理者偏离委托者偏好的行为。相似的是,当代理者的活动极其依赖于代理者的专业知识时,至少由于两个原因代理懈怠会增加。第一,代理者更可能具有信息优势;随着信息不对称的增加,监督与实施的成本也会如此。第二,当代理者的活动需要专业知识且授权活动存在不确定性时,委托者可能在"限制任性的官员与给予其应对无法预见的意外事件的自主权"之间面临着一种权衡。(Bawn 1995:697; Kiewiet and McCubbins 1991:17)鲍恩等人认为,随着有关一个议题的"技术不确定性"的增加,委托者应给予代理者更大的自由裁量权。(Epstein and O'Halloran 1994:716; Huber and Shipan 2002; Bendor 等 2001:244)这一更大的自由裁量权使代理者具有更大的懈怠机会。

测量代理懈怠:以国际货币基金组织条件性为例

为测量代理懈怠,笔者将比较国际货币基金组织条件性的数据集所测量的国际货币基金组织的活动,与执行董事会所制定的《指南》所测量的集体委托者的偏好。执行董事会发布政策指令,旨在指导、约束国际货币基金组织未来的活动,包括国际货币基金组织条件性的诸多安排,由此笔者思考:国际货币基金组织的活动在多大程度上与这些基本指令及活动规则相一致?本部分表明,至少 20 世纪 60

年代末以来一种特定的遵约模式已存在:国际货币基金组织管理层及职员密切地遵照了一些指令,却很大程度上忽视了其他指令。

国际货币基金组织条件性的授权

1944 年各国代表在新罕布什尔州布雷顿森林创立了国际货币基金组织,监控、维系布雷顿森林汇率体系,从而有助于维系国际货币稳定。起初,设计、磋商、提供条件性贷款协议的自由裁量权并未被授权于国际货币基金组织(Dell 1981; Horsefield and Lovasy 1969; James 1996; Gold 1979; Martin,本书;Gould 2006);直到 1952 年执行董事会董事之间的长期斗争之后,各国才正式将设计、磋商国际货币基金组织条件性贷款协议的权威授予国际货币基金组织。作为国际货币基金组织首个条件性借贷工具,国际货币基金组织备用安排(the stand-by arrangement, SBA)是其与成员国之间的协议,规定只要一国承诺执行或实施双方达成的一定政策,国际货币基金组织就确保该国在一定窗口时间内自动提取(或借入)一定数量的国际货币基金组织资源。执行董事会就上述协议对其职员确定了具体指示。起初备用安排被设想为一种自动的短期担保,且几乎没有一国政策的任何变化。(SM/52/5, 1952 年 1 月 22 日;SM/52/57, 1952 年 10 月 1 日)[8]关于设立备用安排的决定要求这些协议限期 6 个月,不超过一国配额 25%,且不能自动更新。(EBD No.155 [52/57]; SM/52/49, 1952 年 7 月 31 日;Aufricht 1964; Horsefield and Lovasy 1969:403)

备用安排设立后的最初数年,国际货币基金组织条件性的实践及政策也发生了变化。国际货币基金组织职员及执行董事似乎在这些最初的变化中是自愿的参与者。1952 年 10 月的决策被批准之后不久,国际货币基金组织职员就开始偏离这一决策。(Gould 2006。见第四章)然而委托者的偏好也似乎迅速发展、变化。(Martin,本书;Hawkins and Jacoby,本书)例如,1953 年 12 月执行董事会正式改变了其对职员的指令,涉及备用安排的期限,并不限于 6 个月,如果“这似乎是由提出申请的成员国的特定支付问题所担保的”(Aufricht 1964:64)。此后国际货币基金组织职员开始将约束性条件增加到国际货币基金组织条件性的协议中;国家需要执行一定政策或满足一定目标,以在整个贷款期间自由地获取所规定的备用数额。国际货币基金组织职员开始将条件性贷款分为分期还贷,最终以不同的标准限制分期还贷。起初国际货币基金组织职员所发展的这些新做法很大程度上未经国家指导。然而许多现有的做法被编入 1968 年的《第一修正案》。《修正案》规定“黄金份额”小额提取基本可以自动批准,然而大额提取会受到条件性的影响,平均为 1 年期限的备用安排。这种提取可以分阶段实施,要求借贷者满足一定的约束性条件。(SM/66/14, 1966 年 1 月 24 日,1—2; Gold 1979:70)

《首份条件性指南》

尽管 1968 年的《修正案》编入了国际货币基金组织职员的一些做法,但是其他做法备受批评。执行董事首次主要尝试为国际货币基金组织职员与管理层提供改变其条件性贷款协议设计的明确指示,始于《首份条件性指南》。执行董事认为,项目并不存在足够的一致性,而且国际货币基金组织的条件性过于苛刻。(EBM/68/122—123, 1968 年 8 月 14 日;EBM/68/128, 1968 年 9 月 6 日;EBM/68/131—132, 1968 年 9 月 20 日)1968 年决策之前的数次争论中,包括美国执行董事在内的几乎所有执行董事都倡导不太苛刻的条件性及更少约束性条件。(EBM/68/122—123, 1968 年 8 月 14 日)根据国际货币基金组织自己的估计,国际货币基金组织项目中的绩效标准(或约束性条件)数增长了一倍多——从 2 条到 5.1 条——在不到 10 年中。(SM/68/128,副刊 3,1968 年 9 月 4 日)截至 1967 年,甚至相对小额的第一档信贷贷款(first credit tranche, FCT)的备用安排(SBA),一般都要求国家满足2.1条约束性条件。1968年9月20日,执行董事会通过了国际货币基金组织条件性中指导职员活动的新规则。

执行董事会的这一决策包括两项主要指令。第一,与1963年职员自己所提出的指南相矛盾的是,执行董事会规定第一档信贷贷款的备用安排是不可分期实施的,也不包括约束性条件。然而第一档信贷贷款之外的所有安排均是分期实施的,而且需要约束性条件及协商条款。"特殊情况"并不需要分期实施。换言之,执行董事会试图为第一档信贷贷款与其他各档信贷贷款项目设立一些统一的设计标准。第二,尽管执行董事会要求国际货币基金组织职员在所有更大额的高档信用贷款(uppercredit tranche, UCT)的备用安排中,纳入约束性条件及协商条款,但是执行董事会认为约束性条件在以往的备用安排中已"大大增加了",此后应限于那些"有必要评估项目目标的实施及成果",且"为项目的成功而有必要使标准(或条件)最小化"的备用安排。(SM/68/128,副刊4, 1968年9月13日)总之,高档信用贷款的备用安排是分期实施的,需要约束性条件及协商条款。[9]

《首份条件性指南》为国际货币基金组织管理层及职员提供了明确的指示。然而仅其中一些指示受到关注。国际货币基金组织的项目在一些方面的确更加一致了,但是在其他方面并非如此。例如,1968年之前第一档信贷贷款、高档信贷贷款要求稍微相似比例的协议分期实施(高档信用贷款协议的66%、第一档信贷贷款协议的80%);且要求每份协议平均为3期或4期(1期相当于未分期;贷款在1个分期内贷出)。在《首份条件性指南》后,第一档信贷贷款、高档信用贷款的设计因分期不同而相异。第一档信贷贷款并未完全取消分期,但是1968年后相比于之前的确不太包括分期了。1969—1978年所抽样的第一档信贷贷款项目的73%并不需要任何分期,然而1968年后高档信用贷款始终要求分期，如《首份条件性指南》所指示的。1969—1978年所抽样的高档信用贷款协议的97%需要分期，每项协议平均4.2个分期(见表10.1)。

表10.1　与《首份条件性指南》的一致性：分期、约束性条件数量及一致性

	1968年的《指南》	1968年之前	1969—1978年	更大的一致性?
第一档信贷贷款的备用安排	无分期	平均值＝3.5期；80%的协议分期	平均值＝1.7期；27%的协议分期	是
	无约束性条件	平均值＝3.4条；80%的协议有约束性条件	平均值＝4.8条；96%的协议有约束性条件	否
高档信贷贷款的备用安排	除有限例外之外分期	平均值＝3.7期；66%的协议分期	平均值＝4.2期；97%的协议分期	是
	需要约束性条件	73%的协议有约束性条件	100%的协议有约束性条件	是
	约束性条件仅限于那些“必要”的备用安排	平均值=3.5条	平均值=6.9条	否

来源：《条件性指南》。

至于约束性条件的要求，《首份条件性指南》规定第一档信贷贷款备用安排并不需要约束性条件，但是高档信用贷款的备用安排始终要求约束性条件，但是将条件数量限于“所必要的最低数”。在这些指南之前，第一档信贷贷款(80%)实际上更可能要求约束性条件，相比于高档信贷贷款(73%)。在《首份条件性指南》后，第一档信贷贷款备用安排及高档信用贷款备用安排更可能要求约束性条件(分别为96%、100%)。因此，高档信用贷款备用安排更遵照执行董事会对更大一致性的偏好，然而第一档信贷贷款项目实际上已背离了执行董事会所声明的偏好，即这些小额项目并无约束性条件。事实上，根据执行董事会的要求，仅一项(在1969—1978年间所抽样的23份协议中)第一档信贷贷款备用安排并未包括任何约束性条件。

执行董事会在《首份条件性指南》中也要求国际货币基金组织管

理层及职员限制约束性条件数量。然而许多学者认为,甚至当20世纪70年代较低程度或并没有条件性的借贷工具的竞争迫使国际货币基金组织提供更容易的条款时,条件数量实际上仍然有所增加。根据国际货币基金组织自己的研究,1969—1977年高档信用贷款所需的约束性条件的平均数量为5.8。国际货币基金组织职员估计1965—1967年约束性条件的平均数量为5.1,表明在初次与第二次条件性评估的10年期间的小幅增加。根据国际货币基金组织的条件性数据集,这一时期一项备用安排中约束性条件的平均数量从1968年的5.6条增加到1978年的8条。国际货币基金组织自己的数据——为准备《第二份条件性指南》的辩论而准备的——表明高档信用贷款备用安排远非一致的。1969年至1977年4月,亚洲诸国的备用安排平均需要7.6条约束性条件,然而非洲诸国备用安排仅需要4.1条。对于这一时期所有备用安排而言,14条约束性"财政"条件是必需的,其中12条被纳入西半球(拉美与加勒比)及欧洲的备用安排中(SM/77/128, 1977年7月6日,表10.1—10.6)。

《第二份条件性指南》及一致性评价

20世纪70年代末,执行董事会重新讨论条件性指南。1979年《条件性二次评估》决策前的辩论期间,与1968年决策前的辩论一样,执行董事会激昂地谈及国际货币基金组织职员需要坚持将广泛的宏观经济目标而非具体政策(如财政政策)视为约束性条件,并减少约束性条件数量。澳大利亚籍执行董事在外交上阐述了许多其他执行董事的心声:

> 成员国被要求减少补贴,或提高政府服务的价格,改变税收结构等。尽管从经济角度这毫无疑问是适当的,然而如果这些要求没有提高到绩效标准(约束性条件)的地位,而仅停留在善意建议的层次上,情况可能会更好一些。(EBM/78/82, 1978年7月5日,4)

与对不太结构化、更少约束性条件的偏好相关的是，许多执行董事强调国际货币基金组织有必要根据其授权坚持收支平衡的短期融资，而不是不知不觉地陷入长期发展贷款。例如，美国执行董事认为，“国际货币基金组织应将自身（目标）限定在更短的期限内……以至于并不混淆其与其他机构的差异”(EBM/78/82, 1978 年 6 月 5 日, 15; Garritsen de Vries 1986:504; IMF 1983:20—23)。执行董事会一致认为，国际货币基金组织职员有关条件性的一些实践已太过分了，并未反映委托者的偏好。

1979 年，执行董事会通过了《条件性二次评估》，也为国际货币基金组织的条件性提供了新的指南。其中 3 项指示试图界定与约束国际货币基金组织未来的活动，是值得关注的。第一，《条件性二次评估》重申了 1968 年的评估，强调贷款项目的统一性，规定第一档信贷贷款的备用安排将取消分期实施、约束性条件，但其他协议除外。第二，决策向国际货币基金组织职员提出了指示，涉及这些预期为短期贷款项目的期限。国际货币基金组织项目所允许的期限得以扩大以反映当时的实践，但是明确的期限得以确定。截至 1979 年，条件性项目的期限平均大概是 11 个月。[10] 大多数新安排的期限大概是 12 个月，最长为 3 年。(SM/78/296, Rev. 1, Supp.3, March 5, 1979; Gold 1979:17)第三，《指南》回到如下问题，即国际货币基金组织项目应包含多少约束性条件（或绩效标准）及何种类型。《首次评估》要求国际货币基金组织职员限制约束性条件数量，但是这些要求一般没有得到关注。执行董事会以《二次评估》要求国际货币基金组织职员限制约束性条件的数量及类型。约束性条件应“通常限于(1)宏观经济变量、(2)那些有必要实施条款的具体规定或依据上述条款采取的政策”(SM/78/296 Rev.1, Supp.3, March 5, 1979; Gold 1979:30)。约束性条件也应仅限于“那些有必要评估项目实施的政策”——与类型——宏观经济条件而非结构性条件。总之，这些《指南》"减少绩效标准的数量，坚持其宏观经济特征，限制评估的理由，保持前提条件在最低限度"，从而试图限制条件性的增加。

这些《指南》在约束条件性方面成效甚微。事实上，雅克·波拉克(Jacques Polak)曾写道："(1979年决策)的这些约束性规定并未妨碍条件性趋向指南试图阻止的任何方向。"(Polak, 1991:53—54)波拉克的上述表态似乎有点言过其实：实际上与指南的一致性因特定条款而有所不同。例如，执行董事会要求国际货币基金组织设计统一的备用安排，而且在1979年决策之后，在某种意义上一致性的确有所增加。从1980—1995年条件性数据集的66份高档信用贷款的备用安排之中，仅一份协议未包含分期，且所有协议均要求约束性条件。约束性条件数量及其分期数因备用安排不同而仍然极为不同，甚至在1979年决策之后。1980—1995年，一项高档信用贷款的备用安排约束性条件的平均数是10.6，然而范围涉及从6到17条。分期的平均数为5.7，但是其范围涉及从1到15条。第二，国际货币基金组织的安排期限的确一般仍然变长了，但是仅是适度地如此。根据国际货币基金组织的条件性数据集，按照设计1968—1978年备用安排的平均期限为11.7个月，但是按照设计1979—1995年备用安排的平均期限为15.5个月。尽管1980—1985年所抽样的73份备用安排中有40份的期限均长于12个月(属于理想时长)，但是备用安排的期限并不超过3年(设为确定无疑的上限)。第三，约束性条件数量的确仍然实质性地增加了。[11]根据1979年国际货币基金组织的条件性数据集，对于一项备用安排而言，约束性条件平均数为7.2，截至1994年平均数为13.5，几乎比1979年翻了一番。第四，约束性条件的类型也仍在不断变化，而且性质上更具结构性，尽管执行董事会的要求与此相反。表10.2表明，1979决策后(特别是1982年后)，并无程序性条件要求的备用安排的比例下降了。图10.1描述了对

1980—1995 年所抽样的所有安排而言，约束性条件数量（上方线，左侧轴）及类型（下方线，右侧轴）的 3 年期间变化的移动平均数（moving average）。

表 10.2　与 1979 年《第二份条件性指南》的一致性

	1979 年的指南	1969—1978 年	1980—1995 年	更大的一致性?	2002 年的指南
分期	第一档信贷贷款无分期	平均值＝1.6 期；77％的协议无分期	平均值＝6 期；N＝1	不确定	第一档信贷贷款无分期
分期	所有高档信贷贷款均分期	平均值＝4.2 期；4％的协议无分期	平均值＝6 期；2％的协议无分期	是	所有高档信贷贷款均分期
期限	约 1 年，最长 3 年	平均 12 个月最长 24 个月	平均 16 个月最长 36 个月	是	12—18 个月，最长 3 年
约束性条件数量	所有高档信贷贷款均要求约束性条件，但限于“那些必需的”协议	100％的协议需要约束性条件 平均值＝7 条	100％的协议需要约束性条件 平均值＝11 条	否	“过于吝啬”地使用条件
约束性条件的类型	“通常为……宏观经济条件	64％的协议无需程序性条件	27％的协议无需程序性条件	否	“通常为……宏观经济及结构性措施”

来源：条件性数据集。
注：仅从条件性数据集中抽样了备用安排。

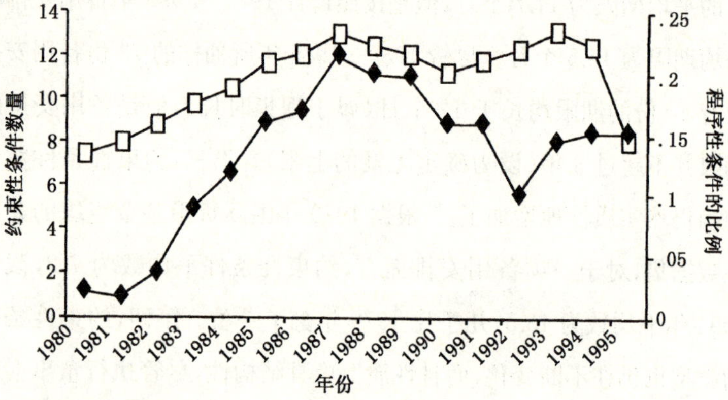

来源：《条件性指南》。

图 10.1　约束性条件数量和类型的变化，3 年移动平均数

《第三份条件性指南》

在有关国际货币基金组织条件性的适当性争论后不久,2002 年 9 月 25 日,执行董事会批准了新的《条件性指南》及关于备用安排的相关决策。这一新决策取代了 1979 年以来官方指导国际货币基金组织职员活动的《条件性二次评估指南》。正如执行董事会以往的《条件性指南》,这些指南强调一致性,试图控制条件性的增加。它们也有一些新特点,如强调项目的贷款国“所有权”、国际货币基金组织所倡议的改革等。然而值得关注的是,有多少指示似乎重申了前两份指南的条款。

四项重要指示值得强调。第一,执行董事会鼓励国际货币基金组织职员在“对国际货币基金组织成员国一视同仁”,及“适当关注成员国国内社会及政治目标、经济优先问题及环境”(引自原文)之间找出折中办法。第二,执行董事会要求国际货币基金组织职员“简约”地使用“与项目有关的条件”。然而这次执行董事会参与事后重订契约,而且“简约”本身被分列出,致使国际货币基金组织职员没有太多的操作空间。根据执行董事会的决策,条件应是可行的(“在成员国直接或间接控制内”),而且“要么是(i)对实现成员国的项目目标至关重要的……要么是(ii)对实施(协议)条款的具体规定所必要的”。条件还应“通常包括国际货币基金组织核心责任领域内具体描述的宏观经济变量及结构性措施”。第三,与其相伴的有关备用安排的决策重申了执行董事会关于限制备用安排期限的偏好。该决策指出:“备用安排的正常期限为 12—18 个月……(且)可以超过这一范围,但不得超过 3 年。”第四,与此前的决策相一致,执行董事会规定备用安排或第一档信用贷款内的提款不应受制于分期或约束性条件,但是“所有其他备用安排除外”。

2002 年的《第三份条件性指南》以许多方式重申了执行董事会在 1968 年、1979 年所明确阐述的偏好——关于条件入选的指示、条件的“范围”与数量、项目的一致性与期限——但是国际货币基金组织职员并未始终如一地遵照。总之，根据该措施，自1968、1979年执行董事会的决策以后，委托者的偏好似乎没有实质性地改变。若该措施是准确的，那么代理者活动的变化——在国际货币基金组织的条件性方面——自1979年以来似乎并未受到集体委托者偏好的变化的驱动。

委托者偏好的其他证据

但这是一个准确的衡量方法吗?《条件性指南》中所通过的声明是对集体委托者偏好可靠的衡量方法，或仅靠成员国一面之词就相信它们是“幼稚的”吗?与此处所讨论的与衡量方法的情况相反的是，传统观点认为国际货币基金组织的委托者国家实际上偏爱更多、更严格的条件，而不是更少、更没约束性的条件。持传统观点的人士所提出的主张——委托者国家一般偏爱更多、更严格的条件——与证据——和其他两类证据——国际货币基金组织内部人士的陈述及另一学者的案例研究——得到简单的考量，进一步支持了此处所运用的衡量方法的准确性。(参见Gould 2006，第四章详细讨论)

传统观点认为，大债权国在执行董事会拥有不成比例的权力，力促条件性的增加，如美国。学者往往以个别或非代表性案例证实这一主张。与之相反，一些学者关注国际货币基金组织历史中的两个一般阶段:20世纪50年代条件性的最初授权或美国里根政府时期。本研究更关注集体委托者持续性控制而非授权时段，因而20世纪50年代与本研究不太相关。然而在某种意义上里根政府的确成功地力促了条件性的增加，因而如迈尔斯·卡勒所指出的，《条件性指南》所表明的集体委托者的偏好似乎是错误的。(Kahler, 1990:104)然而与此相反，里根政府并未以任何连贯一致的方式力促条件性的增加，而且国际货币基金组织协议的实际数据表明，1980年后条件性并未突然增加[12]，这正如迈尔斯·卡勒等学者所认为的。里根政府在执政的第一年公开指责据传执行乏力的项目（如1981年在格林纳达、印度及巴基斯坦的项目），但是并未不停地指责。很快，里根政府因力促更弱的而非更严格的条件性赢得更多的声誉。[13]

若《条件性指南》反映了所述的集体委托者的偏好，而且由此执行董事会（至少自1969年以来）偏爱减少条件性，那么我们应观察执行董事会在其他领域反对条件性增加的证据。国际货币基金组织内部人士的陈述表明，执行董事会及主要大国的压力弱化了条件性。尽管国际货币基金组织几乎成功地没有使世人获知其信息，但是国际货币基金组织（前）职员的陈述的确表明，诸（大）国当干预国际货币基金组织事务时力促减少条件性。例如，现任国际货币基金组织副总干事安妮·克鲁格（Anne Krueger）曾写道："美国支持向政策改革显然并不充分的国家放贷，表明甚至对因果关系的观察者而言贷款并不会被富有成效地使用。"（Krueger 1993：99—100）相似的是，在国际货币基金组织任职37年之久的戴维·芬奇（C. David Finch）1987年"突然辞职"，以抗议"其所认为的在对所提出的备用安排的评估中的政治干预"（Boughton 2001：1046—47）。芬奇反对美国及其他债权国向国际货币基金组织职员施压以弱化条件性。1988年他写道："在许多案例中，债权国的兴趣在于短期协议，而非长期改革上。由此……它们向国际货币基金组织施压，使其接受较弱的经济改革。"（Finch 1988：126）

若执行董事会力促减少条件性，那么其他学者细致的案例研究也应关注国家减少条件性的压力。许多学者假定美国（或其他债权国）在一个方面或另一个方面的影响，然而兰德尔·斯通（Randall Stone 2002）却独一无二地运用不同方法及证据来源证实自己的观点。斯通关注国际货币基金组织条件性协议的实施而非设计。他认为，当美国参与辩论时，美国会力促对其盟国而言更为容易的条款和实施。在总结了自己的模型及经验结果之后，他认为大国“敦促国际货币基金组织对其所偏好的客户网开一面”(Stone 2002:18)。他以大样本经验研究及20世纪90年代后共产主义国家的案例研究证实了这些观点。例如，在1992年俄罗斯贷款协议的案例中，他认为国际货币基金组织谈判代表起初提出一项严格的项目；然而美国“敦促国际货币基金组织放宽其惯常要求”(Stone 2002:119—120 and 124 citing New York Times, March 27, 1993:I, 1)。他所讨论的其他案例也支持本项研究的假设：债权国及执行董事会实际上力促减少条件性。

总之，一系列证据——包括执行董事会的《条件性指南》、国际货币基金组织内部人士的陈述及案例研究——表明，大国及执行董事会力促减少国际货币基金组织条件性，而不是相反。

一个模式产生于对集体委托者的指令(《条件性指南》)与随后代理者活动(由条件性数据集测量)的比较。一般而言，一些指示相比于其他指示得到更密切的遵照。国际货币基金组织条件性并不完全遵照委托者的指令。条件的数量和类型偏离了委托者的指示，但是在国际货币基金组织条件性项目的分期上更加遵照，而且在其项目的期限相当密切地遵照。这些趋势掩盖了甚至更大的差异。在特定年份，国际货币基金组织项目在条件的期限、数量及分期数方面截然不同。若集体委托者偏爱更加一致且更少条件的协议，那么一些安排为何仍然偏离，要求更多且不同的条件呢？为什么集体委托者对短期安排——在数月之内——的偏好得到尊重，但是其对条件的数量和类型的偏好并非如此呢？

解释控制及一致性的差异：委托—代理方法的长处

代理懈怠的模式并不符合传统观点对国际组织活动的预测。国家中心论的方法预计国家的指示与随后国际组织的活动之间近乎完美的相关性。显然事实并非如此。在其遵照国家指示的程度方面，国际货币基金组织协议的个别案例有所不同，然而广泛的趋势是国际货币基金组织协议的期限及其分期似乎与国家的指示相一致，然而在很大程度上条件的数量与类型并非如此。官僚机构的解释预计国际组织受制于其自身逻辑，一般远离了委托者国家的指示。然而事实也并非如此。期限等国际货币基金组织项目的要素及特定的个别项目相当密切地遵照委托者国家的指示。

如上所述，委托—代理模型预测，如果控制与监督是颇具代价的，那么代理者的活动应该更不太与委托者的偏好相一致，假定不同的利益而且其他变量不变。一些国际组织(或代理者)相比于其他国际组织在控制与监督方面更具代价。一些因素表明，国际货币基金组织对于委托者国家的控制而言或许是特具代价的代理者。例如，国际货币基金组织活动的技术性质、国际货币基金组织活动数量的激增、国际货币基金组织等级制(或“授权链”)的相关扩展致使勤勉的监督更具代价，然而国际货币基金组织活动的保密习惯妨碍着对程序性第三方实施者的依赖。(Barnett and Finnemore 2004; Martin 2002; Nielson and Tierney 2003; Lyne、Nielson and Tierney，本书；McCubbins and Schwartz 1984)然而本章不太关注对国际货币基金组织与其他国际组织的比较，反而比较国际货币基金组织活动的不同方面。正如国际组织本身处于从太难以控制与监督到不太难以控制与监督的连续统一体中，国际组织的活动也是如此。

国际组织的一些活动相比于其他活动或许在控制与监督方面更具代价。如上所述，如果代理者的活动不易观察与衡量，更有赖于代理者的专业知识，那么委托者监督与实施的成本会上升，因而代理懈怠也会增多，在其他变量不变的情况下。本章讨论了国际货币基金组织条件性协议中四要素在一致性方面的差异：协议的期限、分期数、约束性条件数量及类型。这些要素也在其可观察性、可衡量性及对代理者专业知识的依赖程度、对委托者而言监督的成本方面有所不同。协议的期限是最易观察与衡量的要素。期限是以月增量来衡量的，而且并不存在解释的余地。执行董事会并不需要极其有赖于职员的专业知识或优势知识(privileged knowledge)而提出关于国际货币基金组织特定项目的适当期限的意见。执行董事也发现分期易于观察与衡量；所提出的国际货币基金组织项目包括还贷的明确时间表，而且执行董事会能够容易地跟踪这些还贷。然而执行董事会更有赖于国际货币基金组织管理层及职员的专业知识，以决定多少期——或还贷期——对特定借贷者而言是最佳的。简言之，对于执行董事会的控制与监督而言，期限与分期都不是特具代价的要素；然而分期似乎对于监督与实施而言有点更具代价，因为董事会有赖于国际货币基金组织职员的专业知识，以决定适当的分期数目及其时间表。

相比之下，对于国际货币基金组织的集体委托者的监督与实施而言，条件的数量和类型更具代价，相比于期限与分期。实际改革项目的设计——主要是由条件的数量与类型构成的——并非一个公式化的流程。条件性协议的设计仍有大量不确定性，特别是被推荐的改革项目。事实上在设立备用安排50年之后，不幸的共识是国际货币基金组织仍未掌控条件性项目的设计。对国际货币基金组织项目是否成功的评估反复表明，国际货币基金组织项目或许实际上对其借贷者产生不利影响(特别是在其经济发展方面)。(Ul Haque and Khan 1998; Stone 2002:ch.3)不过执行董事会极其有赖于国际货币基金组织职员的专业知识以为每项特定案例决定适当的改革项目，包括职员与政府谈判的经验、对特定借贷者及其经济环境的经验和知识、其专业化的训练。执行董事会——反复地——明确阐明了有关国际货币基金组织项目设计的一般原则，然而执行董事会也有赖于国际货币基金组织职员的专业知识以协助其决定个别案例是否为例外以及是否需要改变规则。

除了更有赖于国际货币基金组织职员的专业知识以外,条件的数量、类型不太易于观察和衡量,相比于期限与分期。首先考察下简单的可观察性,以 1976 年海地的备用协议为例。这一协议包括两个文件:备用安排本身、海地国家银行行长及财经部长的附函。协议的第四段明确阐述了期限(“自 1976 年 8 月 2 日起的一年期限”)及分期安排:“1976 年 10 月 31 日前”还贷不应“超过”相当于 349.1 万特别提款权的额度;1977 年 1 月 31 日前相当于 388 万特别提款权的额度;1977 年 4 月 30 日前相当于 488 万特别提款权的额度;1977 年 6 月 30 日前相当于 588 万特别提款权的额度……。”(EBS/76/317, Supp.1, August 3, 1976; italics added)相比之下,所提出的海地改革计划由 5 页附函组成,而且并非所有这些所提出的改革都被视为约束性条件。换言之,仅其中一些改革会使国际货币基金组织收回分期还贷,如果这些改革被违背的话。例如,一些约束性条件被迂回地视为“附函第七段最后一句所述的意图”或“附函第八段最后两句所述的任一意图”(EBS/76/317, Supp.1, August 3, 1976, 1)。从这一语义含糊的段落来看,并非一目了然的是海地被要求多少不同的条件(根据《条件性数据集》的方法论为 7 条),更不用说条件数量是否为“对项目成功而言所必要的最低限度”,如 1968 年《首份条件性指南》所指示的。

总之,期限及分期更易于观察与衡量,不太有赖于代理者的专业知识,相比于条件的数量、类型。由此委托—代理框架表明,最低限度的代理懈怠应该与期限相关;鉴于分期代理懈怠也是有限的;然而我们应该观察有关条件数量、类型方面更多的大量代理懈怠。

这些广泛的趋势是与源自委托—代理框架的预测相一致的。协议的期限及分期数是易于观察且不太依靠专业知识的两个特征,对于委托者的监督与实施而言不太具有代价。这些特征更密切地遵照委托者的指示。相比之下，包括所需的条件数量、类型在内的国际货币基金组织项目设计极其有赖于代理者的专业知识，不太易于观察与衡量。由此，委托—代理框架表明，对委托者而言对其有关政策项目设计本身的偏好的监督与实施是更具代价的。与这一预测相一致的是，条件数量、类型偏离了委托者的偏好，特别是当与期限、分期相对的一致性进行比较时。

何以解释国际组织活动的差异？委托—代理框架的不足

委托—代理框架似乎为代理懈怠中的广泛趋势提供了令人信服的解释，然而对于国际组织研究者而言至少三个缺陷质疑着其有效性。

第一，源自委托—代理框架的基本预测是可观察到的，然而这一框架的基本意义并非如此。最值得注意的是，在代理者并不遵约的情况下委托者没有重新订立契约。换言之，如果条件的数量、类型背离了执行董事会的偏好，那么为何执行董事会并没有否决协议或提出新规则以监督其任性的代理者？近年来执行董事会已采取措施在谈判结束前（与有效的既成事实）评估国际货币基金组织条件性的协议，以提高对其偏好的遵约程度；《第三份条件性指南》也被批准。这些姗姗来迟且相对较少的努力或许被视为支持委托—代理框架及其对委托者重订契约预期的证据。然而更值得关注的是，在过去数十年中重订契约是十分有限的。这一观察混淆了委托—代理框架的预计。

第二，本章考察了不同的活动类型在代理懈怠方面的差异在何种程度上与基于委托—代理框架的预计相一致。简言之，二者相当一致。然而委托—代理框架并未对代理懈怠中同等重要的代表性差异提供满意的解释。换言之，一些项目而非其他项目为何似乎遵照委托者在条件的数量与类型方面的偏好呢？为何 1982 年摩洛哥的扩展基金安排(EFF)相比于 1984 年菲律宾的备用安排似乎更遵照委托者的偏好呢？[14]委托者典型的控制机制（如甄选、监督与报告、制度性制衡、制裁）并未解释一致性及懈怠方面的这一差异。换言之，委托—代理框架（至少如此处所使用的）提供了对不同的活动类型中代理懈怠的差异直言不讳的预测，似乎难以解释不同案例中国家控制方面更加细微的差异。

第三，委托—代理框架或许预测或解释代理懈怠的广义模式，但是这并不意味着该框架解释或预测代理者（在本例中为国际组织）的实际活动。许多学者关注国际组织的实际活动，而非国家控制的理论差异，因此该缺陷使笔者深受打击。须明确的是，委托—代理框架预示着解释国家控制/代理懈怠、代理者活动的差异。代理者的偏好与委托者的偏好不同；由此代理者的活动应由委托者的偏好及其控制机制（或实施的高代价）以及代理者的偏好加以预测。

然而当代理者的自主性（或潜在代理懈怠）相对广泛时，关于代理者偏好的假设有力地决定着有关代理者活动或政策结果的预测。由于两个主要原因，这一对代理偏好的严重依赖是颇成问题的。第一，委托—代理传统的许多著作运用了对代理者利益相对较弱的假设——预算最大化、任务扩展、"懈怠"最大化——而且代理者活动的具体偏好可能源自这些一般的假设。(Barnett and Finnemore 1999：705)[15]使用委托—代理框架的学者当然更严肃地对待代理者的利益和偏好，以更深入地分析从而发展其假设。然而在后一种情况中学者或许超出了委托—代理的传统而发展代理者的偏好。因而其他一系列工具或理论传统将会提供很多解释。

第二，使用委托—代理传统的学者仅关注两种行为体：委托者与代理者。然而在代理者自主性的情况下——当代理者有操作的余地时——代理者的利益而不是代理者对其活动的偏好或许决定着代理者最终的活动。以委托者店主及其代理者店员为例。店主经常不在店里，赋予店员以相当程度的自主性。店员的自主行为（或潜在的懈怠）或许并不是由其对自身活动的偏好（往往被假定为少工作）所决定的，而是由诉诸其利益（赚钱）的第三方行为体所决定的。一对当地夫妇或许向店员额外付款，使其临时关闭店面，把杂货送到自己家中。换言之，当懈怠有可能时，代理者的利益使其活动受到第三方行为体的影响。

对国际货币基金组织的案例而言，笔者对有关第三方行为体诉诸代理者利益的角色提出了相似的观点。（Gould 2003；Gould 2006）我认为，一类行为体——戏称为补充型金融家（supplementary financiers）——影响着国际货币基金组织条件性协议的设计，因为他们诉诸国际货币基金组织的特定利益。国际货币基金组织（管理层及职员）希望其项目短期内即成功；这一成功保持其谈判权威与权力。补充型融资往往对于国际货币基金组织个别项目短期内的成功是至关重要的，因为国际货币基金组织仅仅提供所需融资额的一部分，以纠正收支不平衡及实施国际货币基金组织项目。国际货币基金组织及借款者有赖于该外部融资以补充国际货币基金组织贷款。这一依赖使补充型金融家在一定程度上影响着国际货币基金组织的项目设计。这仅是其中一例，即代理者的利益（而非偏好）及第三方行为体如何解释着代理者国际组织实际懈怠的情况。因而这是一必要组成部分，如果目标是解释国际组织的实际活动。

总　结

本章初步努力将委托—代理方法的洞见应用于国际货币基金组织条件性的研究中。国际货币基金组织的条件性对于委托—代理方法而言是个有趣的难题。代理懈怠因国际货币基金组织条件性协议的特定特征而有所不同。国际货币基金组织协议的一些要素——如约束性条件的数量、类型——似乎更为常见地偏离委托者的偏好，相比于期限、分期等其他要素。绝大多数国家中心论的论述（事实上许多委托—代理的论述往往过分强调委托者控制的有效性）预计，国际货币基金组织的委托者国家对职员的活动实施更多的控制。对向国际货币基金组织授权以条件性的这一考察表明委托—代理方法的一些优缺点。

由于各种原因，委托—代理方法在国际组织研究中的应用是有益的。或许最重要的是，该方法使我们关注一系列重要问题。国际组织的活动遵照国家偏好吗？国家控制国际组织的成效如何？国际组织活动赋予其更大的自主性的一些特征是否存在呢？本章表明，委托者国家并不总是完全控制代理者国际组织。为了使委托—代理方法有益于学者，该方法需要有能力解释因变量的差异：代理懈怠。批评者正确地指出，委托—代理传统中的许（过）多论述关注对常量因变量的解释：代理者克制的活动。因此本章试图证明委托—代理传统的有效性，不仅在于解释回应型、克制型代理者，而且在于解释偏离型代理者。委托—代理方法提供了一种框架，以理解一致性的连续统一体上国际组织的活动或国际组织本身。

然而委托—代理方法在国际组织研究中的应用或许有一些缺点。笔者也在此简单地强调一下。委托—代理方法很好地解释了代理者为何采用一些控制机制，预测了何为代理者活动的范围，然而并不必然很好地预测国际货币基金组织条件性这一案例中代理者的实际活动。委托—代理模型或许告知我们国际货币基金组织活动为何偏离委托者的指示，然而几乎无法告知最终结果：机构会选择活动范围中的哪个点，为何呢？为何它们偏离这些活动呢？仅仅将委托—代理方法应用于国际组织研究中的显而易见的缺点是，由此我们或许认为代理者有能力实施一定程度的自主性，但是几乎并不知晓代理者以此自主性来做什么。

为补救这一问题，委托—代理传统内的未来研究可遵循如下两条路径之一。第一，学者可提出、采纳更为细致的有关代理者偏好（及其何时背离委托者的偏好）的假设，以此提供对代理者活动更为精确的预测。[16]与此相反，未来研究应该拓宽关注点，而不仅仅是正式委托者与代理者对代理者活动的影响。如果代理者使一些利益最大化（如国际货币基金组织职员使国际货币基金组织项目短期的成功最大化），那么没有逻辑道理的是为何第三方行为体无法操控代理者的动机与影响代理者的活动，正如正式委托者往往如此。在国际货币基金组织条件性协议设计的这一案例中，在均衡范围内的最终政策或最终点或许反映了第三方行为体的影响，因为委托—代理理论者并不感到惊奇。不仅是正式委托者，第三方行为体也能操纵代理者的动机并由此影响代理者的活动。因此，在委托—代理洞见所详细说明的自主范围内，代理者对自身活动的偏好或第三方对代理者自然动机与利益的诉求详细说明了实际活动形式。

总之，委托—代理方法在强调代理懈怠以及理解代理者如何受控于委托者方面颇为有用。然而那些使用委托—代理框架的学者需要提出更为细致的有关代理者偏好的理论，或拓宽委托—代理关系，以解释国际组织的实际活动，而非“仅仅”探讨国际组织活动及国家控制机制的潜在范围。

注释

1. 霍金斯等人（见本书）将委托—代理关系限定为契约关系，且委托者能“终止”代理者资格。迪克西特等人（Dixit et al.1997：753）将委托者更宽泛地定义为“影响”他人或向他人“施压”的行为体。也参见 Bernheim、Whinston，1986。

2. 参见霍金斯等人对代理懈怠及自主性的界定（见本书）。

3. 马丁（见本书）提出了另一种视角：基于分配性冲突及“信息需求”，国家向国际货币基金组织的授权也不同。

4. 我于1999年9月至2002年5月在华盛顿、旧金山、纽约三市进行了16场采访。每位受访者需填写开放问卷，内容涉及国际货币基金组织条件性项目建设、影响及修订过程；执行董事或职员角色（视受访者身份而定）；国际货币基金组织在国际组织中的角色等，并由此根据受访者改变谈话方向。多数受访者要求匿名，因此只概述上述采访结果。我进行的采访如下。采访1：执行董事或执行董事办公室其他人员，1999年9月14日；采访2：执行董事或执行董事办公室其他人员，2000年2月8日；采访3：执行董事或执行董事办公室其他人员，2000年2月8日；采访4：国际货币基金组织高级职员，2000年2月9日；采访5：执行董事或执行董事办公室其他人员，2000年2月10日；采访6：国际货币基金组织高级职员，2000年2月10日，采访7：执行董事或执行董事办公室其他人员，2000年2月10日；采访8：执行董事或执行董事办公室其他人员，2000年2月11日；采访9：执行董事或执行董事办公室其他人员，2000年2月11日；采访10：执行董事或执行董事办公室其他人员，2000年2月14日；采访11：执行董事或执行董事办公室其他人员，2000年2月15日；采访12：执行董事或执行董事办公室其他人员，2000年2月15日；采访13：执行董事或执行董事办公室其他人员，2000年2月17日；采访14：国际货币基金组织高级职员，2000年8月30日，采访15：商业银行高管，2000年10月3日，采访16：国际货币基金组织前高管，2002年5月28日。

5. 马丁（见本书）不仅关注职员—执行董事会关系的早期发展，且关注如允许职员在借贷国家首都磋商贷款协议等早期变化。对此她认为这种变化导致“权威向职员的转移，然而这并非说明失控的代理或对委托者关注的缺失，反而说明由对高质量信息的直接控制的权衡的需要而决定的有益选择”。

6. 1979年提议的塞拉利昂备用安排虽做缩减但并未否决便是一例。1998年12月一封来自詹姆斯·鲍顿（James Boughton）的电邮通信；Kapur et al. 1997：496。

7. 我2000年2月从24个执行董事办公室中选取10个，并对其执行董事及其下属做了采访。见脚注5。

8. 上述文件及随后的国际货币基金组织文档均收入国际货币基金组织档案。

9. 第一档信贷贷款的备用安排（FCT SBA）与高档信贷贷款的备用安排（UCT SBA）是以国际货币基金组织的条件性数据集得以计算的。在第一档信贷贷款的备用安排中，贷款额相当于或低于一国配额的25％。在高档信贷贷款的备用安排中，贷款额大于一国配额的25％。这一安排与桑泰利亚（Santaella 1995：表10.1）的研究密切相关，但并不完全相关。

10. 该贷款期为条件性数据集中抽样辅助安排的均值，不是真实的安排贷款期，而是条件性协议自身的特定贷款期。

11. 雅克·波拉克（Polak 1991：14）也提供了若干时段绩效标准平均数量，表明绩效标准数量大大增加了。

12. 卡勒（Kahler 1990：104—105）认为威廉森（Williamson 1982）所提供的关于里根政府成功地增加国际货币基金组织条件性的证据“可信”。尽管从威廉森收集的数据看，该论断似乎有理，但是美国的压力仅仅是数项解释之一，然而他（1982：48—52）以此解释了1980年前后其所认为的条件性的突变。威廉森并不认为美国的影响是决定性的；卡勒也未检验其与威廉森相竞争的论点。因此，不管解释条件性变化的分析性观点，威廉森（Williamson 1982）的证据也有点不可信。如鲍顿（Boughton 2001：563）所述的，“威廉森有些束手束脚，因为他并没有获得有关国际货币基金组织贷款协议中绩效标准的数据。因此其经常被引用的研究有赖于两个间接指标，然而这两个指标都没有提供明确的信息”。后来从国际货币基金组织实际条件性协议所记取的数据——条件性数据集——表明，1980 年前后条件性并未出现突变。

13.《纽约时报》一则关于 1987 年世界银行—国际货币基金组织年会的文章（Farnsworth 1987）写道："第三世界的代表对财政部长詹姆斯·贝克（James A. Baker 3rd）……愿意弱化常常令人难以忍受的国际货币基金组织贷款条件表示欢迎。"

14. 条件性数据集。摩洛哥 1982 年 EFF 附带 8 项约束条件，不附带程序性条件，但菲律宾 1984 年备用安排附带 15 项约束条件及 2 项程序性条件。

15. 许多人假定代理者的偏好是外生的（Niskanen 1971；Vaubel 1983，1986，1991），或是由程序性约束内生性地界定的（Bawn 1995；McCubbins et al. 1989），而且在某种程度上其基本假设是代理者试图使其偏好最大化（Gould 2006）。

16. 例如，这表明富有成效地结合诸多方法的可能性。社会学制度主义及历史学制度主义传统的著作往往关注职员与国家或代理者与委托者之间偏好差异的基础。参见 Cortell and Peterson 2004：7—8。

第十一章
对国际法院的授权、政治权力重新订约的限度*

凯伦·奥尔特

国际法院显然符合本书所考察的授权范式。作为集体委托者的国家,以可撤销的授权契约创建了国际法院;任命国际法院法官;能够编纂与重编国际法院所解释的指令与法律。委托—代理理论预计法院是更具独立性的"代理者"之一,且有意如此。贾恩多梅尼戈·马琼认为,在提高委托者可信度的授权中,"受托型代理者"是独立的,因为"注定听从授权的政治家的代理者不可能提高承诺"(Majone 2001:110)。因此,委托者有意允许法官被解职,仅当过分的行为不被接受时,而且法官薪资是受到保护的。委托—代理理论家仍预计国家拥有实质性的控制手段,因为国际法院的法官任期很短(4—8

* 本章得到了很多学者的关注与评论,然而我肯定忘记了其中一些学者。因其对本章初稿的评论,笔者想要感谢朱迪·戈尔茨坦、布莱恩·汉森(Brian Hanson)、劳伦斯·黑尔费尔(Lawrence Helfer)、伊恩·约翰斯通(Ian Johnstone)、莫娜·莱恩、吉德·恩泽里布(Jide Nzelibe)、海伦·米尔纳、乔恩·佩弗豪斯、埃里克·波斯纳(Eric Posner)、保罗·史蒂芬、戴维·斯坦伯格(David Steinberg)以及芝加哥大学项目(PIPEs)的参与者。特别感谢罗伯特·基欧汉为笔者而应对极其批判性的评析帮助,乔纳斯·托尔伯格、戴伦·霍金斯、丹·纳尔逊、戴维·莱克、迈克·蒂尔尼因其数次建设性地阅读本章以及理查德·斯坦伯格(Richard Steinberg)。笔者从授权国际组织项目参与者的不断挑战及其不来梅大学"国家转型"项目中的尖锐批评中获益匪浅。

年)，国际法官或许担忧包括是否连任等的职业前景，而且国家能够重编其指令、立法而推翻其裁决或并不遵约以制裁国际法院。

尽管大多数委托—代理理论家都有这些预计，但是以委托—代理理论分析国际法院的研究对如下问题提供了自相矛盾的预测，即我们是否及何时预计国际法院的自主性。杰弗里·加勒特(Geoffrey Garrett)、巴里·温加斯特(Barry Weingast)认为，欧盟法院相比于国家法院有更少的自主性，因为欧盟法院担心重订契约。他们断言，欧盟法院的决议主要从最大的数个国家明确想要的一系列结果中进行选择。(Garrett and Weingast 1993:201)在后来一篇合写的论文中加勒特认为，当欧盟法院的解释需要全体一致通过才能修改欧洲条约的条款时，欧盟法院的自主性很大，但是当欧盟法院的解释以较低投票门槛就可改变指令或规定时，其自主性就较小。(Tsebelis and Garrett 2001)然而在其他地方加勒特认为，当法律更加清楚(因为欧盟法院能够以此提供政治掩护)而且判例法完整时，欧盟法院将有更大的自主性。(Garrett et al. 1998)马克·波拉克、乔纳斯·托尔伯格(Jonas Tallberg)认为，欧盟法院实际上相当自主，甚至比国家最高法院都更自主，因为有关欧盟法院决议的立法规则使得重订契约极其困难且不太可能的。(Tallberg 2002b; Pollack 2003a:201)保罗·史蒂芬斯(Paul Stephan)则预测国际法院——尤其是欧盟法院和世界贸易组织——相比于国内法院远没有那么自主。由此"我们不要期盼具有权威的机构制定出雄心勃勃、系统、全面的法律以在国际层次上形成统一法"，因为国际法院的法官任期太短，很快由新任法官接替。(Stephan 2002:7—8)[1]这些观点在逻辑上并不矛盾；反而作者根据不同的制度性规则得出结论，因而预测是与之相反的。但是在这些各种观点中，委托—代理的任何观点都可作为独立型或从属型国际法院行为的一种"解释"。

由于国家偏好的可替代性、衡量偏离的困难以及多元决定论的问题，对相冲突的观点的裁定几乎是不可能的。国家利益是可替代的，因而一个裁决能够被解释为相互矛盾的观点的证据。例如，加勒特、温格斯坦以欧盟法院关于第戎香甜酒（Cassis de Dijon）的决议[2]支持其关于欧盟法院较小自主性的观点，即强大的德国对开放市场有浓厚的兴趣，影响着欧盟法院。（Garrett 1995：174—175）凯伦·奥尔特、索菲·默尼耶（Sophie Meunier）认为，德国在第戎香甜酒的裁决中失败了，因为在该案件中作为被告的德国政府的观点被欧盟法院否决了，而且作为高标准的国家，德国想要欧洲高水平的标准，或是将其标准强加于在德国境外生产的产品的能力。（Alter and Meunier-Aitsahalia 1994：539，542）伯纳黛特·基尔罗伊（Bernadette Kilroy）检验了欧盟法院是否更偏爱最强大国家的利益的问题，发现欧盟法院更关注不遵约的威胁，相比于国家或许制裁欧盟法院的威胁。马克·波拉克评价了基尔罗伊的分析，发现虽然基尔罗伊做出很大努力，但是她仍然无法排除欧盟法院决策的其他解释——例如如下观点，即欧盟法院完全依据法律裁决案件，不会因其成员国的权力或不妥协或国家遵约的可能性而有所不同。（Pollack 2003a：200）如果我们不能将政府在案件中所阐明的立场作为依据（因为政治家或许战略性地而非真诚地行事），不能就国家利益的实际内涵达成一致（在这些案件中，我们也应该考虑国际法院的法官应该如何确定“国家利益”），那么相对偏离、自主性或退却等概念仍是可变的，这取决于分析者。

本章并未试图裁定有关相对自主性的观点，而是关注“重订契约政治”是否如委托—代理理论所预计的那样成为国家政治影响的工具的问题。“重订契约政治”意味着委托者在任命过程中甄别代理者、因自身的不满而更换代理者，或作为一种制裁形式而改变授权契约的能力。国家当然有重订契约的权力，因为它们做出任命的决策，能够改变契约。但是笔者认为，这一权力并不是对国际法院产生政治影响的重要工具，因此作为集体委托者的一员的国家对国际法院并没有特殊权限。

对如下问题，笔者提出两个补充性原因，即重订契约政治并不是国家与国际法院寻求彼此相互影响的核心所在。第一部分提出一个经验性观点，解释有损作为影响国际法院决策的手段的重订契约的效力的政治与制度因素。此分析意味着，委托者的控制工具或许实际上在国际层次上更弱些，相比于国内层次。笔者对如下困惑提出了自己的解释，即国家为何设计相比于国内法院在某些方面不太受其影响的国际法院。对此，笔者认为较弱的重订契约的工具的结果在某种程度上是无意的(模仿国内授权的谈判者很可能意识到其重订契约的工具无效的程度)，在某种程度上是如下事实的产物，即对国际政治权力的关切在本质上胜过委托者对控制国际法院的关切。在本部分，笔者从国际政治因素考察较弱的重订契约工具的根源，挑战着本书导论与结语的观点，即对国际法院等国际实体授权的结果在国内和国际领域是相似的。

第二部分抛开本书导论中所界定的委托—代理范畴，以国际法学者所用的范畴解释国家影响国际法院能力的差异——包括成员国是否必须首先承认国际法院的管辖权，以及谁有进入国际法院的机会。法学者的观点表明，国家在授权国际法院方面本质上会选择自己的至爱，从一开始就以如下看法创建或多或少具有独立性的国家法院，即国际法院的独立性与有效性之间存在着一种关系。法学者认为契约设计的组成部分是重要的因素，然而这些因素并未促成重订契约政治，因为它们并不受重订契约威胁的影响。换句话说，一旦偏好得到确定，由此不同类型的国家—国际法院政治也产生了。

第三部分将总结本章的观点及对本书主题的意义。对重订契约政治关键角色的否定并不意味着，国家并不影响国际法院或者国际法院不会受制于政治影响。这也不意味着国际法院从不承担责任——如果政治行为体偏离其他政治行为体所容忍的程度，那么这些政治行为体会受到制裁和谴责。相反，该分析表明，集体委托者的身份并不是国家权力有意义的来源，而且其他影响方式可能会比重订契约的权力更重要。对于申诉至国际法院的案件，国家以修辞政治、合法性政治试图影响国际法院。就至关重要的修辞和合法性政治而言，除了国家之外其他行为体可能会积极参与。国家也运用拒绝承认管辖权、庭外和解，或者将争端解决转到更加可控的政治路径等完全合法的途径，以行走在如下事实之间，即它们并不想偏离，但是无法以言辞影响而控制国际法院的决策。这些观点本身与委托—代理理论相一致，但是该分析表明委托—代理理论本身在研究一些变化方面并不是很有用的。这些变化影响着不同案件，甚至不同国际法院的国际司法决策的差异。

(重) 订契约的权力与国家对国际法院的影响

许多学者认为，立宪法院更像是受托者而不是传统代理者，因此委托—代理理论所依赖的变量不大可能会有助于理解对法院的授权。(Alter 2005; Grant and Keohane 2005; Majone 2001; Stone Sweet 2002)[3]但是一些法院更像是受托者的说法并不意味着国家已决定仅单纯地信任国际法院会谨慎地行使自由裁量权。国家关注偏离，意味着它们关注国际法官以并非蓄意的方式解释集体委托者的规则，而且集体委托者不想，也不会赞同。但是，如莱恩等人所详细讨论的，集体委托者的问题是不言自明的。国际法院的解释或许并不是集体委托者所赞同的，但是确实可能代表一组成员国的实际偏好。因此，国际法院的偏离实际上是国际法院在政治争议性案件中判决获胜，然而国家—诉讼当事人在谈判中无法获胜，因而基本上以解释的方式重编国家所赞同的法律。一些行为体实际上偏爱新的解释,因而在政治上恢复到以前的状态是不可能的。即使国家—诉讼当事人无视国际法院的裁决,裁决本身也改变了他者眼中法律现状,将国家的现行政策标示为“非法”而破坏民众对政策的支持,从而能够改变政治环境。如果我们将相对较少的争议性裁决与已发布的数以千计的国际法律裁决相比较,偏离的现象似乎是相当少的。虽然偏离现象很少,但是我们仅需思考布什政府对国际刑事法院的关切以理解国家相当关注这一偏离的风险,即使国家近乎百分之百地对国际法院的工作是满意的。

因此,问题出现了:纵然法院是受托者,但是集体委托者能够使用任命权、财权或立法权等缔约工具吗?集体委托者所特有的这些工具塑造着国际司法如何行使其自由裁量的决策权威。如果重订契约的工具是有效的,那么委托者拥有其他行为体无法获得的权力根源以及对国际法院所行使的特殊影响。本部分关注本书导论中所提出的委托—代理传统工具(监督手段和制衡除外),评论有关重订契约的工具是否会影响国际法院的学术研究。[4]笔者的最佳证据表明,这些重订契约的工具没有或几乎没有提供国家用以国际法院的政治影响。那么问题是,国家为何有直接破坏其制裁或影响国际法院代理者的能力的决策规则呢?

作为委托者控制工具的甄别和任命程序

学者和政治家预计,司法理念将会影响法官如何获得解释性自由裁量权的机会,以便于委托者选择特定类型的法官,从而或许有能力影响司法决策。一些证据支持着这一预计。马克斯·尚岑巴赫(Max Schanzenbach)令人信服地表明,相比于民主党任命的法官,美国共和党任命的法官在有关刑期长短问题上以不同方式行使着其自由裁量权。(Schanzenbach 2004)埃里克·波斯纳、米格尔·德菲格雷多(Miguel de Figueiredo)发现,如果立法决策是随机的,联合国国际法院(ICJ)的法官在80%的情况下往往投票给自己国家,多于其所预期的50%。(Posner and De Figueiredo 2004)埃里克·沃腾(Erik Voeten)发现,欧洲人权法院法官在74%的情况下会给自己国家投票。(Voeten 2004)但是,任命程序是否是控制工具的问题却是另一回事。事实上,这些学者都没有将其发现与有关委托者控制的观点联系起来。

在国内环境中,尚岑巴赫表明任命决策影响着法律效果,因为一个法官能够决定罪犯的刑期。但是在国际层次上,司法决策不仅仅涉及一个法官。我们能够想象到甄别效应能够从根本上改变美国最高法院其往往取决于一票的法律体系,但是难以提出充分理由的,是甄别影响着国际法院的决策。波斯纳实际上并没有认为,法律结果是受到影响的,尽管他的确暗示司法投票是有偏见的,因为投票并不是随机分布在不同案件中的。但是波斯纳的分析包括了如下案件,即联合国国际法院全部或多数支持某一特定国家,却并未控制法律推理是否也能够同样地解释法官的投票。埃里克·沃腾纠正了这些缺陷,关注法律因素显然未起决定性作用的非一致性决定的案件(否则裁决不会是非一致性的),控制法官何时属于有利于违反法律的判决中的大多数——在这样的案件中,事实和法律在影响司法决策方面远比国籍重要(波斯纳无法使用这些控制,因为其"个数"太少而不足以得出统计上可靠的结论)。在这些控制中,沃腾在5 010个裁决的大样本中仅仅确定了其中31个裁决。在这31个裁决中,一国以一票之优打赢官司,而且其法官属多数,因而理论上国家的任命效应改变着法律结果。埃里克·沃腾控制了影响司法决策的其他因素,确定了11种情况。在这些情况下,由于国家法官的战略行为,一个国家可能躲过制裁。(Voeten 2004)国家潜在的选择效应的案件并不特别值得关注,因而这11个案件并不是欧洲人权法院所做的最重要裁决。埃里克·沃腾的全部发现表明,当法律模糊性足以产生非一致性决定时(欧洲人权法院5 010个审判样本中有800个,因而占欧洲人权法院案件的16%),那么选择效应改变法律结果的几率低于2%。很有意思的是,埃里克·沃腾发现欧洲人权法院的法官是由左翼还是右翼国家政府所任命的问题,与法官在非一致性决定中如何投票的问题之间并没有关联。相反,法官在其投票中是否是"活跃分子"的最大预测性因素是,任命法官的国家是否也是欧盟成员国。

当然,法官也能劝说同事支持自己的观点以扩大其影响。事实上,各国似乎有意使这种情况发生,以确保国家立场可以在司法审议中得以代表。因此,地区组织有意为每个国家的法官提供一个空间,实际上允许国家选择其法官并认可任何被提名者。为确保每个国家在其案件中都拥有投票权,联合国国际法院也有任命特别法官的规定。但是由于确保双方在法律机构均有代表的做法,效果或许会相互抵消。这个抵消的效果是对国家投票的说明本身并不能说明法院偏见的原因。

并不奇怪的是,司法甄别工具在国内层次上相比于在国际层次上更有效。在美国,司法任命是个政治化的过程,即这个过程允许占主导地位的多数根据其意识形态甄别被任命者。鉴于政党在司法任命过程中所付出的努力,事实上如果选择性政治(selection politics)并没有影响,那么这将是令人吃惊的。但是在国际层次上并没有可控的国际政治过程决定由谁获得国际司法职位的提名——相反每个国家在对其提名谁的问题上单方面地控制着。当法官从一批潜在的候选者被选出时,有时大国会否决候选者,那么这时国际司法任命的政治出现了。实际上国际司法任命的选择面临着激烈的政治,然而选择就是在这种情况下作出的。(Steinberg 2004; Gordon et al. 1989)然而,地区国际法院(例如欧盟法院、美洲人权法院、欧洲人权法院)会从每个成员国中选择一名法官,而且各国会认可其他成员国的提名。安理会常任理事国也向联合国国际法院选派自己的法官。

各国很可能有特定的标准，以甄别其提名的司法候选者的类型。但是并没有证据表明各国协调其努力，或者这些努力的结果是具有与任命政治相关的哲学倾向的法官席。

国际法院判决案件的方式也会减弱作为控制工具的任命程序的效力。虽然国际法院裁决取决于多数票，但是说明不同法官是如何被选上的情况并非总是可能的。联合国国际法院、国际海洋法法庭、美洲人权法院以及欧洲人权法院定期公布不同意见。但欧盟法院和世界贸易组织上诉机构从未公布不同意见，并且南斯拉夫和卢旺达国际刑事法庭几乎没有公布不同意见。(尚不清楚的是，国际刑事法院如何处理不同意见。)[5]甚至在国际法院允许不同意见时，许多国际法院的裁决实际上是由法官小组所决定的，而且国家一般并不控制哪些法官将会审理其案件。[6]这意味着为了以挑选工具影响法院，国家必须“正确地”影响绝大多数国际任命——不仅仅是自己的任命者——在这样一种背景下，即提名者是提名的国家所提出的，而不是以集体过程而提出的。

甚至不太可能的是，对不会被再次任命的担忧塑造着司法决策。国际法院的法官通常不会被再次任命，但是由于其审理案件时的裁决有时会得到再次任命。在全球性的法律机构任职的国际法官会被定期轮换以实现法院的地域代表性。甚至在有常任理事席位的法院，国际法官也会定期轮换，因为各国新任领导人都希望有任命自己法官的机会。理论上国际法院的法官也担心自己卸任后的生活，但是实践上我所采访过的国际法官却均无此担心。国际司法职业轨迹并不存在，因为国际司法任命的人数太少[7]，并且很多国际法院的法官或是临近退休，或者实际上仅将在国际法院的任职视为短期的职业经历。在一些个别例子中，一个人因其与国际法院的关联而没有得到自己心仪的工作(虽然我并不知道这样的案例)，但是非常值得怀疑的是法官是否预料到这些场景，更不用说为避免这些场景而缓和自己的行为。理查德·斯坦伯格认为，世界贸易组织上诉机构的法官会因被怀疑为活跃分子而被美国和欧洲否决，但是也并没认为对再次任命的关切使得法官会遵照美国或欧洲的意愿。(Steinberg 2004:264)

因此国际层次上的选择性政治是存在的，但是这似乎并未形成具有特定哲学倾向的国际司法制度，更不用说需要担心法官在审理案件时的行为会限制其未来的职业发展。这一观点之外的情况与起诉人在国际刑事法庭中的角色有关。这一角色相比于一个法官在国际法院的角色更加显而易见。正如笔者随后所讨论的，国家寻求限制国际法院偏离的一个方式是防止国际司法机构审理案件。刑事起诉人决定要调查哪些案件、是否以及如何在法院之外认罪求情。国际法院仅有一位首席检察官，而且下属的工作由其安排。因此，控制国际刑事法院首席检察官选择的国家，或许能够影响哪些案件被提交国际刑事法院以裁决，或许甚至能影响起诉人在案件中所持的观点，尽管其本身并不是法官应对这些观点的做法。

作为委托者控制工具的预算控制

为了保护司法独立，委托人往往限制自己使用作为影响工具的预算的能力。因此，我们往往看到对立法者削减司法人员薪资的能力的法定权限。在国际背景中，国际法律程序运行的方式限制着委托者使用作为控制工具的预算的能力。对于大多数国际诉讼，最大的成本是由当事人承担的。他们聘用律师以汇集案件，汇集支持其立场所需的全部事实材料，提供一些支持法律进程的“成本”。国际法院的预算包含翻译和后勤人员的薪资。削减国际法院预算的做法主要会减缓法律进程、裁决的多语种和及时的了解，从而使法律进程甚至不太那么有吸引力，但是本身不会控制国际法院的法官如何审判的问题。

国际刑事法庭往往有所不同,因为起诉人办公室会分担国际刑事法庭的预算。仅当起诉人有足够的证据支持一项定罪时,案件才被提交国际刑事法院。国家控制起诉人的预算,帮助或阻碍起诉人,从而能够影响哪些案件会被调查以及起诉人是否能够汇集可成功的诉讼案件。尽管预算可能不会"控制"国际法院的法官如何解释法律,但是可能的确影响着最初提交法院的案件以及证据。

作为委托者控制工具的明确规则

国家对国际法律协议中的每个字都争吵,但是这些争吵的获胜并不确保国家利益总会得到保护。法院不仅以国家从未预料到的方式解释明确的规则,而且会定期补充规则模糊的地方,独自确定"审查标准"——举证责任。法官需要以举证责任做出有利于原告的裁决。很多案件取决于审查标准。例如,尽管世界贸易组织成员国已草拟了关于何时保障措施是合法的明确规则,但是世界贸易组织上诉机构增加了一个审查标准,即在保障措施是合法的之前,损失必须是"无法预见"的。世界贸易上诉机构以此标准做出对美国与阿根廷保障措施不利的判决。[8]

更明确规则的编纂并不确保国际法院不会偏离,因而国家往往将中止诉讼手续的明确申请写入法律本身之中,从而试图减轻国际司法的偏离。例如,丹麦人在《马斯特里赫特条约》加入了一个备忘录,允许其限制德国人在丹麦购买度假房的行为;爱尔兰人的备忘录阐明了欧盟条约对爱尔兰有关堕胎的宪法条款无效。[9]与之相类似的明确申请比比皆是,但是要求国家在谈判时选择一小簇所支持的议题,因为国际谈判者往往将会限制其所同意的明确申请的数量。当其他谈判者并不同意法律中的一项明确申请时,国家往往标注"保留意见"予以批准,以声称该国例外。一国所声称的"保留意见"的数量在政治上是有限的,以免激怒其他缔约方而使其认为协议实际上并不是互惠的。国家虽然能够声称保留意见，但是法院本身并不认可其在法律上是有效的。事实上，“保留意见”对有约束力的义务的法律效力尚不清楚。(Swaine 2005)

需要记住的是，甚至对于申请和保留意见而言，随着时间的推移，新政府和新利益就会出现，对申请的解释也会改变，因而假以时日许多国家利益也会失去保护。例如，当各国同意欧洲共同体的《平等待遇指令》(Equal Treatment directive)时它们附加了条款 2(2)：“这一指令对成员国的权利一视同仁，除了所申请的领域之外。”[10]当时谈判这一申请之际，英德两国的法律明确允许贬低军事平等待遇的要求。[11]这些申请并未使欧盟法院后来声称其对限制女子担任军事职位的监督权。欧盟法院最终支持英国皇家海军陆战队不接受女性厨师的决定，因为女性会破坏精锐部队的团队凝聚力，但是德国宪法过于全面地禁止女性的与战争相关的角色，因此具有歧视性。[12]德国支持欧盟法院的外来压力，修改了宪法，积极使女性在军队中担任很多角色。(Kuemmel 2003; Liebert 2002)但是我们必须仅仅观察各国将欧盟法院排除在对外政策议题之外的努力，以了解如下问题，即若有机会，国家并不会同意让超国家的欧洲法院裁决与如何组织自己国家军队有关的任何议题。

根据经验来说，几乎没有确凿的证据证明，更精确的规则会限制国际法院的自主性。事实上杰弗里·加勒特、丹尼尔·凯莱曼(Daniel Keleman)、海纳·舒尔茨(Heiner Schulz)希望更大的精确性会推进欧盟法院的自主性，因为法院能够以精确的措辞作为政治掩护。(Garrett et al. 1998)《国际组织》特刊将法律规则的精确程度与其影响之间的关系进行假设，然而所有的论文无法证实其联系(该特刊并没有尝试将精确性与偏离联系起来)。(Goldstein et al. 2001)相反，在本书中，凯伦·奥尔特发现许多与规则精确性无关的因素决定着欧盟法院是否逐渐影响国内政策的问题。(Alter 2000)凯瑟琳·

辛金克(Kathryn Sikkink)、埃伦·卢茨(Ellen Lutz)发现,在拉丁美洲有关酷刑更合法和更精确的规则实际上不太有影响,相比于有关失踪和民主方面不太合法的规则。(Lutz and Sikkink 2000)

作为委托者控制工具以重写授权契约为方式的制裁

立法机构往往保留修改法律的权力,如果立法机构对法律的应用及其法官的解释并不满意。杰弗里·加勒特认为,反而重写规则的国家有助于减少司法懈怠(Garrett 1995; Garrett et al. 1998; Garrett and Weingast 1993; Tsebelis and Garrett 2001),但是对这一观点的经验性支持尚未有定论。我们能够找到大量政治家谴责"不负责任的法官"的行为以拓展其政治基础的例子。然而严重威胁法院而引人注目的案例极其罕见,如美国总统罗斯福对最高法院"做手脚"的威胁、法国戴高乐总统撤销法国国政院(the French Conseil d'Etat)的威胁。(Parris 1966)甚至以立法的方式撤销法院裁决的尝试——例如,近来美国共和党主导的国会努力在泰丽·夏沃(Terri Schiavo)案件中推翻司法裁决——是极少见的。

为何这些案件非常罕见,而且为何都是国内案件呢?当一个政党完全控制了立法机构时,针对一项法律规定重新立法才真正是可能的,以至于民粹主义的政治抨击成为政治现实。在国际层次上没有一个行为体或一方完全控制立法进程,而且国家往往在何为最佳政策的问题上莫衷一是,致使其无法在其他解释上统一意见。因此发展中国家对世界贸易组织上诉机构有关非当事人意见陈述的裁决的愤慨,致使世界贸易组织争端解决机制的改革受阻,但是非当事人陈述意见的裁决没有被推翻,很大程度上因为美国和欧洲对此深感满意。(Schneider 2001)美国因不满联合国国际法院关于尼加拉瓜的裁决[13],不再承认联合国国际法院的强制管辖权,但有关武力使用的国际法并未改变。

或许我们发现国际重新立法而使国际法院裁决受阻的最可能的审判地点是欧盟，因为欧盟制定了大量法律，有时仅需要特定多数票。然而尽管加勒特宣称欧盟法院存在着重订契约的威胁，而且公众普遍对欧洲一体化不再抱幻想，但是达米安·查尔默斯(Damian Chalmers)仅仅确定了4个有意再立法以阻碍欧盟法院决策的案例。考虑到不当的行动，这些案例本身并不是“制裁”。(Chalmers 2004: 15, nn.55—56)[14] 最著名的例子是被正式通过的“巴伯备忘录”(Barber Protocol)，因为许多欧洲国家对欧盟法院的巴伯裁决的成本甚为不满。该项裁决规定男女退休年龄相同。然而这个备忘录仅仅限制了巴伯裁决的追溯效力；裁决本身没有被推翻。马克·波拉克没有将这一“制裁”与欧盟法院行为的任何变化联系在一起：“事实上我们或许认为，巴伯裁决之后欧盟法院的法律体系并未导致普遍的倒退，反而代表着向巴伯裁决之前模式的回归。在这种模式下，欧盟法院通常但不是总是采用第141条的完整解释。通常来说，一个或两个以上成员国政府反对上述解释。”(Pollack 2003a:200)

也许在一片否认声中，法官会告诉你，他们认为分权意味着立法机关编写法律，而法官解释法律。他们认为，修改法律一直是立法机关的特权，因而重新立法并不是个有损其声誉的政治或社会制裁。但是，我们不必相信法官的话而认为重新立法不是项制裁。我们几乎没有发现，重新立法被视为一项政治制裁而得到认真的讨论。这意味着，法官并没有偏离，或重新立法并未得到支持时法官才偏离，或其他人并不认为法官的福祉受到立法机构改变法律文本的不利影响。

大概国际法院在强有力地运用引起巨大争议的法律原则方面犹豫不决，但当政治倾向平静时或者在争议较少的政治背景下，正在讨论中的法律与法律解释保持一成不变而将会被重新采用。随着时间的推移，制度以重新解释法规的方式发生着变化，将重点从法规的一条规定转到另一条，或采用并给予停滞不前但潜在的法规和角色以活力。(Pierson 2004; Thelen 2004)确实，美国最高法院著名的马布里(Marbury)诉麦迪逊(Madison)案件的裁决数年来仍是一纸空文。仅仅假以时日，马布里案件的裁决才逐渐被视为一个决定性时刻。那时联邦司法权威得以确立，永远改变了美国宪政与司法的历史。

为何委托者重订契约的工具如此无力?

委托者的控制工具可能起作用，而且司法独立神圣不可侵犯的信念也可能使各国无法使用其所有这些工具——毕竟，政府几乎毫不在乎地使用其重订契约的工具以影响国内司法机构。问题在于，国家为何选择国际层次上的任命规则、再立法规则呢? 这些规则有损其可信地威胁或影响国际司法行为体的能力。在回答该问题方面的分析性问题是，在解释并未发生的事情中所涉及的难题。一些人将解读国家制裁国际法院的缺失视为显示性偏好(a revealed preference)，认为委托者既不使用也不改变其控制工具的原因在于国际法院不会以委托者所担心的方式偏离。布莱恩·马克斯(Brian Marks)已经表明了这一解答的缺陷。马克斯以博弈论模型表明，甚至当多数议员反对一项司法裁决而且投票规则允许以多数票改变立法时，他们或许不会重新立法。马克斯认为:“无所作为既不是充分条件，也非必要条件，表明某个事情对多数议员而言是可接受的。我们并不认为，立法反应的缺失意味着法院的政策选择会促成一项在立法机构看来‘更好’的政策。”(Marks 1989:6)

我们不能依赖于显示性偏好，因而我们需要理论以补充我们所观察到的令人费解的行为背后的基本原理——在这种情况下，委托者对国际法院的授权在许多方面相比于其对国内法院的授权不太受到委托者的影响。笔者对如下问题提出一个“同构模仿符合国际政治”的解释，即为何我们发现国际层次上委托者的控制工具如此无力。[15]

政府可能以其授权国内法院的相同原因授权国际法院——让法院补充契约，解决争端，并利用法律机制以确保监督遵约的行为。(McCubbins et al. 1989；Milgrom et al. 1990；Weingast and Moran 1983)但是由于这些原因在授权中，谈判者与批准国际协议的国家立法者很可能都没有充分考虑到国际背景与国内背景事实上是如何大相径庭的。这两种背景在许多方面是不同的。

首先，与国内协议的变更相比，国际协议的变更更为困难，而且在这些方面，国际协议更类似于宪法而非国内成文法。规则变更的难度根源于两方面，即国际层次上国家的异质性利益、权力考量而非立法效率与委托者控制的目标所塑造的国际投票规则。国际制度中的投票规则往往意在使少数大国阻挠多数的立法意愿，使很多小国阻挠大国的意愿。诸如此类的规则致使在任何事情上很难达成一致，特别是当它逐渐"完全改变偏离"时——一种"联合决策—陷阱"情况。(Scharpf 1988)在这种情况下几乎没有人会喜欢这种现状，然而也没有人同意新现状。(Alter 2001:195—198)

其次，国际法不同于国内法，因为国内法的主体一般都是私人行为体，然而国际法的主体是主权国家。温加斯特等以行政和民事法庭模型为基础建构了授权司法机构的委托—代理模型。[16]在国内行政和民事法律的环境中，政府和法院的利益是一致的；正如马丁·夏皮罗(Martin Shapiro)所指出的，法院本身是国家的分支机构，与政府共同推进国家对民众的社会控制。(Shapiro 1981:17—28)仅仅在违宪审查的角色方面，法院与国家的利益才并不一致，因为在违宪审查方面法院检察立法权。由于违宪审查和其他司法角色之间的这种差异，乔恩·埃尔斯特(Jon Elster)和贾恩多梅尼戈·马琼等理性选择学者为授权立宪法院提出了不同的概念和范畴，视其为"自我约束"而非"他者约束"。(Majone 2001；Elster 2000)[17]尽管授权于国际法院的大多数功能性任务与国内法院起到的行政复议和争议解决角色相类似(Alter 2006a),但是因为国际法院将发布对国家行为体的裁决,它们本质上约束着国家主权的行使,正如同立宪法院限制着立法主权的行使一样。这意味着,相比于国内背景,授权国际法院以完全相同的功能监督或补充任务的做法会有所不同。再者法律主体也有差异。国际法通常有相比于相冲突的国内法或地方法"至高无上"的地位。因此,即使国家并不打算创建立宪国际法院,认为它们仅仅要求国际法院解释其集体赞同的规则,然而事实上国家往往以国际法院阻止对主权国家的违宪审查。

国内背景与国际背景之间的差异有利有弊。除了国家政府在国际上有与同其国内法院一样的影响工具之外,国家会授权国际法院。在这个意义上,它们可能有赖于一个错误的类比。但是国际与国内环境之间存在第三个相关的差异:与国内法律相比,对于国际法律而言,以不遵约的方式退出的做法有较少的政治责任。政府在维系国内"法治"的政治神圣不可侵犯方面利害攸关。其内部的合法性以及对外国资本的吸引力有赖于私人行为体对其生活和投资安全的信心,因为法律规则将得到尊重和实施。政府在维系"国际法治"方面并不利害攸关,而且当逐渐使其民众坚信国家利益应该胜过时,它们相比于其他国际行为体更具优势。(Alter 2003:792—796)对国际法院裁决的"不遵约"在政治上不会有太大的代价,因而对国际法院的授权伴随着一项嵌入的保障政策。无论多么糟糕的偏离,政府几乎无关痛痒地不受国际法院的制裁。[18]

对这种"同构模仿符合国际政治"的解释的经验性支持,极好地体现在对特定授权决策详细的历史分析中。在《确立欧洲法律的至高地位》一书中,笔者历史性地提出了国家在授权欧盟法院中所具有明确与开放的意图——国家视自己为欧洲煤钢共同体的最高权力机构而创建了一个国际行政复议法庭,且有意直接仿照法国国政院建立欧盟法院。当起草《罗马条约》时,欧盟法院的角色略有改变,尽管欧洲各国从未同意将欧洲法律凌驾于国家法律之上，或将《罗马条约》上升至宪法性文件。相反，欧盟法院本身声称欧洲共同体法律的直接效力与至高地位，将《罗马条约》转为一种宪法形式（Stein 1981；Weiler 1991），而且各国摒弃那些与其意愿完全背离的法院（Alter 2001：ch.1）。

尽管现有法院缺乏历史记载，但是对这一大致可归纳的"同构模仿"解释有启发性证据。如果国家假定国际法院如同其国内法院，那么我们能够理解国家为何在许多案件中愿意授权国际法院草拟其决策的程序性规则。我们也能够理解国家显然缺乏对控制国际法院的关切，当国际法院从事国际司法任命程序的设计时。我们也能够理解国际法院所面临的合法性问题，因为国家认为它们并非因国际法院裁决国家政策不合法或改变国际协议的意义而签署。

至于国家为何并不了解无法控制的国际法院会造成其并不喜欢的危险而由此调整其行为，这一问题仍然存在。一方面，它们有所了解。美国曾经是国际法院的坚定支持者，现在转而成为授权国际法院的主要反对者。过去有关国际法院的法定条例由小组委员会起草，而且由更大的全体会议不加选择地采用[19]，然而有关什么权力及其如何授权国际刑事法院更详细的和有争议的争论表明，国家正试图更多地参与到有关授权国际法院的决策中。欧洲公民也显然更关注其在欧盟中授权的实质。不过，我们能够发现对高度独立的国际法院的国际授权模式已被照搬到新成立的国际法院上，因为历史上独立的国际法院是试图限制最强大国家影响国际法院的能力的国家所支持的模式。[20]事实上，尽管在国际刑事法院设计上各国都竭力讨价还价，然而美国最终并未创建具有安理会否决权的国际刑事法院。

或许我们没有看到国家行动起来改善其"控制工具"的更大原因是，潜在的解决方案相比于一个更可控的国际法院有更大的缺点。或许国家拒绝意在创建一个更可控的国际法院的建议，因为它们不愿看到最强大的国家更大地影响着国际法院，而且它们也不愿为外部干预自己选择谁作为其在国际法院的代表而开创任何先例。也许它们也担心，控制国际法院的努力会削弱这些脆弱的法律制度的合法性，有损授权独立的国际法院的收益。这些原因能够解释理查德·斯坦伯格的评价，即尽管在过去10年55个世界贸易组织成员的代表对司法立法的关注提高了70倍(Steinberg 2004:256)，而且有关世界贸易组织法律程序的许多政治改革也被提出了，但这些改革"在政治上是站不住脚的"，不太可能被采纳。(Steinberg 2004:273—274)

贾恩多梅尼戈·马琼认为，在对受托型代理者授权中，"代理者"有意被设计为独立的。(Majone 2001)当然中途解雇法官以及削减其薪水的难度按照设计有助于保护法官的独立性。但是任命过程难以改变国际法院决策，而且国家并不情愿放弃其投票权以促进再立法，也不愿使国际法院决策受制于某种特定多数的否决权。这些很可能是国际权力政治的人造物，以及国家对国际立法进程更多受制于这些政治的顾虑。

什么塑造着国际法院的独立性呢?

法律学者一般并不使用委托—代理理论的语言而将法官视为战略性或政治性影响的决策者，他们认为驱动司法策略的因素与重订契约的关切不同相关，反而与影响政策和其他行为体行为的司法目标相关。(Murphy 1964; Epstein and Knight 1998; Murphy et al. 2002)国际法学者一般也不使用委托—代理理论以对什么使国际法院独立或有效进行假设[21]，然而他们更感兴趣如下问题，即国家是否控制国际法院，而且国家控制是如何与国际法院的有效性相关的。近来埃里克·波斯纳(Eric Posner)、约翰·柳(John Yoo)比较了"从属型法院”与“独立型法院”。在前者中，争端各方被允许选择仲裁者，然而在后者中，国际法院的法官在争端的进程中被选定。劳伦斯·黑尔费尔、安妮-玛丽·斯劳特对波斯纳等人的观点提出了许多挑战，即依赖与有效性有关。(Helfer and Slaughter 2005)然而他们在很大程度上也接受如下观点，即一些国际法院相比于其他法院更为独立。争论凸显了国际法院设计方面的差异，然而正是这些差异塑造着国际法院作为独立行为体的程度。国际法院设计属于传统委托—代理理论的诸多变量的关注范围。

柳、波斯纳、黑尔费尔、斯劳特(Yoo, Posner, Helfer, and Slaughter)认为，具有强制管辖权的法院更为独立，而且准许非国家行为体进入的法院也是如此，因为国家不那么容易控制那些提交国际法院的案件。若政党能够选择其法官，且对管辖权的同意是必需的，这样的法院并不那么独立，因为法官必须取悦政党，否则国家不会再任命他们或未来将起诉他们。独立性与有效性是如何相关的问题是颇有争议的。波斯纳等人(Yoo and Posner)想要发现独立是糟糕的，但是他们认为独立致使法院不那么有效的观点是以遵约程度来衡量国际法院是否有效的问题。我们知道，遵约与有效性是两个不同的问题(Raustiala 2000)，而且高水平的遵约本身并不意味着机制是有效的(Downs et al. 1996)。斯劳特与黑尔费尔由此批评波斯纳等人，但是他们也反驳其中一些经验性衡量方法与解释。我并不想在争论中有所偏袒，而认为波斯纳等人相对是异常者，因为大多数学者将促成国际法院独立的因素与有效性联系在一起(Helfer and Slaughter 1997; Keohane et al. 2000; Helfer and Slaughter 2005)，或认为具有与独立相关的特性的国际法院(欧盟法院、欧洲人权法院与世界贸易组织)在其裁决重大问题的能力方面是更为有效的国际法院，而且其裁决备受尊重。

更为重要的是，这些观点的共同点表明委托者在国际法院设计的选择方面“做出选择”。如果国家真正想要使自己与他者遵守一个协议，那么它们会设计国际法院，以使其实施能力最大化——赞同强制管辖权、更大范围的准入及其与国际法院判决相关的制裁。当委托者对授权国际法院更加谨慎时，它们需要同意管辖权，致使国际法院裁决纯粹是宣告性的，从而导致不遵约不太具代价。如果这些学者是正确的，那么对于重订契约政治似乎并不起作用的问题我们提出两个以上的理由。第一，同意国际法院强制管辖权与准入规则的决策将内生因素增加到授权的解释之中，表明国家首先选择其所想要的授权类型，或选择独立型法院或从属型法院。（然而仅当委托者得到其所选择的法院时，这一内生性的观点才有效。）第二，在设计得以确定之后，授权决策是固定不变的。即使国家将会改变主意，独立型法院也经受不起持续不断的重订契约的政治。

对这一争论有趣但令人不解的注脚是，国际法院日渐在设计时包括了强制管辖权以及非国家行为体的准入。（Alter 2006a; Romano 1999）真正的难题是，何者促成这一以国际法院为实施方式的转向、私人准入与强制管辖权的转向。对于国家为何“授权”国际法院的问题，委托与代理理论事实上无法解释为何当前授权比以往更为常见。那些的确关注趋势的时间节点的学者大体上提供了准确无疑的观察：冷战的结束可能推动了许多国际法院的成立；区域贸易协定的激增也有助于具体地区中国际法院的激增。（Romano 1999; Brown 2002）诸如此类的说法并没有解释设计的趋势或真正解释授权。与我们最接近的一种设计趋势的解释是詹姆斯·史密斯（James McCall Smith）的著作。史密斯认为，授权予更加合法化的第三方争端解决机构的做法是与更深层次的贸易协议相关的。这些贸易协定有更具体的义务，而且各方更愿意遵约该协定。（Smith 2000）我在其他地方表明，一些设计的选择与一些司法角色的授权有关，这意味着法院的功能性意图推动着司法设计的选择。（Alter 2006b）但是这一"功能性解释"能够解释所观察的设计方面的差异,然而司法角色在不同角色中变化的可能性表明,任何对法院的授权都受到意外后果的影响,而且如下难题仍未有答案,即为何国家似乎再三地、日渐地创建其无法控制的国际法院。

国家如何适应独立型国际法院:超越委托—代理理论

本章提供了两个不同但相互补充的理由,即重订契约的政治为何并不是国家寻求以此影响国际法院的中心轴。(1)国际政治因素促使国家所确定的决策规则,致使重订契约的工具在改变国际司法决策方面特别无效。(2)影响国际法院独立于国家程度的契约设计的要素本身并不会导致重订契约的政治,意味着它们经不起重订契约的威胁。

我提出自己曾经更为详述的第三个观点(Alter 2005):对受托者—代理者的授权基本上不同于对代理者的授权,这导致了不同类型的政治。受托者—代理者是由三个因素所界定的。

1. 受托者—代理者因可撤销的授权决策而获得授权,然而它们之所以被选上,是因为委托者想要利用与其相关的个人声誉或专业规范。受托者重视其声誉,因而它们更多地受到专业规范而非对委托者偏好的关切的指导,也并非被视为让步于政治压力。受托者行为的这一要素有助于我们理解联合国国际法院为何谴责美国总统里根的尼加拉瓜政策,尽管联合国国际法院知道决策将会被视而不见,而且美国不再承认联合国国际法院的强制管辖权。[22]

2. 受托者也不同于传统代理者,因为它们被授予独立决策的自由裁量权,因而他者并不预期受托者作为委托者的代理者而行动。(Grant and Keohane 2005)受托者事实上或许不仅仅被视为更加有效而且实际上是优秀的决策者,因而"政治干预"或超越国家或委托者权威的努力能够疏远受托者的支持者及其委托者,而其委托者的支持在重订契约时是所需要的。

3. 受托者有不同于委托者所公认的第三方受益者。受托者与委托者都争夺受益者的政治支持，因而受托者与委托者都不仅仅关注自己或彼此最想要的东西。我认为，对代理者授权与对受托者的授权之间的这一差异致使重订契约的政治不太有效，反而迫使国家运用言辞与合法性政治以试图影响国际法院。(Alter 2005)这个受托者的观点与霍金斯等人在本书中所提出的观点相一致。霍金斯等人认为，代理者的选择本身是重要的，因为代理者彼此表现不同，即使它们身处重订契约的同一环境之中，意味着纵然任命、再任命、监督与制裁的规则基本上是相同的。

这并不意味着国际法院并不受国家的影响，而且国家并不关注独立的国际法院，或国际法院并不是政治行为体。更重要的一点是，重订契约的政治是仅仅委托者能够利用的特殊工具，然而在这一政治中国家—国际法院的关系不可能无用。这些观点有许多意义。

委托者控制工具之外的因素可能在决定国际法院独立性方面更为重要。委托—代理理论预计导致差异的因素(决策规则、信息背景)或许不会改变国际法院相对的独立，然而国际法学者认为准入规则与强制性管辖权是否存在的问题与国际法院的独立相关。这个名单本身当然是太窄了，如果我们认为欧盟法院、安第斯法院(the Andean Court of Justice)从设计上来看，其制度是一样的，然而在其共同市场法律体系中扮演着极为不同的政治角色。(Alter 2006b)有关对国际法院更能使用的任命与预算控制工具的观点也表明，不同类型的法律进程或许经得起不同类型的政治工具——即刑事法庭或许仅仅不同于基本上涉及争端解决的国际法院。这些观点都表明，将国际法院视为一个单独领域的做法或许根本上是有缺陷的。相反，政治环境、法律规则本身、法律进程本身或许随着国际法院与案件而变化，而且这些因素或许改变着国际法院独立于国家而行动的程度。

国家无法控制国际法院,因而国家需要其他机制,以使偏离不那么成问题。国家显然关注国际法院的偏离。那么事实上问题应该是国家如何接受偏离的可能性,鉴于其重订契约的工具几乎无法提供保护。笔者对此提出一些提示性答案。第一,国家承认,以不遵约为方式的退出对其关切而言是一项保险的政策。将退出视为内嵌式保险机制的看法本身为国际法律规则与国际法律机制的建设提供了独到见解。[23]第二,广泛的政治意在试图使重要的案件远离国际法院,以至于国际法院并没有发布国家并不想要的裁决的机会。例如,我们看到美国付出相当大的努力,以使其他国家在任何调查美国人方面并不与国际刑事法院进行合作。(Kelley 2005)这一政治决不表明国际法院影响的缺失。相反国家在法院的阴影下讨价还价,在法院之外磋商解决纠纷。很多事情表明,在法院阴影(与在法院本身以外)下讨价还价或许提供以国际法院影响国家行为的最佳前景。(Busch and Reinhardt 2000)

合法性政治或许是国家与国际法院如何试图彼此相互影响。国际法院并没有强制实施的权力,因而它们必须依赖合法性政治,以此作为其委托者的影响工具。与此同时,国际法院有赖于他者对其声誉与权威的看法,致使国际法官受到合法性政治的影响。这具有如下很多意义。第一,委托—代理理论关注委托者控制的问题。一旦我们涉及合法性政治的世界,我们就应该预料到委托者能够轻易丧失控制。(Hurd 1999, 2005; Risse et al. 1999)第二,合法性政治的手段与方式是具修辞色彩的而非物质性的。(Schimmelfennig 2003; Johnston 2001; Müller 2004)第三,在合法性政治中,国家与国际法院之外的行为体或许行使这些政治。例如,乔纳斯·塔尔伯格(Jonas Tallberg 2002)、苏珊娜·施密特(Susannah Schmidt 2000)表明了欧盟委员会如何以欧盟法律体系影响国家;伊恩·约翰斯通(Ian Johnstone 2003)表明了联合国秘书长如何以国际法作为政治影响的工具；伊恩·赫德(Ian Hurd 2005)表明了利比亚如何运用美国自己的规范而反对美国；玛格丽特·凯克、凯瑟琳·辛金克(Margaret Keck and Kathryn Sikkink 1998)表明了跨国倡议网络如何以合法性政治作为影响工具。

在某种意义上，这些观点是正确的，然而以委托—代理理论对司法行为的理解或许仅仅是无益的。委托—代理理论主要关注任命与重订契约的决策规则、信息不对称，而且预计更多的独立行为体更加偏离。正是这些规则与信息不对称导致了行为体独立方面的差异。或许这两个预计都是错误的。其他背景性因素或许比解释代理者行为差异的决策规则更为重要(Alter 2000)，而且甚至独立行为体或许有理由并不渴望“偏离”。委托—代理理论作为一种分析性取向往往夸大预计重订契约政治的角色、委托者作为政治行为体的影响。也恰恰因为委托—代理理论试图将有关国内制度的洞见与有关国际制度的洞见联系在一起，理论本身或许使我们无力认识国际环境的性质如何产生了不同的行为，导致相似的制度性行为体与其国内同类行为体表现不同。我们能够试图将信任、声誉或对不遵约的关切等概念纳入到委托—代理模型之中，然而尚不清楚的是框架本身——受授权洞见的启发——是否是实现这一目的的最佳手段。事实上使制度负责任的方法是许多的。(Grant and Keohane 2005)为何分析者特别关注重订契约政治呢，仅仅因为授权呈现出可撤销契约的形式吗？

授权国际法院的前景或一些授权的恶梦是，国际法院将会造就一个法律与政治空间，然而世界上的常规政治与权力差距并不塑造着结果。如果授权国际法院成功地造就了这一空间，那么国际法院对国际规则的解释将会更为权威，相比于国家为符合自己利益而对规则的自动解释，带来国家活动范围与自主性的损失。这是授权国际法院背后的意图，但是并非是委托—代理理论最佳阐述的意图或背景。然而这一意图与结果是重要的，因为授权国际法院的行为改变着国际政治背景。国际法院的确影响着国家行为，而且国家无法控制国际法院。由此，国际法院与国家所共处的领域造就了一个替代性路径。政治以此有始无终，吸引着诉讼当事人，正是因为国家不会控制这个路径。

注释

1. 这一预测刺痛着国际法学者。他们预期欧盟法院、世界贸易组织是更加自主的国际法院之一，因为这些法院有强制管辖权而且欧盟法院有个人权限。（Helfer and Slaughter 2005；Posner and Yoo 2004）

2. Rewe Zentral AG v. Bundesmonopolverwaltung für Branntwein(Cassis de Dijon)，ECJ case 120/78，[1979] ECR 649.

3. 这些作者在讨论法院时意指“受托代理者”或“受托者”。我在另一文章中进一步论述。（Alter 2005）

4. 监督和报告对法院而言并非真是控制工具；法院公开宣布其裁决，并没有太多地帮助国家监督法院，而是因为裁决的公布是造就遵约的政治压力的最佳手段。我也将所谓制衡的讨论纳入制裁/重订契约的讨论之中，因为再立法（传统上被视为“制裁”）也是政治机构“检查”或“平衡”国际法院的方式。

5. 国际刑事法院的《罗马公约》指出，决策只有一个，但是决策“应包含多数和少数的观点”；实践中这一问题的解决方式尚不明确。

6. 对于世界贸易组织的小组阶段，事实并非如此。其中国家可以挑选小组成员，但是世界贸易组织上诉机构不允许国家挑选法官。在联合国国际法院，国家并不同意强制管辖权。对于联合国国际法院案件而言，国家能够选择听证案件的法官。（《联合国国际法院规约》第 31 条描述了对专案法官的任命。）

7. 全球 21 个国际法院拥有大约 200 名来自世界各地的“国际”法官，其中联合国占有 191 个名额。（Alvarez 2003:2）

8. 1999 年 12 月 14 日的上诉机构报告（WT/DS121/AB/R）：阿根廷—鞋类进口的保障措施。世界贸易组织上诉机构报告（AB-2001-1，WT/DS177，178/AB/R（01-2194））：美国—从新西兰和澳大利亚进口冷藏鲜羊肉的保障措施，2001 年 5 月 16 号由争端解决机构采纳。对于这些案件的讨论，见 Alter 2005。

9. 参见《欧盟条约》的《丹麦资产并购备忘录》、《欧盟条约》附件中的最后备忘录，以及《欧盟条约》中《欧共体缔约方条约》的附件。

10. 1976 年 2 月 9 日，欧共体理事会关于确保男女就业平等的法令（OJ [1976] L 39/40）。

11. 1975 年英国《反性别歧视法》第 85 条第 4 款：“本条例不适用于确保海陆空三军战斗力的行动。”德国只允许女性在军乐队和医疗队工作，并且德国宪法（德国基本法）的一项条款明确禁止女性在武装部队任职。（German Basic Law Article 12a[4]）或许国家安全的领域仍是国内事务、性别歧视早已被认同为规范的政策领域，所以这些例外可能与欧盟《平等待遇指令》第 2 款第 2 条相一致，因而从未因违反欧洲法律而受到欧盟委员会的质疑。

12. Sirdar v. Army Board，Case C-273/97，1999 E.C.R. I-7403，[1999] 3 C.M.L.R.

559(1999). Alexander Dory v. Federal Republic of Germany, Case C-186/01judgment of March 11, 2003. Tanja Kreil v. Bundesrepublik Deutschland, Case C-285/98, 2000 E.C.R. I—69.

13. 1984 年 12 月 26 日联合国国际法院的审判——法院的管辖权与申请受理权。1986 年 6 月 27 日联合国国际法院的审判——对尼加拉瓜的军事与准军事活动(尼加拉瓜上诉美国)——法律依据。

14. (1)本段讨论了《巴伯备忘录》。(2)《欧盟条约》的备忘录表明,《欧盟条约》中的任何条款都不会有损爱尔兰有关堕胎的宪法性规定。然而这一规定并没有推翻欧盟法院挑战着爱尔兰政策的格罗根裁决(Grogan ruling)。爱尔兰的政策限制女性到英国旅行而堕胎;堕胎服务在法律上仍属于欧盟有关服务自由流动的规则。(3)当欧盟法院以欧共体指令不接受诸如此类的政策为由否决德国平权法案政策(卡兰克的裁决中)时,国家纠正指令。(4)两项声明被添加进德国、奥地利与卢森堡公共信用组织,以抵制欧盟法院有关竞争法的裁决。

15. 对相似的同构论观点,其中国内制度被导入到国际层次上,见 McNamara 2002。

16. 理性选择学者发现,甚至在行政环境中,委托者利益之外的其他因素对行政决策者也有重大影响。见 Weingast and Moran 1983; Caruson and Bitzer 2004。

17. 注意:斯通·斯威特(Stone Sweet)、马琼的受托者模型是以国内背景下宪法法院为基础的。(Stone Sweet 2002; Majone 2001)基欧汉与格兰特(Grant)在全面讨论国际组织在世界政治中的责任时将受托者的范畴扩展到法院(Grant and Keohane 2005),而且奥尔特将其具体扩展到国际法院(Alter 2005)。

18. 世界贸易组织的裁决能够造成真正的财政负担,但特别是富国发现这些成本是可承受的,因而遵约成为其付出一定代价而换得的一项选择。对于一些国家而言,世界贸易组织体系无力向富国提供有意义的代价,是世界贸易组织体系设计的一个缺陷。(Pauwelyn 2000)

19. 对于欧盟法院与安第斯法院法规谈判的讨论,参见 Pescatore 1981; Keener 1987。在世界贸易组织的背景下,乌拉圭回合中更大的较量似乎涉及实质性贸易议题,而且争端解决机制设计似乎并不是缔约方持续谈判的主题。

20. 各种特设刑事法院也遵循着相似的模式,而且对非洲地区贸易与人权新法院的建议似乎是以欧盟法院与欧洲人权法院的样板文本为基础的。

21. 一个例外是最近劳伦斯·黑尔费尔、安妮·玛丽-斯劳特(Anne-Marie Slaughter)所撰写的论文。他们所称的"正式/结构性"机制在某种程度上相当于委托—代理理论所确定的机制。事前结构性工具包括撰写精确界定的法律规则、界定审查方法与标准,以照顾国家,允许当法律义务得以批准时国家持保留意见,允许当国际法院对案件有管辖权时有保留意见或征得国家的同意,限制对国际法院的准入,甄别最初任命所使用的工具。事后结构性工具包括国际法律规则的重新立法以"纠正"国际法院的一项解释、法庭管辖权的重新谈判、对重新任命法官的否决、推迟一项裁决的实施或单方面地退出法庭的管辖权。(Helfer and Slaughter 2005)他们并没有检验这些工具是否有效的问题,而且我们应该认为这些观点有助于反驳埃里克·波斯纳与约翰·柳的观点,即独立的国际法院本身是有缺陷的。(Posner and Yoo 2004)

22. 对于该案件的讨论,参见 Alter 2005。

23. 约斯特·鲍威林(Joost Pauwelyn)将这一选项视为世界贸易组织争端解决体系本身的一部分,存在于这一体系对作为主要实施工具的互惠性制裁的依赖,也体现在世界贸易组织法律的诸多方面。(Pauwelyn 2000, 2005)

第四部分　未来研究方向

第十二章
国际组织中授权的逻辑*

戴维·莱克、马修·麦卡宾斯

国家目前将实质性政策权威授权于许多国际组织。本书诸多章节描述了国家授权国际组织的模式，如多边开发银行、国际货币基金组织、欧盟、联合国安理会、世界贸易组织、世界卫生组织、欧洲人权法院、欧盟法院等。其中许多代理者被国家授权以更大的权威——或自己开拓出更大的自主性——深深地融入全球治理结构之中。

本章并不概述上述各章，而是简短地强调数个主题。我们认为，对国际组织的授权与国家内部授权的原因、架构与影响是极其相似的。委托—代理理论事实上在理解国内领域的授权模式时是有用的，在解释授权国际组织方面同样是可行的、强有力的。本书的大多数章节关注制度设计与效力以控制代理者的机会主义；这在很大程度上是属于委托者与代理者的关系。对第三方角色的考量是前沿性研究主题，包括现在构成全球公民社会的许多非政府组织。我们强调非政府组织在提供信息方面作为潜在的重要行为体的角色，因为信息是国际授权成功所必不可少的。因而本章是对这本集体著作不同寻常的总结。我们并没有回顾上述各章，也没有综述其研究发现，

---

* 本书的其他编者提出了有益的评论，对此我们向他们致谢。

而是在很大程度上展望未来，阐述了我们所认为的未来有关授权国际组织的研究所遵循的路径。

本书导论假设了6项授权动机：(1)代理者所拥有的专业化与专门知识；(2)许多国家所面临的政策外部性；(3)以将议程设定权授予代理者的方式而解决的集体决策悖论；(4)解决委托者之间的争端；(5)以将权威让渡于更具过激偏好的代理者而提高政策的可信度；(6)以创立自主的代理者的方式而锁定政策。其后各章并未系统地检验这些动机，但是将一些因素适应于授权国际组织的问题，提供了新颖的拓展以适应其所考察的具体问题或关系。不过，这6项因素对于授权决策而言是基本的：如果没有其中一个或更多的因素，那么就没有理由授权。

上述各章反复出现的主题是，国家以一种形式或另一种形式授权国际组织以提高国家的可信度。国家授权国际组织以约束自身而且提高其在国际社会(Thompson, Pollack，本书)与国内公众(Milner，本书)中的可信度。其他因素在各章似乎不太显著，但是同样重要。专业化、特别是对专门知识的需要是国际货币基金组织的关键(Gould, Martin，本书)，然而欧盟获得更多的权威以应对政策外部性、争端以及集体决策的问题(Pollack，本书)。尽管学者并未进行直接比较，但是授权国际组织的动机似乎与那些其他政治领域授权其他代理者的动机是相似的。

像所有代理者，国际组织拥有千差万别的自主性以及代理懈怠的可能性。直接衡量懈怠的做法是不可能的。如果可观察的懈怠指标存在，那么委托者——往往相比于外部观察者拥有更多攸关的利益——将会确定无疑地迅速使用这一信息。不过，代理自主性在国际货币基金组织与多边开发银行中似乎是相对较小(Broz and Hawes, Martin, Gould，本书)，这证实了一些指责，即这些国际组织往往是发达国家的人质。莱恩等人阐述了一个引人注意的例外，即美国试图与美洲开发银行双边地(而非以现有的多边渠道)订立契约。简而言之,美洲开发银行浪费了一大笔钱,由此美国增加监管而且削减预算——这些都与委托者行为的预计相一致,当委托者面临一个卸责的代理者时。代理自主性在国际法院与其他争端解决机构似乎相对大些。(Hawkins and Jacoby, Cortell and Peterson, and Alter)[1]马丁与古尔德在各自的章节表明了,代表其委托者国家的国际货币基金组织执行董事会再三地修改规则与监管程序以确保职员遵照其意愿。如古尔德所发现的,这在贷款期限与分期领域更为有效,因为在这些领域相比于在谈判条件方面对职员的监督更为容易。尽管奥尔特认为国际法院极其独立于其委托者,但是甚至也发现国家所使用的或多或少有效的一系列工具限制着法院的自主性。当然对代理者的控制总是有缺点的,往往是困难的。但是数章的分析明确表明,当作为代理者的国际组织懈怠时,国家会定期地试图改善监管及其代理者的绩效,如委托—代理理论所预计的。

一般认为,某种程度的代理懈怠存在于所有授权关系中。如霍金斯在扩展这一基本洞见时所认为的,机会主义的代理者能够运用其现有的自主性为未来造就更大的自主性。使授权对委托者有益的同样因素(如上所见)也为代理者造就了发展自主性,以及违背其委托者利益而行动的机会。事实上,授权的收益越多,那么委托者转向单边主义或国际合作之前所忍受的代理损失就越多。(figure 1, ch.1)像其他地方一样,在授权国际组织方面"一分耕耘一分收获"。

反过来,代理者在某种程度上的自主性是国家以授权方式提高其可信度,锁定其所偏好的政策,克服集体决策问题或解决争端的前提。如果委托者直接并完全控制着其代理者,那么委托者无法使代理者形成对自己所偏爱的长期而非短期政策的承诺。完全受控的代理者也无法解决其委托者国家之间的争端;起码完全受控的代理者将会在相冲突的委托者之间丧失机动性。在我们看来,奥尔特认为法院所有的受托地位事实上完全是理论所预计的，产生于对重要自主性的需要以履行法院所负责的任务。

或许在国际环境中更为明显的是，委托者的集体决策程序是授权内容及其代理者自主性程度的关键所在。在国内环境中，代理者的行为仅需要简单(或有时为绝对)多数。与之不同的是，国际环境往往是以加权的绝对多数或全体一致表决为特征的。[2]这致使起初更难以授权国际组织，因为任何一国(或国家集团)都能够否决改变现状的行为，但是一旦适当授权后也致使更难以控制代理者，因为代理者的任何受益者都能够否决他者提出惩罚代理者或重订契约的建议。(参见 Hawkins and Jacoby, Cortell and Peterson)许多国际组织中有关集体决策的特定制度性规则提供了新的重要路径，以研究制度设计、授权与自主性如何相互作用。

总而言之，授权似乎是国家内部的授权或国家与国际组织之间的授权。动机、问题与影响大致一样，然而显而易见的差异产生于相同变量的不同数值，而不是完全不同的流程——尽管久远的文献中的许多观点与此相反。[3]上述各章几乎没有证据表明国家与国际组织之间代理懈怠的问题一律都比其他代理关系中的懈怠问题更为严重。尽管委托—代理理论有其局限性，特别是无力对拥有自主性的代理者的行为提出一般的观点(Gould, Alter)，但是委托—代理理论也同样适用于国际授权，如其对国内授权一样。“无政府状态下”的授权似乎与其他政治领域的授权完全一样。

何时授权会成功呢?

所有授权关系的一个重要问题是委托者如何知道或知晓其代理者所采取的行为。鉴于代理懈怠的普遍性及其因某些目标而对更大自主性的需要，委托者何时以及如何决定对机会主义代理者的授权是否“值得”的呢？

本书各章强调代理关系内部的因素以解释代理懈怠与成功。在一些情况下，委托者的特点至关重要：代理者更大的自主性往往是多个相冲突的委托者(Lyne, Nielson, and Tierney, Martin)、共识决策(Cortell and Peterson, Hawkins and Jacoby)的产物。相似的是，代理者的特点也是至关重要的。代理者可能拥有更大的自主性，当它们在数量上有限而且在重建代理者方面颇具代价(Hawkins and Jacoby)、专业的(Cortell and Peterson)、拥有更多的专业知识和信息(Martin, Cortell and Peterson)时。在其他情况下，委托者与代理者的关系是决定性的，特别是监督与控制的成本。(Gould)然而几乎在所有例子中，这些因素限于代理者、委托者及其互动。

在授权的其他背景下，学者们意识到委托者拥有更多的信息来源，特别是在国内政治环境下。正如霍金斯等人所强调的，代理者能够适应其委托者，反过来委托者也能够预期其代理者的调整。其中关键的是第三方，即针对最初代理者所提出的建议向委托者建言的其他行为体、时而为其他代理者。如汤普森在本书中对联合国安理会的分析所阐明的，在一些情况下(在这一案例中，另一代理者)第三方能够针对代理者的行为是否改进了委托者的福祉而提供有意义的信息，从而减少了授权失败的机会。

在本章其余部分，我们概述那些对委托者有效的战略，确定委托者做出改善福祉的选择所必需的条件。[4]为了预计我们的结论，委托者能够确定并将会选择授权，而且将会从中实际受益，当

1. 委托者与代理者更偏爱其他政策而非现状时；

2. 代理者具有提出委托者更偏爱的其他方案的动机(抑或因为代理者更重视一项政策，相比于现状或委托者的制裁)时；

3. 委托者区分更好的与更糟的方案，抑或因为(a)委托者拥有判定代理者所提出的行动所必需的知识或(b)代理者从一些第三方获

得知识（“恍然大悟”）；

4. 委托者能够从第三方获得知识，当(a)第三方被视为是见闻广博时，(b)委托者认为与第三方有共同利益时，(c)外部力量（颇具代价的努力、核实或因撒谎而惩罚）促使委托者认为第三方是值得信赖时，(d)上述三个条件属实时。

当这些条件得到满足，而且委托者至少偏爱一种其他方案（或一系列其他方案）而非现状时，代理者会提议这一方案（或一系列所偏爱的其他方案之一），而且委托者对此足够了解以至可以接受这一方案。在这种情况下，授权产生了，而且改善了委托者的福祉。[5]鉴于目前的一些现状，委托者若对其所知事情有所了解，则不如选择授权，且在同样的环境下会再次做出同样的选择。显然这是一个有关成功的相对标准。这并不意味着委托者得到了其最初的最佳结果，或代理者并不会懈怠。绝对的标准是不切实际的。如果判断委托者能够容忍多少懈怠或在授权行为被视为“失败”之前有多少成本被强加于委托者身上，那么分析者需要得出有关偏好、成本与不确定性等的结论。各方往往自身无法衡量这些偏好等。我们的界定意味着，鉴于对授权行为事后的了解，委托者也会再次做出同样的选择。这与“成功”术语最常见的语言意义相一致。当授权成功时，我们同样得出结论，即代理者是负责任的——也即代理者做了一些其代理者希望其做的事情，至少在某种程度上如此。反过来，当代理者的行为相对于现状而言减少了委托者的福祉时，授权失败了，而且代理者是不负责任的。

授权关系的共同特点

授权链因环境不同而有所区别，特别是在国内政治环境与国际政治环境中，然而我们认为所有授权都有共同特征，而且这些特征影响着授权的后果。由此，我们有可能针对所有授权行为如何运行及其何时成功的问题得出一般性结论——包括授权国际组织。

我们的理论简单地表示了一项授权行为，针对授权链中每项联系的常见变化提出了易懂的关键性洞见。我们的理论基础是以如下为前提的，即至少三项特征是授权链中每项联系所常见的。第一，如本书导论所讨论的，每项授权行为都涉及委托者与代理者。前者意指因情况而异地做出授权行为的个人或行为体；后者意指得到授权的个人或行为体。

第二，也如本书导论所讨论的，每项授权行为包含着相冲突的利益、不对称性信息（隐蔽行动或隐蔽信息）或二者的可能性。

第三，此处我们所强调的对授权国际组织未来研究的关键一点是，委托者或许有能力适应代理问题。当授权的怀疑论者声称在国内或国际层次上代理者并不负责时，他们含蓄地认为委托者无法适应其有限信息。(Barnett and Finnemore 1999, 2004)尽管霍金斯等人正确地指出代理者能够适应其委托者，而且委托者将其战略取决于自身对其代理者的了解，但是他们没有考虑到委托者能够预期代理者的调整。(Nielson and Tierney 2003a)重要的是我们需要意识到，怀疑论者假设委托者没有能力（进一步）适应，从而得出其结论。这些观点与其他有关授权影响的常见推测取决于如下假设，即除了无知委托者没有其他方案。但是委托者往往能够适应。如本书导论所讨论的，鉴于代理者的行为如何转化为可观察的结果所存在的不确定性，委托者有三种获得有关其代理者行为信息的方式：对代理者活动的直接监督（委托者亲自搜集信息）、听取代理者活动的自身报告，或听取第三方有关代理者行动的证言。尽管这些选项都为委托者提供了其所需的知识，但是每个选项也有其严重缺陷。

直接监督往往是颇具代价的。在警察巡逻这一监督形式中，委托者时时监督其代理者的行动。(McCubbins and Schwartz 1984)例如，对于一些监督世界银行的国家而言，一个或以上的成员国或许以其在国际发展借贷方面的专业知识建构自己的代理，使一部分职员致力于观察世界银行，评价世界银行的项目是否被有效地执行，然后向这些国家汇报其发现。在这种情况下，观察者或许是个“影子”世界银行，开展许多世界银行本身所做的许多同样的研究与评价以决定其借贷行为的成效。如本书导论所讨论的（Hawkins et al.），直接监督减少了授权最初所依赖的专业化所带来的收益。委托者往往有许多听取的机会，而且对其代理者的直接监督往往是颇具代价的。因此，想获得更多知识的委托者具有依赖于他者口头或书面证言的强烈动机。

对代理者自身报告的依赖同样是颇成问题的，因为该代理者不愿披露其知晓的情况。（Lupia and McCubbins 1994a）隐蔽信息会使代理懈怠产生，然而隐蔽信息的问题并不能够仅仅以命令代理者告知委托者其所知道的情况的方式加以解决。反过来，使代理者披露其信息的动机是难以建构而成的，正是因为委托者永远无法确知代理者在事实上是否值得信赖。此处的问题类似于公司之间知识的兜售。这往往是受制于影响深远的“市场失灵”，仅能以在一个组织内交易的内部化才得以解决。（Caves 1982; Williamson 1985）只要委托者与代理者仍是不同的，而且可能具有相冲突的利益，那么信息不对称的问题在各方之间就难以自身地解决。

如果直接监督颇具代价而且代理者没有共有专业知识的动机，那么想获得更多知识的委托者仅能从第三方的证言中获得。[6]当委托者有赖于第三方的证言时，委托者不必（直接）承担与直接监督相关的成本。此外，委托者或许没有面临使其代理者并不披露自己所知道的情况的利益冲突。然而第三方的证言并不是个灵丹妙药。第三方与委托者或许也有相冲突的利益（如委托者是自由主义者，然而第三方是保守主义者）。当然第三方与委托者或许订立契约以将其动机更密切地结合在一起。[7]不过，如果第三方拥有委托者所没有的专业知识，而且委托者无法适应第三方的优势，那么委托者将无法从第三方那里获得知识。

这三项共同的因素构成了授权理论的基础。我们以此理论确定相冲突的利益与信息不对称导致授权失败的条件。在这一过程中，我们认为授权失败的常见观点必须得以重新评价，如不负责任。我们也认为代理者与委托者或许有相冲突的利益，而且代理者拥有委托者所没有的信息优势，然而我们挑战着如下观点，即委托者缺少任何应对这些困境的手段——包括授权国际组织的委托者。相反，我们发现如果委托者会获得他者的证言，而且拥有识别证言的能力，那么授权能够成功，如相比于现状能够改善委托者的福祉，即使授权的困境是存在的。总而言之，我们的任务是推导出而不是假设无处不在的利益冲突与信息不对称何时会与不会导致授权失败。

授权模型

我们的授权模型需要三类行为体——委托者、第三方与代理者。我们以一个替代性方案($x\in[0, 1]$)的建议代表代理者的行为。这一替代性方案是相对于常见的现状政策($sq\in[0, 1]$)而言的。例如，替代性方案类似于国际机构改变一项特定政策的正式建议、委员会对一个议题的立场或任何代理者并未公布的行动计划。委托者接受代理者的建议或拒绝之而支持现状。我们能够将委托者视为一些国家。这些国家必须决定是否接受或拒绝国际组织改变特定政策的建议。我们也能够将其视为为候选人而票决的投票者，或判定将其他行为授权于何者的人士。[8]在委托者做出选择之前，第三方提供了有关替代性方案与现状政策相对特性的信息。国内政治环境中常见的第三方包括朋友、亲戚、同事、媒体机构、利益集团、政治候选人、政党、官员等。在国际环境中，第三方或许包括其他国家、国家层次上的利益集团、其他国际组织、跨国非政府组织。除非另作说明及我们将会论述的，我们假设这一互动的所有要素是常识。

理论包括5个基本假设。在此处我们概述了这些假设——卢皮亚等人(Lupia and McCubbins 1998)提供了更为详细的描述。

假设1:代理者、第三方以及委托者是以目标为取向的。

每个玩家在[0，1]的范围内都有个理想点以及一个单峰效用函数。我们假设，每个玩家更喜欢委托者的选择最接近自己的理想点。

假设2:委托者并不确定哪个方案对自己更好。

我们假设，委托者对替代性方案或现状政策是否最接近自己的理想点颇有信心，但是或许并不知道。具体而言，委托者知道现状政策的位置及自己的理想点。然而委托者并不确定替代性方案的位置。

假设3:第三方发表声明而且会撒谎。

第三方会向委托者声明其一——“代理者的建议相比于现状对你而言更好”“代理者的建议相比于现状对你而言更糟”。第三方无需做出真实的声明。

假设4:事件的先后顺序。

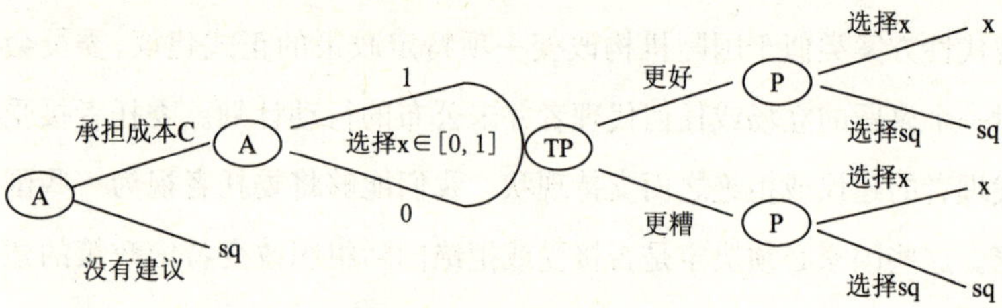

图12.1　借助沟通的授权

图12.1描述了事件的先后顺序。[9]第一，代理者(A)能够提出相对于现状的一个替代性方案(x)。提议是颇具代价的。为了提出建议，代理者必须承担外生的成本，C≥0(如对替代性方案、其他可能的替代性方案以及现状的研究)。如果代理者并没有承担成本(C)，那

么博弈就结束了，而且每个玩家的回报是由现状(sq)与自己的理想点之间的空间距离所决定的；距离越大，回报越少。第二，如果代理者承担成本(C)，那么他提出替代性方案(x)，而且博弈仍会继续。[10] 第三，第三方发表声明(如图 12.1 所描述的更好、更糟)。第四，委托者(P)选择替代性方案(x)或现状(sq)。那么博弈就结束了。每个玩家的回报是由委托者所选择的替代性方案(x)或现状(sq)与其自己的理想点之间的距离所决定的。如果他提出了建议，那么代理者的回报因成本(C)而减少了。

假设 5:第三方有两种类型:劝说型或非劝说型

在假设 5 中，我们运用以往研究学习与沟通的经验而界定第三方的两种类型，即劝说型与非劝说型。(Lupia and McCubbins 1998) 当第三方是劝说型时，委托者相信其信号，或许有能力学习到其所需的东西以了解代理者的建议。当第三方是非劝说型时，委托者会忽略其信号。有关第三方类型的这一界定是以劝说所需要的两个条件为基础的。

劝说的条件。如果委托者缺少有关代理者的信息，而且想要授权成功(如想要代理者负责任)，那么委托者必须有能力向他者学习。但是向他者的学习是非同小可的。向他者学习的任何尝试会导致三种可能的结果之一。

- 启迪。当一个人向我们提供知识时，我们会深受启迪。如果我们最初缺乏合理选择所需的丰富知识，而且仅能够从他者那里学到，那么仅当他者给我们以启迪时我们才能够做出合理的选择。

- 欺骗。如果我们所听到的证言弱化了我们正确预测我们行为的后果的能力，那么我们受骗了。为了欺骗，第三方必须向我们撒谎，而且我们必须相信它们。

- 第三种结果是我们什么也没有学到。当我们什么也没有学到时，我们的信念没有什么变化，而且我们没有获得任何知识。

反过来启迪与欺骗都需要劝说。劝说是一种改变他者信念的成功尝试。理解委托者是否能够从第三方学到知识的关键是理解劝说所发生的条件。

沟通与政治学领域的大多数学者关注第三方作为劝说必要条件的内部特征(如诚实、意识形态或声望),可回溯到亚里士多德。如果第三方缺少正确的特征,那么这些学者认为第三方并不是劝说型的。卢皮亚等人(Lupia and McCubbins 1998)认为,劝说无需视个性特征而定;相反劝说需要听众视第三方为见闻广博且值得信赖的。信任感源自对第三方特征的肯定性评价,然而卢皮亚等人表明外部力量能够取代第三方的特征,因而能够在劝说并不会发生的环境下促成劝说。此外,当这些力量使委托者正确看待第三方的利益时,这些力量也催生了启迪。指示正好能够造就所需的外部力量以使第三方似乎是见闻广博与值得信赖的。

三种外部力量影响着委托者与第三方的言行,或致使第三方对于委托者而言是“值得信赖的”。第一种力量是核实,或委托者是否能够核实第三方的声明。我们以如下方式代表核实:在第三方声明之后但在委托者选择之前,自然向(有可能的)委托者展示了替代性方案(x)对委托者而言是更好或更糟。表面上,我们考察如下情况,即在委托者做出选择之前第三方的声明能够被核实为真或假。此处的“自然”显然是更为复杂的流程的简化形式。不过,对我们而言确立这第一个外部力量是足够的。

第二种力量是因撒谎而惩罚,被视为当第三方发出错误信号时必须承担的成本。这一惩罚直接影响着第三方的效用。我们关注因撒谎而惩罚的动机是对撒谎者(如伪证的情况)明确的罚款、错误声明所致的重要的诚实声誉的损失。[11]

第三种外部力量是第三方发出任何信号所必须承担的可观察的、颇具代价的努力。直觉上,几乎任何认知型任务都有成本,而且演说也不例外。此外,第三方能够以或多或少代价高的努力表达自己的心声。在国际背景中,第三方能够聘用或资助知名(高薪)专家的高层次委员会,公布事件,或者甚至是动员协会人员——在其他理论背景下都被视为大众参与的形式,意在向政治领导人施压,但是此处被理解为颇具代价与可观察的努力以发声。(Keck and Sikkink 1998)

核实、因撒谎而被惩罚、颇具代价的努力涉及一系列有关外部力量对沟通所产生的影响。核实影响着委托者接受第三方声明的方式。它不受任何有关发表声明的成本的影响。因撒谎而被惩罚、颇具代价的努力影响着第三方的成本,并不受委托者接受信号方式的影响。因撒谎而被惩罚仅仅是声明的具体成本的一个例子。颇具代价的努力是一个不受其话语影响的沟通成本的例子。

从理论来看,我们发现如下条件对劝说而言分别是必要的,集体上是充分的:

- 委托者必须视第三方为值得信赖的,而且委托者必须认为第三方有其所期望的知识。

- 如果外部力量并不存在,那么劝说需要所感知到的共同利益与第三方知识。在外部力量存在的情况下,这些需要会有所减少。随着核实的可能性、因撒谎而被惩罚的程度,或颇具代价的努力的程度的增加,某种程度上对所感知到的共同利益的需要也有所减少。换句话说,对于劝说而言,外部力量能够取代共同利益。

授权成功的条件

两个一般性条件决定着授权的结果,而且一系列更加明确的条件决定着这两个一般性条件何时会得到满足。对于成功且负责任的授权而言,第一个一般性条件是知识条件。如果而且仅当委托者能够正确地推断代理者的建议相比于现状对其而言更好或更糟时,知识条件才得以满足。第二个一般性条件是动机条件。为了满足动机条件，代理者必须拥有提出相比于现状对委托者更好的建议的动机。这第二个要求会得到满足，如果代理者与委托者有共同的利益，或者外部力量驱使代理者提出相比于现状对其与委托者都更好的建议。我们的模型中委托者与这两个一般性条件的关系如下：

法则 1:如果知识与动机这两个条件都得到满足，那么授权会成功。如果两者都没有得到满足，那么授权会失败。

如果两个条件都得到满足，那么代理者会提出改善委托者福祉的建议，而且委托者足够了解以接受建议。在这种情况中，授权的结果相比于现状对委托者更好——授权会成功。当两个条件都没有得到满足时，委托者无法约束代理者对其行为负责，而且代理者没有增加委托者福祉的动机——授权会失败。

如果仅其中一个条件得到满足，那么对委托者而言最糟糕的是维持现状。为了理解此问题，考虑下两种情况。第一，仅当知识条件得到满足时，委托者足够了解代理者的建议，使其决策以如下判断为基础，即代理者的建议相比于现状更好或更糟。在这种情况中，委托者能够拒绝任何减少其福祉的建议，而且授权并不会产生。因此，委托者所面临的最糟结果是现状。与此相反，仅当动机条件得到满足时，那么代理者会提出改善委托者福祉的建议。在这种情况中，如果委托者拒绝其建议，那么委托者会维持现状，而且授权不会产生，否则委托者会做得更好。

知识条件要求委托者区分代理者的建议相比于现状对其是更好或更糟。

法则 2:知识条件得到满足，仅当：

- 委托者的背景知识足以使其区分相比于现状对其更好的建议、对其更糟的建议；
- 委托者获得的知识足以使其做出同样的区分。当委托者最初缺乏知识时，那么劝说与启迪所需要的条件对于满足知识条件而言是必要的。

要记得，授权是负责任的，如果知识与动机两个条件得到满足。否则，授权就会失败。因此，法则 1、2 意味着如下问题：如果动机条件与法则 2 的两个条件都没有得到满足，那么授权不是负责任的。相比之下，授权的结果对于委托者而言并不比现状更糟，如果法则 2 的两个条件之一或动机条件得到满足。此外，如果动机条件与法则 2 的两个条件之一得到满足，那么授权是负责任的。

这两个法则也意味着，委托者无需为了确保负责任的授权而熟知代理者正在做的事情。例如，如果动机条件得到满足，而且委托者拥有有关代理者建议的后果的充分背景知识，或以观察代理者颇具代价的努力而获得足够的知识，或足以受到第三方证言的启迪，那么授权是负责任的。

动机条件要求委托者提出相比于现状对委托者更好的建议。

法则 3：动机条件得到满足，仅当：

- 委托者的理想点相比于现状更接近代理者的理想点，而且代理者会有更多的收益，如果委托者选择代理者的建议而非现状；
- 知识条件得到满足，而且委托者与代理者都偏爱的一点是存在的。（如果委托者最初缺乏知识，那么劝说与启迪所需的条件是满足知识条件的关键。）

为了明白法则 3 为何是正确的，须考虑如下问题。在我们的模型中，代理者必须权衡并不提出建议的毫无成本的选项与提出建议的颇具代价的选项。因而，对代理者而言并不提出建议的做法是更好的，相比于提出更糟的建议。换言之，满足动机条件的必要条件是，至少存在一个相比于现状对委托者更好的替代性方案，而且相比于现状，代理者更偏爱替代性方案，以至于代理者愿意承担成本（C）。如果诸如此类的替代性方案并不存在，那么任何对代理者而言相比于现状更好的建议会使委托者比现状更糟，反之亦然。

如果代理者的理想点相比于现状对委托者更好，而且使代理者收回提出建议的成本，那么当代理者提议时会提出此建议。我们称之为利益条件。如果代理者的理想点并不符合这一描述，那么满足动机条件需要一个见闻广博的委托者。当委托者向劝说型言说者或第三方学习时，这一点能够实现。

如凭直觉所述的，当代理者面临着一个能够区分更好的建议与更糟的建议的委托者时，他知道如果所提议的任何一点对委托者而言相比于现状更糟，包括其自己的理想点，这会使现状成为授权的结果。在这些条件中，代理者应该仅提出相比于现状对自己与委托者都更好的建议。相比之下，如果同一个代理者面临着一个没有能力区分更好的建议与更糟的建议的委托者时，那么该代理者没有提出对委托者有益建议的动机。因此，当代理者与委托者相比于现状更偏爱的建议存在时，满足知识条件对于满足动机条件而言也是足够的。

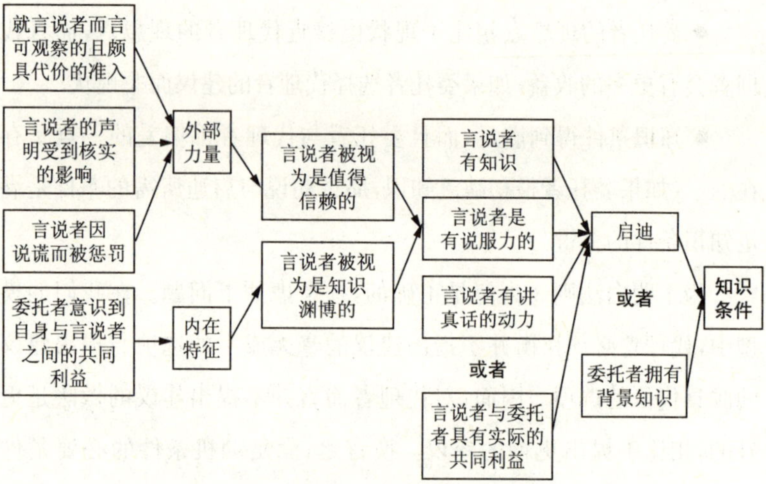

图 12.2 知识条件

在图 12.2 中，我们以图表示了卢皮亚等人对劝说、启迪与授权之间关系的结论。因果关系的方向是从左到右。例如，因撒谎而被惩罚与成功的授权之间的关系如下："言说者因撒谎而被惩罚"在左列，有个箭头指向“言说者被视为是值得信赖的”;“言说者被视为是值得信赖的”处于其右一点,有个箭头指向“言说者是有说服力的”;“言说者是有说服力的”有个箭头指向“启迪”,反过来“启迪”有个箭头指向“知识条件”。遵循这种特定路径的经验是,因撒谎而被惩罚能够催生成功的授权。

一个更为普遍的经验是,我们能够比较图12.2中左手边的概念在多大程度上描述着每个背景的特征,从而比较两个或以上的国际组织中授权成功的可能性。也就是说,如果我们能够计算出“可观察的且颇具代价的努力”“言说者有知识”等因素在多大程度上起作用,那么根据其对成功授权的助益,我们能够排列出这些国际组织。

法则1、2、3以及图12.2都表明,成功的授权有许多路径。其中许多向委托者提供了适应其有限信息的方式。例如,仅当法则2、3的所有条件失败时,授权才会失败。相比之下,如果法则2、3的任何条件得到满足,那么授权就会成功。法则1、2、3揭示出许多成功授权的方式,其中一些要求委托者知之甚少。因而任何手段所获得启迪的可能性提供了授权成功所依赖的坚实基础,然而委托者并不必然需要有知识。

如图12.3所示的,由此断定如果知识条件与法则3的两个条件都没有得到满足,那么授权会失败。相比之下,如果法则3的两个条

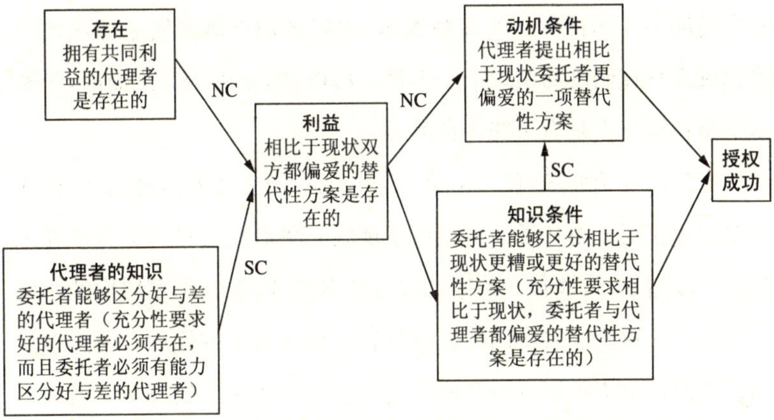

图12.3　授权成功的条件(NC=必要条件,SC=充分条件)

件中至少其一或知识条件得到满足，授权的结果不比现状差。此外，如果知识条件与法则 3 中任何一个条件都得到满足，那么授权是负责任的。

授权与国际组织

我们已经确定了一般授权模型中成功所需的条件，意在将其应用到所有社会互动领域。现在我们转向授权的三个具体特点，或许这在国际关系中更为常见，而且可能使一些人反对我们的模型在国际组织中的应用。我们发现没有理由认为授权国际组织不同于或更加困难，相比于其他授权关系。尽管情况有所不同，而且这些可能的反对意见所表明的关切有时是适用的，但是如果知识与动机这两个条件得到满足了，委托者不会比现状更糟，甚至当授权国际组织时。

可能的反对意见(1)几乎第三方都更没有资格言说代理者国际组织，相比于国内代理者。

在国内政治领域大量相竞争的代理机构与受影响的利益集团能够针对代理者的建议向委托者发出颇具代价的信号。可以说，如此的第三方在国际层次上几乎并不存在，潜在地有损委托者领悟其代理者的能力。尽管在一些议题领域，国际政治领域确实不如国内政治领域那样在制度与组织上是多种多样的，但是由于三个原因，足够多的潜在第三方是有可能存在的。

我们的理论要求，仅一个第三方有能力向委托者传递信号，即代理者的建议对于委托者而言相比于现状是更好或更糟。它并不要求多方。反过来，这些唯一的第三方有许多形式，包括国家层次的一些行为体。这些国家层次的行为体愿意承担有关了解代理者国际组织的建议或使世人听到其声音的可观察的努力所带来的成本。当然第三方自己必须满足知识与动机条件，而且其报酬(如果有的话)与代理者的报酬无关。这些是非同小可的要求，限制着第三方的数量。但是鉴于国家层次的第三方有资格言说国际组织所提出的建议，那么我们没有特别的理由认为搜寻有关国际代理者信息的委托者必然是有缺陷的，相比于纯粹国内的委托者。

此外，随着过去数十年中国际公民社会（Keck and Sikkink 1998；Boli and Thomas 1999）的发展；跨国非政府组织、国际组织及其国际行为体数量的激增，一大批潜在的第三方获得长足发展。作为未来研究的主题，可能的国际第三方数量的扩大促进了国际关系中更多授权的趋势（Goldstein et al. 2001）。事实上委托者可能发现自己并不缺乏第三方，但是面临着各种不同的声音。

再者，国家总是创设其自己的第三方——付出一些代价——以评价国际组织的建议。这在有关国家安全的议题领域特别重要，因为信息更紧紧地由委托者国家与代理者国际组织所控制着。例如，在武器核查机制中，大国自己拥有许多国家机构，直接监督外国的行为，检查国际组织报告的准确性。从某种程度上说，这些国家机构或许似乎是冗余的能力，有损专业化所带来的一些或全部收益。专业化是授权国际组织的基础。在其偏好与其国家层次委托者紧密结合，但不同于国际组织偏好的情况下，国家层次的第三方有助于解决一个悖论，即那些由最重要的授权国所组成的，而且最具自主性的代理者国际组织为何出现在武器核查与武器控制领域——在这些问题上我们或许认为国家极不愿意授权（参见 Brown，即将出版）。

总之，原则上仅一个第三方对于授权成功而言是必要的，但是国际层次上的第三方是数量众多的（包括许多国家层次上的组织），且不断增加的，因而我们发现没有什么理由认为授权国际组织可能一般不太成功，相比于授权国内代理者。

可能的反对意见（2）相比于对国内代理者的授权，授权国际组织往往具有多个委托者的特点，而且这可能造成更多的代理懈怠。

莱恩等人区分了集体委托者与多个委托者，考察了这些不同的代理关系对授权的影响。在集体委托者中，成员（根据一些规则）共同决策，而后与一个代理者达成一个契约。例如，国会作为一个集体决定向其内部委员会或总统授权。相似的是，国家集体地决定卫生政策，而后授权世界卫生组织职员一些调查权，包括发布卫生和旅行报告的能力。（Cortell and Peterson）在多个委托者中，每个委托者分别与同一个代理者达成契约。例如，联邦机构对国会与行政部门负责，或在国际背景下，欧盟委员会作为一个代理者向部长理事会与欧洲议会负责。（Pollack，本书）显然在国内与国际层次上这两种形式都存在着。在缺少对代理关系进行系统性记录的情况下，我们并不知道哪种形式在国内或国际层次上更为常见。通俗地说，尽管我们相对容易地思考集体委托者授权国际组织的例子，但是我们更难以确定真正的多个委托者的情况。[12]

但是即使相对于集体委托者，多个委托者更为常见，成功授权的后果并不必然更为严重。在多个委托者的情况下，代理者的动机是由委托者的偏好及其有关其集体决策与行动的规则所建构的。然而重要的是，如果委托者对知识条件满意——而且如上述模式都拥有对代理者的政策选择事后否决权——在任何可想到的偏好排序中，它们并不比现状更糟。这是最好的实例，如图 12.4 中所示。

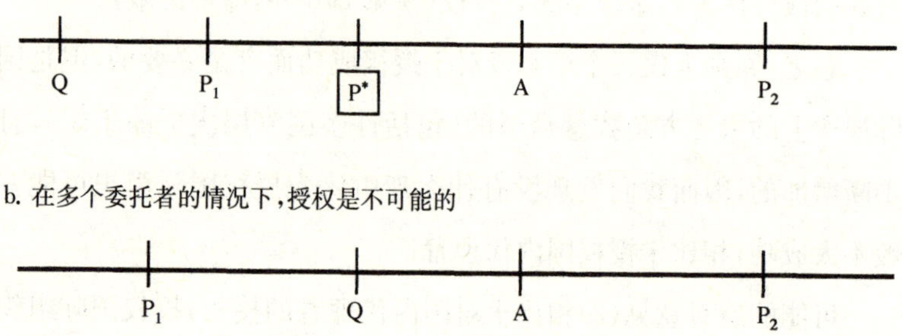

图 12.4　多个委托者情况下的授权

假设有两个委托者，而且这两个委托者必须同意代理者经选择之后影响政策的行动。如果这两个委托者都有能力满足知识条件，那么代理者也必须同时使这两个委托者满意。尽管有点困难，这或许是有可能的，如果现状不在委托者的理想点范围之内，如图 12.4a 所示。在图 12.4a 中，政策与理想点被假设为位列一个单一的空间维度。A 是代理者的理想点，然而 P_1 与 P_2 是两个委托者的理想点。在这个例子中，代理者提出一项政策建议 P^*，致使第一个委托者 (P_1) 相比于现状稍好些。因此第一个委托者接受了该项政策建议。第二个委托者 (P_2) 或许也会接受该项政策建议，因为它更接近于其理想点而非现状 Q。更一般地说，每当现状处于委托者理想点所限定的范围之外时，代理者的一些建议是可能的，而且如果委托者满足知识条件，那么代理者所提出的建议将会被接受。然而代理者是否会提出建议取决于其偏好(及其提出建议的成本)。如果 A 位于 Q 的左侧，那么代理者不会提出建议，致使委托者停留在现状。如果 A 位于 Q 的右侧，那么代理者可能会提出建议。

另一方面，如果现状处于委托者理想点所限定的范围之内，那么两个委托者更偏爱现状，而不是代理者所提出的建议。如果两个委托者都拥有事后否决权，那么代理者总是并不提出建议。如果如图 12.4b 所示，偏好是结合在一起的，而且 Q 是在 $[P_1, P_2]$ 范围之内，那么代理者发现做出可接受的选择是不可能的，因而选择不参与。在 Q 左侧的任何建议都将会被 P_2 否决，而且在 Q 右侧的任何建议都将会被 P_1 否决。这是分治政府下僵局的经典例子。(McCubbins 1985, Epstein and O'Halloran 1999b)每当现状处于委托者理想点所限定的范围之内时，任何建议都不会得到两个委托者的偏爱，而且如果代理者承担提出建议的任何成本，那么代理者并不会提出建议。

此处的重要结论是，即便当多个委托者存在时，授权也会成功，只要两个委托者都满足知识条件而且拥有事后否决权。此外在多个委托者的授权关系下，代理懈怠被视为一个重要问题。不过即便在这种授权关系下，只要数个委托者都满足知识条件，那么委托者决不会因机会主义代理者而使现状变得更糟。对一个或以上委托者而言，现状或许不是一个所期望的结果，但是其不幸并非源自代理损失，而是源自致使合作不可能的政策偏好。毫无疑问，这是一系列强人所难的条件，或许在真实世界并不总会得到满足，但是原则上成功授权的要求能够得到满足，甚至当多个委托者存在时。尽管这些条件或许是苛刻的，但是它们在授权国际组织的情况下并不比在授权国内代理者的情况下更为紧迫。

可能的反对意见(3)相比于国内环境，授权链在国际环境会更长些，因而更可能失败。

一个授权“链”涉及多个阶段。在这些阶段中，同一权威被有条件地逐一授权。(Nielson and Tierney 2003a)在两个“环节”最简单的例子中，最初或“最终”的委托者(P_1)授权代理者(A_1)，那么该代理者成为委托者(P_2)，而后授权第一个代理者(A_2)。在实践中，授权链或许相当长。例如，作为个体我们或许在一项诉讼中雇用一位律师代表我们；反过来我们的律师或许雇用很多助手以处理案件的细节；助手或许雇用一位调查员获取其他信息。在这一常见的关系中——即使是一种我们从未希望遇到的一种关系——这个授权链至少有 4 个环节。在某种意义上，调查员是我们的代理者，但仅仅是以先前的环节为前提。直觉上似乎是，代理懈怠的可能性越大，授权链就越长。同样，涉及国际组织或以其告终的授权链必然比完全国内范围的授权链长些。由于这些原因，国家——与其最终委托者公民——或许有理由怀疑对国际组织的授权。

对于不断增多的代理懈怠的第一直觉，我们的理论为其评价提供了精确条件。授权在如上所述的一系列过程中能够成功，如果而且仅当每个阶段的每个委托者对其直接的代理者而言满足知识与动机条件。在如上仅两个环节的相对“短”的授权链中，如果动机与知识两个条件都得到了满足，那么 A_2 提出建议 x，A_1/P_2 足以了解自己是否接受(转给 P_1)或拒绝(维持现状)，而且反过来 P_1 也足以了解自己是否接受或拒绝。如果动机条件或知识条件在任何阶段都没有得到满足，那么授权将会失败。如上，仅当其中两个条件之一在任何阶段得到满足时，从 P_1 的视角来看最糟糕的事情是维持现状。因此在我们的理论中，只要知识与动机两个条件在每个环节上得到满足，那么授权就能够成功，无需考虑授权链的长短。[13]然而我们要注意的是，当授权链更长时，在一个授权链中每个环节上知识与动机两个条件的满足都是非常苛刻的要求，而且不太可能得到满足。尽管满足这些苛刻的条件有难度，但是重要的是，意识到授权日常是历经很长的授权链才得以实施的，表明这些问题并不是无法克服的。然而对知识与动机条件的关注强化了这些观点背后的直觉，即更长的授权链更可能失败。授权链的长短本身并非至关重要的，然而知识与动机两个条件是否以上述方式得到满足才是至关重要的。

如果知识与动机两个条件在更长的授权链中不太可能得到满足，那么这对于国际或国内授权而言更是个问题吗？我们再次没有找到显而易见的理由而认为国际领域与国内领域之间的差异是很大的——当然如果没有详细的经验考察，那么一般结论是不会得以维系的。委托者、代理者与授权本身是分析性概念或理论者所强加的类比，有助于归类与解释真实世界的关系。委托者与代理者——何者构成授权行为——是由分析者而非双方自己所界定的。对于授权链中环节的数量，这也是有效的。将许多授权行为分解成许多部分的做法是可能的，因而形成更长的授权链。在一个层次上，分析者提及将美国对外援助政策授权美国国际开发署的国会。然而在另一个层次上，或许美国国会可以恰当地被描述为授权政治任命者，直接授权美国国际开发署，而后授权高级职员，再次授权地区或国别专家，最后授权最初提出资金项目的驻外美国国际开发署雇员。实际授权在两种情况下都是一样的,但是第二个授权链长多了。我们所描述的授权链的长短取决于该分析所服务的分析性目标。一如既往,分析者必须下很大的"赌注",即哪些环节——与多少环节——超过自己探究的问题。(Lake and Powell 1999:13—16)

作为分析性结构而非"真实"实体,不可能得出的结论是,包括国际组织在内的授权链总是比以国内代理者而告终的授权链更长。我们再次记下,美国国会将有关发展援助要素的权威授予世界银行,由此通过了转交给世界银行的授权与拨款资金——是个简单的单一环节的授权链。但是如上,我们能够纳入美国立法通过与对发展中国家援助的最终分配之间一系列中间环节,从而极大地增加环节的数量。所谓一个授权链长于另一个授权链的观点更多地意指我们的分析性目标,而非授权行为任何固定或绝对的特点。

然而对国内代理者授权与对国际代理者授权的一个关键性差异是,后者往往涉及在雇用代理者之前主权的"联合"。尽管这往往与授权链的长短相混淆,但这是不同的问题。在国内授权行为之中,集体委托者往往仅在一个阶段汇集"较低层次的"偏好,而且确定政策目标。政策目标的实施或许被授权于专门代理者。民主国家中最终的委托者选民,选举立法机构的代表,然后这些代表(以各种规则而且或多或少有偏见地)将公民的偏好总计到政策之中。立法机构或许将实施授权于行政部门,直接授权代理者,或者甚至是市政府与其他更低层次的政府。但是重要的是,集体决策仅在一个"求和"点(summation point)达成。

然而在国际层次上,在集体委托者的情况下,第二个求和点是存在的——往往被视为主权范围。在欧盟、特别是负责直接总计投票者偏好的欧洲议会之外,对国际组织的大多数授权是以两个求和点进行的:第一,从公民而经由其政府,第二从政府经由国际组织。国际组织成员国或许集体地选择向该组织及其职员或其他代理者国际组织授权，以实施政策。然而第二个求和点对于成员国而言，相当有可能形成与其国家层次上所决定的理想政策不同的集体政策。这并非直接是授权链长短的问题，而是第二个求和点的独特性问题。回到上述援助的例子，对美国投票者及其当选的代表而言，授权美国国际开发署与世界银行之间的重大差异并不是资金拨款与援助分配之间司局(bureaus)的数目，而是世界银行的集体决策结构考虑国家的政策偏好而非自己的偏好——甚至尽管美国在世界银行中有不成比例的影响。事实上如米尔纳与汤普森在其各自章节所表明的，恰恰是一个国家与集体委托者之间理想点的差异，允许授权国际组织以形成可靠的承诺或甄选其他代理者。这第二个求和问题并不需要阻止有效的——成功的——授权。但是为了清晰起见，重要的是意识到主权联合的后果不同于授权链的长短。

总　　结

授权是现代国际关系的必要组成部分，而且许多人认为授权的成功取决于如下问题的回答，即“何时授权是负责任的?”我们已经表明，授权的负责性取决于两个条件:知识条件与动机条件。这两个条件的满足取决于委托者是否会得到启示，然而这本身却取决于劝说与启迪所需的条件。仅当这些后者的条件没有得到满足时，委托者的有限信息、委托者与代理者具有相冲突利益的强烈倾向意味着授权必定是不负责任的。否则负责性是可能的，如果总不是的话。

即使成功的授权是可能的，这并不意味着授权是容易的。知识与动机条件会得到满足，但并非总是如此。不过，从日常互动到国家层次的政策决策，授权是个常见现象。第三方的证言是成功授权的重要组成部分。授权国际组织也是如此。事实上我们没有看到内在的原因，即授权国际组织为何相比于对其他类型的代理者的授权更加困难。委托者国家必须注意知识与动机条件，但是对所有可能的授权而言都是如此。

本章强调第三方在成功授权方面的角色。如前所述，这一主题在上述各章中并不特别突出。近来对非政府组织与其他跨国利益集团的兴趣与日俱增。它们往往被理解为国际规范的传播者，塑造与改变着公民与国家的偏好。（Keck and Sikkink 1998; Boli and Thomas 1999）并不经常的是，非政府组织被描述为在监督国际条约义务的遵约方面至关重要的火警。（Raustiala 1997）授权，特别是我们的模型的研究表明，在“全球公民社会”中，非政府组织与其他行为体或许在监督国际组织行使其授权权威方面同样，或者甚至更为重要。非政府组织有助于政府满足知识条件，增大了成功授权的机会，反过来增大了国际合作的预期。为此它们并没有改变偏好，而是丰富了委托者国家所获得的信息。本书关注委托—代理理论与授权，强调代理关系内在的因素。由于委托—代理理论在其他背景下得到发展，因而我们转而关注委托者以吸收“外部”信息来源的方式如何改进监管。第三方在授权中的角色也是国际关系未来研究中颇有前景的路径。

注释

1. 当然委托—代理理论是一个框架，本身并没有详细说明具有自主性的代理者的行为的一般假设；这有赖于分析者所使用的具体理论，以解释其所考察的问题领域中可观察的行为。

2. 莱恩等发现，甚至在加权投票下，小国在集体问题者中事实上是决定性的。

3. 沃尔兹（Waltz 1979）最明确地区分了国内政治与国际政治两个不同的“世界”。米尔斯海默（Mearsheimer 1994）认为国际制度根本上是不同的。

4. 这是卢皮亚与麦卡宾斯（Lupia and McCubbins 1998）所提出的观点的简化型。

5. 成功此处显然是“相对于当前现状改善了委托者的福祉，即净交易成本”的简略表达方式。委托者在授权代理者时所产生的交易成本是重要的（Alchian and Demsetz

1972; Jensen and Meckling 1976; Spence 1974; Kiewiet and McCubbins 1991; Laffont and Tirole 1993)。卢皮亚等人(Lupia and McCubbins 1998:91—92)认为,本章提出的法则足以包括交易成本。

6. 在这种背景下,第三方(下面有时称之为发言者)相当于米尔纳所提到的"背书者"(Milner 1997)。

7. 只要对第三方而言,工资合同不同于对代理者的工资合同,那么成功的授权是可能的。

8. 我们关注委托者选择两个替代性方案之一的情况,因为这个简单,而且在政治中是常见的。为了明白这种情况是如何常见,应考虑如下事实。议会在没有修正案的情况下对政府议案进行票决。大多数陪审团的判决是对两个当事人之一或两种法律观之一之间的选择。监管决策往往使简单地接受或拒绝改变监管现状的一个建议成为必要。(关于调查,参见 Joskow and Noll 1981; Kahn 1988)当然投票者有时从三个或以上的替代性方案中进行选择。然而,此处的二元选择是个很好的类比,因为甚至此处的投票者也能够将其选择描述为"候选者 A"与"其他候选者",或"现任者"与"任何替代者"。(Simon 1955; March and Simon 1958)在国际组织的情况中,委托者决定是否授权武力使用(Thompson),是否创设国际法院,并在特定问题上给予其地位(Alter)等。甚至当授权决策实际上是持续不断时,模型化决策往往被以二分法的形式对待,如在以双边或多边方式分配多少援助的选择中(Milner)。

9. 我们并未描述的是博弈的初始阶段,其中自然决定着博弈的初始条件(如,我们分析者知道委托者与代理者想要的东西、委托者与代理者对其互动所拥有的常识)。

10. 在没有丧失一般性的情况下,我们的结果对如下情况而言是稳健的,即代理者对其行动的后果并没有把握。也就是说,沟通的效果对代理者的动机也有同样的影响,不管它是否知道其行动的后果或并没有把握。

11. 我们关注这些成本是常识的情况,然而我们的结果对于如下假设是稳健的,即委托者对这些成本并没有把握。同样须注意的是,其他声明的具体成本也有相似的变化,如因讲真话而被奖赏或惩罚。

12. 与多个委托者最接近的类比是对国际组织自愿捐款的实践,这完全不同于规定会费。规定会费允许每个成员国以一定的活动或条件而支付。

13. 需要注意的是,在模型中,委托者总是对代理者的建议动用最终的否决权或拥有事后否决权。上述法则——以及此处所提出的——仅对假设 4 以及图 12.1 所述的一系列动议才是有效的。凭直觉判断,在更长的授权链中,最终的委托者(如我们例子中的 P_1)并没有事后否决权,因而在该例子中我们的理论对于成功的前景保持沉默。这或许解释了一个常见的政治原则,即代理权限本身不能被授权(Hamilton Federalist 78; Stewart 1975; Fisher 1985)。对于近来有关国际授权主题的交流,格洛夫(Golove 2003)认为,进一步的授权与早期的宪政思想并不相符,然而布兰德利(Bradley 2003)认为,这些授权仅使非自执行条约的承诺成为必要(例如,按照我们的术语仅当委托者保留事后否决权时)。

作 者 简 介

凯伦·奥尔特(Karen J. Alter) 西北大学政治科学副教授,专门研究国际关系、国际法以及欧盟政治。

劳伦斯·布罗兹(J. Lawrence Broz) 加利福尼亚大学政治科学副教授,国际金融与货币政策领域的专家。

安德鲁·科特尔(Andrew P. Cortell) 路易克拉克大学国际事务副教授。

埃里卡·古尔德(Erica R. Gould) 弗吉尼亚大学政治学助理教授,研究领域为国际组织与金融制度。

迈克尔·霍斯(Michael Brewster Hawes) 乔治城大学政府系访问讲师,加利福尼亚大学政治科学系博士候选人,正在撰写的博士论文是《操纵性多边主义:国际组织中的权力与非正式影响》。

戴伦·霍金斯(Darren G. Hawkins) 杨百翰大学政治科学副教授,国际关系项目主任。

韦德·雅各比(Wade Jacoby) 杨百翰大学政治科学副教授,欧洲研究中心主任。

戴维·莱克(David A. Lake) 加利福尼亚大学政治科学教授,美国文理学院院士,研究领域为国际关系理论、国际政治经济学、国际冲突研究。

莫娜·莱恩(Mona Lyne) 南卡罗来纳大学政治科学助理教授。

莉萨·马丁(Lisa L. Martin) 哈佛大学国际事务克兰斯·帝龙(Clarence Dillon)教授,研究领域为国际政治经济学与国际制度。

马修·麦卡宾斯(Mathew D.McCubbins) 加利福尼亚大学政治科学特聘教授,圣地亚哥大学法学院法学教授,美国文理学院院士。

海伦·米尔纳(Helen V.Milner) 普林斯顿大学政治与国际事务福布斯(B.C.Forbes)教授,全球化与治理中心主任。研究领域为国际政治经济学,特别是国内制度与政治的角色,正在从事对外援助、因特网的全球扩散、全球化与环境政策之间关系的研究。

丹尼尔·尼尔森(Daniel L.Nielson) 杨百翰大学政治科学副教授,研究领域为国际与比较政治经济学、国际关系理论、比较政治制度。

苏珊·彼得森(Susan Peterson) 威廉与玛丽学院政府领域的教授,教育政策系主任,正关注全球性健康问题。

马克·波拉克(Mark A.Pollack) 天普大学政治科学副教授,研究领域为国际组织在全球与区域治理中的角色,特别关注欧盟、跨大西洋关系。论著包括《欧洲一体化的动力:欧盟中的授权、代理与议程设定》(2003)。

亚历山大·汤普森(Alexander Thompson) 俄亥俄州立大学政治科学助理教授,研究兴趣为国际关系理论、国际组织与政治经济学。

迈克尔·蒂尔尼(Michael J.Tierney) 威廉与玛丽学院政府领域的助理教授,国际关系研究项目主任,研究领域为国际关系理论与国际组织。正在撰写《绿化援助?理解对发展中国家的环境援助》(2007)、《国际组织的政治:弥合理性主义与建构主义的分歧》(与凯瑟琳·韦弗[Catherine Weaver]合编)。

参考文献

Abbott, Kenneth W. and Duncan Snidal. 1998. Why States Act Through Formal International Organizations. *Journal of Conflict Resolution* 42 (1): 3–32.

2000. Hard and Soft Law in International Governance. *International Organization* 54 (summer): 421–56.

Alchian, Armen and Harold Demsetz. 1972. Production, Information Costs, and Economic Organization. *American Economic Review* 62: 777–95.

Alesina, Alberto and David Dollar. 2000. Who Gives Foreign Aid to Whom and Why? *Journal of Economic Growth* 5: 33–63.

Alexandrova, Olga. 1991. Soviet Policy in the Gulf Conflict. *Aussenpolitik* 42 (3): 231–40.

Alter, Karen J. 2000. The European Legal System and Domestic Policy: Spillover or Backlash. *International Organization* 54 (3): 489–518.

2001. *Establishing the Supremacy of European Law: The Making of an International Rule of Law in Europe.* Oxford: Oxford University Press.

2003. Resolving or Exacerbating Disputes? The WTO's New Dispute Resolution System. *International Affairs* 79, 4 (summer): 783–800.

2005. Agents or Trustees: International Courts in their Political Context. Unpublished manuscript.

2006a. Exporting the European Court of Justice Model: The Experience of the Andean Common Market Court of Justice. Unpublished manuscript.

2006b. Private Litigants and the New International Courts. *Comparative Political Studies* 39(1): 22–49.

Alter, Karen J. and Sophie Meunier-Aitsahalia. 1994. Judicial Politics in the European Community: European Integration and the Pathbreaking *Cassis de Dijon* decision. *Comparative Political Studies* 24 (4): 535–61.

Alvarez, Jose. 2003. The New Dispute Settlers: (Half) Truths and Consequences. *Texas International Law Journal* 38 (3): 405–41.

Ansolabehere, Stephen, John de Figueiredo, and James M. Snyder, Jr. 2003. Why is There so Little Money in US Politics? *Journal of Economic Perspectives* 17 (1) (winter): 105–30.

Arnold, R. Douglas. 1992. *The Logic of Congressional Action.* New Haven, Conn.: Yale University Press.

Arvin, B. Mak. 2002. *New Perspectives on Foreign Aid and Economic Development*. Westport, Conn.: Praeger.

Åslund, Anders. 2000. *Russia and the International Financial Institutions*. Washington, DC: Carnegie Endowment for International Peace.

Aufricht, Hans. 1964. *The International Monetary Fund: Legal Bases, Structure, Functions*. London: Steven and Sonds.

Azzam, Maha. 1991. The Gulf Crisis: Perceptions in the Muslim World. *International Affairs* 67 (3): 473–85.

Bacchus, James. 2001. The Role of Lawyers in the WTO. *Vanderbilt Journal of Transnational Law* 34 (4): 953–62.

2002. Table Talk: Around the Table of the Appellate Body of the World Trade Organization. *Vanderbilt Journal of Transnational Law* 35 (4): 1021–39.

2003. Leeky's Circle: Thoughts from the Frontier of International Law. Address to the Institute of Advanced Legal Studies, University of London, London, 10 April.

2004. Open Doors for Open Trade: Shining Light on WTO Dispute Settlement. *Remarks to the National Foreign Trade Council*, Mayflower Hotel, Washington, DC, January 29.

Bailey, Michael. 2001. Quiet Influence: The Representation of Diffuse Interests on Trade Policy, 1983–1994. *Legislative Studies Quarterly* (February): 45–80.

Baker, James with Thomas DeFrank. 1995. *The Politics of Diplomacy*. New York: G. P. Putnam's Sons.

Baldwin, David A. 1985. *Economic Statecraft*. Princeton, NJ: Princeton University Press.

Baldwin, Robert E. and Christopher S. Magee. 2000. *Congressional Trade Votes: From NAFTA Approval to Fast-Track Defeat*. Washington, DC: Institute for International Economics.

Balogh, Thomas. 1967. Multilateral versus Bilateral Aid. *Oxford Economic Papers* 19 (3): 332–44.

Barnett, Michael N. 2002. *Eyewitness to a Genocide*. Ithaca, NY: Cornell University Press.

Barnett, Michael N. and Martha Finnemore. 1999. The Politics, Power, and Pathologies of International Organizations. *International Organization* 54 (4): 699–732.

2004. *Rules for the World: International Organizations in Global Politics*. Ithaca, NY: Cornell University Press.

Barro, Robert. 1998. The IMF Doesn't Put Out Fires, It Starts Them. *Business Week* (December 7): 18.

Barro, Robert J. and Jong-Wha Lee. 2002. IMF Programs: Who is Chosen and What are the Effects? NBER Working Paper 8951. Cambridge, Mass.: National Bureau of Economic Research.

Bawn, Kathleen. 1995. Political Control Versus Expertise: Congressional Choices about Administrative Procedures. *American Political Science Review* 89: 62–73.

Bendor, Jonathan, A. Glazer, and Thomas Hammond. 2001. Theories of Delegation. *Annual Review of Political Science* 4: 235–69.

Bergman, Torbjorn, Wolfgang Müller, and Kaare Strøm. 2000. Parliamentary Democracy and the Chain of Delegation. *European Journal of Political Research* 37(3): 255–60. Special issue.

Berkov, Robert. 1957. *The World Health Organization: A Study in Decentralized International Administration*. Geneva: Librairie E. Droz.

Bernheim, B. Douglas and Michael D. Whinston. 1986. Common Agency. *Econometrica* 54, 4 (July): 923–42.

Beschloss, Michael and Strobe Talbott. 1993. *At the Highest Levels*. Boston: Little, Brown.

Bhagwati, Jagdish N. 2002. *The Wind of the Hundred Days: How Washington Mismanaged Globalization*. Cambridge, Mass.: MIT Press.

Bird, Graham. 1996. The International Monetary Fund and Developing Countries: A Review of the Evidence and Policy Options. *International Organization* 50 (summer): 477–511.

Bird, Graham and Dane Rowlands. 2001. IMF Lending: How is it Affected by Economic, Political, and Institutional Factors? *Journal of Policy Reform* 4 (3): 243–70.

Blackburn, Robert and Jörg Polakiewicz. 2001. *Fundamental Rights in Europe: The European Convention on Human Rights and its Member States, 1950–2000*. Oxford: Oxford University Press

Blix, Hans. 2004. *Disarming Iraq*. New York: Pantheon.

Boli, John and George M. Thomas. 1999. *Constructing World Culture: International Nongovernmental Organizations since 1875*. Stanford, Calif.: Stanford University Press.

Bordo, Michael D. and Harold James. 2000. The International Monetary Fund: Its Present Role in Historical Perspective. NBER Working Paper 7724 (June): 1–57.

Boughton, James M. 2001. *Silent Revolution: The International Monetary Fund, 1979–1989*. Washington, DC: International Monetary Fund.

Bradley, Curtis A. 2003. International Delegations, the Structural Constitution, and Non-Self-Execution. *Stanford Law Review* 55, 5 (May): 1557–96.

Bronars, Stephen G. and John R. Lott. 1997. Do Campaign Contributions Alter How a Politician Votes? Or, Do Donors Support Candidates Who Value the Same Things that They Do? *Journal of Law and Economics* 40, 1 (October): 317–50.

Brown, Chester. 2002. The Proliferation of International Courts and Tribunals: Finding Your Way Through the Maze. *Melbourne Journal of International Law* 3: 453–75.

Brown, Robert L. Forthcoming. Nonproliferation Through Delegation: International Agency and the Diminution of WMDs Threats. Ph.D. diss., University of California, San Diego

Buira, Ariel. 1983. IMF Financial Programs and Conditionality. *Journal of Development Economics* 12 (1): 111–36.

Burley, Anne-Marie and Walter Mattli. 1993. Europe Before the Court: A Political Theory of Legal Integration. *International Organization* 47 (1): 41–76.

Burnside, Craig and David Dollar. 2000. Aid, Policies, and Growth. *American Economic Review* 90 (4): 847–68.

Busch, Marc L. and Eric Reinhardt. 2000. Bargaining in the Shadow of the Law: Early Settlement in GATT/WTO Disputes. *Fordham International Law Journal* 24 (November–December): 148–72.

Bush, George and Brent Scowcroft. 1998. *A World Transformed*. New York: Alfred A. Knopf.

Calomiris, Charles W. 1998. The IMF's Imprudent Role as Lender of Last Resort. *Cato Journal* 17 (3) (winter): 275–94.

Calvert, Randall, Mathew McCubbins, and Barry Weingast. 1989. A Theory of Political Control and Agency Discretion. *American Journal of Political Science* 33 (3): 588–611.

Caprio, Gerard and Daniela Klingebiel. 2003. Episodes of Systemic and Borderline Financial Crises. World Bank Research Paper.

Carozza, Paolo G. 1998. Uses and Misuses of Comparative Law in International Human Rights: Some Reflections on the Jurisprudence of the European Court of Human Rights. *Notre Dame Law Review* 17 (5): 1217–37.

Carpenter, Daniel P. 2001. *The Forging of Bureaucratic Autonomy*. Princeton, NJ: Princeton University Press.

Caruson, Kiki and J. Michael Bitzer. 2004. At the Crossroads of Policymaking: Executive Politics, Administrative Action, and Judicial Deference by the DC Circuit Court of Appeals (1985–1996). *Law and Policy* 26 (3 and 4): 347–69.

Caves, Richard E. 1982. *Multinational Enterprise and Economic Growth*. New York: Cambridge University Press

Chalmers, Damian. 2004. The Satisfaction of Constitutional Rhetoric by the European Judiciary. Paper presented at the conference Alteneuland: The Constitution of Europe in an American Perspective, New York, April 28–30.

Chwieroth, Jeffrey M. 2003. Neoliberal Norms and Capital Account Liberalization in Emerging Markets: The Role of Domestic-Level Knowledge-Based Experts. Paper presented at the Annual Meeting of the American Political Science Association, Philadelphia, August 28–31.

Clark, Wesley K. 2001. *Waging Modern War: Bosnia, Kosovo, and the Future of Combat*. New York: Public Affairs.

Clines, Francis X. 1983. Administration Scores a Quiet Coup. *The New York Times*, December 28, B6, National Desk.

Cohen, Margot, Gautam Naik, and Matt Pottinger. 2003. Inside the WHO as it mobilized for War on SARS. *Wall Street Journal*, May 2, A1, A6.

Connaughton, Richard. 1992. *Military Intervention in the 1990s*. New York: Routledge.

Cooley, Alexander and James Ron. 2002. The NGO Scramble: Organizational Insecurity and the Political Economy of Transnational Action. *International Security* 27: 5–39.

Cooper, Scott. 2004. Third World Monetary Blocs: Small State Choice or Great Power Hegemony? *EUI Working Papers*, RSCAS no. 2004/30.

Cooter, Robert D. 2000. *The Strategic Constitution*. Princeton, NJ: Princeton University Press.

Cortell, Andrew and Susan Peterson. 2001. Limiting the Unintended Consequences of Institutional Change. *Comparative Political Studies* 34 (7): 768–99.

Council of Europe. Various years. *Yearbook of the European Convention on Human Rights*. The Hague: Martinus Nijhoff.

Cox, Gary and Mathew McCubbins. 1993. *Legislative Leviathan: Party Government in the House*. Los Angeles: University of California Press

Cox, Robert W. and Harold K. Jacobson, eds. 1973. *The Anatomy of Influence: Decision Making in International Organizations*. New Haven, Conn.: Yale University Press.

Crawford, Vincent and Joel Sobel. 1982. Strategic Information Transmission. *Econometrica* 50: 1431–51.

Dam, Kenneth W. 1982. *The Rules of the Game: Reform and Evolution in the International Monetary System*. Chicago: University of Chicago Press

Dell, Sidney. 1981. *On Being Grandmotherly: The Evolution of IMF Conditionality*. Essays in International Finance No. 144, October. Princeton, NJ: International Finance Section, Department of Economics, Princeton University.

Demirguc-Kunt, Asli and Harry Huizinga. 1993. Official Credits to Developing Countries: Implicit Transfers to the Banks. *Journal of Money, Credit, and Banking* 25 (3): 430–44.

Denzau, Arthur and Michael Munger. 1986. Legislators and Interest Groups: How Unorganized Interests Get Represented. *American Political Science Review* 80: 89–106.

DiMaggio, Paul J. and Walter Powell. 1991a. Introduction. In *The New Institutionalism in Organizational Analysis*, edited by Walter Powell and Paul DiMaggio. Chicago: University of Chicago Press, 1–38.

1991b. The Iron Cage Revisited: Institutional Isomorphism and Collective Rationality in Organizational Fields. In *The New Institutionalism in Organizational Analysis*, edited by Walter Powell and Paul DiMaggio. Chicago: University of Chicago Press, 63–82.

Dixit, Avinash, Gene Grossman, and Ethan Helpman. 1997. Common Agency and Coordination: General Theory and Application to Government Policy Making. *Journal of Political Economy* 105 (4): 752–69.

Dogan, Rhys. 2000. A Cross-Sectoral View of Comitology: Incidence, Issues and Implications. In *Europe in Change: Committee Governance in the European Union*, edited by Thomas Christiansen and Emil Kirchner. Manchester: Manchester University Press.

Downs, George, David Rocke, and Peter Barsoom. 1996. Is the Good News About Compliance Good News About Cooperation? *International Organization* 50 (3): 379–406.

Dreher, Axel and Nathan Jensen. 2003. Independent Actor or Agent? An Empirical Analysis of the Impact of US Interests on IMF Conditions. Leitner Working Paper No. 2003–04. Yale University, New Haven, Conn.

Dreher, Axel and Roland Vaubel. 2001. *Does the IMF Cause Moral Hazard and Political Business Cycles? Evidence from Panel Data*. Institut für Volkswirtschaftslehre und Statistik No. 598–01, Universität Mannheim.

Dudley, Leonard and Claude Montmarquette. 1976. A Model of the Supply of Bilateral Foreign Aid. *American Economic Review* 64 (1): 132–42.

Eckaus, R. S. 1986. How the IMF Lives with its Conditionality. *Policy Sciences* 19: 237–52.

Ehlermann, Claus-Dieter. 2003. Experiences from the WTO Appellate Body. *Texas International Law Journal* 38: 469–88.

Eisner, Marc Allen and Kenneth Meier. 1990. Presidential Control Versus Bureaucratic Power: Explaining the Reagan Revolution in Antitrust. *American Journal of Political Science* 34 (February): 269–87.

Elster, Jon. 2000. *Ulysses Unbound: Studies in Rationality, Precommitment, and Constraints*. Cambridge and New York: Cambridge University Press.

Epstein, David and Sharyn O'Halloran. 1994. Administrative Procedures, Information, and Agency Discretion. *American Journal of Political Science* 38 (3): 697–722.

1999a. *Delegating Powers: A Transaction Cost Politics Approach to Policy Making Under Separate Powers*. Cambridge: Cambridge University Press.

1999b. Measuring the Electoral and Policy Impact of Majority-Minority Voting Districts. *American Journal of Political Science* 43 (2): 367–95.

Epstein, Lee and Jack Knight. 1998. *The Choices Justices Make*. Washington, DC: CQ Press.

Evans, Peter and Martha Finnemore. 2001. Organizational Reform and the Expansion of the South's Voice at the Fund. *G-24 Discussion Paper Series* (New York: United Nations).

Falk, Richard. 2004. The Iraq War and the Future of International Law. Paper presented at the Annual Meeting of the American Society of International Law, March 31–April 3. Available at <http://www.wagingpeace.org/articles/2004/04/19_falk_iraq-war-law.htm>.

Fama, Eugene. 1980. Agency Problems and the Theory of the Firm. *Journal of Political Economy* 88 (2): 288–307.

Farnsworth, Clyde H. 1987. US Proposals Hearten IMF and World Bank. *New York Times*, October 2, D1.

Felton, John. 1989. OAS Ministers Admit Failure in Effort to Oust Noriega. *Congressional Quarterly* 47 (34): 2223.

Fidler, David P. 2004. *SARS, Governance, and the Globalization of Disease*. New York: Palgrave Macmillan.

2005. From International Sanitary Conventions to Global Health Security: The New International Health Regulations. *Chinese Journal of International Law* 4: 325–92.

Finch, C. David. 1988. Let the IMF be the IMF. *The International Economy* 1 (2) (January/February): 126–28.

1994. *Governance of the International Monetary Fund by its Members*. Washington, DC: Bretton Woods Commission.

Fisher, Louis. 1985. *Constitutional Conflicts Between Congress and the President*. Princeton, NJ: Princeton University Press.

Fox, Jonathan and David Brown. 1998. *The Struggle for Accountability: The World Bank, NGOs, and Grassroots Movements*. Cambridge, Mass.: MIT Press.

Franchino, Fabio. 2000. Commission's Executive Discretion, Information, and Comitology. *Journal of Theoretical Politics* 12: 155–81.

2001. Delegating Powers in the European Union. Paper presented at the Seventh Biennial International Conference of the European Community Studies Association, Madison, Wisconsin, May 31–June 2.

Freedman, Lawrence and Efraim Karsh. 1993. *The Gulf Conflict, 1990–1991*. Princeton, NJ: Princeton University Press.

Fuller, Graham. 1991. Moscow and the Gulf War. *Foreign Affairs* 70 (3): 55–76.

Furubotn, Eirik G. and Rudolf Richter. 2000. *Institutions and Economic Theory: The Contribution of the New Institutional Economics*. Ann Arbor: University of Michigan Press.

Gabel, Matthew J. and John D. Huber. 2000. Putting Parties in Their Place: Inferring Party Left-Right Ideological Positions from Party Manifestos Data. *American Journal of Political Science* 44 (1): 94–103.

Garrett, Geoffrey. 1995. The Politics of Legal Integration in the European Union. *International Organization* 49 (1): 171–81.

Garrett, Geoffrey, Daniel Kelemen, and Heiner Schulz. 1998. The European Court of Justice, National Governments and Legal Integration in the European Union. *International Organization* 52 (1): 149–76.

Garrett, Geoffrey and George Tsebelis. 1996. An Institutional Critique of Intergovernmentalism. *International Organization* 50 (2): 269–99.

Garrett, Geoffrey and Barry Weingast. 1993. Ideas, Interests, and Institutions: Constructing the EC's Internal Market. In *Ideas and Foreign Policy*, edited by J. Goldstein and R. Keohane. Ithaca, NY: Cornell University Press.

Garritsen De Vries, Margaret. 1976. *The International Monetary Fund, 1966–1971: The System Under Stress*. Washington, DC: IMF.

1985. *The International Monetary Fund, 1972–1978*. Washington, DC: IMF.

1986. *The IMF in a Changing World, 1945–85*. Washington, DC: IMF.

Gartzke, Erik and Dong-Joon Jo. 2002. The Affinity of Nations Index, 1946–1996. Version 3.0. Dataset. Available at http://www.columbia.edu/~eg589/datasets.html.

Gilligan, Thomas and Keith Krehbiel. 1989. Asymmetric Information and Legislative Rules with a Heterogeneous Committee. *American Journal of Political Science* 33: 459–90.

1990. Organization of Informative Committees by Rational Legislatures. *American Journal of Political Science* 34: 531–64.

Gilpin, Robert. 2002. *The Challenge of Global Capitalism: The World Economy in the Twenty-First Century*. Princeton, NJ: Princeton University Press.

Glennon, Michael. 2003. Why the Security Council Failed. *Foreign Affairs* 82 (3): 16–35.

Global War. 2002. Interview with Gro Harlem Brundtland, Director-General of the World Health Organization. *Foreign Policy* 128: 24–36.

Godlee, F. 1994a. WHO in Crisis. *British Medical Journal* 309: 1424–28.

1994b. WHO in Retreat: Is it Losing its Influence? *British Medical Journal* 309: 1491–95.

Gold, Joseph. 1979. *Conditionality*. Washington, DC: International Monetary Fund.

1984. *Legal and Institutional Aspects of the International Monetary System: Selected Essays*. Vol. 2. Washington, DC: International Monetary Fund.

Goldstein, Judith, Miles Kahler, Robert O. Keohane, and Anne-Marie Slaughter. 2000. Introduction: Legalization and World Politics. *International Organization* 54 (3): 385–99.

Goldstein, Judith L., Miles Kahler, Robert O. Keohane, and Anne-Marie Slaughter, eds. 2001. *Legalization and World Politics*. Cambridge, Mass.: MIT Press.

Golove, David. 2003. The New Confederalism: Treaty Delegations of Legislative, Executive, and Judicial Authority. *Stanford Law Review* 55, 5 (May): 1697–1748.

Golsong, Heribert. 1958. Die Europäische Menschenrechtskonvention vor den nationalen Gerichten. *Deutsches Verwaltungsblatt* 73 (23): 809–12.

Gomien, Donna. 1995. *Judgments of the European Court of Human Rights*. Strasbourg, France: Council of Europe Press.

Gordon, Edward, Steven J. Burton, Richard Falk, Thomas M. Franck, and Constantine Nezis. 1989. The Independence and Impartiality of International Judges. *American Society of International Law Proceedings* 83: 508–29.

Gould, Erica R. 2003. Money Talks: Supplementary Financiers and International Monetary Fund Conditionality. *International Organization* 57 (3): 551–86.

2006. *Money Talks: The International Monetary Fund, Conditionality and Supplementary Financiers*. Stanford, Calif.: Stanford University Press.

Gourevitch, Phillip. 1998. *We Wish to Inform You that Tomorrow We Will Be Killed with Your Families*. New York: Picador.

Grant, Ruth W. and Robert O. Keohane. 2005. Accountability and Abuses of Power in World Politics. *American Political Science Review* 99 (1): 29–43.

Grieco, Joseph M. 1990. *Cooperation Among Nations: Europe, America, and Non-tariff Barriers to Trade*. Ithaca, NY: Cornell University Press.

Grossman, Gene M. and Elhanan Helpman. 1994. Protection for Sale. *American Economic Review* 84 (4) (September): 833–50.

2002. *Interest Groups and Trade Policy*. Princeton NJ: Princeton University Press.

Gruber, Lloyd. 2000. *Ruling the World: Power Politics and the Rise of Supranational Institutions*. Princeton, NJ: Princeton University Press.

Haftel, Yoram Z. and Alexander Thompson. 2006. The independence of international organizations: concept and applications. *Journal of Conflict Resolution* 50(2): 253–75.

Haggard, Stephen. 1988. The Institutional Foundations of Hegemony: Explaining the Reciprocal Trade Agreements Act of 1934. *International Organization* 42 (1): 56–94.

Hall, Richard L. and Frank W. Wayman. 1990. Buying Time: Moneyed Interests and the Mobilization of Bias in Congressional Committees. *American Political Science Review* 84: 797–820.

Hamilton, Alexander, John Jay, and James Madison. 1961. *The Federalist Papers (1787–88)*. New York: The New American Library of World Literature.

Hammond, Thomas H. and Jack H. Knott. 1996. Who Controls the Bureaucracy? Presidential Power, Congressional Dominance, Legal Constraints, and Bureaucratic Autonomy in a Model of Multi-institutional Policy-Making. *Journal of Law, Economics, and Organization* 12 (1): 119–66.

Harris, D. J., M. O'Boyle, and C. Warbrick. 1999. *Law of the European Convention on Human Rights*. London: Butterworths.

Haskel, Jonathan E. and Matthew J. Slaughter. 2000. Have Falling Tariffs and Transportation Costs Raised US Wage Inequality? NBER Working Paper 7539. Cambridge, Mass.: National Bureau of Economic Research.

Heikal, Mohamed. 1992. *Illusions of Triumph: An Arab View of the Gulf War.* London: HarperCollins.

Helfer, Laurence and Anne-Marie Slaughter. 1997. Toward a Theory of Effective Supranational Adjudication. *Yale Law Journal* 107 (2): 273–391.

2005. Why States Create International Tribunals: A Response to Professors Posner and Yoo. *California Law Review* 93 (May).

Helmke, Gretchen. 2002. The Logic of Strategic Defection: Court-Executive Relations in Argentina under Dictatorship and Democracy. *American Political Science Review* 96 (June): 291–303.

Hill, Jeffrey and Carol Weissert. 1995. Implementation and the Irony of Delegation: The Politics of Low-Level Radioactive Waste Disposal. *Journal of Politics* 57 (May): 344–69.

Hix, Simon. 2002. Parliamentary Behaviour with Two Principles: Preferences, Parties and Voting in the European Parliament. *American Journal of Political Science* 46 (3): 688–98.

Hoadley, J. Stephen. 1980. Small States as Aid Donors. *International Organization* 34 (1): 121–37.

Holland, Martin. 2002. *The European Union and the Third World.* New York: Palgrave.

Horsefield, J. Keith, ed. 1969. *The International Monetary Fund, 1945–65: Twenty Years of International Monetary Cooperation.* 3 vols. Volume 1: *Chronicle*, by J. Keith Horsefield. Volume 2: *Analysis*, by Margaret Garritsen de Vries and J. Keith Horsefield, with the collaboration of J. J. Gold and others. Volume 3: *Documents*, edited by J. Keith Horsefield. Washington, DC: International Monetary Fund.

Horsefield, J. Keith and Gertrud Lovasy. 1969. Evolution of the Fund's Policy on Drawings. In *The International Monetary Fund, 1945–1965: Twenty Years of International Monetary Cooperation.* Volume 1: *Chronicle*, by J. Keith Horsefield. Washington, DC: International Monetary Fund.

Huber, John D. 1998. How Does Cabinet Instability Affect Political Performance: Credible Commitment, Information, and Health Care Cost Containment in Parliamentary Politics? *American Political Science Review* 92: 577–92.

Huber, John. D. and Charles R. Shipan. 2000. The Costs of Control: Legislators, Agencies, and Transaction Costs, *Legislative Studies Quarterly* 25: 25–52.

2002. *Deliberate Discretion? The Institutional Foundations of Bureaucratic Autonomy.* Cambridge: Cambridge University Press.

Huber, John. D., Charles R. Shipan, and Madelaine Pfahler. 2001. Legislatures and Statutory Control of Bureaucracy. *American Journal of Political Science* 45: 330–45.

Hug, Simon. 2003. Endogenous Preferences and Delegation in the European Union. *Comparative Political Studies* 36 (1–2): 41–74.

Hurd, Ian. 1999. Legitimacy and Authority in International Politics. *International Organization* 53 (2): 379–408.

2002. Legitimacy, Power, and the Symbolic Life of the Security Council. *Global Governance* 8 (1): 35–51.

2005. The Strategic Use of Liberal Internationalism: Libya and the UN Sanctions, 1993–2003. *International Oranization* 59 (spring): 495–526.

Imbeau, Louis M. 1988. Aid and Ideology. *European Journal of Political Research* 16: 3–28.

1989. *Donor Aid: The Determinants of Development Allocations to Third World Countries: A Comparative Analysis*. New York: Peter Lang.

International Commission on Intervention and State Sovereignty. 2001. *The Responsibility to Protect*. Ottawa, Ontario: International Development Research Centre.

International Financial Institution Advisory Commission (IFIAC or Meltzer Commission). 2000. Final Report, March. Available at www.bicusa.org/usgovtoversight/meltzer.htm. Accessed on April 15, 2003.

International Monetary Fund. Exchange and Trade Relations and Legal Departments. 1978. *Conditionality in the Upper Credit Tranches: Issues for Further Consideration*. Washington, DC: IMF.

1983. *Review of Upper Credit Tranche Arrangements Approved in 1981 and of Some Issues Related to Conditionality*. Washington, DC: IMF.

1986. *Program Design and Performance Criteria*. Washington, DC: IMF.

Various years. *Annual Report of the Executive Board*. Washington, DC: IMF.

Jacobson, Harold K. 1973. WHO: Medicine, Regionalism, and Managed Politics. In *The Anatomy of Influence: Decision Making in International Organization*, edited by Robert W. Cox and Harold K. Jacobson. New Haven, Conn.: Yale University Press.

1984. *Networks of Interdependence: International Organizations and the Global Political System*. 2nd edn. New York: Alfred Knopf.

James, Harold. 1996. *International Monetary Cooperation Since Bretton Woods*. Washington, DC: IMF.

Janis, Mark, Richard Kay, and Anthony Bradley. 1995. *European Human Rights Law*. New York: Oxford University Press.

Jeanne, Olivier and Jeromin Zettelmeyer. 2001. International Bailouts, Moral Hazard, and Conditionality. *Economic Policy* 33 (October): 409–32.

Jensen, Michael C. and William H. Meckling. 1976. Theory of the Firm: Managerial Behavior, Agency Costs, and Ownership Structure. *Journal of Financial Economics* 3: 305–60.

Jervis, Robert. 1983. Security Regimes. In *International Regimes*, edited by Stephen Krasner. Ithaca, NY: Cornell University Press.

Joergens, Konstantin J. 1999. True Appellate Procedure or Only a Two-Stage Process? A Comparative View of the Appellate Body Under the WTO Dispute Settlement Understanding. *Law and Policy in International Business* 30 (2): 193–230.

Johnston, Alastair Iain. 2001. Treating International Institutions as Social Environments. *International Studies Quarterly* 45 (4): 487–515.

Johnstone, Ian. 2003a. Security Council Deliberations: The Power of the Better Argument. *European Journal of International Law* 14 (3): 437–80.

2003b. The Role of the UN Secretary-General: The Power of Persuasion Based on Law. *Global Governance* 9: 441–58.

Jordan, Robert S. 1967. *The NATO International Staff/Secretariat 1952–1957*. London: Oxford University Press.

Joskow, Paul and Roger G. Noll. 1981. Regulation in Theory and Practice: An Overview. In *Studies of Public Regulation*, edited by Gary Fromm. Cambridge, Mass.: MIT Press.

Joyce, Joseph P. 2002. Through a Glass Darkly: New Questions (and Answers) about IMF Programs. Wellesley College Working Paper 2002–04 (June). Wellesley, Mass.

Kahler, Miles. 1990. The United States and the International Monetary Fund: Declining Influence or Declining Interest? In *The United States and Multilateral Institutions: Patterns of Changing Instrumentality and Influence*, edited by Margaret P. Karns and Karen A. Mingst, 91–114. Boston: Unwin Hyman.

2001. *Leadership Selection in the Major Multilaterals*. Washington, DC: Institute for International Economics.

Kahn, Alfred. 1988. *The Economics of Regulation: Principles and Institutions*. 2nd edn. New York: John Wiley & Sons.

Kapur, Devesh, John P. Lewis, and Richard Webb, eds. 1997. *The World Bank: Its First Half Century*. Washington, DC: Brookings Institution Press.

Katzenstein, Peter. 1985. *Small States in World Markets: Industrial Policy in Europe*. Ithaca, NY: Cornell University Press.

Kay, Sean. 1998. *NATO and the Future of European Security*. Lanham, Md.: Rowman and Littlefield.

Keck, Margaret E., and Kathryn Sikkink. 1998. *Activists Beyond Borders: Advocacy Networks in International Politics*. Ithaca, NY: Cornell University Press.

Keener, E. Barlow. 1987. The Andean Common Market Court of Justice: Its Purpose, Structure, and Future. *Emory Journal of International Dispute Resolution* 2 (1): 37–72.

Kelley, Judith. 2005. Do States Care About Normative Consistency? The ICC and Bilateral Non-Surrender Agreements as a Quasi-Experiment. Paper presented to the Vanderbilt Law School International Law Roundtable on International Criminal Law and International Human Rights Law, January 27–29.

Keohane, Robert O. 1984. *After Hegemony: Cooperation and Discord in the World Political Economy*. Princeton, NJ: Princeton University Press.

Keohane, Robert O., Andrew Moravscik, and Anne-Marie Slaughter. 2000. Legalized Dispute Resolution: Interstate and Transnational. *International Organization* 54 (3): 457–88.

Keohane, Robert O. and Joseph Nye, Jr. 1977. *Power and Interdependence: World Politics in Transition*. Boston: Little, Brown.

Khalidi, Washid. 1991. Why Some Arabs Support Saddam. In *The Gulf War Reader*, edited by Micah Sifry and Christopher Cerf, 161–71. New York: Random House.

Kiewiet, D. Roderick and Mathew D. McCubbins. 1991. *The Logic of Delegation: Congressional Parties and the Appropriations Process*. Chicago: University of Chicago Press.

Killick, Tony. 1992. *Continuity and Change in IMF Programme Design, 1982–1992*. Washington, DC: Overseas Development Institute.

Kilroy, Bernadette. 1995. Member State Control or Judicial Independence: The Integrative Role of the Court of Justice. Paper presented at the Annual Meeting of the American Political Science Association, Chicago, August 31–September 3.

1999. Integration through Law: ECJ and Governments in the EU. Unpublished manuscript, Department of Political Science, UCLA.

King, Gary, Michael Tomz, and Jason Wittenberg. 2000. Making the Most of Statistical Analyses: Improving Interpretation and Presentation. *American Journal of Political Science* 44 (2) (March): 341–55.

Kissinger, Henry A. 2001. The Pitfalls of Universal Jurisdiction. *Foreign Affairs* 80 (4): 86–96.

Klepak, Hal. 2003. Power Multiplied or Power Restrained? The United States and Multilateral Institutions in the Americas. In *US Hegemony and International Organizations*, edited by Rosemary Foot, S. Neil MacFarlane, and Michael Mastanduno, 239–64. New York: Oxford University Press.

Koremenos, Barbara, Charles Lipson, and Duncan Snidal. 2001. The Rational Design of International Institutions. *International Organization* 55 (4) (autumn): 761–99.

Krause, George. 1996. The Institutional Dynamics of Policy Administration: Bureaucratic Influence over Securities Regulation. *American Journal of Political Science* 40 (November): 1083–1121.

Krauthammer, Charles. 2001. The Failure of Multilateralism. *Washington Post*, reprinted in the *Guardian Weekly*, December 6, 20.

2003. UN, RIP. *Washington Post*, January 21, A27.

Krehbiel, Keith. 1991. *Information and Legislative Organization*. Ann Arbor: University of Michigan Press.

Kroszner, Randall S. and Thomas Stratmann. 1998. Interest-Group Competition and the Organization of Congress: Theory and Evidence from Financial Services' Political Action Committees, *American Economic Review* 88 (5): 1163–87.

Krueger, Anne O. 1993. *Economic Policies at Cross-Purposes: The United States and Developing Countries*. Washington, DC: Brookings.

Kuemmel, Gerhard. 2003. Changing State Institutions: The German Military and the Integration of Women. Paper presented to the European Consortium for Political Research, Marburg, September 18–21.

Laffont, Jean-Jacques and David Martimort. 2002. *The Theory of Incentives: The Principal-Agent Model*. Princeton NJ: Princeton University Press.

Laffont, Jean-Jacques and Jean Tirole. 1993. Cartelization by Regulation. *Journal of Regulatory Economics* 5: 111–30.

Lake, David A. 1996. Anarchy, Hierarchy, and the Variety of International Relations. *International Organization* 50 (1) (winter): 1–33.

1999. *Entangling Relations: American Foreign Policy in its Century*. Princeton, NJ: Princeton University Press.

Lake, David A. and Robert Powell. 1999. *Strategic Choice and International Relations*. Princeton, NJ: Princeton University Press.

Larkins, Christopher M. 1996. Judicial Independence and Democratization: A Theoretical and Conceptual Analysis. *American Journal of Comparative Law* 44 (4): 605–26.

1998. The Judiciary and Delegative Democracy in Argentina. *Comparative Politics* 30: 423–43.

Laver, Michael and Norman Schofield. 1990. *Multiparty Government: The Politics of Coalition in Europe*. New York: Oxford University Press.

Lazurus, David. 2003. Bush Tries to Weaken Tobacco Treaty. *San Francisco Chronicle*. April 30, A1.

LeoGrande, William. 1990. From Reagan to Bush: The Transition in US Policy Towards Central America. *Journal of Latin American Studies* 22 (3): 595–21.

Lesch, Ann Mosely. 1991. Contrasting Reactions to the Persian Gulf Crisis: Egypt, Syria, Jordan and the Palestinians. *Middle East Journal* 45 (1): 30–50.

Lewis, Paul. 1989. UN Health Agency Seeks Compromise on PLO. *New York Times*, May 7, A5.

Liebert, Ulrike. 2002. Europeanizing the Military: The ECJ and the Transformation of the Bundeswehr. Jean Monnet Center for European Studies Working Paper 2002/7. Florence, Italy.

Lijphart, Arend. 1977. *Democracy in Plural Societies: A Comparative Exploration*. New Haven, Conn.: Yale University Press.

Lippman, Thomas W. 1999. Budget Line Raises Flag; Helms Sees Red Over Increase for Inter-American Foundation. *Washington Post*, May 24, A25.

Lord Lester of Herne Hill. 1998. UK Acceptance of the Strasbourg Jurisdiction: What Really Went on in Whitehall in 1965. *Public Law* (summer): 237–53.

Lumsdaine, David H. 1993. *Moral Vision in International Politics: The Foreign Aid Regime, 1949–1989*. Princeton, NJ: Princeton University Press.

Lupia, Arthur. 1992. Busy Voters, Agenda Control, and the Power of Information. *American Political Science Review* 86: 390–403.

1994. Shortcuts Versus Encyclopedias: Information and Voting Behavior in California Insurance Reform Elections. *American Political Science Review* 88 (1): 63–76.

Lupia, Arthur and Mathew McCubbins. 1994a. Learning from Oversight: Fire Alarms and Police Patrols Reconstructed. *Journal of Law, Economics, and Organization* 10 (1): 96–125.

1994b. Who Controls? Information and the Structure of Legislative Decision Making. *Legislative Studies Quarterly* 29 (3): 361–84.

1998. *The Democratic Dilemma: Can Citizens Learn What They Need to Know?* New York: Cambridge University Press.

Lutz, Ellen and Kathryn Sikkink. 2000. International Human Rights Law and Practice in Latin America. *International Organization* 54 (3): 633–59.

Maizels, Alfred and Machiko Nissanke. 1984. Motivations for Aid to Developing Countries. *World Development* 12 (9): 879–900.

Majone, Giandomenico. 2001. Two Logics of Delegation: Agency and Fiduciary Relations in EU Governance. *European Union Politics* 2 (1): 103–21.

Makinson, Larry. 2003. *Open Secrets: The Encyclopedia of Congressional Money and Politics*. Available at http://www.opensecrets.org/.

Malone, David. 2003. The UN, the United States, and Iraq. In *Rebuilding Societies in Crisis*, edited by Sally Armstrong et al., 69–98. Toronto: Canadian Institute of International Affairs.

Mansfield, Edward, Helen V. Milner, and B. Peter Rosendorff. 2002. Why Democracies Cooperate More: Electoral Control and International Trade Agreements. *International Organization* 56 (3): 477–514.

March, James G. and Johan P. Olsen. 1998. The Institutional Design of International Political Order. *International Organization* 52 (4): 943–69.

March, James G. and Herbert Simon, with Harold Guetzkow. 1958. *Organizations*. New York: Wiley.

Marks, Brian A. 1989. A Model of Judicial Influence on Congressional Policy Making: Grove City College v. Bell (1984). Unpublished manuscript, Department of Political Science, University of Washington.

Martens, Bertin, Uwe Mummert, Peter Murrell, and Paul Seabright. 2002. *The Institutional Economics of Foreign Aid*. New York: Cambridge University Press.

Martin, Lisa L. 1992a. *Coercive Cooperation: Explaining Multilateral Economic Sanctions*. Princeton, NJ: Princeton University Press.

1992b. Interests, Power, and Multilateralism. *International Organization* 46: 765–92.

Matthews, Ken. 1993. *The Gulf Conflict and International Relations*. New York: Routledge.

McCarty, Nolan, Keith T. Poole, and Howard Rosenthal. 1997. *Income Redistribution and the Realignment of American Politics*. Washington, DC: AEI Press.

McCubbins, Mathew D. 1985. The Legislative Design of Regulatory Structure. *American Journal of Political Science* 29: 721–48.

McCubbins, Mathew D., Roger G. Noll, and Barry R. Weingast. 1989. Structure and Process, Politics and Policy: Administrative Arrangements and the Political Control of Agencies. *Virginia Law Review* 75 (March): 431–82.

McCubbins, Mathew D. and Talbot Page. 1987. A Theory of Congressional Delegation. In *Congress: Structure and Policy*, edited by Mathew D. McCubbins and Terry Sullivan, 409–25. New York: Cambridge University Press.

McCubbins, Mathew D. and Thomas Schwartz. 1984. Congressional Oversight Overlooked: Policy Patrols Versus Fire Alarms. *American Journal of Political Science* 2 (1): 165–79.

McDonnell, Ida, Henri-Bernard Solignac Lecomte, and Liam Wegimont, eds. 2003. *Public Opinion and the Fight Against Poverty*. Edited by D. C. Studies. Paris: OECD.

McKinlay, Robert. 1979. The Aid Relationship: A Foreign Policy Model and Interpretation of the Distributions of Official Bilateral Economic Aid of the US, UK, France, and Germany. *Comparative Political Studies* 11 (4): 411–64.

McKinlay, Robert and Richard Little. 1977. A Foreign Policy Model of US Bilateral Aid Allocations. *World Politics* 30 (1): 58–86.

1978. A Foreign Policy Model of the Distribution of British Bilateral Aid, 1960–70. *British Journal of Political Science* 8 (3): 313–31.

McNamara, Kathleen. 2002. Rational Fictions: Central Bank Independence and the Social Logic of Delegation. *West European Politics* 25 (1): 47–76.

McNollgast. 1987. Administrative Procedures as Instruments of Political Control. *Journal of Law, Economics, and Organization* 3 (2): 243–79.

1989. Structure and Process, Politics and Policy: Administrative Arrangements and the Political Control of Agencies. *Virginia Law Review* 75: 431–82.

Mearsheimer, John. 1994. The False Promise of International Institutions. *International Security* 19 (3): 5–49.

Meltzer, Allan H. 1998. Asian Problems and the IMF. *Cato Journal* 17 (3) (winter): 267–74.

Meltzer Commission Report. 1999. United States Congressional Advisory Commission on International Financial Institutions. Report to the US Congress on IFIs. Available at http://www.house.gov/jec/imf/ifiac.htm.

Merrills, J. G. 2001. *Human Rights in Europe: A Study of the European Convention on Human Rights*, 4th edn. Manchester: Manchester University Press.

Meyer, John and Brian Rowan. 1991. Institutionalized Organizations: Formal Structure as Myth and Ceremony. In *The New Institutionalism in Organizational Analysis*, edited by Walter Powell and Paul DiMaggio, 41–62. Chicago: University of Chicago Press.

Milgrom, Paul, Douglass North, and Barry Weingast. 1990. The Role of Institutions in the Revival of Trade: The Law Merchant, Private Judges, and the Champagne Fairs. *Economics and Politics* 2: 1–23.

Milgrom, Paul and John Roberts. 1990. Bargaining Costs, Influence Costs, and the Organization of Economic Activity. In *Perspectives on Positive Political Economy*, edited by James Alt and Kenneth Shepsle. Cambridge: Cambridge University Press.

1992. *Economics, Organization, and Management*. Englewood Cliffs, NJ: Prentice-Hall.

Miller, Scott. 2005. Boeing, Airbus Fight to Go Before Quirky Trade Court. *Wall Street Journal*, June 3, 1, 14.

Milner, Helen V. 1997. *Interests, Institutions and Information: Domestic Politics and International Relations*. Princeton, NJ: Princeton University Press.

Milner, Helen V. and B. Peter Rosendorff. 1996. Trade Negotiations, Information and Domestic Politics. *Economics and Politics* 8: 145–89.

Mingst, Karen A. 1992. The United States and the World Health Organization. In *The United States and Multilateral Institutions: Patterns of Changing Instrumentality and Influence*, edited by Margaret P. Karns and Karen A. Mingst. London: Routledge.

Moe, Terry M. 1984. The New Economics of Organization. *American Journal of Political Science* 28: 739–77.

1990. Political Institutions: The Neglected Side of the Story. *Journal of Law, Economics, and Organization* 6: 213–53.

Moravcsik, Andrew. 1991. Negotiating the Single European Act: National Interests and Conventional Statecraft in the European Community. *International Organization* 45 (1): 19–56.

1998. *The Choice for Europe: Social Purpose and State Power from Messina to Maastricht*. Ithaca, NY: Cornell University Press.

2000. The Origins of Human Rights Regimes: Democratic Delegation in Postwar Europe. *International Organization* 54 (2): 217–52.

Moseley, Paul. 1985. The Political Economy of Foreign Aid: A Model of the Market for a Public Good. *Economic Development and Cultural Change* 33 (2): 373–94.

Mueller, John. 1994. *Policy and Opinion in the Gulf War*. Chicago: University of Chicago Press.

Müller, Harald. 2004. Arguing, Bargaining and All That: Communicative Action, Rationalist Theory, and the Logic of Appropriateness in International Relations. *European Journal of International Relations* 10 (3): 395–435.

Murphy, Walter. 1964. *Elements of Judicial Strategy*. Chicago: Chicago University Press.

Murphy, Walter F., C. Herman Pritchett, and Lee Epstein. 2002. *Courts, Judges, and Politics: An Introduction to the Judicial Process*. 5th edn. Boston: McGraw-Hill.

Mutume, Gumisai. 2005. Criticism of IMF Gets Louder. Available on the Third World Network web site at www.twnside.org.sg/title/louder.htm.

National Public Radio. 2003. Disease Gatekeeper. *The Connection*. Available at www.theconnection.org/shows/2003/08/20030808_a_main.asap.

Nelson, Paul. 1995. *The World Bank and Non-Governmental Organizations: The Limits of Apolitical Development*. New York: St. Martin's Press.

Nielson, Daniel L. and Michael J. Tierney. 2003a. Delegation to International Organizations: Agency Theory and World Bank Environmental Reform. *International Organization* 57 (2): 241–76.

2003b. Principals and Interests: Common Agency and Multilateral Development Bank Lending. Draft manuscript (February).

2005. Theory, Data, and Hypothesis Testing: World Bank Environmental Reform Redux. *International Organization* 59 (3): 785–800.

Nielson, Daniel L., Michael J. Tierney, and Catherine A. Weaver. 2003. Bridging the Rationalist–Constructivist Divide: Re-engineering the Culture of the World Bank. Unpublished manuscript.

Niskanen, William A. 1971. *Bureaucracy and Representative Government*. Chicago: Rand McNally, 1971.

Noel, Alain and Jean Phillipe Therien. 1995. From Domestic to International Justice: The Welfare State and Foreign Aid. *International Organization* 49 (3): 523–53.

North Atlantic Treaty Organization. 2001. *NATO Handbook*. Brussels: NATO Office of Information and Press. Updated November 4, 2002. Available from http://www.nato.int/docu/handbook/2001/index.htm.

Nugent, Neill. 2000. *The European Commission*. New York: St Martin's Press.

2003. *The Government and Politics of the European Union*. 5th edn. Basingstoke: Palgrave Macmillan.

Oatley, Thomas and Jason Yackee. 2000. Political Determinants of IMF Balance of Payments Lending: The Curse of Carabosse? Unpublished manuscript, University of North Carolina at Chapel Hill.

2004. American Interests and IMF Lending. *International Politics* 41 (3): 415–29.

OECD. 1999. *A Comparison of Management Systems for Development Cooperation in OECD/DAC Members*. Paris: OECD.

2001. *International Development Statistics*. Paris: OECD.

Olson, Mancur. 1965. *The Logic of Collective Action: Public Goods and the Theory of Groups*. Cambridge, Mass.: Harvard University Press.

Omang, Joanne. 1985. Foundation Head Outmaneuvers Foes; Move to Oust IAF's Szekely Fails. *Washington Post*, July 1, A13.

Ovey, Clare and Robin White. 2002. *Jacobs and White, the European Convention on Human Rights*. 3rd edn. New York: Oxford University Press.

Papayoanou, Paul. 1997. Intra-Alliance Bargaining and US Bosnia Policy. *Journal of Conflict Resolution* 41 (1): 91–116.

Parks, Bradley and Michael J. Tierney. 2004. Outsourcing the Allocation and Delivery of Environmental Aid. Paper presented at the American Political Science Association Annual Meeting, Chicago, Illinois, September 1–4.

Parris, Henry. 1966. The Conseil d'État in the Fifth Republic. *Government and Opposition* 2 (1): 89–104.

Partsch, Karl Josef. 1956/1957. Die Europäische Menschenrechtskonvention vor den nationalen Parlamenten. *Zeitschrift für ausländisches und öffentliches Recht und Völkerrecht* 17: 93–132.

Pauwelyn, Joost. 2000. Enforcement and Countermeasures in the WTO: Rules Are Rules – Toward a More Collective Approach. *American Journal of International Law* 94: 335–47.

2005. The Transformation of World Trade. *Michigan Law Review* 104 (1): 1–65.

Perle, Richard. 2003. Thank God for the Death of the UN. *The Guardian*, March 21.

Perrow, Charles. 1986. Economic Theories of Organization. *Theory and Society* 15: 11–45.

Pescatore, Pierre. 1981. Les Travaux du "Groupe Juridique" dans la négociation des Traités de Rome. *Studia Diplomatica (Chronique de Politique Etrangère)* 34 (1–4): 159–78.

Pierson, Paul. 1996. The Path to European Integration: A Historical Institutionalist Analysis. *Comparative Political Studies* 29 (2): 123–63.

2004. *Politics in Time: History, Institutions and Social Analysis*. Princeton, NJ: Princeton University Press.

Polak, Jacques J. 1991. *The Changing Nature of IMF Conditionality*. Essays in International Finance, No. 184, September. International Finance Section, Department of Economics, Princeton University.

Pollack, Mark A. 1997. Delegation, Agency, and Agenda-setting in the European Community. *International Organization* 51 (1): 99–134.

2002. Learning from the Americanists (Again): Theory and Method in the Study of Delegation. *West European Politics* 25 (1): 200–19.

2003a. *The Engines of European Integration: Delegation, Agency, and Agenda Setting in the European Union*. Oxford: Oxford University Press.

2003b. Control Mechanism or Deliberative Democracy? Two Images of Comitology. *Comparative Political Studies* 36 (1): 125–56.

Pollock, David. 1992. The "Arab Street?" Public Opinion in the Arab World. Washington Institute for Near East Policy Policy Paper No. 32. Washington, DC: The Washington Institute for Near East Policy.

Poole, Keith T. and Howard Rosenthal. 1997. *Congress: A Political-Economic History of Roll Call Voting*. New York: Oxford University Press.

Poole, Keith T., Howard Rosenthal, and Boris T. Shor. 2003. Voteview for Windows Version 3.0.3: Roll Call Displays of the US Congress, 1789–1988. Available at http://voteview.gsia.cmu.edu.

Popkin, Samuel. 1991. *The Reasoning Voter.* Chicago: University of Chicago Press.

Posner, Eric A. and Miguel De Figueiredo. 2004. Is the International Court of Justice Biased? Law and Economics Paper 234. University of Chicago Law School.

Posner, Eric A. and John C. Yoo. 2004. A Theory of International Adjudication. University of Chicago, Law and Economics, Olin Working Paper 206; UC Berkeley Public Law Research Paper 146. Available at SSRN: http://ssrn.com/abstract=507003.

Powell, Colin with Joseph Persico. 1995. *My American Journey.* New York: Random House.

Powell, Robert. 1999. *In the Shadow of Power: States and Strategies in International Politics*. Princeton, NJ: Princeton University Press.

Power, Samantha. 2002. *A Problem from Hell: America and the Age of Genocide*. New York: Perseus Publishing.

Przeworski, Adam and James R. Vreeland. 2000. The Effect of IMF Programs on Economic Growth. *Journal of Development Economics* 62: 385–421.

Purrington, Courtney and A. K. 1991. Tokyo's Policy Responses During the Gulf Crisis. *Asian Survey* 31 (4): 307–23.

Putnam, Robert. 1988. Diplomacy and Domestic Politics: The Logic of Two-Level Games. *International Organization* 42 (3): 427–60.

Randal, Jonathan C. 1989. PLO Defeated in Bid to Join World Health Organization. *Washington Post*, May 13, A1.

Raustiala, Kal. 1997. States, NGOs, and International Environmental Institutions. *International Studies Quarterly* 41 (4): 719–40.

2000. Compliance and Effectiveness in International Regulatory Cooperation. *Case Western Reserve Journal of International Law* 32: 387–440.

Rich, Bruce. 1994. *Mortgaging the Earth: The World Bank, Environmental Impoverishment, and the Crisis of Development*. Boston: Beacon Press.

Risse, Thomas, Stephen Ropp, and Kathryn Sikkink, eds. 1999. *The Power of Human Rights: International Norms and Domestic Change*. Cambridge: Cambridge University Press.

Robertson, A. H. and J. G. Merrills. 1993. *Human Rights in Europe: A Study of the European Convention on Human Rights*. Manchester: Manchester University Press.

Robichek, Walter E. 1984. The IMF's Conditionality Re-Examined. In *Adjustment, Conditionality, and International Financing,* edited by J. Muns, 67–83. Washington, DC: IMF.

Rodrik, Dani. 1996. Why is there Multilateral Lending? In *Annual World Bank Conference on Development Economics, 1995*, edited by M. Bruno and B. Pleskovic. Washington, DC: IMF.

Rogoff, Kenneth. 1999. International Institutions for Reducing Global Financial Instability. NBER Working Paper 7265. Cambridge, Mass.: National Bureau of Economic Research.

Rogowski, Ronald. 1999. Institutions as Constraints on Strategic Choice. In *Strategic Choice and International Relations*, edited by David A. Lake and Robert Powell, 115–36. Princeton, NJ: Princeton University Press.

Romano, Cesare. 1999. The Proliferation of International Judicial Bodies: The Pieces of the Puzzle. *New York University Journal of International Law and Politics* 31 (summer): 709–51.

Rourke, Francis E. 1976. *Bureaucracy, Politics, and Public Policy.* 2nd edn. Boston: Little, Brown.

Ruggie, John Gerard, ed. 1993. *Multilateralism Matters: The Theory and Praxis of an Institutional Form.* New York: Columbia University Press.

Ryan, Missy. 2000. Small Agency, Big Target. *National Journal*, March 4.

Sanders, Bernard. 1997. Let the Asian Tigers Fend for Themselves. *Los Angeles Times*, December 10.

Sandholtz, Wayne and John Zysman. 1989. Recasting the European Bargain. *World Politics* 42 (1): 95–128.

Santaella, Julio. 1995. Four Decades of Fund Arrangements: Macroeconomic Stylized Facts Before the Adjustment Process. IMF Working Paper 74. Washington, DC: International Monetary Fund.

Schanzenbach, Max. 2004. Racial and Gender Disparities in Prison Sentences: The Effect of District-Level Judicial Demographics. Northwestern Law and Economics Research Paper No. 04–03. *Journal of Legal Studies* 34 (1): 57–92 (January 1995).

Scharpf, Fritz. 1988. The Joint-Decision Trap: Lessons from German Federalism and European Integration. *Public Administration* 66 (autumn): 239–78.

Scheffer, David J. 1997. The Future of International Criminal Justice (Transcript). *US Department of State Dispatch* 8 (8): 23–34.

Scheve, Kenneth F. and Matthew J. Slaughter. 2001. What Determines Individual Trade-Policy Preferences? *Journal of International Economics* 54 (August): 267–92.

Schimmelfennig, Frank. 2003. *The EU, NATO, and the Integration of Europe.* Cambridge: Cambridge University Press.

Schmidt, Susanne. 2000. Only an Agenda Setter? The European Commission's Power Over the Council of Ministers. *European Union Politics* 1 (1): 37–61.

Schneider, Andrea Kupfer. 2001. Institutional Concerns of an Expanded Trade Regime: Where Should Global Social and Regulatory Policy Be Made? Unfriendly Actions: The Amicus Brief Battle at the WTO. *Widener Law Symposium Journal* 7 (spring): 87–108.

Schraeder, Peter J., Stephen W. Hook, and Bruce Taylor. 1998. Clarifying the Foreign Aid Puzzle: A Comparison of American, Japanese, French, and Swedish Aid Flows. *World Politics* 50 (2): 294–323.

Schultz, Kenneth. 2001. *Democracy and Coercive Diplomacy.* Cambridge: Cambridge University Press.

Schwartz, Anna J. 1998. *Time to Terminate the ESF and IMF.* Cato Foreign Policy Briefing No. 48. August. Washington, DC: The Cato Institute.

Shaffer, Gregory. 2001. The World Trade Organization Under Challenge: Democracy and the Law and Politics of the WTO's Treatment of Trade and Environment Matters. *Harvard Environmental Law Review* 25 (1): 1–93.

Shanks, Cheryl, Harold K. Jacobson, and Jeffrey H. Kaplan. 1996. Inertia and Change in the Constellation of International Governmental Organizations. *International Organization* 50 (4): 593–627.

Shapiro, Martin. 1981. *Courts: A Comparative Political Analysis*. Chicago: University of Chicago Press.

Shapiro, Robert and Lawrence Jacobs. 2000. Who Leads and Who Follows? US Presidents, Public Opinion, and Foreign Policy. In *Decision Making in a Glass House*, edited by Brigitte Nacos, Robert Shapiro, and Pierangelo Isernia, 223–45. New York: Rowman and Littlefield.

Shelton, Dinah. 2003. The Boundaries of Human Rights Jurisdiction in Europe. *Duke Journal of Comparative and International Law* 13 (1): 95–154.

Sikkink, Kathryn. 1986. Codes of Conduct for Transnational Corporations: The Case of the WHO/UNICEF Code. *International Organization* 40 (4): 815–40.

Simmons, Beth and Lisa Martin. 2002. International Organizations and Institutions. In *Handbook of International Relations*, edited by W. Carlnaes. London: Sage.

Simon, Herbert A. 1955. A Behavioral Model of Rational Choice. *Quarterly Journal of Economics* 69: 99–118.

Slater, Jerome. 1969. The Limits of Legitimization in International Organizations. *International Organization* 23 (1): 48–72.

Smillie, Ian, Henny Helmich, Tony German, and Judith Randel, eds. 1998. *Public Attitudes and International Development Coordination*. Paris: OECD.

Smith, James McCall. 2000. The Politics of Dispute Settlement Design. *International Organization* 54 (1): 137–80.

Snidal, Duncan. 1985. The Limits of Hegemonic Stability Theory. *International Organization* 39 (4): 579–614.

Snyder, James. 1992. Long-term Investment in Politicians: Or, Give Early, Give Often. *Journal of Law and Economics* 35: 15–43.

Soros, George. 1998. *The Crisis of Global Capitalism: Open Society Endangered*. New York: Public Affairs.

Southard, Frank A. 1979. *The Evolution of the International Monetary Fund*. Princeton, NJ: Department of Economics, Princeton University.

Spence, A. Michael. 1974. *Market Signaling: Informational Transfer in Hiring and Related Screening Processes*. Cambridge, Mass.: Harvard University Press.

Spence, Michael. 1973. Job Market Signaling. *Quarterly Journal of Economics* 87 (3): 355–74.

Steger, Debra. 2002. The Rule of Law or the Rule of Lawyers? *Journal of World Investment* 3 (5): 769–92.

Stein, Arthur. 1990. *Why Nations Cooperate: Circumstance and Choice in International Relations*. Ithaca, NY: Cornell University Press.

Stein, Eric. 1981. Lawyers, Judges, and the Making of a Transnational Constitution. *American Journal of International Law* 75 (1): 1–27.

Steinberg, Richard H. 2004. Judicial Lawmaking at the WTO: Discursive, Constitutional, and Political Constraints. *American Journal of International Law* 98 (2): 247–75.

Stephan, Paul B. 2002. Courts, Tribunals and Legal Unification: The Agency Problem. *Chicago Journal of International Law* 2002 (3): 333–52.

Stewart, Richard. 1975. The Reformation of American Administrative Law. *Harvard Law Review* 88: 1667–1813.

Stiglitz, Joseph E. 2002. *Globalization and its Discontents.* New York: W. W. Norton.

Stiles, Ken and Deborah Wells. In press. On the Crossing of the Rubicons: Norm Dissemination and policy idiosyncracy in the United Kingdom. *Political Science Quarterly.*

Stokke, Olav. 1989. The Determinants of Norwegian Aid Policy. In *Western Middle Powers and Global Poverty: The Determinants of the Aid Policies of Canada, Denmark, The Netherlands, Norway and Sweden, Uppsala and Oslo*, edited by Olav Stokke. The Scandinavian Institute of African Studies in cooperation with The Norwegian Institute of International Affairs.

Stolper, Wolfgang, and Paul A. Samuelson. 1941. Protection and Real Wages. *Review of Economic Studies* 9: 58–73.

Stone, Randall W. 2002. *Lending Credibility: The International Monetary Fund and the Post-Communist Transition.* Princeton, NJ: Princeton University Press.

2004. The Political Economy of IMF Lending in Africa. *American Political Science Review* 98 (4) (November): 577–91.

Stone Sweet, Alec. 2002. Constitutional Courts and Parliamentary Democracy. *West European Politics* 25 (1): 77–700.

Strand, Jonathan R. and David P. Rapkin. 2005. Regionalizing Multilateralism: Estimating the Power of Potential Regional Voting Blocs in the IMF. *International Interactions* 31: 15–54.

Strange, Susan. 1973. IMF: Monetary Managers. In *The Anatomy of Influence: Decision Making in International Organizations*, edited by R. W. Cox and H. K. Jacobson, 263–97. New Haven, Conn.: Yale University Press.

1976. *International Monetary Relations.* New York: Oxford University Press.

Strøm, Kaare. 2000. Delegation and Accountability in Parliamentary Democracies. *European Journal of Political Research* 37: 261–89.

Swaine, Edward. 2005. Reserving. Available at SSRN: http://ssrn.com/abstract=700981.

Tallberg, Jonas. 2000. The Anatomy of Autonomy: An Institutional Account of Variation in Supranational Influence. *Journal of Common Market Studies* 38 (5): 843–64.

2002a. Delegation to Supranational Institutions: Why, How and with What Consequence. *West European Politics* 25 (1): 23–46.

2002b. Paths to Compliance: Enforcement, Management, and the European Union. *International Organization* 56 (3): 609–43.

Telhami, Shibley. 1993. Arab Public Opinion and the Gulf War. In *The Political Psychology of the Gulf War*, edited by Stanley Renshon, 183–97. Pittsburgh: University of Pittsburgh Press.

Terasawa, Katsuaki and William Gates. 1993. Burden-Sharing in the Persian Gulf: Lessons Learned and Implications for the Future. *Defense Analysis* 9 (2): 171–95.

Thacker, Strom C. 1999. The High Politics of IMF Lending. *World Politics* 52 (1) (October): 38–75.

Tharoor, Shashi. 2003. Why America Still Needs the United Nations. *Foreign Affairs* 82 (5): 67–81.

Thatcher, Margaret. 1993. *The Downing Street Years, 1979–1990*. New York: HarperCollins.

Thatcher, Mark and Alec Stone Sweet. 2002. Theory and Practice of Delegation to Non-Majoritarian Institutions. *West European Politics* 25: 1–22.

Thelen, Kathleen. 2004. *How Institutions Evolve: The Political Economy of Skills in Comparative-Historical Perspective*. New York: Cambridge University Press

Thompson, Alexander. 2006. Coercion through IOs: The Security Council and the Logic of Information Transmission. *International Organization* 60(1): 1–34.

Thompson, Alexander and Yoram Haftel. 2003. Theorizing and Operationalizing IO Independence. Paper presented at the Annual Convention of the International Studies Association, Portland, Oregon, February 25–March 1.

Tomz, Michael, Jason Wittenberg, and Gary King. 1998. *CLARIFY: Software for Interpreting and Presenting Statistical Results*, version 1.2. Cambridge, Mass.: Harvard University.

Tsebelis, George and Geoffrey Garrett. 2000. Legislative Politics in the European Union. *European Union Politics* 1 (1): 9–36.

2001. The Institutional Foundations of Intergovernmentalism and Supranationalism in the European Union. *International Organization* 55 (2): 357–90.

Tsebelis, George and Amie Kreppel. 1998. The History of Conditional Agenda Setting in European Institutions. *European Journal of Political Research* 33: 41–71.

Ul Haque, Nadeem and Mohsin S. Khan. 1998. Do IMF-Supported Programs Work? A Survey of the Cross-Country Empirical Evidence. IMF Working Paper 98/169, December. Washington, DC: IMF.

Undén, Osten. 1963. About Law Courts in the United Nations and the Council of Europe. *Svensk Juristtidning* 165: 657–61.

US Chamber of Commerce. 1998. *How They Voted*. Washington, DC: Chamber of Commerce.

US Congress. House. 1964. National Advisory Council on International Monetary and Financial Problems. Secretary of the Treasury. Report of the National Advisory Council on International Monetary and Financial Problems: A Special Report on US Participation in an Increase in the Resources of the Fund for Special Operations of the Inter-American Development Bank. 88th Congress, 2nd sess. House Document No. 316. Washington, DC: GPO.

1966. Conference Report on the Foreign Assistance Act of 1966 HR15750 to Amend Further the Foreign Assistance Act of 1961, as Amended and for Other Purposes. 89th Cong., 2nd sess. House Report No. 1927. Washington, DC: GPO.

1967a. Committee on Foreign Affairs. Report of the Special Study Mission to the Dominican Republic, Guyana, Brazil, and Paraguay. 90th Cong., 1st sess. House Report No. 219. Washington, DC: GPO.

1967b. House of Representatives. Committee on Foreign Affairs. Report on H.R. 12048 to Amend Further the Foreign Assistance Act of 1961, as Amended, and for Other Purposes. 90th Cong., 1st sess. House Report No. 551. Washington, DC: GPO.

US General Accounting Office. 1979. Report of the Financial Condition of the Inter-American Foundation September 30, 1978 and 1979. ID-79-29. Washington: GAO 18 May 1979. Washington, DC: GPO.

1982. Report to the President. Inter-American Foundation. GAO/ID-82-16. Washington: GAO July 1982. Washington, DC: GPO.

1999. Inter-American Foundation: Allegations of Improper Contracting and Personnel Actions at the Foundation. GAO/OSI-99-11R. Washington, DC: GPO.

2000. Report to the Chairman on Foreign Relations, US Senate Inter-American Foundation, Better Compliance With Some Key Procedures Needed. GAO/NSIAD-00-235. Washington, DC: GPO.

2001. International Monetary Fund: Efforts to Advance US Policies at the Fund. Report No. GAO-01-214, 1–78. Washington, DC: GPO.

Upton, Barbara. 2000. *The Multilateral Development Banks: Improving US Leadership*. Westport, Conn.: Praeger.

Van Houtven, Leo. 2002. Governance of the IMF: Decision Making, Institutional Oversight, Transparency, and Accountability. IMF Pamphlet Series No. 53. Washington, DC: IMF.

Vaubel, Roland. 1983. The Moral Hazard of IMF Lending. *The World Economy* 6 (2): 291–304.

1986. A Public Choice Approach to International Organization. *Public Choice* 51 (1): 39–57.

1991. The Political Economy of the International Monetary Fund: A Public Choice Analysis. In *The Political Economy of International Organizations. A Public Choice Approach*, edited by Roland Vaubel and Thomas D. Willett, 204–44. Boulder, Colo.: Westview Press.

Voeten, Erik. 2004. Judicial Behavior on International Courts: Ideology and Strategy on the European Court of Human Rights. Social Science Research Network Working Paper. April. Available at http://ssrn. com/abstract=705363.

2005. The Political Origins of the UN Security Council's Ability to Legitimize the Use of Force. *International Organization* 59 (3): 527–57.

Vreeland, James R. 1999. The IMF: Lender of Last Resort or Scapegoat? Paper presented at the Annual Meeting of International Studies Association, Washington, DC, February 16–21.

Wade, Robert. 2002. US Hegemony and the World Bank: The Fight Over People and Ideas. *Review of International Political Economy* 9 (2): 215–43.

Wallander, Celeste. 1999. *Mortal Friends, Best Enemies: German–Russian Cooperation after the Cold War.* Ithaca, NY: Cornell University Press.

Waltz, Kenneth N. 1979. *Theory of International Politics*. Reading, Mass.: Addison-Wesley.

Ward, Angela. 2000. *Judicial Review and the Rights of Private Parties in EC Law*. New York: Oxford University Press.
Weber, Steven. 1994. Origins of the European Bank for Reconstruction and Development. *International Organization* 48 (1): 1–38.
Weil, Gordon L. 1963a. The Evolution of the European Convention on Human Rights. *American Journal of International Law* 57 (4): 804–27.
1963b. *The European Convention on Human Rights: Background, Development and Prospects*. Leyden: A. W. Sythoff.
Weiler, Joseph. 1991. The Transformation of Europe. *Yale Law Journal* 100: 2403–83.
Weingast, Barry R. and Mark J. Moran. 1983. Bureaucratic Discretion or Congressional Control? Regulatory Policymaking by the Federal Trade Commission. *Journal of Political Economy* 91 (51): 765–800.
Wertman, Patricia A. 1998a. *The IMF and "Voice and Vote" Amendments: A Compilation*. Congressional Research Service Report No. 98–391 (April): 1–22. Washington, DC: Congressional Research Service.
1998b. *The International Monetary Fund's (IMF) Proposed Quota Increase: Issues for Congress*. Congressional Research Service Report No. 98–56 (January). Washington, DC: Congressional Research Service.
Williams, Douglas. 1987. *The Specialized Agencies and the United Nations*. New York: St. Martin's Press.
Williams, Frances. 2003. Tobacco Treaty "Could Be In Force Within a Year." *Financial Times*, May 22, 12.
Williamson, John. 1982. *The Lending Policies of the International Monetary Fund*. Washington, DC: Institute for International Economics.
Williamson, John, ed. 1983. *IMF Conditionality*. Washington, DC: Institute for International Economics.
Williamson, Oliver E. 1985. *The Economic Institutions of Capitalism: Firms, Markets, Relational Contracting*. New York: Free Press.
Wood, Adrian. 1994. *North–South Trade, Employment, and Inequality: Changing Fortunes in a Skill-Driven World*. Oxford: Clarendon Press.
Wood, B. Dan. 1988. Principals, Bureaucrats, and Responsiveness in Clean Air Enforcements. *American Political Science Review* 82 (March): 213–34.
Woodward, Bob. 1991. *The Commanders*. New York: Simon & Schuster.
2002. *Bush at War*. New York: Simon & Schuster.
World Bank. 2001a. *Annual Report 2001*. Washington, DC: World Bank.
2001b. *World Development Indicators*. Washington, DC: World Bank.
2004. Addressing the Challenges of Globalization: An Independent Evaluation of the World Bank's Approach to Global Programs. Operations Evaluation Department. Washington, DC: World Bank.
World Health Assembly. 1995. *Revision and Updating of the International Health Regulations*. WHA48.7, May 12.
2003. *Revision of the International Health Regulations*. WHA56.28, May 28. Available at http://whqlibdoc.who.int/wha/2003/WHA56_28.pdf.
World Health Organization. 1948. *Constitution of the World Health Organization*. Available at http://policy.who.int/cgi-bin/om_isapi.dll?hitsperheadin-

g=on&infobase=basicdoc&jump=Constitution & softpage=Document42#JUMPDEST_Constitution.

1983. *International Health Regulations 1969*, 3rd annotated edn. Available at http://policy.who.int/cgi-in/om_isapi.dll?infobase=Ihregandsoftpage=Browse_Frame_Pg42.

2002. *Global Crises – Global Solutions: Managing Public Health Emergencies of International Concern Through the Revised International Health Regulations* (Geneva). Available at http://www.who.int/csr/resources/publications/ihr/en/whocdsgar20024.pdf#Top.

World Trade Organization. 1994. *Results of the Uruguay Round of Multilateral Trade Negotiations: The Legal Texts*. Geneva: The GATT Secretariat.

1997. *European Communities: Regime for the Importation, Sale, and Distribution of Bananas*. WT/DS27/AB/R. September 9.

1998. *United States: Import Prohibition of Shrimp and Shrimp Products. Report of the Appellate Body*. WT/DS58/AB/R. October 12.

2000a. *United States: Imposition of Countervailing Duties on Certain Hot-Rolled Lead and Bismuth Carbon Steel Products Originating from the United Kingdom. Report of the Appellate Body*. WT/DS138/AB/R. May 10.

2000b. *European Communities: Measures Affecting Asbestos and Product Containing Asbestos. Communication from the Appellate Body*. WT/DS135/9. November 8.

2000c. *General Council – Minutes of Meeting – Held in the Centre William Rappard*. WT/GC/M/60. November 22.

2001. *European Communities: Measures Affecting Asbestos and Asbestos-Containing Products: Report of the Appellate Body*. WT/DS135/AB/R. March 12.

2003a. Working Procedures for Appellate Review. WT/AB/WP/7. May 1.

2003b. Report by the Chairman, Ambassador Peter Balas, to the Trade Negotiations Committee. TN/DS/9. June 6.

Wright, John R. 1996. *Interest Groups and Congress*. Boston: Allyn and Bacon.

Yackee, Jason. 2000. The Political Determinants of IMF Lending. Paper delivered at the Midwest Political Science Association. Chicago, April 27–30.

Ying, Leu Siew and Bill Savadore. 2003. WHO Says Mainland Officials Continue to Hinder Investigation. *South China Morning Post*, April 1.

Yourow, Howard Charles. 1996. *The Margin of Appreciation Doctrine in the Dynamics of the European Human Rights Jurisprudence*. The Hague: Kluwer Law International.

图书在版编目(CIP)数据

国际组织中的授权与代理/(美)霍金斯(Hawkins, D.G.)等主编;白云真译.—上海:上海人民出版社,2015

(中国与国际组织研究丛书)

书名原文:Delegation and Agency in International Organizations

ISBN 978-7-208-13497-3

Ⅰ.①国… Ⅱ.①霍… ②白… Ⅲ.①国际组织-研究 Ⅳ.①D813

中国版本图书馆 CIP 数据核字(2015)第 299056 号

责任编辑 史美林
封面装帧 王小阳

本书由上海文化发展基金会图书出版专项基金资助出版

·中国与国际组织研究丛书·

国际组织中的授权与代理

[美]戴伦·霍金斯 等主编 白云真 译

世 纪 出 版 集 团

上海人民出版社出版

(200001 上海福建中路 193 号 www.ewen.co)

世纪出版集团发行中心发行 上海商务联西印刷有限公司印刷

开本 635×965 1/16 印张 26.25 插页 4 字数 321,000

2015 年 12 月第 1 版 2015 年 12 月第 1 次印刷

ISBN 978-7-208-13497-3/D·2784

定价 68.00 元

Delegation and Agency in International Organizations (**ISBN 978-0-521-68046-2**) by Darren G. Hawkins, David A. Lake, Daniel L. Nielson, and Michael J. Tierney first published by Cambridge University Press 2006

This simplified Chinese edition for the People's Republic of China is published by arrangement with the Press Syndicate of the University of Cambridge, Cambridge, United Kingdom.

中国与国际组织研究丛书

国际组织中的授权与代理	[美]戴伦·霍金斯、戴维·莱克、 丹尼尔·尼尔森、 迈克尔·蒂尔尼　主编
二十国集团发展报告(2012)	杨力　主编
跨越制度边界的互动——国际制度与非成员国关系研究	王玮　著
国际制度设计:理论模式与案例分析	朱杰进　著
世界贸易组织的制度再设计	[加拿大]黛布拉·斯蒂格　主编 汤蓓　译
八国集团体系与二十国集团	[加拿大]彼得·哈吉纳尔 朱杰进　译
大国国际组织行为研究	武心波　主编
国际防扩散体系中的非正式机制	刘宏松　著
全球治理中的新兴国家	[加拿大]安德鲁·F.库珀 [波兰]阿加塔·安特科维茨　主编 史明涛　马骏　等译
为世界定规则	[美]迈克尔·巴尼特 玛莎·芬尼莫尔　著 薄燕　译